Programmieren mit C++
Ein Einstieg in Beispielen

Jörg Mielebacher

Programmieren mit C++
Ein Einstieg in Beispielen

Vom Problem zur Software

Jörg Mielebacher
Mosbach, Deutschland

ISBN 978-3-662-71381-5   ISBN 978-3-662-71382-2 (eBook)
https://doi.org/10.1007/978-3-662-71382-2

Die Deutsche Nationalbibliothek verzeichnet diese Publikation in der Deutschen Nationalbibliografie; detaillierte bibliografische Daten sind im Internet über https://portal.dnb.de abrufbar.

© Der/die Herausgeber bzw. der/die Autor(en), exklusiv lizenziert an Springer-Verlag GmbH, DE, ein Teil von Springer Nature 2025

Das Werk einschließlich aller seiner Teile ist urheberrechtlich geschützt. Jede Verwertung, die nicht ausdrücklich vom Urheberrechtsgesetz zugelassen ist, bedarf der vorherigen Zustimmung des Verlags. Das gilt insbesondere für Vervielfältigungen, Bearbeitungen, Übersetzungen, Mikroverfilmungen und die Einspeicherung und Verarbeitung in elektronischen Systemen.
Die Wiedergabe von allgemein beschreibenden Bezeichnungen, Marken, Unternehmensnamen etc. in diesem Werk bedeutet nicht, dass diese frei durch jede Person benutzt werden dürfen. Die Berechtigung zur Benutzung unterliegt, auch ohne gesonderten Hinweis hierzu, den Regeln des Markenrechts. Die Rechte des/der jeweiligen Zeicheninhaber*in sind zu beachten.
Der Verlag, die Autor*innen und die Herausgeber*innen gehen davon aus, dass die Angaben und Informationen in diesem Werk zum Zeitpunkt der Veröffentlichung vollständig und korrekt sind. Weder der Verlag noch die Autor*innen oder die Herausgeber*innen übernehmen, ausdrücklich oder implizit, Gewähr für den Inhalt des Werkes, etwaige Fehler oder Äußerungen. Der Verlag bleibt im Hinblick auf geografische Zuordnungen und Gebietsbezeichnungen in veröffentlichten Karten und Institutionsadressen neutral.

Planung/Lektorat: Leonardo Milla
Springer Vieweg ist ein Imprint der eingetragenen Gesellschaft Springer-Verlag GmbH, DE und ist ein Teil von Springer Nature.
Die Anschrift der Gesellschaft ist: Heidelberger Platz 3, 14197 Berlin, Germany

Wenn Sie dieses Produkt entsorgen, geben Sie das Papier bitte zum Recycling.

Vorwort

Eine Fremdsprache zu lernen, ist aufwendig. Doch nach und nach versetzen uns die Grammatikregeln, Vokabeln und Redewendungen in die Lage, Texte zu verstehen, Gespräche zu führen und Absichten oder Wünsche auszudrücken. Der Aufwand lohnt sich.

Nicht anders verhält es sich, wenn man eine Programmiersprache erlernt. Sie versetzt uns in die Lage, Lösungswege zu beschreiben und sie von einem Computer ausführen zu lassen. Programmieren zu können, ist in vielen Bereichen unverzichtbar geworden, um Aufgaben effizient zu bearbeiten und komplexe Probleme zu lösen.

Die Programmiersprache C++ ist in technischen Anwendungen seit vielen Jahren äußerst verbreitet. Sie hat sich vor allem dort bewährt, wo Hardwarenähe und Leistung gefragt sind. Bei sog. Embedded Systems führt kaum ein Weg an C++ vorbei; hier hilft C++, Daten zu erfassen, sie auszuwerten, zu steuern und zu regeln. C++ ist daher eine Programmiersprache, die ihre Stärken vor allem im Hintergrund ausspielt.

Doch hat sich das Programmieren über die Jahre stark verändert. Software muss heute sicher sein, sich über viele Jahre betreiben und weiterentwickeln lassen. Sie muss mit anderen Komponenten zusammenarbeiten. Wer heute Software entwickelt, achtet auf deren Sicherheit, strebt nach guter Wartbarkeit und greift auf bewährte Komponenten zurück. C++ stellt hierfür wichtige Konzepte wie die Objektorientierung zur Verfügung und enthält mit der C++-Standardbibliothek eine Sammlung bewährter Lösungen für wiederkehrende Probleme.

Dieses Buch führt in die Welt des Programmierens anhand von C++ ein. Es richtet sich vor allem an Auszubildende und Studierende der Technik, aber auch an Berufspraktiker, die bislang nicht mit C++ gearbeitet haben. Vorkenntnisse sind nicht notwendig.

Nicht enthalten sind ausschweifende Ausführungen zu Zeigern und anderen vermeintlich wichtigen Aspekten, die unsicher und fehlerträchtig sind. Stattdessen stellt das Buch viele Ansätze vor, um wartbare und sichere Software effizient mit C++ zu entwickeln.

Freuen würde ich mich, wenn ich viele Menschen – unabhängig von ihrem Geschlecht – für das Programmieren begeistern könnte. Gleichstellung ist mir äußerst wichtig – nicht nur als Vater, sondern auch mit dem Wissen, wie wertvoll die Arbeit in gemischten Teams ist. Daher spreche ich alle Geschlechter mit derselben Wertschätzung an und verwende möglichst geschlechtsneutrale Formulierungen. Das generische Maskulinum hilft, wenn andere Formulierungen den Lesefluss beeinträchtigt hätten.

Mosbach Jörg Mielebacher
März 2025

Competing Interests Der/die Autor*in hat keine für den Inhalt dieses Manuskripts relevanten Interessenkonflikte.

Danksagung

Den größten Anteil an diesem Buch haben meine Studierenden; seit meiner ersten C++-Vorlesung vor über 20 Jahren haben mich ihre Fragen und Anregungen, vor allem aber ihr Interesse motiviert, die Materialien zu meinen Vorlesungen kontinuierlich weiterzuentwickeln. Sie haben mich darin bestärkt, daraus ein Buch entstehen zu lassen.

Dem Verlag Springer Vieweg danke ich für das Vertrauen in dieses Projekt und für die Begleitung von der ersten Idee bis zur Fertigstellung. Hervorheben möchte ich Leonardo Milla und Christian Pement, die mir eine große Hilfe waren.

Mein langjähriger Kollege und früherer Kommilitone Ingo Haschler ist seit vielen Jahren ein treuer Begleiter in vielen gemeinsamen Vorlesungen. Ihm danke ich nicht nur dafür, sondern auch für seine gründliche Durchsicht des Manuskripts.

Meinen aktuellen und früheren Kolleginnen und Kollegen (nicht nur) der DHBW Mosbach danke ich für das Vertrauen in meine Arbeit, für den fachlichen Austausch und ihre Unterstützung.

Herzlich danke ich den Menschen aus meinem privaten Umfeld für die bedingungslose Motivation, Nachsicht und Unterstützung.

Nicht zuletzt hat das ursprüngliche Vorlesungsskript drei wunderbare Töchter aufwachsen sehen, denen ich für ihre fröhliche Art danke, die mir Kraft und Sinn spendet.

Über dieses Buch

Aufbau

Kapitel 1 stellt den Weg vom Problem zu seiner Lösung vor; es vermittelt wichtige Hintergründe rund um Software, Algorithmen und Programmiersprachen.

Kapitel 2 erklärt, in welchen Fällen sich die Programmiersprache C++ eignet und in welchen nicht. Anhand eines einfachen C++-Programms stellt es grundlegende Sprachelemente vor und zeigt, wie aus dem Quellcode ein ausführbares Programm entsteht.

Anhand mehrerer Beispiele führt Kapitel 3 in Ein- und Ausgabe, Variablen und Datentypen ein sowie in Verzweigungen, Schleifen und Funktionen.

Auf diesem Wissen baut Kapitel 4 auf und erklärt, wie sich unterschiedliche Arten von Daten in C++ nutzen lassen. Es zeigt, weshalb man sich Felder als indizierte Variablen vorstellen kann. Es führt in die Handhabung von Zeichenketten ein, stellt Aufzählungstypen vor und beschäftigt sich mit den Möglichkeiten und Tücken von Zeigern.

Die Objektorientierung ist ein wesentliches Merkmal von C++; Kapitel 5 stellt diese Art des Programmierens vor und erklärt Klassen, Objekte, Methoden und Attribute, aber auch, welche Rolle Kapselung spielt und wie sie sich erreichen lässt.

Kapitel 6 wirft einen zweiten, vertieften Blick auf die Ein- und Ausgabe. Es zeigt, wie Streams dazu dienen, Werte aus der Konsole, Dateien oder Zeichenketten zu lesen oder darin auszugeben.

Kapitel 7 stellt mehrere Klassen und Funktionen der C++-Standardbibliothek vor. Es zeigt, wie wichtig solche Bibliotheken heutzutage sind und wie sich damit wiederkehrende Probleme effizient lösen lassen.

Auf ähnliche Weise bietet Kapitel 8 Lösungsansätze für eine Reihe von Aufgaben, die im Alltag mit C++ auftreten, beispielsweise wie man Zeiten messen oder Zufallszahlen erzeugen kann.

Zum Schluss zeigt Kapitel 9, wie die Reise in C++ weitergehen kann, wo Überraschungen lauern, wie Quellcodes besser werden und wann man sich Vorgaben fügen muss.

Hinweise zur Nutzung

Das Buch verbindet Theorie und Praxis. Daher enthalten nahezu alle Kapitel einleitende Programmbeispiele sowie deren Ausgaben. Die darauffolgenden Abschnitte erklären diese Beispiele und ihre theoretischen Grundlagen ausführlich.

Der gesamte Text verwendet einige wiederkehrende Hervorhebungen. Hierzu zählen vor allem wichtige Aussagen und Merksätze:

> C++ verbindet Hardwarenähe und Leistungsfähigkeit

Daneben enthält das Buch an verschiedenen Stellen nützliche Tipps für die Praxis:

▶ **Tipp** Lesbarer und verständlicher Code ist eine Voraussetzung für Wartbarkeit

Innerhalb des Textes sind C++-Befehle einheitlich formatiert, z. B. `i++`. Längere Quellcodes oder Auszüge davon werden als Block dargestellt:

```
cout << "Hallo Welt" << endl;
```

Ist in der Beschriftung des Quellcodes ein Dateiname angegeben (z. B. hallowelt.cpp), enthalten die ergänzenden Materialien diesen Quellcode als Datei. So lässt sich der Quellcode leicht öffnen, ausprobieren oder bearbeiten.

An verschiedenen Stellen wird auf vertiefende Kapitel verwiesen:

Kap. 5 führt ausführlich in die Objektorientierung ein.

Am Ende der Kapitel folgt eine Zusammenfassung der wichtigsten Inhalte. Hinweise zu weiterführender Literatur erlauben es, mehr über Hintergründe der Kapitel zu erfahren.

Mit den zugehörigen Aufgaben lassen sich die Inhalte vertiefen und überprüfen; die Theorieaufgaben sind im Wesentlichen Wissensfragen, während die Praxisaufgaben Programmieraufgaben enthalten. Sie sind besonders wichtig, da man C++ am besten durch die praktische Anwendung lernt.

Ergänzende Materialien

Weitere Informationen zum Buch sowie Quellcodes, Videos, Lösungsvorschläge und weitere Materialien gibt es auf der Webseite zu diesem Buch:

`www.mielebacher.de/cpplernen/`

Für den Zugriff auf einige Materialien sind Zugangsdaten notwendig. Diese lauten:

Benutzername: `cpplernen`
Passwort: `ProgrammierenMitC++`

Feedback zu diesem Buch und Hinweise auf Fehler sind unter der Adresse `cpp@mielebacher.de` jederzeit willkommen.

Inhaltsverzeichnis

1	**Denken und Programmieren**		1
1.1	Eine Welt von Computern		1
1.2	Eine von Software geprägte Welt		3
1.3	Vom Problem zur Lösung		4
	1.3.1	Beispiel: Das neue Regal	4
	1.3.2	Algorithmen als Schritt-für-Schritt-Anleitung	4
	1.3.3	Schritt für Schritt mit Sequenzen	6
	1.3.4	Verzweigen mit Bedingungen	7
	1.3.5	Wiederholen mit Schleifen	9
	1.3.6	Gute und schlechte Algorithmen	10
	1.3.7	Algorithmen und ihre Ausführung	11
1.4	Von Algorithmen zu Programmen		12
	1.4.1	Beispiel: Dichteberechnung	12
	1.4.2	Programmiersprachen	15
	1.4.3	Assembler- und Hochsprachen	16
	1.4.4	Quellcode	18
1.5	Algorithmen als Teil von Software		20
1.6	Zusammenfassung		21
1.7	Aufgaben		22
	1.7.1	Theorie	22
	1.7.2	Praxis	22
1.8	Weiterführende Literatur		22
Literatur			23
2	**Die ersten Schritte in C++**		25
2.1	C++ als Programmiersprache		25
	2.1.1	Hintergrund und Einsatz	25
	2.1.2	C++ für Ein- und Umsteiger	27
2.2	Hallo Welt als Grundgerüst		28
	2.2.1	Der Quellcode und seine Speicherung	28

		2.2.2	Das Hauptprogramm int main()	30
		2.2.3	Anweisungen als Grundelemente des Quellcodes	32
		2.2.4	Ausgaben auf dem Bildschirm	33
		2.2.5	Lesbarkeit von Anfang an	35
	2.3	Vom Quellcode zur Ausführung		38
		2.3.1	Bearbeiten der Quellcodedateien	38
		2.3.2	Der Übersetzungsprozess in C++	39
		2.3.3	Übersetzen auf der Kommandozeile	43
		2.3.4	Übersetzen in einer IDE	46
	2.4	Zusammenfassung		50
	2.5	Aufgaben		51
		2.5.1	Theorie	51
		2.5.2	Praxis	51
	2.6	Weiterführende Literatur		51
	Literatur			51
3	**Grundlagen**			53
	3.1	Eingeben und rechnen		53
		3.1.1	Beispiel: Meter2Feet	53
		3.1.2	Variablen und Datentypen	54
		3.1.3	Ein- und Ausgaben	60
		3.1.4	Einfache Berechnungen	62
		3.1.5	Zuweisungen	65
	3.2	Mit Bedingungen verzweigen		67
		3.2.1	Beispiel: Meter2Feet für positive Werte	67
		3.2.2	Bedingungen formulieren	68
		3.2.3	Im Programmablauf verzweigen	71
	3.3	Unbegrenzt wiederholen		75
		3.3.1	Beispiel: Meter2Feet mit Wiederholung bei Fehlern	75
		3.3.2	Fußgesteuerte Schleifen	76
		3.3.3	Beispiel: Meet2Feet mit wiederholter Umrechnung	77
		3.3.4	Kopfgesteuerte Schleife	78
		3.3.5	Schleifen steuern	80
	3.4	Begrenzt wiederholen		81
		3.4.1	Beispiel: Umrechnungstabelle in 1er-Schritten	81
		3.4.2	Konstanten	82
		3.4.3	for-Schleifen	83
		3.4.4	Escape-Sequenzen	86
		3.4.5	Beispiel: Umrechnungstabelle mit ausgewählten Werten	87
		3.4.6	Range-for-Schleifen	88
	3.5	Modularisieren und wiederverwenden		89
		3.5.1	Beispiel Meter2Feet mit Funktion	89

		3.5.2	Funktionen	90
		3.5.3	Modularisierung	98
		3.5.4	Beispiel: Vertauschen zweier Werte	100
		3.5.5	Funktionen ohne Rückgabe	101
		3.5.6	Lokale Variablen	102
		3.5.7	Arten von Parametern	103
	3.6	Beispielaufgabe: Qualitätskontrolle		105
		3.6.1	Aufgabenstellung	105
		3.6.2	Schritt 1: das Problem verstehen	105
		3.6.3	Schritt 2: Entwerfen des Programms	107
		3.6.4	Schritt 3: in kleinen Schritten zum Ziel	108
		3.6.5	Schritt 4: Testen	112
		3.6.6	Schritt 5: Abgeben	116
		3.6.7	Weitere Lösungen	116
	3.7	Exkurs: Hilfe suchen und finden		117
	3.8	Zusammenfassung		119
	3.9	Aufgaben		120
		3.9.1	Theorie	120
		3.9.2	Praxis	120
	3.10	Weiterführende Literatur		121
	Literatur			121
4	**Vielfältigere Daten**			123
	4.1	Variablen mit Index		123
		4.1.1	Beispiel: Reihenfolge umkehren	123
		4.1.2	Felder als indizierte Variablen	126
		4.1.3	Mit Schleifen auf Felder zugreifen	129
		4.1.4	Nachteile von C-Feldern	131
		4.1.5	vector als moderne Alternative	132
	4.2	Mit Text arbeiten		135
		4.2.1	Beispiel: Artikelnummer	135
		4.2.2	Einzelne Zeichen (char)	136
		4.2.3	Zeichenketten (string)	140
		4.2.4	Ein- und Ausgabe von Zeichenketten	144
		4.2.5	Beispiel: Modbus-Nachricht	146
		4.2.6	Zeichenketten verbinden	149
		4.2.7	Teile von Zeichenketten entnehmen	150
		4.2.8	Zeichenketten vergleichen	153
		4.2.9	Beispiel: Wetterdienst	155
		4.2.10	Durchsuchen von Zeichenketten	156
		4.2.11	Umwandeln von Zeichenketten	158

		4.2.12	C-Strings	159
		4.2.13	String-Literale und Konstanten	161
	4.3	Aufzählungstypen		162
		4.3.1	Beispiel: Fahrtrichtung	162
		4.3.2	Aufzählungen mit enum	164
		4.3.3	Streng typisierte Aufzählungen	167
	4.4	Zeiger		168
		4.4.1	Variablen im Arbeitsspeicher	168
		4.4.2	Zeiger als Datentyp	170
		4.4.3	Deklarieren und Verwenden von Zeigern	171
		4.4.4	Dynamische Speicherverwaltung	174
		4.4.5	Call-by-Reference mit Zeigern	176
		4.4.6	Zeiger und Felder	178
	4.5	Zusammenfassung		180
	4.6	Aufgaben		181
		4.6.1	Theorie	181
		4.6.2	Praxis	181
	4.7	Weiterführende Literatur		182
	Literatur			182
5	**Objektorientierung**			**183**
	5.1	Daten und Operationen		183
		5.1.1	Beispiel: Zähler	183
		5.1.2	Objektorientierte Programmierung	185
		5.1.3	Klassen anlegen	189
		5.1.4	Attribute	190
		5.1.5	Methoden	191
		5.1.6	Festlegen des Zugriffs	195
		5.1.7	Objekte erzeugen und verwenden	197
	5.2	Mit Schutz zu mehr Verlässlichkeit		199
		5.2.1	Beispiel: Zähler ohne negative Werte	199
		5.2.2	Schützen der Attribute	201
		5.2.3	Schnittstelle und Implementierung	204
	5.3	Konzepte statt Implementierung		206
		5.3.1	Beispiel: LED-Klasse	206
		5.3.2	Abstraktion	208
		5.3.3	Wiederverwendbarkeit	209
		5.3.4	Beispiel: Punkt-Klasse	211
		5.3.5	Hinweise auf Klassen	213
		5.3.6	Objekte als Parameter	215
	5.4	Von kleinen zu großen Klassen		217
		5.4.1	Beispiel: Motor und Antrieb	217

	5.4.2	Konstanten in Klassen	220
	5.4.3	Objekte als Attribute	221
5.5	Erweiterung durch Vererbung	223
	5.5.1	Beispiel: Grundlage einer Signal-Klasse	223
	5.5.2	Vererbung	225
	5.5.3	Der Zeiger this	229
5.6	Aufteilen des Quellcodes	231
	5.6.1	Beispiel: Klasse Circle mit aufgeteiltem Quellcode	231
	5.6.2	Vorteile der Quellcodeaufteilung	233
	5.6.3	Präprozessoranweisungen	234
	5.6.4	Prinzip der Quellcodeaufteilung	236
	5.6.5	Übersetzungsprozess bei aufgeteiltem Quellcode	238
5.7	Weiterführende Konzepte	240
	5.7.1	Entwurfsmuster	240
	5.7.2	Operatoren für eigene Klassen	241
	5.7.3	Inline-Definition von Methoden	242
	5.7.4	Statische Methoden	244
	5.7.5	Polymorphie	246
	5.7.6	Notwendigkeiten und Automatismen	247
5.8	Zusammenfassung	250
5.9	Aufgaben	251
	5.9.1	Theorie	251
	5.9.2	Praxis	252
5.10	Weiterführende Literatur	253
Literatur	253

6 Ein- und Ausgabe ... 255

6.1	Ein- und Ausgabe im Betriebssystem	255
	6.1.1	Das Betriebssystem als Dienstleister	255
	6.1.2	Immer wieder Abstraktion	256
	6.1.3	Standard-Datenströme	256
	6.1.4	Umlenken von Standard-Datenströmen	257
	6.1.5	Hüter der Datenträger	257
	6.1.6	Keine Ein- und Ausgabe ohne das Betriebssystem	257
6.2	Streams in C++	258
	6.2.1	Ein besonderer Ansatz	258
	6.2.2	Die Rolle der Shift-Operatoren	260
	6.2.3	Puffer bei der Ein- und Ausgabe	263
	6.2.4	Einstellungen und Formate	267
	6.2.5	Fehler und Überwachung	269
6.3	Ein- und Ausgabe in der Konsole	274
	6.3.1	Eingaben in der Konsole	274

		6.3.2	Ausgaben in der Konsole	274
		6.3.3	Beispiel: Umrechnungstabelle mit ausgewählten Werten	276
		6.3.4	Formatieren der Ausgabe	277
	6.4	Dateien als Streams		280
		6.4.1	Dateisysteme, Dateien und Ordner	280
		6.4.2	Beispiel: Dateiformat umwandeln	284
		6.4.3	Dateien als Ein- und Ausgabe-Streams	288
		6.4.4	Aus Textdateien lesen	291
		6.4.5	In Textdateien schreiben	293
	6.5	Zeichenketten als Streams		295
		6.5.1	Zeichenketten als Ein- und Ausgabe-Streams	295
		6.5.2	Aus Zeichenketten lesen	296
		6.5.3	In Zeichenketten schreiben	297
	6.6	Ein- und Ausgabe eigener Klassen		298
		6.6.1	Beispiel: Punkt-Klasse V2	298
		6.6.2	Überladen des Operators >>	300
		6.6.3	Überladen des Operators <<	302
	6.7	Neuere Alternativen		303
	6.8	Zusammenfassung		305
	6.9	Aufgaben		306
		6.9.1	Theorie	306
		6.9.2	Praxis	307
		6.9.3	Weiterführende Literatur	307
	Literatur			308
7	**Effizienz durch Wiederverwendung**			309
	7.1	Die C++-Standardbibliothek		309
		7.1.1	Wiederverwendung statt Neuentwicklung	309
		7.1.2	Bibliotheken und Frameworks	311
		7.1.3	Inhalte der C++-Standardbibliothek	311
	7.2	Das dynamische Feld vector		314
		7.2.1	Beispiel: Top-k-Werte ermitteln	314
		7.2.2	Der Container vector	316
		7.2.3	Größe von Containern	319
		7.2.4	Schleifen in vector-Containern	321
		7.2.5	Iteratoren	323
		7.2.6	Algorithmen	326
	7.3	Schlüssel-Wert-Paare in map		329
		7.3.1	Beispiel: Häufigkeiten von Fehlercodes	329
		7.3.2	Der Container map	330
		7.3.3	Wertepaare als pair-Objekte	332

		7.3.4	Besonderheiten der map	333
		7.3.5	Schleifen in map-Containern	335
	7.4		Container auswählen und nutzen	337
		7.4.1	Container für unterschiedliche Zwecke	337
		7.4.2	Container für Klassen nutzen	340
	7.5		Berechnen und bearbeiten	343
		7.5.1	Beispiel: Auswertung der Qualitätskontrolle	343
		7.5.2	Algorithmen des Headers numeric	345
		7.5.3	Summen und Mittelwerte	347
		7.5.4	Minima und Maxima	348
		7.5.5	Lambda-Ausdrücke	349
		7.5.6	Beispiel: Werte normieren	353
		7.5.7	Inhalte verarbeiten	355
	7.6		Zusammenfassung	357
	7.7		Aufgaben	358
		7.7.1	Theorie	358
		7.7.2	Praxis	359
	7.8		Weiterführende Literatur	359
	Literatur			360
8	**Lösungen für den Alltag**			**361**
	8.1		Robustheit und Fehlerbehandlung	361
		8.1.1	Beispiel: Signal-Klasse	361
		8.1.2	Normalfälle und Abweichungen hiervon	365
		8.1.3	Rückgabewerte	367
		8.1.4	Fehlermeldungen	368
		8.1.5	Beispiel: Wetterdienst	370
		8.1.6	Ergebnis und Erfolg	373
		8.1.7	Exceptions	375
	8.2		Typumwandlungen	377
		8.2.1	Die Vielfalt der Datentypen	377
		8.2.2	Implizite Typumwandlung	379
		8.2.3	Explizite Typumwandlung	383
	8.3		Flexibilität und Wartbarkeit mit Templates	385
		8.3.1	Beispiel: die Funktion between()	385
		8.3.2	Templates anlegen und verwenden	387
		8.3.3	Vor- und Nachteile	389
	8.4		Reguläre Ausdrücke	390
		8.4.1	Hintergrund	390
		8.4.2	Beispiel: Gültigkeit von E-Mail-Adressen	392
		8.4.3	Reguläre Ausdrücke erzeugen	393

		8.4.4	Reguläre Ausdrücke anwenden	395

- 8.5 Zufallszahlen 396
  - 8.5.1 Hintergrund 396
  - 8.5.2 Beispiel: Würfel 397
  - 8.5.3 Der Header random 398
  - 8.5.4 Gleichverteilte Zufallszahlen in C++ 398
  - 8.5.5 Beispiel: Rauschgenerator 401
  - 8.5.6 Normalverteilte Zufallszahlen in C++ 403
- 8.6 Laufzeiten messen 404
  - 8.6.1 Beispiel: Laufzeit einer Funktion messen 404
  - 8.6.2 Die Bibliothek chrono 405
  - 8.6.3 Laufzeitmessung 407
- 8.7 Kommandozeilenparameter 409
  - 8.7.1 Hintergrund 409
  - 8.7.2 Beispiel: Rauschgenerator 411
  - 8.7.3 Anpassen des Hauptprogramms 413
  - 8.7.4 Kommandozeilenparameter nutzen 414
- 8.8 Dateisystem 416
  - 8.8.1 Beispiel: Ordnergröße 416
  - 8.8.2 Die Bibliothek filesystem 418
  - 8.8.3 Pfade 419
  - 8.8.4 Durchlaufen von Ordnern 422
  - 8.8.5 Weitere Möglichkeiten 424
- 8.9 Zusammenfassung 426
- 8.10 Aufgaben 427
  - 8.10.1 Theorie 427
  - 8.10.2 Praxis 428
- 8.11 Weiterführende Literatur 428
- Literatur 429

9 Die nächsten Schritte 431
- 9.1 Weiterführende Konzepte 431
- 9.2 C++ ist nicht gleich C++ 433
- 9.3 Weitere Werkzeuge 438
- 9.4 Empfehlungen und Vorgaben 443
- 9.5 Zusammenfassung 444
- 9.6 Aufgaben 445
  - 9.6.1 Theorie 445
  - 9.6.2 Praxis 445
- 9.7 Weiterführende Literatur 446

Literatur... 446

Stichwortverzeichnis................................... 447

Über den Autor

Prof. Dr. Jörg Mielebacher studierte Medizininformatik in Heilbronn und Heidelberg. An der Universität Siegen promovierte er zum Dr. rer. nat. Seit vielen Jahren unterrichtet er Studierende verschiedener Hochschulen und gibt seine praktischen Erfahrungen in Schulungen weiter. Seit 2021 ist er Professor für Angewandte Informatik am Standort Mosbach der Dualen Hochschule Baden-Württemberg. Seit den 1990er Jahren hat er vielfältige Projekte mit C++ umgesetzt und dabei erlebt, wie sich diese Sprache weiterentwickelt hat.

Abkürzungen

CSV	Comma-Separated Values
FIFO	First In First Out
IDE	Integrated Development Environment
LIFO	Last In Last Out
OOP	Objektorientierte Programmierung
VCS	Version Control System
XML	Extensible Markup Language

Abbildungsverzeichnis

Abb. 1.1	Flussdiagramm für das Vertauschen zweier Werte................	8
Abb. 1.2	Flussdiagramm der Prüfung auf Schaltjahr	9
Abb. 1.3	Flussdiagramm für das Zählen von 1 bis 10	10
Abb. 1.4	Flussdiagramm und C++-Quellcode der Dichteberechnung	13
Abb. 1.5	C++-Quellcode und Programmausgabe der Dichteberechnung	13
Abb. 1.6	Quellcode und Ausgabe der Dichteberechnung im Browser	14
Abb. 1.7	Dichteberechnung mit der grafischen Programmiersprache Snap!....	14
Abb. 1.8	Dichteberechnung mit einer Tabellenkalkulation	15
Abb. 2.1	Ausgabe von Hallo Welt......................................	28
Abb. 2.2	Bearbeiten von Quellcode in einem Texteditor	38
Abb. 2.3	Übersetzungsprozess in C++	40
Abb. 2.4	Übersetzen auf der Windows-Kommandozeile	45
Abb. 2.5	Fehlermeldung auf der Windows-Kommandozeile	46
Abb. 2.6	Übersetzung auf der Linux-Kommandozeile.....................	47
Abb. 2.7	Fehlermeldung auf der Linux-Kommandozeile...................	47
Abb. 2.8	Hallo Welt in der Entwicklungsumgebung Code::Blocks	48
Abb. 2.9	Ausführen von Hallo Welt in Code::Blocks......................	49
Abb. 2.10	Hallo Welt mit Fehler in Code::Blocks	49
Abb. 3.1	Ausgabe von Meter2Feet V1	54
Abb. 3.2	Ausgabe von Meter2Feet V2 mit ungültigen Werten...............	67
Abb. 3.3	Wahrheitstafeln der logischen Operatoren !, &&, ||................	70
Abb. 3.4	Ausgabe von Meter2Feet V3 bei Eingabe ungültiger Werte	75
Abb. 3.5	Ausgabe von Meter2Feet V4 bis Eingabe eines ungültigen Wertes....	78
Abb. 3.6	Ausgegebene Umrechnungstabelle in 1er-Schritten	81
Abb. 3.7	Ausgegebene Umrechnungstabelle mit ausgewählten Werten........	88
Abb. 3.8	Ausgabe von Meter2Feet V6	90
Abb. 3.9	Aufbau der Funktion meter2feet()...............................	91
Abb. 3.10	Aufruf der Funktion meter2feet()................................	96
Abb. 3.11	Ausgabe der Vertauschung....................................	101
Abb. 3.12	Beispiel 1 der Qualitätskontrolle	106

Abb. 3.13	Beispiel 2 der Qualitätskontrolle	106
Abb. 3.14	Test der Qualitätskontrolle	114
Abb. 3.15	Test des Sonderfalls der Qualitätskontrolle	114
Abb. 3.16	Fehlerhafte Qualitätskontrolle	115
Abb. 4.1	Ausgabe des Umkehrens mit Variablen	124
Abb. 4.2	Ausgabe des Umkehrens mit einem Feld	126
Abb. 4.3	Zugriff auf Elemente eines C-Feldes	128
Abb. 4.4	Programmausgaben für unterschiedliche Artikelnummern	136
Abb. 4.5	Auszug der Zeichentabelle Windows-1252 (ANSI)	138
Abb. 4.6	Zugriff auf einzelne Zeichen einer Zeichenkette	143
Abb. 4.7	Aufbau einer Modbus-ASCII-Nachricht	146
Abb. 4.8	Ausgabe des Modbus-ASCII-Programms	148
Abb. 4.9	Vergleichen von Zeichenketten	154
Abb. 4.10	Programmausgabe für mehrere Wetternachrichten	156
Abb. 4.11	Suchen in Zeichenketten	157
Abb. 4.12	Variablen und ihre Adressen im Arbeitsspeicher	170
Abb. 4.13	Verändern einer Variablen mit Zeigern	172
Abb. 4.14	C-Felder im Arbeitsspeicher	179
Abb. 5.1	Bild eines Zählers	183
Abb. 5.2	Ausgabe des Zählers V1	185
Abb. 5.3	Lebenszeiten von Objekten der Klasse Counter	199
Abb. 5.4	Ausgabe des Zählers V2	201
Abb. 5.5	Ausgabe des LED-Beispiels	208
Abb. 5.6	Ausgabe der Distanzberechnung	212
Abb. 5.7	Ausgabe des Point-Beispiels	213
Abb. 5.8	Prinzip des Roboterantriebs	217
Abb. 5.9	Ausgabe des Signalbeispiels	225
Abb. 5.10	Ausgabe des Kreis-Beispiels	232
Abb. 5.11	Übersetzungsprozess bei aufgeteiltem Quellcode	239
Abb. 5.12	Übersetzen eines Projekts in Code::Blocks	240
Abb. 6.1	Wirkung von Whitespaces bei der Eingabe	261
Abb. 6.2	Mehrere Eingaben in einer Anweisung	262
Abb. 6.3	FIFO-Verhalten des Ausgabepuffers	263
Abb. 6.4	Endlosschleife bei Falscheingabe	266
Abb. 6.5	Ignorieren von Zeichen mit ignore()	267
Abb. 6.6	Behandlung unerlaubter Eingaben	273
Abb. 6.7	Ausgegebene Umrechnungstabelle mit formatierten Werten	276
Abb. 6.8	Zweispaltige Tabelle mit setw	278
Abb. 6.9	Pfade unter Windows und Linux	282
Abb. 6.10	Textdatei mit Tabulator-getrennten Werten (elements.dat)	285
Abb. 6.11	Fehlermeldung nach ungültiger Quelldatei	287
Abb. 6.12	Ausgabe bei erfolgreicher Konvertierung	287

Abb. 6.13	Ausschnitt der umgewandelten Datei (elements.csv)	288
Abb. 6.14	Lebensdauer eines Datei-Streams	289
Abb. 6.15	Sequenzielles Lesen aus einer Textdatei	292
Abb. 6.16	Inhalt der Testdatei (points.dat)	300
Abb. 6.17	Ausgabe des Punkt-Beispiels	300
Abb. 7.1	Inhalt der Testdatei values.dat	316
Abb. 7.2	Ausgabe der Top-k-Ermittlung für values.dat	316
Abb. 7.3	Iteratoren in zwei verschiedenen Containern.	324
Abb. 7.4	Häufigkeiten der Fehlercodes in errors.log	330
Abb. 7.5	Suchbaum einer map	333
Abb. 7.6	Einfügen in Liste und Feld.	337
Abb. 7.7	Berechnete Kenngrößen für values.dat	345
Abb. 7.8	Normierte Werte der Testdatei (values.norm.dat)	355
Abb. 8.1	Test der überarbeiteten Signal-Klasse	365
Abb. 8.2	Test der überarbeiteten temperatureFromMsg().	372
Abb. 8.3	Unbehandelte Exception bei stod()	376
Abb. 8.4	Behandelte Exception bei stod()	376
Abb. 8.5	Von kleineren zu größeren Datentypen	380
Abb. 8.6	Ausgabe der E-Mail-Prüfung.	393
Abb. 8.7	Ausgabe des Würfelprogramms.	397
Abb. 8.8	Bildschirmausgabe des Rauschgenerators	402
Abb. 8.9	Anfang der erzeugten noise.dat	403
Abb. 8.10	Ergebnis der Laufzeitmessung.	405
Abb. 8.11	Aufruf von ping mit Kommandozeilenparameter	410
Abb. 8.12	Verschiedene Aufrufe des Rauschgenerators.	413
Abb. 8.13	Verschiedene Aufrufe von dirsize	418
Abb. 9.1	In Visual Studio Code geöffnete C++-Datei	439
Abb. 9.2	Debugging mit GDB in Code::Blocks.	441
Abb. 9.3	Meldungen von CppCheck in Code::Blocks	442

Tabellenverzeichnis

Tab. 3.1	Erlaubte und nicht erlaubte Namen	56
Tab. 3.2	Beispiele wichtiger Datentypen in C++	57
Tab. 3.3	Grundlegende arithmetische Operatoren in C++	63
Tab. 3.4	Ausgewählte Operatoren die Zuweisung und Berechnung vereinen	66
Tab. 3.5	Vergleichsoperatoren in C++	69
Tab. 3.6	Logische Operatoren in C++	70
Tab. 4.1	Unterschiedliche Arten der Initialisierung	129
Tab. 4.2	Beispiele für die Länge von Zeichenketten	142
Tab. 4.3	Vergleich des eingegebenen und ausgegebenen Namens	145
Tab. 5.1	Zugreifbarkeit bei der Vererbung	227
Tab. 6.1	Fehlerflags von Ein- und Ausgabe-Streams	270
Tab. 6.2	C++-Standard-Streams für die Ausgabe	275
Tab. 6.3	Ausgewählte Manipulatoren für die Ausgabe	277
Tab. 7.1	Beispiele für Algorithmen des Headers algorithm	327
Tab. 7.2	Beispiele für Algorithmen des Headers numeric	346
Tab. 7.3	Algorithmen aus algorithm für Berechnungen	346
Tab. 8.1	Umwandlung von Zeichenketten	385
Tab. 8.2	Bausteine regulärer Ausdrücke	391
Tab. 8.3	Beispiele regulärer Ausdrücke	391
Tab. 8.4	Ausgewählte Methoden von directory_entry	424
Tab. 8.5	Ausgewählte Funktionen für das Auslesen von Dateieigenschaften	425
Tab. 8.6	Ausgewählte Dateioperationen	425

Quellcodeverzeichnis

Quellcode 1.1	Pseudocode für das Vertauschen zweier Werte	7
Quellcode 2.1	Hallo Welt (hallowelt.cpp)	28
Quellcode 2.2	Das Hauptprogramm int main() von C++ -Programmen	30
Quellcode 2.3	Unübersichtliches Hauptprogramm.	35
Quellcode 2.4	Aufteilung der Anweisungen in einzelne Zeilen.	35
Quellcode 2.5	Einrückung in Anweisungsblöcken.	36
Quellcode 2.6	Lesbarkeit durch Leerzeichen und Leerzeilen.	37
Quellcode 2.7	Einzeilige und mehrzeilige Kommentare	37
Quellcode 3.1	Umrechnung Meter2Feet V1 (meter2feet1.cpp)	54
Quellcode 3.2	Richtiger und falscher Umgang mit Variablen	58
Quellcode 3.3	Deklaration ohne und mit Initialisierung (varnotinit.cpp).	60
Quellcode 3.4	Richtiger und falscher Einsatz von Anführungszeichen bei cout .	61
Quellcode 3.5	Eingabe der Länge mit cin.	61
Quellcode 3.6	Funktion sin aus cmath	65
Quellcode 3.7	Umrechnungsergebnis in der Variablen feet	65
Quellcode 3.8	Umrechnung Meter2Feet V2 (meter2feet2.cpp)	67
Quellcode 3.9	Zuweisen eines logischen Ausdrucks	69
Quellcode 3.10	Programmende bei ungültiger Eingabe.	71
Quellcode 3.11	Gültigkeitsprüfung mit else-Zweig	72
Quellcode 3.12	Fehler durch Verzicht auf Klammern	73
Quellcode 3.13	Bedingte Zuweisung mit if-else	73
Quellcode 3.14	Bedingte Zuweisung mit Operator	74
Quellcode 3.15	Mehrwertige Verzweigung mit switch-case	74
Quellcode 3.16	Umrechnung Meter2Feet V3 (meter2feet3.cpp)	75
Quellcode 3.17	Schleife für Wiederholung ungültiger Eingaben.	76
Quellcode 3.18	Umrechnung Meter2Feet V4 (meter2feet4.cpp)	78
Quellcode 3.19	Eine Endlosschleife mit while.	80
Quellcode 3.20	Umrechnungstabelle mit 1er-Schritten (meter2feet5a.cpp)	81
Quellcode 3.21	Erzeugen der Umrechnungszeilen mit for.	83
Quellcode 3.22	for-Schleife als while-Schleife	85

Quellcode 3.23	Umrechnungstabelle mit ausgewählten Werten (meter2feet5b.cpp).	87
Quellcode 3.24	Umrechnung Meter2Feet V6 (meter2feet6.cpp)	90
Quellcode 3.25	Anweisungen nach return	94
Quellcode 3.26	Funktion isneg mit Wahrheitswert als Ergebnis	94
Quellcode 3.27	Umrechnungstabelle mit der Funktion meter2feet	97
Quellcode 3.28	Unterschiedliche Aufrufe von meter2feet	97
Quellcode 3.29	Vertauschen zweier Werte (swapint.cpp).	100
Quellcode 3.30	Beispiel der void-Funktion showHelp()	101
Quellcode 3.31	Verändern eines Wertparameters	103
Quellcode 3.32	Entwurf der Qualitätskontrolle in Kommentaren (quality1.cpp)	107
Quellcode 3.33	Eingabeschleife der Qualitätskontrolle (quality2.cpp)	109
Quellcode 3.34	Zählen der Werte in der Qualitätskontrolle (quality3.cpp)	110
Quellcode 3.35	Vollständige Qualitätskontrolle (quality4.cpp)	112
Quellcode 3.36	Konstanten für den Normbereich der Qualitätskontrolle	116
Quellcode 3.37	Funktion im Normbereich für die Qualitätskontrolle	117
Quellcode 4.1	Reihenfolge umkehren mit einzelnen Variablen (reversevar.cpp)	124
Quellcode 4.2	Reihenfolge umkehren mit einem Feld (reversearr.cpp).	126
Quellcode 4.3	Durchlaufen des Feldes mit for	130
Quellcode 4.4	Durchlaufen des Feldes mit einer Range-for-Schleife	130
Quellcode 4.5	Unerlaubtes Zuweisen von C-Feldern.	131
Quellcode 4.6	Zugriff auf nicht vorhandenes Element eines C-Feldes	131
Quellcode 4.7	Reihenfolge umkehren mit vector (reversevec.cpp)	133
Quellcode 4.8	Ermitteln des Landes (artnr1.cpp).	136
Quellcode 4.9	Anlegen und Zuweisen von Zeichenketten	141
Quellcode 4.10	Zeichen einer Zeichenkette mit Range-for ausgeben	143
Quellcode 4.11	Zeichen einer Zeichenkette mit Range-for ersetzen	144
Quellcode 4.12	Ausgabe verschiedener Zeichenketten	144
Quellcode 4.13	Einlesen einer Zeichenkette mit cin	145
Quellcode 4.14	Verarbeiten von Modbus-ASCII-Nachrichten (modbus1.cpp)	148
Quellcode 4.15	Verbinden von Zeichenketten	149
Quellcode 4.16	Fehler beim Zusammenfügen von Zeichenkette und Zahl	150
Quellcode 4.17	Zusammenfügen von Zeichenkette und Zahl mit to_string	150
Quellcode 4.18	Beispiele für das Verwenden von.substr()	151
Quellcode 4.19	Ende einer Zeichenkette entnehmen (lastchars.cpp)	152
Quellcode 4.20	Quellcode für das Auslesen der Temperatur (weather1.cpp)	156
Quellcode 4.21	Umwandeln in verschiedene Zahlsysteme mit stoi	159
Quellcode 4.22	Fehlerhaftes Verbinden von String-Literalen	161
Quellcode 4.23	Funktionierendes Verbinden von String-Literalen	162
Quellcode 4.24	Fahrtrichtung als Ganzzahl	163

Quellcode 4.25	Fahrtrichtung mit Konstanten	163
Quellcode 4.26	Fahrtrichtung mit Aufzählungstyp	165
Quellcode 4.27	Ausgabe bei Aufzählungstypen	166
Quellcode 4.28	Zuweisen von Zahlenwerten bei enum	166
Quellcode 4.29	Namenskonflikt zwischen zwei Aufzählungstypen	167
Quellcode 4.30	Fahrtrichtung als scoped enum	167
Quellcode 4.31	Ermitteln der Adresse einer Variablen	172
Quellcode 4.32	Zugriff durch Dereferenzieren eines Zeigers	173
Quellcode 4.33	Dynamische Speicherverwaltung mit new und delete	175
Quellcode 4.34	Call-by-Reference mit Zeigern (swapintptr.cpp)	177
Quellcode 4.35	stoi mit Anzahl umgewandelter Zeichen	177
Quellcode 4.36	Fehler im Umgang mit C-Feldern	178
Quellcode 4.37	Zugriff auf vorhandene und nicht vorhandene Feldelemente	179
Quellcode 5.1	Objektorientierter Zähler V1 (counter1.cpp)	185
Quellcode 5.2	Variable als Zähler	186
Quellcode 5.3	Grundgerüst einer Klassendeklaration	189
Quellcode 5.4	Klassendeklaration mit Attribut cnt	190
Quellcode 5.5	Noch unvollständige Klassendeklaration von Counter	192
Quellcode 5.6	Methodendefinitionen der Klasse Counter	195
Quellcode 5.7	Vollständige Deklaration der Klasse Counter	196
Quellcode 5.8	Methodenaufruf am Beispiel eines string-Objekts	199
Quellcode 5.9	Objektorientierter Zähler V2 (counter2.cpp)	201
Quellcode 5.10	Prüfen auf negativen Zählerstand	201
Quellcode 5.11	Methode down() mit Schutz vor negativen Werten	203
Quellcode 5.12	Eine einfache LED-Klasse (led1.cpp)	207
Quellcode 5.13	isOn()-Methode mit cout	210
Quellcode 5.14	Berechnen der Distanz zweier Punkte (point0.cpp)	211
Quellcode 5.15	Klasse Point (point1.cpp)	212
Quellcode 5.16	Funktionen als mögliche Kandidaten für Methoden	214
Quellcode 5.17	distTo() mit Wertparameter	215
Quellcode 5.18	distTo() mit Referenzparameter	216
Quellcode 5.19	distTo() mit const-Referenz	217
Quellcode 5.20	Motor- und Drive-Klasse (drive1.cpp)	220
Quellcode 5.21	Definition des Konstruktors der Klasse Drive	222
Quellcode 5.22	Alternative Definition des Konstruktors der Klasse Led	223
Quellcode 5.23	Von vector<double> abgeleitete Signal-Klasse (signal1.cpp)	225
Quellcode 5.24	Überschreiben der Methode size()	227
Quellcode 5.25	Weiterreichen von Parametern an den Konstruktor der Basisklasse	228
Quellcode 5.26	Header-Datei der Klasse Circle (circle.h)	231
Quellcode 5.27	Methodendefinitionen der Klasse Circle (circle.cpp)	232

Quellcode 5.28	Hauptprogramm zur Anwendung der Klasse Circle (main.cpp)	232
Quellcode 5.29	#include-Anweisungen der main.cpp	234
Quellcode 5.30	#include-Wächter in circle.h	235
Quellcode 5.31	Doppeltes Einbinden von circle.h	235
Quellcode 5.32	Header-Datei für Hilfsfunktionen (utils.h)	238
Quellcode 5.33	Vollständige Hilfsfunktionen (utils.cpp)	238
Quellcode 5.34	Deklaration von Counter mit überladenem Operator (counter3.cpp)	241
Quellcode 5.35	Überladen des Operators == (counter3.cpp)	242
Quellcode 5.36	Klasse Counter mit Inline-Definition (counter1inl.cpp)	243
Quellcode 5.37	Aufrufen einer statischen Methode	245
Quellcode 5.38	Konstruktoraufrufe und Zuweisungen bei string	249
Quellcode 5.39	Erzeugen eines Led-Objekts als Kopie (led2.cpp)	249
Quellcode 6.1	Einlesen eines int-Wertes	265
Quellcode 6.2	Schleife zur Eingabe positiver Werte (input1.cpp)	266
Quellcode 6.3	Stream-Einstellungen durch Methoden ändern (formatmethod.cpp)	268
Quellcode 6.4	Stream-Einstellungen durch Manipulatoren ändern (formatmanip.cpp)	269
Quellcode 6.5	Überprüfen der Eingabe mit der Methode fail()	270
Quellcode 6.6	Einlesen als Schleifenbedingung	271
Quellcode 6.7	getline als Schleifenbedingung	271
Quellcode 6.8	Stream blockiert nach Eingabefehler	272
Quellcode 6.9	Robustes Einlesen positiver Werte (input2.cpp)	273
Quellcode 6.10	Ausgaben mit den Standard-Streams	275
Quellcode 6.11	Umrechnungstabelle mit formatierten Werten (meter2feet5c.cpp)	276
Quellcode 6.12	Anzeigen einer zweispaltigen Tabelle mit setw	278
Quellcode 6.13	Standardmäßige Ausgabe von Dezimalzahlen	279
Quellcode 6.14	Festlegen der Nachkommastellen	279
Quellcode 6.15	Festlegen von Füllzeichen mit setfill	280
Quellcode 6.16	Umwandeln der Tabulator-getrennten Datei (elemconv.cpp)	287
Quellcode 6.17	Überprüfen des Öffnens einer Datei	291
Quellcode 6.18	Beispiel für das Lesen aus einem String-Stream	296
Quellcode 6.19	Beispiel für das Schreiben in einen String-Stream	297
Quellcode 6.20	Klasse Point mit überladenen Shift-Operatoren (point2.cpp)	299
Quellcode 6.21	Deklaration des Operators >>	301
Quellcode 6.22	Definition des Operators >>	301
Quellcode 6.23	Deklaration des Operators <<	302
Quellcode 6.24	Definition des Operators <<	303
Quellcode 6.25	Verwenden der Funktion print	304

Quellcode 6.26	Verwenden der Funktion format	305
Quellcode 7.1	Top-k-Werte ermitteln (topk.cpp)	315
Quellcode 7.2	Größe anpassen mit resize()	318
Quellcode 7.3	Verwenden von size_t	320
Quellcode 7.4	Fehler bei Berechnungen mit size_t	321
Quellcode 7.5	Anzeigen aller Elemente mit Range-for	322
Quellcode 7.6	Anzeigen aller Elemente mit for	322
Quellcode 7.7	Ausgabe der drei größten Elemente	323
Quellcode 7.8	Verwenden von auto mit Iteratoren	325
Quellcode 7.9	for-Schleife mit Iteratoren	325
Quellcode 7.10	rbegin() und rend() für umgekehrte Reihenfolge	326
Quellcode 7.11	Ändern der Sortierreihenfolge bei sort()	328
Quellcode 7.12	Ermitteln der Häufigkeit von Fehlercodes (errorstat.cpp)	330
Quellcode 7.13	Verwenden einer map	331
Quellcode 7.14	Verwenden eines pair-Objekts	332
Quellcode 7.15	Schleife mit aufgeteilten Wertepaaren	336
Quellcode 7.16	Signal-Klasse mit vector-Attribut (signal2.cpp)	343
Quellcode 7.17	Qualitätskontrolle auswerten (stat.cpp)	345
Quellcode 7.18	Typumwandlung bei accumulate	347
Quellcode 7.19	accumulate mit string-Zeichenketten	348
Quellcode 7.20	Bestimmen des kleinsten und größten Wertes	349
Quellcode 7.21	Spannweite mit minmax_element berechnen	349
Quellcode 7.22	Capture bei einem Lambda-Ausdruck	351
Quellcode 7.23	Klasse NotInRange für Funktionsobjekte (statfunc.cpp)	352
Quellcode 7.24	NotInRange-Objekt als Funktion	352
Quellcode 7.25	count_if mit Funktionsobjekt (statfunc.cpp)	352
Quellcode 7.26	Normieren von Werten (norm.cpp)	355
Quellcode 7.27	transform für das Normieren	356
Quellcode 7.28	Normierte Werte in separatem Feld	357
Quellcode 8.1	Erweiterte Signal-Klasse (signal3.cpp)	364
Quellcode 8.2	Methode load() mit Fehlermeldungen	368
Quellcode 8.3	Überarbeitetes Auslesen der Temperatur (weather2.cpp)	372
Quellcode 8.4	Referenzparameter für getrennte Auswertung des Erfolgs	374
Quellcode 8.5	pair für getrennte Auswertung des Erfolgs (relchange.cpp)	375
Quellcode 8.6	Berechnungen und Zuweisungen zwischen verschiedenen Typen	378
Quellcode 8.7	Arithmetische Ausdrücke mit Literalen	381
Quellcode 8.8	Interpretation ganzer Zahlen als Wahrheitswert	382
Quellcode 8.9	Interpretation von Wahrheitswerten als ganze Zahl	382
Quellcode 8.10	Beispiele der impliziten Umwandlung von Klassen	383
Quellcode 8.11	Division als int und als double	383
Quellcode 8.12	between() für verschiedene Typen (between1.cpp)	386

Quellcode 8.13	Funktionstemplate between() (between2.cpp)	387
Quellcode 8.14	Prüfen von E-Mail-Adressen (email1.cpp)	393
Quellcode 8.15	Würfelprogramm (dice.cpp)	397
Quellcode 8.16	Mehrfaches Würfeln	400
Quellcode 8.17	Würfeln mit zeitbasiertem Seed-Wert (dicetime.cpp)	401
Quellcode 8.18	Generator für normalverteilte Zufallszahlen (noise.cpp)	402
Quellcode 8.19	Laufzeit einer Funktion messen (runtime1.cpp)	405
Quellcode 8.20	Ermitteln der Zeitdauer in Sekunden	407
Quellcode 8.21	Rauschgenerator mit Kommandozeilenparametern (noisecmd.cpp)	412
Quellcode 8.22	Hauptprogramm für Kommandozeilenparameter	413
Quellcode 8.23	Berechnen der Ordnergröße (dirsize.cpp)	417
Quellcode 8.24	Beispiele für das Anlegen von Pfaden	420
Quellcode 8.25	Ausgabe von Pfaden	422
Quellcode 8.26	Verzeichnisinhalte rekursiv mit Range-for durchlaufen	423
Quellcode 8.27	Anlegen eines Ordners überwachen	426
Quellcode 9.1	Hauptprogramm einer grafischen Qt-Anwendung	434
Quellcode 9.2	Beispiel für das Verknüpfen von Signals und Slots in Qt	435
Quellcode 9.3	Filtern eines Kamerabildes mit OpenCV	436
Quellcode 9.4	Beispiel eines Arduino-Sketches	438

1   Denken und Programmieren

Zusammenfassung

Vor dem Programmieren stehen das Nachdenken und Planen. Es führt auf Algorithmen, die Schritt für Schritt Lösungswege für Probleme beschreiben. Mithilfe einer Programmiersprache überführt man sie in den Quellcode eines Programms. Dieser wird anschließend in den Maschinencode übersetzt, den ein Prozessor ausführen kann.

1.1   Eine Welt von Computern

Computer sind eine große Errungenschaft unserer Zeit. Auch wenn ihr Name den Fokus auf das Rechnen legt, nutzen wir sie für weit mehr als Berechnungen: Wir durchsuchen mit ihnen das Internet, senden E-Mails oder nehmen an Videokonferenzen teil. Wir streamen mit ihnen unsere Lieblingsfilme, spielen oder nutzen sie für andere Hobbys.

Die Vielfalt der Computer
Vielleicht haben wir bei diesen Beispielen das Gerät vor Augen, das auf oder unter dem Schreibtisch steht – ein Computer mit Tastatur, Maus, Bildschirm usw. – ein *Personal Computer* (PC).

Auch unsere Mobiltelefone und Tablets sind Computer. Sie haben den Vorteil, dass wir sie leicht mitnehmen können und sie – im Fall der Mobiltelefone – unsere ständigen Begleiter sind.

Daneben stehen in Rechenzentren besonders leistungsfähige Computer, die man als *Server* bezeichnet. Sie stellen Programme und Dateien bereit, auf die wir über Netzwerke zugreifen können. Sie speichern große Mengen an Daten. Nicht zuletzt sind sie notwendig für das, was wir heute als „die Cloud" bzw. als *Cloud Computing* bezeichnen.

Embedded Systems als Helfer im Hintergrund
Weniger offensichtlich sind dagegen die sog. *Embedded Systems*. Sie sind in ein technisches Umfeld eingebunden und sorgen so dafür, dass es im Zimmer hell und gleichmäßig warm ist. Sie steuern die Waschmaschine oder den Saugroboter. Als Steuergerät übernehmen sie in Autos viele wichtige Aufgaben. In der Fertigung steuern sie Maschinen.

Früher entwickelte man elektronische Schaltungen, die die gewünschten Steuerungs- oder Regelungsaufgaben erfüllten. Dies war und ist in manchen Bereichen ausreichend, allerdings stößt man an Grenzen bei der Leistungsfähigkeit und der Anpassbarkeit. Heute setzt man meist eine besondere Art von Computern ein; sie verfügen typischerweise nicht über Tastatur und Maus, oft auch nicht über einen Bildschirm. Stattdessen sind sie mit Sensoren (z. B. für Temperatur) und Aktoren (z. B. Motoren) verbunden; sie erfassen mit den Sensoren Daten und steuern die Aktoren an. Rechenleistung und Speicherplatz sind meist geringer als z. B. in einem PC. Sie werden aber ebenfalls programmiert und erfüllen so ihre vorgesehenen Aufgaben.

> Embedded Systems umgeben uns in großer Zahl und arbeiten doch für uns meist unsichtbar in einem technischen Umfeld.

Der Prozessor als Befehlsempfänger
Eine wichtige Gemeinsamkeit haben Mobiltelefon, PC, Server und Embedded System: In ihnen arbeitet mindestens ein *Prozessor*. Der englische Begriff *CPU* (Central Processing Unit) drückt diese Wichtigkeit aus; der Prozessor ist das zentrale, unverzichtbare Bauteil eines Computers. Und das, obwohl der Prozessor nur ein Befehlsempfänger ist.

> Ein Prozessor nimmt Befehle entgegen und führt sie aus – dies jedoch zuverlässig und mit hoher Geschwindigkeit.

Doch sollte man sich hier keine falschen Vorstellungen machen: Die Befehle, die ein Prozessor verarbeiten kann, sind äußerst primitiv – mit ihnen lassen sich zwei Zahlen addieren oder subtrahieren, prüfen, ob eine Zahl 0 ist, Werte aus dem Speicher laden oder in ihn schreiben usw. Hier ist man weit entfernt von 3D-Grafik oder Künstlicher Intelligenz. Dennoch bilden diese Befehle die Sprache, die der Prozessor verarbeiten kann. Wäre er ein Mensch, würde man sagen, dass er nur diese Sprache versteht.

Möchte man erreichen, dass der Computer eine bestimmte Aufgabe erfüllt, muss man dem Prozessor die richtige Abfolge dieser einfachen Befehle geben – man muss ihn *programmieren*.

1.2 Eine von Software geprägte Welt

Durch Programmieren erzeugt man *Software*[1]; man kann sie im Gegensatz zur *Hardware* nicht anfassen. Zur Hardware gehören daher der Prozessor, das Gehäuse mit allen Anschlüssen, das Netzteil für die Stromversorgung, Bildschirm, Tastatur, Maus usw. Aber erst mit der Software wird die Hardware für uns nützlich.

Die Vielfalt von Software
Wenn wir an Software denken, haben wir meist *Desktop-Anwendungen* mit grafischer Benutzeroberfläche (*GUI*[2]) vor Augen, die sich mit der Maus oder Touch-Eingaben bedienen lassen. Auch *Web-Anwendungen*, die wir mit unserem Webbrowser nutzen, und *Apps* auf unserem Mobiltelefon prägen unseren Alltag.

Programmiert haben Menschen aber auch das auf dem Computer installierte Betriebssystem (z. B. Microsoft Windows).

Software im Verborgenen
Die bisherigen Beispiele sind uns vertraut, weil wir vermutlich täglich mit dieser Art Software arbeiten. Daneben gibt es viele Arten von Software, die unverzichtbar und doch eher unsichtbar sind.

Hierzu gehören die sog. *Treiber*, die wir benötigen, um einen neuen Drucker oder ein anderes Gerät an den Computer anzuschließen. Sie werden ebenfalls programmiert. Gleiches gilt für verschiedenste Programme, die im Hintergrund arbeiten – also ohne schicke Bedienoberfläche. Bei ihnen handelt es sich meist um sog. *Konsolenanwendungen*.

Software in Embedded Systems
Noch verborgener ist Software meist in Embedded Systems: Steuergeräte in Autos, digitale Thermostate an Heizkörpern, Lampen mit App-Steuerung, Waschmaschinen und vieles mehr – sie alle enthalten Software, die für das notwendige Verhalten sorgt.

> Software erlaubt es uns, Wichtiges in großen Datenmengen aufzuspüren, Abläufe zu automatisieren, über weite Entfernungen zusammenzuarbeiten oder intuitiver mit Computern umzugehen. Kurz: Unsere Welt ist von Software geprägt.

---

[1] Streng genommen zählen zu Software aber auch alle anderen Daten, die auf einem Computer gespeichert sind.
[2] Graphical User Interface

1.3 Vom Problem zur Lösung

1.3.1 Beispiel: Das Neue Regal

Der Umzug in die neue Wohnung ist beinahe geschafft. Allerdings sehen Sie, dass der Platz in den Regalen für die vielen Bücher in den Umzugskartons nicht ausreicht. Also fahren Sie in das Möbelhaus und tragen kurz darauf ein weiteres Paket in die Wohnung. Es enthält viele Bretter und Kleinteile. Aus ihnen soll rasch das Regal entstehen. Doch wie?

Ihre Situation könnte man als ein *Problem* bezeichnen (Dörner, 1987):

1. Sie befinden sich in einem unerwünschten Ist-Zustand – vor Ihnen liegen die vielen Einzelteile.
2. Sie wollen zu einem erwünschten Soll-Zustand gelangen – dem neuen Regal.
3. Sie stehen vor einer Barriere; Sie wissen noch nicht, welche Schritte Sie vom Ist- zum Soll-Zustand bringen – also wie man das Regal aufbaut.[3]

Hilfe bietet uns die Aufbauanleitung. Sie zeigt Schritt für Schritt, was zu tun ist. Setzen wir diese Schritte in der vorgesehenen Reihenfolge um, erreichen wir das Ziel, und vor uns steht das neue Regal. Das setzt jedoch voraus, dass die Schritte unmissverständlich beschrieben sind.

Solche schrittweisen Anleitungen begegnen uns häufig:

- Als Kinder haben wir damit Häuser, Raumschiffe usw. aus Plastikbausteinen zusammengebaut.
- In Kochbüchern erfahren wir, wie aus einzelnen Zutaten leckeres Essen wird.
- Im Erste-Hilfe-Kurs lernen wir die einzelnen Schritte, um Menschen zu helfen.
- In einer Fabrik beschreiben sie, wie Maschinen eingesetzt werden müssen, um aus einzelnen Teilen ein komplexes Produkt herzustellen.

In all diesen Fällen führt die Anleitung Schritt für Schritt zuverlässig zur Lösung. Die einzelnen Schritte sind hierbei einfach, selbst bei komplexen Problemen.

1.3.2 Algorithmen als Schritt-für-Schritt-Anleitung

Die Informatik befasst sich ebenfalls mit dem Lösen von Problemen. Folgende Beispiele zeigen deren Vielfalt:

---

[3] Kennt man die Schritte bereits und könnte sie umsetzen, entfällt die Barriere und man würde statt eines Problems von einer Aufgabe sprechen.

1.3 Vom Problem zur Lösung

- Navigationssysteme bestimmen den kürzesten Weg zwischen zwei Orten.
- Suchmaschinen liefern die für eine Suchanfrage relevantesten Ergebnisse.
- Online-Shops zeigen Produkte an, die aufgrund früherer Einkäufe interessant sein könnten.

In endlich vielen Schritten zur Lösung

Für solche Probleme lassen sich Lösungswege finden, die – wie beim Aufbau des Regals – aus mehreren einfachen Teilschritten bestehen. Sie ähneln den Schritt-für-Schritt-Anleitungen aus Abschn. 1.1. Allerdings richten sie sich nicht vorrangig an Menschen, sondern sind dazu gedacht, die Schritte *maschinell* auszuführen – zum Beispiel mit einem Computer.

> Ein *Algorithmus* ist eine Folge endlich vieler Teilschritte; führt man diese Teilschritte in der vorgesehenen Reihenfolge aus, löst man damit eine bestimmte Art von Problemen.

Es gibt Algorithmen, um nach Werten zu suchen, eine Folge von Werten zu sortieren, Zufallszahlen zu erzeugen, Daten zu verschlüsseln, kürzeste Wege zu ermitteln sowie viele mehr. Manche dieser Algorithmen sind sehr einfach – zum Beispiel das Vertauschen zweier Werte.

> Meist *kombiniert* man mehrere einfache bzw. grundlegende Algorithmen, um komplexere Algorithmen für schwierige Probleme zu erhalten.

Maschinelle Ausführung als Ziel

Wie man ein Regal aufbaut oder das Lieblingsgericht kocht, kann man schrittweise beschreiben. Der Begriff Algorithmus schließt aber meist mit ein, dass man seine maschinelle Ausführung anstrebt. Ein Kochrezept würde man daher normalerweise nicht als Algorithmus bezeichnen, auch wenn es ihm ähnelt.

> Möchte man ein Problem oder eine Aufgabe mit einem Computer lösen, muss man zunächst einen geeigneten Lösungsweg finden und diesen in Form eines Algorithmus in Teilschritte zerlegen. Das Programmieren kommt erst *danach*.

1.3.3 Schritt für Schritt mit Sequenzen

Die Definition von Algorithmen führt auf zwei wichtige Bestandteile von Algorithmen: *elementare Operationen* (z. B. einen Wert zuweisen, eine einfache Berechnung durchführen, etwas ein- oder ausgeben usw.) und *Sequenzen*.

Sequenzen als Teil von Algorithmen

> Eine Sequenz ist eine lineare Folge elementarer Operationen, die nacheinander ausgeführt werden.

Als Beispiel dient uns das Vertauschen zweier Werte. Diesen Algorithmus kann man sich leicht vorstellen[4]: Hält man in der linken Hand einen Apfel und in der rechten eine Birne, soll nach dem Vertauschen die Birne in der linken Hand und der Apfel in der rechten Hand sein. Also legt man den Apfel auf den Tisch (Operation 1) und nimmt die Birne in die linke Hand (Operation 2). Die rechte Hand nimmt nun den Apfel vom Tisch (Operation 3). Der Algorithmus besteht aus einer Sequenz dieser drei Operationen. Hält man sich an diese Reihenfolge, gelingt das Vertauschen.

Alternativen zu natürlicher Sprache

Den Vertauschungsalgorithmus durch natürliche Sprache zu beschreiben, ist möglich, aber bei komplexeren Algorithmen schnell unübersichtlich und fehleranfällig. Stattdessen nutzt man häufig *Pseudocode* oder *Flussdiagramme*.[5]

Beschreiben mit Pseudocode

> Pseudocode beschreibt Algorithmen in Form von Text; er ist aber nicht einheitlich definiert.

In Pseudocode könnte man das Vertauschen wie in Quellcode 1.1 beschreiben. Die linke Hand stellt man sich als Variable a vor, die rechte als Variable b und den Tisch als Variable h. Sollen die Inhalte von a (rechte Hand) und b (linke Hand) vertauscht werden, bekommt h (der Tisch) zunächst den Inhalt von a, anschließend a den Inhalt von b und schließlich b den Inhalt von h.

---

[4] Oder man kann ihn mit zwei Gegenständen ausprobieren.
[5] Im Deutschen bezeichnet man sie auch als Programmablaufpläne (PAP), im Englischen als Flow Charts.

1.3 Vom Problem zur Lösung

```
VERTAUSCHE( a, b )
  h := a
  a := b
  b := h
```

Quellcode 1.1 Pseudocode für das Vertauschen zweier Werte

> In Pseudocode drücken a := b oder a←b aus, dass der Variablen a der Inhalt (d. h. der aktuelle Wert) der Variablen b zugewiesen wird.

Dieses Zuweisen von Werten sieht auf den ersten Blick merkwürdig aus. So bedeutet z. B. a:=a+1, dass der Wert der Variablen a um 1 erhöht wird. Es ist also keine Gleichung, sondern eine *Zuweisung*.

Beschreiben mit Flussdiagrammen
Häufig möchte man Algorithmen grafisch beschreiben, da diese Darstellung für viele Menschen leichter zu verstehen ist.

> *Flussdiagramme* beschreiben Algorithmen durch festgelegte grafische Elemente. Pfeile drücken die Abfolge der Operationen aus.

Abb. 1.1 zeigt ein solches Flussdiagramm für den Vertauschungsalgorithmus. Die abgerundeten Rechtecke repräsentieren die Start- und Endpunkte. Die Rechtecke enthalten die einzelnen Operationen. Die Sequenz ist darin gut als lineare Abfolge der Operationen zu erkennen.

1.3.4 Verzweigen mit Bedingungen

Für manche Algorithmen reicht das sequenzielle Ausführen von Operationen nicht aus. Häufig benötigt man Fallunterscheidungen, z. B., ob eine Zahl gerade oder ungerade ist. In solchen Fällen spricht man von *Verzweigungen*.

Verzweigen anhand von Bedingungen

> Eine Verzweigung prüft eine festgelegte Bedingung und führt je nach Ausgang dieser Prüfung bestimmte Operationen aus.

Abb. 1.1 Flussdiagramm für das Vertauschen zweier Werte

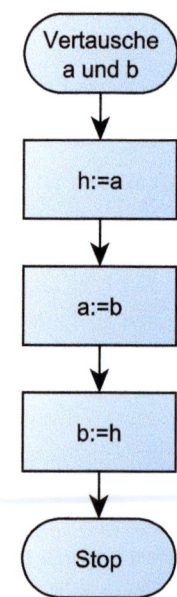

Im Pseudocode drückt man eine Verzweigung meist durch `if` oder `wenn` aus. In Flussdiagrammen verwendet man eine Raute, in die man die Bedingung schreibt. Diese Bedingung muss ein eindeutiges Ergebnis besitzen, in der Regel handelt es sich um eine *logische Bedingung*.

> Eine logische Bedingung ist entweder erfüllt oder nicht erfüllt; man bezeichnet diese beiden Fälle als *wahr* (true) oder *falsch* (false).

Beispiel: Schaltjahr

Als Beispiel für eine Verzweigung dient die Prüfung, ob ein Jahr ein Schaltjahr ist: Ein Schaltjahr liegt bis auf wenige Ausnahmen dann vor,[6] wenn die Jahreszahl durch 4 teilbar ist. Ist sie durch 100 teilbar, liegt kein Schaltjahr vor, es sei denn, sie ist durch 400 teilbar.

Ob eine Zahl durch 4 (oder eine andere Zahl) teilbar ist, ist eine logische Bedingung – entweder ist die Zahl teilbar („ja"/„wahr") oder eben nicht („nein"/„falsch"). Von dieser Bedingung hängt ab, welche Operationen ausgeführt werden.

---

[6] Zumindest im heute verbreiteten sog. Gregorianischen Kalender.

1.3 Vom Problem zur Lösung

Verzweigungen in Flussdiagrammen

Im Flussdiagramm (Abb. 1.2) erkennt man, dass für die Prüfung auf ein Schaltjahr drei Verzweigungen (aber auch Sequenzen) notwendig sind. Zunächst prüft man, ob das Jahr durch 4 teilbar ist. Wenn nicht, handelt es sich um kein Schaltjahr. Wenn doch, prüfen wir anschließend, ob die Jahreszahl durch 100 teilbar ist. Wenn nicht, handelt es sich um ein Schaltjahr. Ist sie durch 100 teilbar, prüfen wir, ob sie auch durch 400 teilbar ist. Ist das der Fall, handelt es sich um ein Schaltjahr, sonst nicht.

Man könnte das nun leicht für das Jahr 1900 durchspielen: 1900 ist durch 4 teilbar, auch durch 100, nicht aber durch 400, also handelt es sich um kein Schaltjahr.

1.3.5 Wiederholen mit Schleifen

In Algorithmen ist es oft notwendig, bestimmte Schritte mehrmals auszuführen, ohne dieselben Schritte mehrfach in eine Sequenz aufzunehmen. Daher sind *Wiederholungen* ein häufig anzutreffendes Element von Algorithmen. Man nennt sie auch *Schleifen*.

Schleifen in Pseudocode und Flussdiagrammen

> Schleifen sorgen in Algorithmen dafür, dass Operationen oder Sequenzen wiederholt ausgeführt werden.

Abb. 1.2 Flussdiagramm der Prüfung auf Schaltjahr

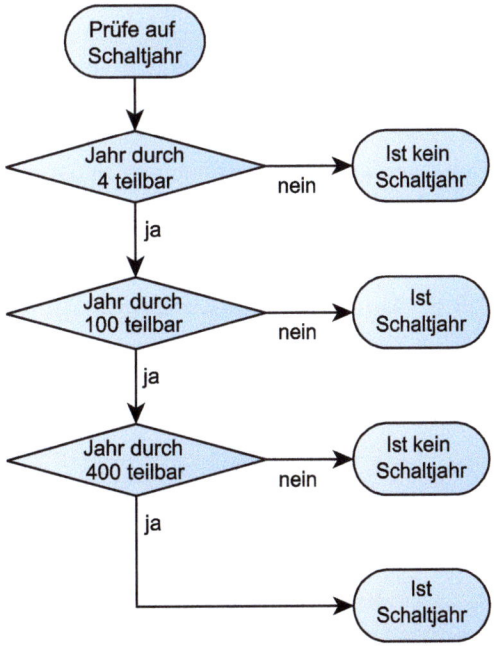

Abb. 1.3 Flussdiagramm für das Zählen von 1 bis 10

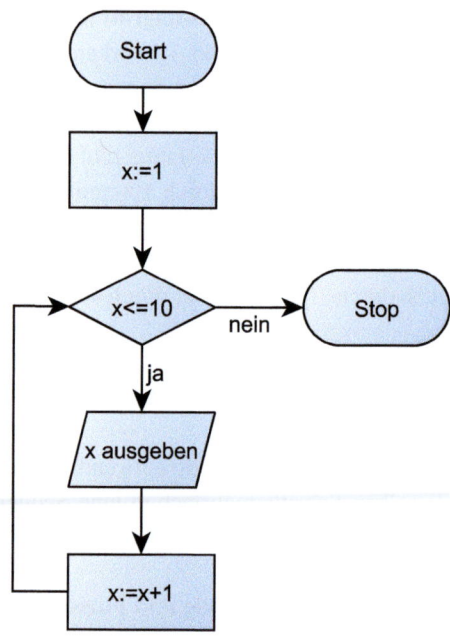

Im Pseudocode drückt man Schleifen meist durch Wörter wie `while`, `repeat`, `loop` oder `wiederhole` aus. In Flussdiagrammen erreicht man eine Wiederholung, in dem der Pfeil auf einen vorherigen Schritt einer Sequenz verweist.

Beispiel: Zählen von 1 bis 10
Abb. 1.3 zeigt, wie man mit einer Wiederholung von 1 bis 10 zählen kann.[7] Hierfür benötigt man außerdem Sequenz und Verzweigung. Die Variable x wird anfangs mit dem Startwert 1 initialisiert. Die anschließende Verzweigung prüft, ob x kleiner oder gleich dem Endwert 10 ist. Ist dies der Fall, wird x ausgegeben und anschließend um 1 erhöht. Der abgehende Pfeil führt nun zurück auf die Verzweigung – hier entsteht die Schleife. Sobald x nicht mehr kleiner oder gleich 10 ist (also größer als 10), endet die Schleife.

1.3.6 Gute und schlechte Algorithmen

Algorithmen erfordern ein Denken in Einzelschritten, oft auch etwas formal und abstrakt. Lässt man sich darauf ein, kann man mit Sequenzen, Verzweigungen und Schleifen

---

[7] Das erscheint auf den ersten Blick vielleicht überflüssig, tatsächlich muss man in der Praxis häufig einen Schritt eine bestimmte Anzahl von Malen wiederholen.

1.3 Vom Problem zur Lösung

bereits viele Algorithmen entwerfen. Doch nicht alle eignen sich als maschinell umsetzbare Algorithmen.

Anforderungen an Algorithmen
Gute Algorithmen erfüllen die folgenden Anforderungen:

1. Sie sind *eindeutig* beschrieben und legen Start, Ende sowie die Schritte dazwischen eindeutig fest.
2. Sie sind *korrekt* und liefern für alle Eingaben in *endlicher Zeit* (also nach endlichen vielen Schritten) das richtige Ergebnis.
3. Sie sind *allgemein,* da sie sich auf mehrere gleichartige Probleme anwenden lassen.
4. Sie sind *effizient,* führen also nicht unnötig umständlich zu dem gewünschten Ergebnis.
5. Sie lassen sich *ausführen.*

Während die ersten vier Punkte naheliegend sind, bedarf der letzte Punkt einiger Erläuterungen. Die bislang betrachteten Beispiele – Vertauschen, Prüfung auf Schaltjahr und Zählen von 1 bis 10 – sind ohne Frage von einer Maschine, typischerweise einem Computer, ausführbar. Den Algorithmen liegen Berechnungen und Vergleiche zugrunde, deren Umsetzung man von einer Maschine erwarten kann.

Kreativität, Improvisation und Emotion als Grenze
Was aber, wenn wir ein Bild malen sollen, das ausdrückt, wie wir uns gerade fühlen? Wir Menschen verfügen über Emotionen und Kreativität, womit wir ein solches Bild malen können. Darüber hinaus sind wir in der Lage zu improvisieren. Gibt es gerade keinen Hammer, um einen Nagel in die Wand zu schlagen, versuchen wir es ersatzweise mit einer Zange oder einem Stein. Sollen Algorithmen ausführbar sein, muss man sich diese Unterschiede zwischen Mensch und Maschine vor Augen führen.

> Grenzen sind bei Algorithmen bzw. einer maschinellen Lösung erreicht, wenn Kreativität, Improvisation oder Emotionen für die Lösung eines Problems notwendig sind.

1.3.7 Algorithmen und ihre Ausführung

Algorithmen beschreiben, was in welcher Reihenfolge getan werden *müsste,* um bestimmte Probleme zu lösen. Sie ähneln darin einem Kochrezept. Ein Kochrezept macht jedoch nicht satt – es bleibt ein Plan, solange man nicht mit dem Kochen beginnt. Und so muss auch ein Algorithmus ausgeführt werden, um das Problem zu lösen.

Plan vs. Ausführung

> In Computern setzt man Algorithmen in *Programmen* um und führt diese Programme anschließend aus. Damit löst man ein *konkretes* Problem oder eine Aufgabe.

Programme sind der Schlüssel dazu, unsere Algorithmen im Computer zum Leben zu erwecken. Mit ihnen lassen sich die geplanten Lösungsschritte so aufbereiten, dass ein Prozessor sie in der vorgesehenen Reihenfolge ausführen kann.

Mit Quellcode zur Ausführung

> Programme bestehen aus einer Folge von *Anweisungen*. Die Anweisungen werden in einer *Programmiersprache* formuliert und bilden den *Quellcode* des Programms.

Zu programmieren bedeutet demnach, in einer Programmiersprache einen Quellcode zu schreiben, der die notwendigen Anweisungen enthält, mit denen man das betrachtete Problem löst. C++ ist eine solche Programmiersprache.

▶ **Tipp** Nicht immer ist es nötig, neue Programme zu erstellen. Oft lassen sich Probleme auch mit bestehender Software lösen.

1.4 Von Algorithmen zu Programmen

1.4.1 Beispiel: Dichteberechnung

Die Dichte eines Stoffes lässt sich leicht als Quotient aus Masse und Volumen berechnen – entsprechend einfach ist auch das zugehörige Flussdiagramm in Abb. 1.4. Die Berechnung lässt sich auf unterschiedliche Weise in Programmen umsetzen.

Dichteberechnung mit C++
Entscheidet man sich beispielsweise für C++ als Programmiersprache, muss man jeden Teilschritt in geeignete C++-Anweisungen überführen. Welche Anweisungen das sind, erklären die folgenden Kapitel ausführlich.

Im Quellcode des Programms erkennt man, dass manche Elemente von C++ wiederholt auftreten und dass es Regeln gibt, wie man diese Elemente verwendet. Zum Beispiel enden viele Zeilen des C++-Quellcodes mit einem Semikolon.

1.4 Von Algorithmen zu Programmen

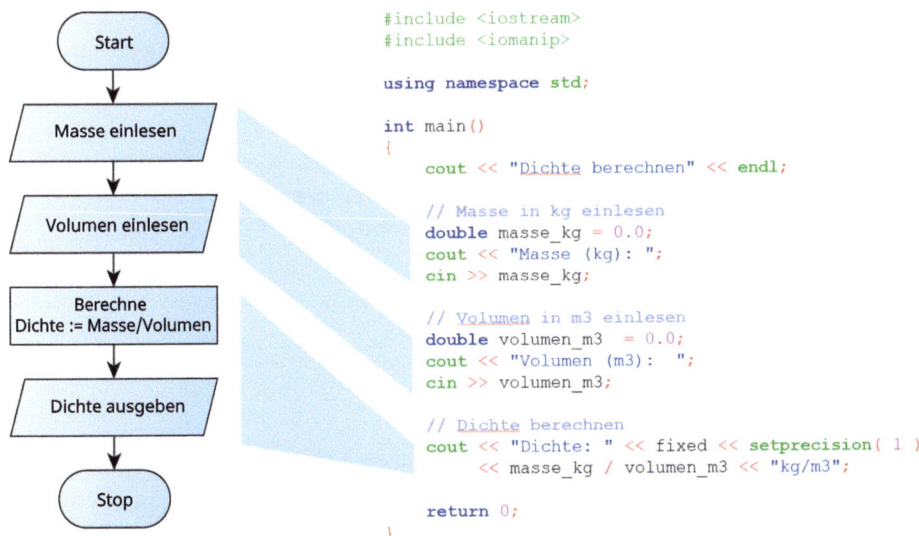

Abb. 1.4 Flussdiagramm und C++-Quellcode der Dichteberechnung

```cpp
#include <iostream>
#include <iomanip>

using namespace std;

int main()
{
    cout << "Dichte berechnen" << endl;

    // Masse in kg einlesen
    double masse_kg = 0.0;
    cout << "Masse (kg): ";
    cin >> masse_kg;

    // Volumen in m3 einlesen
    double volumen_m3 = 0.0;
    cout << "Volumen (m3): ";
    cin >> volumen_m3;

    // Dichte berechnen
    cout << "Dichte: " << fixed << setprecision( 1 )
         << masse_kg / volumen_m3 << "kg/m3";

    return 0;
}
```

```
Dichte berechnen
Masse (kg): 3800
Volumen (m3):   2
Dichte: 1900.0kg/m3
```

Abb. 1.5 C++-Quellcode und Programmausgabe der Dichteberechnung

Führt man dieses Programm aus, zeigt sich ein eher schlichtes Bild: Die Ein- und Ausgaben erfolgen in einer einfachen textbasierten Benutzeroberfläche (Abb. 1.5). Man könnte mit C++ auch aufwendigere Benutzeroberflächen erzeugen, was aber mehr Aufwand erfordert.

Dichteberechnung im Webbrowser

Neben C++ gibt es viele andere Programmiersprachen. Soll die Dichteberechnung in einem Webbrowser möglich sein, könnte man beispielsweise zu der Programmiersprache *JavaScript* (in Verbindung mit HTML und CSS) greifen (Abb. 1.6).

Dichteberechnung mit einer grafischen Programmiersprache

Die bisher gezeigten Programmiersprachen verwendeten Text als Quellcode. Es gibt aber auch *grafische Programmiersprachen*. Abb. 1.7 zeigt dies am Beispiel der Programmiersprache Snap!. Die farbigen Blöcke entsprechen Operationen. Die An-

```
<!DOCTYPE HTML>
<html lang="de">
<head>
<title>Dichte berechnen</title>
<meta http-equiv="Content-Type" content="text/html; charset=UTF-8">
<style type="text/css">
<script>
function calcDichte() {
    var masse   = document.dichteform.masse.value;
    var volumen = document.dichteform.volumen.value;
    var dichte  = masse / volumen;
    document.dichteform.dichte.value = dichte.toFixed(1);
}
</script>
</head>
<body>
<div>
    <form action="#" method="post" name="dichteform">
        <fieldset>
            <legend>Dichte berechnen</legend>
            <label for="masse">Masse (kg):</label>
            <input type="text" name="masse" id="masse">
            <label for="volumen">Volumen (m³):</label>
            <input type="text" name="volumen" id="volumen">
            <button type="button" name="berechnen" value="berechnen" onclick="calcDichte()">
            Berechnen</button>
            <label for="dichte">Dichte (kg/m³):</label>
            <input type="text" name="dichte" id="dichte" readonly="readonly">
        </fieldset>
    </form>
</div>
</body>
</html>
```

Dichte berechnen

Masse (kg): 3800   Volumen (m³): 2

[Berechnen] Dichte (kg/m³): 1900.0

Abb. 1.6 Quellcode und Ausgabe der Dichteberechnung im Browser

Abb. 1.7 Dichteberechnung mit der grafischen Programmiersprache Snap!

1.4 Von Algorithmen zu Programmen

ordnung der Blöcke legt fest, in welcher Reihenfolge diese Operationen ausgeführt werden. Auch die Ausgabe des Programms unterscheidet sich von den bisherigen Lösungen.

Dichteberechnung mit einer Tabellenkalkulation
Das hier betrachtete Problem der Dichteberechnung ist sehr einfach; normalerweise würde man dafür kein Programm erstellen. In der Praxis greift man in solchen Fällen häufig auf *Tabellenkalkulationen* wie Microsoft Excel™ oder LibreOffice Calc zurück. Hier lassen sich Werte und Formeln eintragen, Inhalte formatieren oder Diagramme hinzufügen (Abb. 1.8).

Abb. 1.8 Dichteberechnung mit einer Tabellenkalkulation

	A	B	C
1	Masse (kg):	3800	
2	Volumen (m³):	2	
3			
4	Dichte (kg/m³):	1900	
5			

B4 =RUNDEN(B1/B2; 1)

In allen gezeigten Fällen wurde die Dichte auf dieselbe Weise berechnet – es lag *derselbe Algorithmus* zugrunde. Dennoch unterscheiden sich die Umsetzungen deutlich, einerseits durch die Art der Programmierung, andererseits durch die Benutzeroberfläche. Welcher dieser Wege sich am besten eignet, hängt daher von vielen weiteren Faktoren ab.

1.4.2 Programmiersprachen

Es gibt zahlreiche Programmiersprachen. Zu den bekanntesten unter ihnen zählen C, C++, C#, Java, Python, SQL und JavaScript. Bei den meisten Programmiersprachen formuliert man die Anweisungen in Form von *Text*.

> Solche Programmiersprachen umfassen bestimmte *Wörter* (z. B. `if`, `int`, `while`) und Zeichen (z. B. `;` `#` `{` `}`) sowie *Regeln*, wie man diese anordnen darf und was sie bedeuten.

Beispiele dafür liefert der vorherige Abschnitt mit der Dichteberechnung in C++ (Abb. 1.5) und in JavaScript (Abb. 1.6).

Rechtschreibung, Grammatik und Bedeutung
Programmiersprachen ähneln dabei natürlichen Sprachen: Den englischen Satz „I'm eating a bridge" sehen wir als korrekten englischen Satz an, da er uns bekannte Vokabeln enthält und den Regeln der englischen Grammatik folgt. Aber essen wir tatsächlich gerade eine Brücke? Es geht also nicht nur um Rechtschreibung und Grammatik, sondern auch um die Bedeutung dessen, was wir schreiben.

Ebenso könnte man in C++ die Anweisung `cout << "Hallo Welt" << endl;` als gültig ansehen. Nützlich ist das für uns aber nur, wenn wir wissen, dass man damit den Text `Hallo Welt` auf dem Bildschirm anzeigt.

Grafische Programmiersprachen
Neben den textbasierten Programmiersprachen gibt es auch *grafische Programmiersprachen* wie Scratch und Snap!. Statt Anweisungen in Textform zu schreiben, arrangiert man geometrische Objekte – ähnlich einem Flussdiagramm – um ein bestimmtes Verhalten hervorzurufen (Abb. 1.7).

> ▶ **Tipp** Heutzutage setzt man vermehrt sog. No-Code- oder Low-Code-Werkzeuge (z. B. Node-RED) für die Programmierung ein. Dabei erstellt man Programme meist durch grafische Elemente.

1.4.3 Assembler- und Hochsprachen

Der Prozessor eines Computers nimmt seine Befehle nicht in einer Sprache wie C++ entgegen. Ein solcher Prozessor erhält seine Programme in einer auf die Art des Prozessors zugeschnittenen *Maschinensprache*.

> In Maschinensprache formulierte Anweisungen kann der Prozessor *direkt* ausführen.

Nachteile von Maschinensprache
Menschen schreiben heutzutage meist keine Programme in Maschinensprache. Das hat vor allem zwei Gründe:

1. Anweisungen in Maschinensprache (die sog. *Maschinenbefehle*) sind Binärwerte und deshalb für Menschen schwer zu verstehen.
2. Maschinenbefehle sind sehr elementar (siehe Abschn. 1.1). Zum Beispiel kann man mit ihnen Werte aus dem Speicher laden, sie addieren oder vergleichen.

1.4 Von Algorithmen zu Programmen

Die frühen Computer musste man dennoch auf diese Weise programmieren, was aufwendig, fehleranfällig und vor allem auf einen bestimmten Typ von Computer zugeschnitten war.

Assemblersprachen
Leichter zu verstehen wurden Maschinenbefehle durch die Einführung von *Assemblersprachen*.

> Eine Assemblersprache ordnet Maschinenbefehlen ein verständlicheres Textkürzel zu (z. B. `ADD`, `JMP` usw.)

Auch wenn diese Kürzel verständlicher als Binärwerte sind, arbeitet man in Assemblersprachen mit denselben elementaren Befehlen. Man setzt diese Art der Programmierung heute in Spezialfällen ein.

Hochsprachen
Die heute verbreiteten Programmiersprachen sind sog. *Hochsprachen*.

> Eine Hochsprache bietet komplexere Befehle im Vergleich zu Maschinensprache. Diese Befehle müssen von geeigneten Werkzeugen in Maschinensprache übersetzt werden.

Eine Hochsprache bietet beispielsweise Befehle, um Text auf dem Bildschirm auszugeben oder ihn von der Tastatur einzulesen. Jeder dieser Befehle erfordert meist mehrere Maschinenbefehle. Typisch für Hochsprachen sind die folgenden Sprachelemente:

- *Variablen*, um Werte zu speichern
- *Ausdrücke* für Berechnungen und Bedingungen
- *Verzweigungen*, um Anweisungen abhängig von Bedingungen auszuführen
- *Schleifen*, um Anweisungen zu wiederholen
- *Unterprogramme*, um Anweisungen wiederverwendbar zusammenzufassen
- *Ein- und Ausgabebefehle*
- *Kommentare*, die für Menschen gedacht sind und nicht in Maschinenbefehle übersetzt werden

> Die heute verbreiteten Programmiersprachen wie C++, Python und Java sind *Hochsprachen* und enthalten ähnliche grundlegende Sprachelemente.

Wie man diese Sprachelemente verwendet, unterscheidet sich je nach Programmiersprache. Deutliche Unterschiede gibt es meist bei den Befehlen, die über diese grundlegenden Befehle hinausgehen.

Kriterien für die Auswahl

Doch welche der vielen Programmiersprachen sollte man verwenden? Die Antwort hierauf hängt von vielen Aspekten ab:

- Wofür eignet sich die Programmiersprache?
- Wie vertraut ist man mit der Programmiersprache?
- Wie möchte man programmieren?
- Welche Art von Computern möchte man programmieren?
- Stehen die notwendigen Werkzeuge zur Verfügung?
- Wie einfach muss es für die Nutzer sein, die erstellte Software zu verwenden?

Eine Frage des Einsatzgebiets

Die Programmiersprachen C und C++ sind sehr verbreitet. Mit ihnen programmiert man Embedded Systems oder Desktop-Anwendungen, sie eignen sich aber nicht für sog. Webanwendungen, die man im Browser verwendet. Hierfür würde man eher JavaScript, PHP, Python oder Java einsetzen. Desktop-Anwendungen könnte man aber auch mit Java oder C#[8] entwickeln. C# wird außerdem häufig für die Entwicklung von Spielen verwendet. Daneben gibt es spezialisierte Programmiersprachen für den Zugriff auf Datenbanken, für statistische Auswertungen, für mathematische Zwecke und für vieles mehr.

1.4.4 Quellcode

Ein wesentlicher Teil des Entwickelns von Software besteht darin, ihren Quellcode in der verwendeten Programmiersprache zu schreiben. Umgangssprachlich wird Programmieren oft mit dem Schreiben des Quellcodes gleichgesetzt.

Quellcode in Dateien

> Bei textbasierten Hochsprachen besteht der *Quellcode* meist aus einer oder mehreren Dateien. Diese Dateien enthalten die für die vorgesehene Funktion des Programms notwendigen Anweisungen in der verwendeten Programmiersprache.

---

[8] Gesprochen: C sharp.

1.4 Von Algorithmen zu Programmen

Die Endungen der Dateien lassen meist die verwendete Programmiersprache erkennen. Zum Beispiel enthält eine Datei mit der Endung `.cpp` Anweisungen, die in C++ formuliert sind, während eine Datei mit der Endung `.py` Python-Anweisungen enthält.

Umfasst der Quellcode mehrere Dateien, ist er oft in Ordnern organisiert. Diese Ordner entsprechen dann meist einzelnen Teilen der Software.

Werkzeuge für die Arbeit mit Quellcode

> Den Quellcode erstellt man meist mit einer sog. integrierten Entwicklungsumgebung *(IDE)* oder mit einem *Texteditor*.

Ein Texteditor wie Notepad++ oder Visual Studio Code erlaubt es, den Inhalt von Textdateien zu bearbeiten. Auch wenn der Quellcode darin oft mit unterschiedlichen Farben dargestellt wird, enthält er normalerweise keine Formatierungen wie Fettdruck, Farben, unterschiedliche Schriftarten usw.

> Eine Textverarbeitung wie Microsoft Word™ eignet sich nicht für das Bearbeiten von Quellcode.

Eine IDE enthält ebenfalls einen Texteditor, integriert aber zusätzliche Werkzeuge, die für die jeweilige Programmiersprache notwendig sind, zum Beispiel für die Übersetzung in Maschinencode oder für die Fehlersuche.

> In Hochsprachen formulierter Quellcode muss in Maschinencode *übersetzt* werden, bevor das Programm ausgeführt werden kann. Wann dies geschieht, unterscheidet sich je nach Programmiersprache.

Zugriff auf den Quellcode

Der Quellcode beschreibt das gesamte Verhalten eines Programms. Ihm kommt deshalb auch nach dem Erstellen des Programms eine große Bedeutung zu.

> Um ein Programm zu ändern oder Fehler darin zu suchen, benötigt man seinen Quellcode.

Je nach Autor und Programmiersprache erhalten die Nutzer eines Programms nur den Maschinencode in Form einer oder mehrerer Dateien – unter Windows z. B. mit der Endung `.exe`. Den Quellcode bekommen die Nutzer meist nicht, weshalb sie selbst keine Änderungen daran vornehmen oder ihn auch nicht auf Fehler prüfen können.

▶ **Tipp** Bei sog. *Open-Source-Software* stellen die Autoren den Quellcode zur Verfügung, sodass man ihn einsehen und bearbeiten kann.

1.5 Algorithmen als Teil von Software

Dem Kapitel liegt eine wichtige Botschaft zugrunde: Bevor man den Quellcode schreibt, muss man nachdenken und planen. Beim Bauen eines Hauses würde man nicht anders vorgehen. Kennt man die Anforderungen an das Haus, lässt sich daraus ein Bauplan erstellen, der für das gesamte Haus festlegt, was auf welche Weise gebaut werden soll. Niemand würde ein Haus ohne einen solchen Plan bauen.

Ein Algorithmus pro Programm?
Allerdings erweckte das Kapitel bislang vielleicht den Eindruck, dass man einen Algorithmus entwirft, um ihn anschließend in ein passendes Programm in der gewünschten Programmiersprache zu überführen. Kurz gesagt: ein Algorithmus pro Programm. Diesem Prinzip folgend gäbe es nur kleine Programme, beispielsweise um zwei Werte zu vertauschen oder Schaltjahre zu prüfen.

Bleibt man bei dem Bild des Hauses, so entsprächen derart kleine Programme vielleicht einer Türklinke. Diese Türklinke wiederum ist nur sinnvoll, wenn sie zu einer Tür gehört und damit den Zugang zu einem Raum ermöglicht.

> Software kombiniert in der Regel *mehrere* Algorithmen.

Die Phase des Nachdenkens und Planens besteht also nicht nur darin, *einen* Algorithmus zu entwerfen, sondern bekannte oder neue Algorithmen auf geeignete Weise zu kombinieren.

Von Algorithmen zur Architektur
Auch löst Software typischerweise nicht nur ein Problem, sondern stellt unterschiedliche Funktionen bereit, um mehrere Probleme zu lösen oder Aufgaben zu erfüllen.

> Mit zunehmender Größe einer Software ist es notwendig, sie in Teile zu untergliedern, die auf festgelegte Weise zusammenarbeiten. Die *Architektur* der Software beschreibt dies.

Anschaulich kann man die einzelnen Teile als Räume des Software-Hauses bezeichnen. Sie müssen so angeordnet sein, dass das Haus stabil ist und sich die Räume wie vorgesehen nutzen lassen. Von einem guten Entwurf hängt bei der Software viel ab: Er vermeidet Fehler und stellt sicher, dass man die Software auch über viele Jahre weiterentwickeln kann. Es handelt sich also um eine wichtige und anspruchsvolle Aufgabe.

1.6 Zusammenfassung

Es gibt viele Arten von Computern, in denen verschiedene Arten von Software eingesetzt werden, um bestimmte Probleme zu lösen oder Aufgaben automatisiert zu erfüllen. Software basiert auf einzelnen Algorithmen oder eine Kombination von Algorithmen. Diese beschreiben schrittweise, wie eine bestimmte Art von Problemen gelöst werden kann; sie werden üblicherweise durch Pseudocode oder Flussdiagramme dargestellt. Algorithmen basieren auf elementaren Operationen, Sequenzen solcher Operationen, Verzweigungen und Wiederholungen.

Soll ein Algorithmus ausgeführt werden, muss ein Prozessor geeignete Maschinenbefehle erhalten und in diese in der vorgesehenen Reihenfolge ausführen. Hierzu erstellt man in einer geeigneten Programmiersprache den Quellcode eines Programms. Er enthält die notwendigen Anweisungen und wird in Form einer oder mehrerer Dateien erstellt. Die Anweisungen folgen den durch die Programmiersprache vorgegebenen Regeln. Sie legen fest, welche Wörter und Zeichen verwendet werden dürfen, wie man sie kombinieren darf und was diese Kombination bedeutet. Ohne den Quellcode kann eine Software folglich nicht weiterentwickelt werden.

Prozessoren können nur Maschinencode ausführen. Dieser ist aufwendig zu erstellen, weshalb man den Quellcode meist in einer Hochsprache erstellt. Deren Befehle sind komplexer im Vergleich zu den elementaren Maschinenbefehlen. In einer Hochsprache formulierter Quellcode muss deshalb zuerst mit geeigneten Werkzeugen in Maschinencode übersetzt werden, bevor sich das zugehörige Programm ausführen lässt.

Das Entwerfen der Software ist ein wichtiger Schritt, bevor man mit dem Erstellen des Quellcodes beginnt. Die Architektur klärt, aus welchen Teilen die Software besteht und wie diese Teile zusammenarbeiten. Daneben beschreibt man, wie Algorithmen kombiniert werden, um das gewünschte Ziel zu erreichen.

1.7 Aufgaben

1.7.1 Theorie

1. Was bedeuten Algorithmus, Quellcode und Programm? Wie hängen sie zusammen?
2. Welche Grundelemente findet man in Algorithmen?
3. Wie kann man Algorithmen darstellen?
4. Welche Eigenschaften sollte ein Algorithmus erfüllen?
5. Nennen Sie Beispiele verbreiteter Programmiersprachen. Wofür werden Sie eingesetzt?
6. Worin unterscheiden sich Programmiersprachen typischerweise?
7. Was bedeuten Maschinensprache, Assemblersprache und Hochsprache? Wie hängen Sie zusammen?
8. In welchen Fällen kann es wichtig sein, Zugriff auf den Quellcode einer Software zu erhalten?
9. Welche Arten von Software sind verbreitet?
10. Was versteht man unter Embedded Systems? Was könnte deren Programmierung erschweren?

1.7.2 Praxis

1. Beschreiben Sie einen Algorithmus, der aus einer Folge von Zahlen die kleinste ermittelt.
2. Beschreiben Sie einen Algorithmus, der die Summe einer Folge von Zahlen ermittelt.
3. Versuchen Sie, den Summationsalgorithmus in einer Programmiersprache ihrer Wahl umzusetzen.

1.8 Weiterführende Literatur

Bücher zu Algorithmen und ihrem Entwurf gibt es äußerst viele, oft verwenden sie bestimmte Programmiersprachen wie Java oder Pascal. Einen kompakten Einstieg bietet (von Rimscha, 2017). Ausführlicher ist (Müller & Weichert, 2017), das Informatikstudierende auf ihr Studium vorbereiten soll; es enthält auch weitere Erklärungen zu Programmiersprachen. Die technischen Grundlagen zu Prozessoren und ihrer Programmierung erklärt u. a. (Ernst, et al., 2023); enthalten sind auch einführende Hinweise, wie man Software entwirft. Einige Beispiele für typische Problemlösungen liefert (Spraul, 2013) und setzt diese in C++ um.

Literatur

Dörner, D. (1987). *Problemlösen als Informationsverarbeitung* (3. Aufl.). Kohlhammer.
Ernst, H., Schmidt, J., & Beneken, G. (2023). *Grundkurs Informatik* (8. Aufl.). Springer Fachmedien.
Müller, H., & Weichert, F. (2017). *Vorkurs Informatik* (5. Aufl.). Springer Vieweg.
von Rimscha, M. (2017). *Algorithmen kompakt und verständlich* (4. Aufl.). Springer Vieweg.
Spraul, V. A. (2013). *Think Like a Programmer* (1. Aufl.). mitp.

Die ersten Schritte in C++ 2

Zusammenfassung

C++ ist eine Programmiersprache für Hardwarenähe und Leistung. Das Hauptprogramm bildet den Ausgangspunkt für jedes neue C++-Programm und dessen Quellcode. Das Compilersystem prüft den Quellcode und überführt ihn in einem mehrschrittigen Prozess in Maschinenbefehle; diese lassen sich ohne erneute Übersetzung immer wieder ausführen. Von Anfang an ist es aber auch wichtig, auf lesbaren Quellcode zu achten und Programme zu testen.

2.1 C++ als Programmiersprache

2.1.1 Hintergrund und Einsatz

C++ ist heute eine der am häufigsten verwendeten Programmiersprachen, obwohl sie bereits seit den 1980er-Jahren eingesetzt wird. Viele verbreitete Software-Produkte wurden in C++ entwickelt, darunter mehrere Webbrowser, Betriebssysteme, Office- und Grafik-Anwendungen, Spiele und vieles mehr.

> Zu C++ greift man vor allem dann, wenn man leistungsintensive Anwendungen entwickelt oder wenn man hardwarenah programmiert. Vor allem für Webanwendungen verwendet man eher andere Programmiersprachen.

Leistung und Hardwarenähe

Leistungsintensiv sind Anwendungen meist dann, wenn sie Bilder, Videos oder 3D-Szenen verarbeiten. Man könnte C++ beispielsweise nutzen, um im Videobild einer Kamera automatisch bestimmte Objekte zu erkennen. So etwas benötigt man für autonom fahrende Roboter oder in der Überwachung von Fertigungsprozessen.

Hardwarenah programmiert man Software für Embedded Systems: Hier erfassen C++-Programme Messwerte mithilfe von Sensoren, steuern Ventile und andere Aktoren; sie regeln Drehzahlen, Temperaturen, Geschwindigkeiten usw. Hinzu kommt, dass Embedded Systems teilweise über wenig Rechenleistung und Speicher verfügen. C++ erlaubt es, effiziente Programme zu entwickeln, die sich unter diesen Bedingungen einsetzen lassen.

Hardwarenähe und Leistung sind auch dann gefragt, wenn man Betriebssysteme oder Gerätetreiber programmiert, weshalb C++ in diesem Bereich äußerst verbreitet ist.

Freiheiten und Gefahren

Programme mit C++ zu entwickeln, eröffnet *viele Freiheiten*, beispielsweise in der Art, wie man auf den Speicher des Computers zugreift. Diese Freiheiten ermöglichen leistungsfähige Systeme.

Allerdings bergen diese Freiheiten vielfältige Gefahren. Manches sieht für uns fehlerfrei aus, kann jedoch zum Absturz der Software führen oder die Sicherheit ganzer Systeme beeinträchtigen. Tückisch ist das vor allem dann, wenn etwas auf scheinbar funktioniert.

> Nicht alles, was in einem C++-Programm scheinbar funktioniert, ist auch richtig. Nicht alles, was möglich ist, sollte man tatsächlich nutzen.

Von C zu C++ und C#

Der Name *C++* verrät viel über diese Programmiersprache: Ihr Erfinder, Bjarne Stroustrup, hatte sie ursprünglich als Erweiterung für die zu dieser Zeit verbreitete Programmiersprache *C* entworfen. Schnell wurde daraus wegen der grundlegenden Neuerungen eine eigene Programmiersprache (Stroustrup, 2015). Den Sprung von C zu C++ drückt der Operator ++ aus: In C und C++ erhöht er eine Ganzzahl um 1.

Aufgrund dieses Ursprungs steckt in C++ immer noch viel C. Das wird vor allem dann problematisch, wenn veraltete, teils unsichere Sprachkonstrukte den Weg in C++-Programme finden, obwohl es in C++ bessere Alternativen gibt.

2.1 C++ als Programmiersprache

Neben C und C++ gibt es mit *C#*[1] eine weitere verbreitete Sprache, die das C im Namen trägt. C# besitzt Gemeinsamkeiten mit C++, entfernt sich aber in vielerlei Hinsicht von C und C++. Eingesetzt wird es zum Beispiel bei der Entwicklung von Spielen.

2.1.2 C++ für Ein- und Umsteiger

Hochsprachen, zu denen auch C++ gehört, unterstützen ähnliche grundlegende Sprachkonstrukte (siehe Abschn. 1.4.3). Für alle, die noch nie programmiert haben, liegt der Fokus zu Beginn darauf, zu verstehen, was Variablen, Verzweigungen, Schleifen usw. sind und wie man sie sicher anwendet.

Keine Liebe auf den ersten Blick
Neulinge nehmen Teile von C++ als unlogisch oder verwirrend wahr, zum Beispiel gibt es Zeichen mit mehreren verschiedenen Bedeutungen. Anderes wirkt zunächst veraltet.

Auch wundern sich manche, dass die ersten, oft mühevoll geschriebenen Programme anstelle hübscher, grafischer Oberflächen („Fenster") nur Texte in schlichten schwarzen Fenstern erzeugen (siehe Abb. 1.5).[2] C++ ist meist keine Liebe auf den ersten Blick.

Eine gute Wahl im technischen Umfeld
Dass man C++ lernen möchte oder lernen muss, liegt meist daran, dass man ein technisches Fach studiert oder beruflich darin tätig ist. Meist bringt das auch den Umgang mit Embedded Systems mit sich.

Typische Probleme, mit denen man sich in diesem Umfeld beschäftigt, betreffen das Messen, Steuern oder Regeln. Schicke Oberflächen sind dabei oft nachrangig, hardwarenahes Programmieren umso wichtiger. C++ bietet sich hierfür als Programmiersprache an.

Neue Einblicke
Dieses Buch richtet sich an diejenigen, die das Programmieren von Anfang an lernen wollen. Wer aber von anderen Hochsprachen zu C++ kommt, wird in C++ manches wiedererkennen – beispielsweise tauchen `if`, `while` usw. in vielen verbreiteten Sprachen auf. Das vereinfacht den Umstieg. C++ bietet darüber hinaus neue Einblicke und ein tieferes Verständnis:

- Wer bislang C nutzte, lernt in C++, Programme wartbarer und sicherer zu entwickeln.
- Wer sich in Java gefragt hat, was eine `NullPointerException` ist, kann die Idee von Zeigern in C++ nachvollziehen.

---

[1] Gesprochen: C sharp.
[2] Es gibt aber auch Möglichkeiten, modernere Oberflächen zu erstellen.

- Wer bislang in Visual Basic for Applications (VBA) gearbeitet hat, gelangt mit C++ zu strukturierteren, eigenständigen Anwendungen.
- Und wer sich in Python gewundert hat, warum manche Module in C oder C++ programmiert sind, versteht anhand von C++ die Gründe.

2.2 Hallo Welt als Grundgerüst

2.2.1 Der Quellcode und seine Speicherung

Das sog. Hallo-Welt-Programm wird in jeder Programmiersprache als einleitendes Beispiel verwendet. Nach dem Start gibt es lediglich den Text „Hallo Welt" auf dem Bildschirm aus (Abb. 2.1) und endet anschließend. Quellcode 2.1 zeigt den zugehörigen C++-Quellcode.

„Hallo Welt" nutzt man, um die Funktion der eingesetzten Entwicklungsumgebung zu prüfen. Für das Lernen von C++ ist es wichtig, weil es das Grundgerüst eines C++-Quellcodes zeigt.

```cpp
// Hallo Welt in C++

#include <iostream>

using namespace std;

int main()
{
  cout << "Hallo Welt" << endl;

  return 0;
}
```

Quellcode 2.1 Hallo Welt (hallowelt.cpp)

```
> hallowelt
Hallo Welt
>
```

Abb. 2.1 Ausgabe von Hallo Welt

2.2 Hallo Welt als Grundgerüst

Quellcodedateien mit der Endung .cpp

Der Quellcode von C++-Programmen wird in Textdateien gespeichert. Den umfangreichen Quellcode größerer Programme teilt man in mehrere Dateien auf (siehe Abschn. 5.6). Einfache Programme, z. B. Hallo Welt, speichert man in einer einzelnen Datei.

> C++-Quellcode wird in Dateien mit der Endung `.cpp` gespeichert. Bei größeren Programmen gibt es auch Dateien mit der Endung `.h`.

Begegnet man hingegen Dateien mit der Endung `.c`, so handelt es sich um Quellcode, der in der Programmiersprache C geschrieben ist.

▶ **Tipp** Vorsicht ist unter Windows geboten: Standardmäßig werden dort Dateiendungen ausgeblendet. So kann es passieren, dass eine Datei versehentlich `hallowelt.cpp.txt` heißt. Besser ist es, die Dateiendungen immer anzeigen zu lassen.

Problematische Zeichen in Dateinamen

Abgesehen von der Dateiendung ist man bei der Benennung von Quellcodedateien recht frei. Der Dateiname sollte erkennen lassen, was in der Datei zu erwarten ist. Der in Quellcode 2.1 verwendete Dateiname `hallowelt.cpp` ist gut gewählt.

> Dateinamen sollten möglichst keine Umlaute (ä, ö, ü, ß usw.), Leer- oder Sonderzeichen enthalten. Solche Zeichen *können* Probleme verursachen.

Der Dateiname `Mein schönstes C++-Programm.cpp` enthält solche problematischen Zeichen; besser wäre `mein_schoenstes_cpp_programm.cpp` oder aus Gründen der Übersichtlichkeit ein kürzerer Name, z. B. `taschenrechner.cpp`.

> Je nach verwendetem Betriebssystem sind manche Zeichen in Dateinamen *nicht erlaubt*; z. B. `*`, `?` oder `/`.

Groß- und Kleinschreibung in Dateinamen

Arbeitet man an einem Windows-Computer, macht es praktisch keinen Unterschied, ob man eine Datei `hallo.cpp` oder `Hallo.CPP` nennt. Arbeitet man aber z. B. an einem Linux-Computer, unterscheidet er zwischen Groß- und Kleinschreibung – es würde sich also um zwei verschiedene Dateinamen handeln.

> Manche Betriebssysteme unterscheiden Groß- und Kleinschreibung in Dateinamen.

Wichtig ist es daher, sich für eine einheitliche Schreibweise zu entscheiden, z. B. konsequent nur Kleinbuchstaben in Dateinamen zu verwenden.

Groß- und Kleinschreibung im Quellcode
Während bei Dateinamen die Rolle der Groß- und Kleinschreibung von dem verwendeten Betriebssystem abhängt, ist die Situation im Quellcode – also in den Dateien – eindeutig.

> C++ unterscheidet im Quellcode *stets* Groß- und Kleinschreibung.

Hätte man in Quellcode 2.2 statt `cout` zum Beispiel `Cout` geschrieben, wäre dies ein Fehler, da das große `C` ein anderes Zeichen als das kleine `c` ist. Dementsprechend wären auch `COUT` oder `COut` falsch.

▶ **Tipp** Bei selbst gewählten Namen, beispielsweise von Variablen, sollte man Groß- und Kleinschreibung *einheitlich* verwenden. (Abschn. 3.1.2).

2.2.2 Das Hauptprogramm int main()

Das Hallo-Welt-Programm ist zugleich der Startpunkt für viele C++-Programme; es enthält wichtige Elemente von C++-Programmen, aber auch nicht mehr – es ist ein *Grundgerüst*.

Das unverzichtbare Hauptprogramm
Schaut man sich Quellcode 2.1 näher an, fällt optisch vor allem ein zentrales Element auf, das sog. *Hauptprogramm* (Quellcode 2.2).

```
int main()
{
    return 0;
}
```

Quellcode 2.2 Das Hauptprogramm int main() von C++ -Programmen

2.2 Hallo Welt als Grundgerüst

> Jedes C++-Programm muss genau ein Hauptprogramm enthalten. Im Quellcode leitet man es mit `int main()`[3] ein. Die Ausführung des C++-Programms beginnt stets mit dem Hauptprogramm.

Somit ist Quellcode 2.2 zugleich das einfachste C++-Programm von allen. Es startet und beendet sich sofort wieder. Es arbeitet als *Konsolenanwendung* mit einer textbasierten Benutzeroberfläche.

▶ **Tipp** Stößt man in C++-Büchern oder anderen Quellen auf `void main()`, sind diese veraltet. In den 1990er-Jahren war dies noch erlaubt, heute nicht mehr.

Inhalt in geschweiften Klammern

> Die Inhalte des Hauptprogramms befinden sich innerhalb der *geschweiften Klammern*. Diese Inhalte werden nacheinander ausgeführt.

Im Fall von „Hallo Welt" enthalten die geschweiften Klammern als erste Anweisung die Ausgabe des Textes `Hallo Welt`. Nach dem Starten des Programms wird also sofort der gewünschte Text ausgegeben. Die anschließende Zeile `return 0;` hat für das Hauptprogramm eine besondere Bedeutung.

Ende mit return

> Mit der Zeile `return 0;` verlässt man das Hauptprogramm, womit auch die Ausführung des Programms endet.

In einem Hauptprogramm kann `return 0;` mehrmals auftreten. Wichtig ist aber: Sobald diese Zeile ausgeführt wird, endet die Ausführung des Programms. Alles, was danach folgt, wird nicht mehr ausgeführt.

Statt 0 kann man nach `return` auch eine andere ganze Zahl schreiben. 0 bedeutet, dass das Programm normal (also fehlerfrei) beendet wurde. Ein von 0 verschiedener

---

[3] Zwischen den runden Klammern dürfen u. U. weiter Zeichen stehen; ihre Bedeutung erklärt Abschn. 8.7.

Wert signalisiert ein Programmende nach Fehlern (z. B. `return 1;`). Diese Werte sind aber nicht festgelegt.

2.2.3 Anweisungen als Grundelemente des Quellcodes

Der Quellcode beschreibt die Funktion des Programms als eine Abfolge von sog. *Anweisungen*. Meist schreibt man pro Zeile eine Anweisung. Die Zeilen von Quellcode 2.2 unterscheiden sich zum Teil deutlich:

- Manche enden mit Semikolon (;).
- Manche beginnen mit einer Raute (#).
- Manche stehen in geschweiften Klammern, andere nicht.
- Manche beginnen am Zeilenanfang, andere sind eingerückt.

Semikolon oder nicht?
Ob eine Zeile mit Semikolon enden muss, folgt einem einfachen Prinzip.

> Das *Semikolon* beendet C++-Anweisungen.

Was aber ist eine C++-Anweisung? Sie sicher zu erkennen, ist zu Beginn schwierig. Eine einfache Orientierung[4] hilft, wo ein Semikolon steht und wo nicht:

1. Beinahe jede Zeile wird *mit* dem Semikolon abgeschlossen (z. B. `return 0;`).
2. Zeilen, die mit # beginnen, enden *ohne* Semikolon (z. B. `#include <iostream>`).
3. Zwischen) und { (auch in aufeinanderfolgenden Zeilen) steht *kein* Semikolon (z. B. `int main()`).
4. Nach } steht *meistens kein* Semikolon (z. B. nach der schließenden Klammer des Hauptprogramms). Ausnahmen hiervon folgen in anderen Kapiteln.

Anweisungsblöcke in geschweiften Klammern
Oft ist es notwendig, mehrere Anweisungen zu einem Block zusammenzufassen. In Quellcode 2.2 betrifft das die Inhalte des Hauptprogramms.

---

[4] Das ist keine exakte Beschreibung, sondern ist bewusst unscharf formuliert, um die Handhabung etwas zu vereinfachen.

> *Anweisungsblöcke* umschließt man mit geschweiften Klammern { }.

Anweisungsblöcke können wiederum andere Anweisungsblöcke enthalten, man nennt dies *Schachtelung*.

Anweisungsblöcke werden in den folgenden Kapiteln wichtiger, man benötigt sie beispielsweise für Schleifen und dergleichen (Abschn. 3.3).

Präprozessoranweisungen mit #
Einige Zeilen beginnen mit #; oft – aber nicht immer – stehen sie am Anfang des Quellcodes. Diese Zeilen nennt man *Präprozessoranweisungen*.

> Präprozessoranweisungen beginnen mit Raute (#) und enden ohne Semikolon.

Wofür diese Präprozessoranweisungen verwendet werden, folgt vor allem in anderen Kapiteln. Oft nutzt man sie, um im Quellcode bestimmte Funktionen nutzen zu können, z. B. für die Ein- und Ausgabe oder für mathematische Berechnungen.

2.2.4 Ausgaben auf dem Bildschirm

„Hallo Welt" ist ein sog. *Konsolenprogramm*; es wird ohne grafische Oberfläche in einem Konsolenfenster ausgeführt. Seine einzige Aufgabe ist es, den Text `Hallo Welt` auf dem Bildschirm anzuzeigen – man nennt dies *Ausgabe*.

Ein- und Ausgabebefehle verfügbar machen

> Um Ein- und Ausgaben machen zu können, benötigt man am Anfang des Quellcodes die Präprozessoranweisung `#include <iostream>`.

Durch diese Zeile stehen Befehle für die Ein- und Ausgabe im Quellcode zur Verfügung. Ohne sie wäre der Quellcode fehlerhaft, und man würde kein ausführbares Programm erhalten.

> Die Ein- und Ausgabe (sowie weitere Elemente) lässt sich leichter verwenden, wenn man an den Anfang des Quellcodes die Zeile `using namespace std;` schreibt.

Macht man das nicht, müsste man statt `cout` immer `std::cout` schreiben – und nicht nur hierfür. Das kann die Übersichtlichkeit des Quellcodes beeinträchtigen.

> Die Ausgabe auf dem Bildschirm[5] erfolgt mit `cout`. Die auszugebenden Inhalte folgen nach <<.

Man kann sich dies vorstellen, als würde man Inhalte auf den Bildschirm „schieben"; entsprechend zeigen die Pfeilspitzen in Richtung von `cout`. Unterschiedliche Schriftarten oder -farben sowie Emojis oder dergleichen sucht man hier jedoch vergeblich.

Text in doppelten Anführungszeichen

> Auszugebender Text muss von *doppelten Anführungszeichen* umschlossen sein.

Die Zeile `cout << "Hallo";` würde dementsprechend das Wort Hallo auf dem Bildschirm anzeigen. Doch wo?

Die Rolle des Cursors

> In einer Konsolenanwendung erfolgt die nächste Ausgabe dort, wo sich der sog. *Cursor* gerade befindet.

Man erkennt den Cursor meistens als kleines blinkendes Zeichen. Mit jedem ausgegebenen Zeichen wird er eine Stelle weiter nach rechts geschoben. Erreicht er den rechten Bildschirmrand, wird die Ausgabe in der nächsten Zeile fortgesetzt.

Zeilenumbrüche mit endl

> Die Ausgabe von `endl` (ohne Anführungszeichen) bewirkt, dass der Cursor an den Anfang der nächsten Zeile springt - ein sog. *Zeilenumbruch*.

---

[5]Tatsächlich gibt man den Text auf der sog. Standardausgabe aus. Diese ist aber üblicherweise mit dem Bildschirm verbunden.

2.2 Hallo Welt als Grundgerüst

Wie jede andere Ausgabe wird auch `endl` mit << ausgegeben. Möchte man mehrere Zeilenumbrüche, würde man `endl` mehrmals ausgeben.

▶ **Tipp** Man sollte immer darauf achten, dass der Cursor am Ende eines Programmes am Anfang der nächsten Zeile steht.

2.2.5 Lesbarkeit von Anfang an

Das Hauptprogramm von „Hallo Welt" (Quellcode 2.1) hätte man auch wie in Quellcode 2.3 schreiben dürfen – es wäre immer noch korrekt in C++ formuliert. Für uns Menschen lässt sich dieser Quellcode jedoch deutlich schlechter lesen und verstehen.

```
int main(){cout<<"Hallo Welt"<<endl;return 0;}
```

Quellcode 2.3 Unübersichtliches Hauptprogramm

Überträgt man dieses Negativbeispiel auf größere Programme, wird klar, wie wichtig es ist, von Anfang an auf die Lesbarkeit des Quellcodes zu achten.

Eine Anweisung pro Zeile

> Für einen lesbaren Quellcode sollte jede Zeile nur *eine* Anweisung[6] enthalten.

Diese Regel ist leicht umzusetzen, erhöht die Lesbarkeit aber deutlich (Quellcode 2.4).

```
int main()
{
cout<<"Hallo Welt"<<endl;
return 0;
}
```

Quellcode 2.4 Aufteilung der Anweisungen in einzelne Zeilen

Einheitliche Klammerung

Die Lesbarkeit von Quellcode 2.4 profitiert außerdem von einer einheitlichen Position der geschweiften Klammern. Ob man die öffnende und schließende Klammer – so wie

---

[6] Streng genommen gilt das nicht immer, Beispiele folgen in den nächsten Kapiteln.

hier – untereinander schreibt, oder ob man die öffnende Klammer am Ende der vorherigen Zeile notiert, ist nicht vorgeschrieben.

> Man sollte die Klammern im Quellcode stets einheitlich positionieren.

Anweisungsblöcke mit Einrückungen

> Die Zeilen innerhalb eines Anweisungsblocks rückt man *einheitlich* ein, z. B. um vier Leerzeichen. So lässt sich der Quellcode einfacher lesen.[7]

Einrückungen sind für die Lesbarkeit wichtig, weil man auf einen Blick erkennen kann, zu welchem Block Anweisungen gehören; in Quellcode 2.5 kann man das gut erkennen.

```
int main()
{
    cout<<"Hallo Welt"<<endl;
    return 0;
}
```

Quellcode 2.5 Einrückung in Anweisungsblöcken

Leerzeilen und Leerzeichen
An vielen Stellen im Quellcode darf man zusätzliche Leerzeichen oder Leerzeilen einfügen. Das hilft dabei, den Quellcode optisch besser zu strukturieren.

> *Leerzeichen* verwendet man für Einrückungen und um Anweisungen besser zu strukturieren. *Leerzeilen* nutzt man vor allem, um Gruppen zusammengehöriger Anweisungen zu trennen.

Lesbarkeit ist auch hier das Ziel. Der Unterschied ist bei einem derart kleinen Programm nicht so ausgeprägt (Quellcode 2.6), dennoch sollte man von Anfang an Leerzeichen und Leerzeilen sinnvoll und einheitlich einsetzen.

---

[7] In manchen Programmiersprachen sind einheitliche Einrückungen sogar zwingend.

2.2 Hallo Welt als Grundgerüst

```
int main()
{
   cout << "Hallo Welt" << endl;
   return 0;
}
```

Quellcode 2.6 Lesbarkeit durch Leerzeichen und Leerzeilen

Kommentare
Kommentare gibt es in vielen Programmiersprachen; sie dienen dazu, den Quellcode für Menschen verständlicher zu gestalten.

> *Kommentare* sind für die Ausführung des Programms bedeutungslos, für den menschlichen Leser aber enorm wichtig.

Ziel ist es dabei nicht, jede Zeile des Quellcodes zu erläutern. Kommentare sollten überall dort verwendet werden, wo der Quellcode nicht selbsterklärend ist. Es würde also wenig Sinn machen, bei `cout` zu kommentieren, dass hier eine Ausgabe auf dem Bildschirm stattfindet.

> C++ erlaubt *einzeilige* Kommentare mit vorangestelltem `//` sowie *mehrzeilige* Kommentare, die von `/* */` umschlossen sind.

Quellcode 2.7 zeigt die beiden Varianten; moderner und verbreiteter in C++ ist der einzeilige Kommentar.

```
// Der einzeilige Kommentar gilt nur bis zum Zeilenende.
// Weitere Zeilen lassen sich auf diese Weise notieren.

/*
Das ist ein
mehrzeiliger Kommentar
*/
```

Quellcode 2.7 Einzeilige und mehrzeilige Kommentare

2.3 Vom Quellcode zur Ausführung

2.3.1 Bearbeiten der Quellcodedateien

C++-Quellcode ist in Dateien gespeichert. Man verwendet einen sog. *Texteditor* oder eine *integrierte Entwicklungsumgebung* (IDE), um diese Dateien zu bearbeiten.

Texteditoren als universelles Werkzeug
Texteditoren eignen sich für Quellcodes vieler Programmiersprachen. Sie sind aber nicht auf Quellcode beschränkt. Man nutzt sie außerdem, um verschiedenste Dateien auf dem Computer zu bearbeiten, z. B. Konfigurationsdateien. Sie eignen sich vor allem für sog. *Textdateien* (siehe Abschn. 6.4.1). Das macht sie zu einem alltäglichen Werkzeug.

> Verbreitete grafische Texteditoren sind *Visual Studio Code* oder *Notepad++*.[8]

Auch wenn sie unterschiedlich aussehen, findet man in den meisten Texteditoren wiederkehrende Elemente (Abb. 2.2):

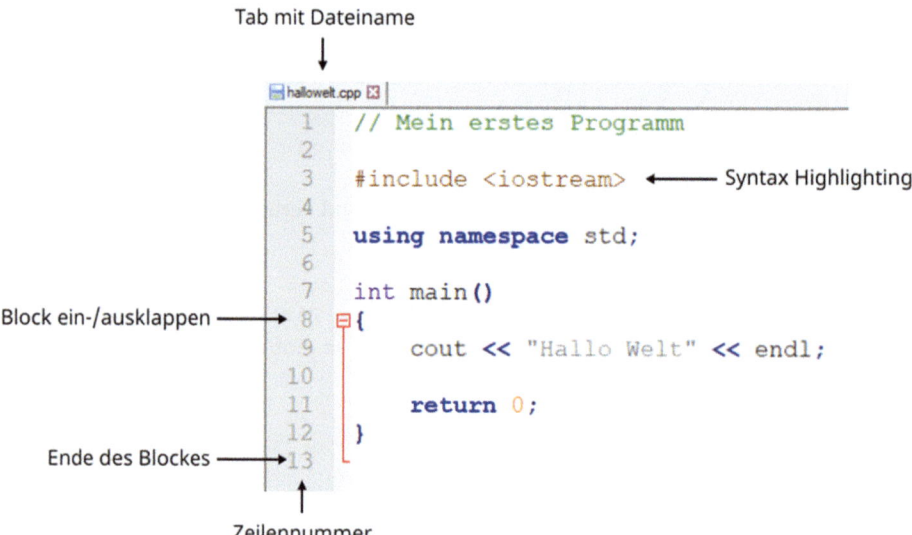

Abb. 2.2 Bearbeiten von Quellcode in einem Texteditor

---

[8] Nicht zu verwechseln mit dem in Windows vorhandenen Texteditor, der sehr viel einfacher und meist ungeeignet ist.

2.3 Vom Quellcode zur Ausführung

- Die einzelnen Dateien werden in sog. *Tabs* angezeigt.
- Vor jeder Zeile erscheint eine *Zeilennummer*, mit der man z. B. Fehlermeldungen leicht zuordnen kann.
- Gleichartige Elemente des Quellcodes sind farblich hervorgehoben (*Syntax Highlighting*); das macht den Quellcode lesbarer und weist schnell auf Fehler bei der Eingabe hin.
- Anweisungsblöcke sind hervorgehoben und lassen sich *ein- und ausklappen*.

> Zeilennummern, Schriftfarben usw. zeigt der Texteditor an; sie sind nicht in den Quellcodedateien gespeichert.

Alle Werkzeuge unter einem Dach mit einer IDE
Über den Texteditor hinaus benötigt man für das Programmieren in C++ weitere Werkzeuge. Daher nutzt man meist eine IDE statt eines Texteditors.

> Eine IDE enthält ebenfalls einen Texteditor, umfasst aber auch viele weitere Werkzeuge, vor allem den im nächsten Abschnitt vorgestellten Compiler.

Eine IDE ist deshalb auf bestimmte Programmiersprachen ausgerichtet. Bekannte IDEs für C++ sind Microsoft Visual Studio,[9] Jetbrains CLion oder Qt Creator.

▶ **Tipp** Einfach und für den Einstieg gut geeignet ist Code::Blocks, das kostenfrei für Windows und Linux zur Verfügung steht.

2.3.2 Der Übersetzungsprozess in C++

Der Prozessor des Computers kann C++-Anweisungen nicht direkt ausführen, sondern benötigt Maschinenbefehle. Aus diesem Grund müssen die C++-Anweisungen in Maschinenbefehle übersetzt werden (siehe Abschn. 1.4.3).

Die Abschn. 2.3.3 und 2.3.4 zeigen, wie man die Übersetzung des Quellcodes startet.

---

[9] Auch wenn sich die Namen ähneln, handelt es sich bei Visual Studio Code und dem Microsoft Visual Studio um zwei verschiedene Produkte mit unterschiedlicher Zielsetzung.

C++ als kompilierte Sprache

In C++ erfolgt das Übersetzen *vor* dem Ausführen des Programms. Der Quellcode wird also einmal in Maschinenbefehle übersetzt („*kompiliert*"), die sich dann immer wieder ohne erneute Übersetzung ausführen lassen.

> C++ ist eine *kompilierte* Programmiersprache.

Andere Programmiersprachen, z. B. Python oder PHP, gehen einen anderen Weg: Hier findet die Übersetzung in Maschinenbefehle bei jeder Ausführung statt (sie sind sog. *Interpretersprachen*).

Mehrschrittiger Übersetzungsprozess

Der C++-Quellcode wird in drei Schritten übersetzt bzw. kompiliert (Abb. 2.3):

> *Präprozessor*, *Compiler* und *Linker* werden nacheinander aufgerufen und überführen den Quellcode in ein ausführbares Programm aus Maschinenbefehlen.

Präprozessor, Compiler[10] und Linker sind Teil des sog. Compilersystems. Dieses muss man auf dem Computer installieren, bevor man C++-Quellcode übersetzen kann.

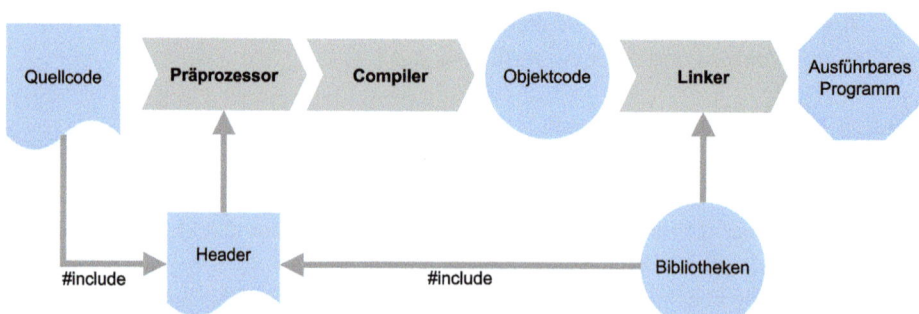

Abb. 2.3 Übersetzungsprozess in C++

---

[10] Teilweise trennt man den Compilerschritt in Compiler und Assembler.

2.3 Vom Quellcode zur Ausführung

Bekannte Compilersysteme für C++ sind *GCC*[11] und seine Verwandten sowie *Clang* und der *Microsoft Visual C++ Compiler*.

▶ **Tipp** Unter Windows muss man zunächst ein Compilersystem installieren. Unter Linux ist GCC üblicherweise bereits vorhanden.

Textverarbeitung mit dem Präprozessor
Der *Präprozessor* verarbeitet die Präprozessoranweisungen, also alle Zeilen, die mit # beginnen. Solche Anweisungen binden meist den Inhalt anderer Dateien ein oder ersetzen Textfragmente innerhalb des Quellcodes.

> Der Präprozessor verarbeitet den Quellcode durch Einfügen, Ersetzen oder Ausblenden von Quellcodeabschnitten, bevor er an den Compiler weitergereicht wird.

`#include <iostream>` in „Hallo Welt" (Quellcode 2.1) ist eine Präprozessoranweisung. Sie weist den Präprozessor an, den Inhalt der Datei `iostream` an dieser Stelle des Quellcodes einzufügen.

> Der Präprozessor verändert die Quellcodedateien nicht dauerhaft, sondern gibt den geänderten Inhalt an den Compiler weiter.

Die Überarbeitungen des Präprozessors bleiben uns daher normalerweise verborgen; sie lassen sich aber bei Bedarf anzeigen.

Syntaxprüfung und Übersetzung mit dem Compiler
Auf den Präprozessor folgt der Compiler – er arbeitet auf dem vorverarbeiteten Quellcode.

> Der *Compiler* prüft vor allem die sog. *Syntax* des Quellcodes und überführt ihn in den sog. *Objektcode*.

Der Compiler ist für die Übersetzung wesentlich: Er prüft, ob der Quellcode den Regeln von C++ folgt, z. B., ob nur C++-Befehle verwendet werden, die tatsächlich zur Verfügung stehen, oder ob die Klammersetzung korrekt ist.

---

[11] GNU Compiler Collection.

Anschließend erzeugt der Compiler den Objektcode, in dem die C++-Anweisungen in Maschinenbefehle übersetzt werden.

> Viele C++-Anweisungen sind Teil sog. *Bibliotheken*. Sie liegen als Datei auf dem Computer vor und enthalten bereits übersetzte Anweisungen.

Ein Beispiel hierfür ist die Ausgabe von Text auf dem Bildschirm. Sie wird in vielen Programmen benötigt und erfordert eine Reihe von Maschinenbefehlen. Deshalb ist sie in einer Bibliothek enthalten. Stößt der Compiler im Quellcode auf eine Ausgabeanweisung, übersetzt er sie nicht direkt in Maschinenbefehle, sondern verweist auf den Inhalt der entsprechenden Bibliothek.

Zusammenfügen mit dem Linker
Hat der Compiler den Quellcode in Objektcode überführt, schließt der Linker den Übersetzungsprozess ab.

> Der *Linker* fügt den Objektcode sowie Bibliotheken zu einem ausführbaren Programm zusammen.

Der Linker verarbeitet den Objektcode und löst dessen Verweise auf andere Inhalte auf, z. B. die bereits angesprochenen Inhalte von Bibliotheken. Gelingt das, entsteht am Ende eine Datei mit Maschinenbefehlen, die man immer wieder ausführen kann.

> Das *ausführbare Programm* hat unter Windows die Dateiendung `.exe`, unter Linux ist es als ausführbar gekennzeichnet.

Fehler und Warnungen
Enthält der Quellcode syntaktische Fehler, z. B. ein fehlendes Semikolon oder eine falsch gesetzte Klammer, so zeigt der Compiler dies als Fehler an.

> *Compilerfehler* führen dazu, dass der Übersetzungsprozess vor dem Linker abgebrochen wird. Es entsteht *kein* ausführbares Programm.

Manchmal ist der Quellcode zwar syntaktisch korrekt, aber dennoch problematisch, z. B. wenn man einer ganzzahligen Variablen einen Wert mit Nachkommastellen zuweist.

2.3 Vom Quellcode zur Ausführung

> *Compilerwarnungen* weisen auf mögliche Fehler hin; das ausführbare Programm wird *trotzdem* erzeugt.

▶ **Tipp** Warnungen sollte man grundsätzlich ernst nehmen und sie beseitigen, da sie meist Ausdruck anderer Fehler sind.

Auch der Linker kann zu Fehlern führen: Kann er einen Verweis nicht auflösen, bricht er ab und zeigt eine Fehlermeldung an.

Grenzen des Compilers
Der Compiler findet syntaktische Fehler. Er schützt nicht davor, wenn man den falschen Algorithmus oder eine falsche Formel verwendet. Er schützt auch nicht davor, wenn der Kunde eigentlich eine andere Vorstellung von der Software hat.

> Software, die man erfolgreich übersetzt hat, muss *getestet* werden, um sicherzustellen, dass sich das Programm korrekt verhält.

Erste Ansätze für das Testen von Software erklärt Abschn. 3.6.5.

Die Frage der Zielplattform
Das Kompilieren in Maschinenbefehle bringt mit sich, dass man den Quellcode für eine bestimmte Plattform übersetzt. Man übersetzt den Quellcode also beispielsweise für Windows oder für Linux.

> Das ausführbare Programm lässt sich nur auf der *Plattform* ausführen, für die es erzeugt wurde.

2.3.3 Übersetzen auf der Kommandozeile

Soll aus dem Quellcode ein ausführbares Programm werden, muss man gemäß Abschn. 2.3.1 zunächst den Übersetzungsprozess starten. War dies erfolgreich, kann man das erzeugte Programm ausführen.

> Für das Übersetzen und Ausführen kann man unter den meisten Betriebssystemen die sog. *Kommandozeile* nutzen, auf der man entsprechende Befehle eingibt.

Der Weg in die Kommandozeile
Unter Windows erreicht man die Kommandozeile über die sog. *Eingabeaufforderung* bzw. die *Powershell*. Unter Linux und MacOS erreicht man sie über das sog. *Terminal*.

Wer noch nicht viel Erfahrung in C++ hat, wird das Übersetzen des Quellcodes auf der Kommandozeile als eher steinigen Weg wahrnehmen – und um es vorwegzunehmen: Es gibt bequemere Wege. Allerdings kann man hier sehr gut die Schritte erkennen, die vom Quellcode zum ausführbaren Programm führen.

> Vorweg muss man sicherstellen, dass ein C++-Compiler installiert und aufrufbar ist.

Während dies unter Linux normalerweise der Fall ist, muss man ihn unter Windows zunächst installieren. Die folgenden Beispiele verwenden GCC bzw. seinen Windows-Verwandten Mingw-w64.

▶ **Tipp** Für das besonders verbreitete Compilersystem GCC und seine Verwandten kann man leicht prüfen, ob er einsatzbereit ist. Dazu öffnet man die Kommandozeile und gibt dort `g++` ein. Erscheint nach dem Drücken der Eingabetaste die Meldung, dass keine Eingabedateien gefunden wurden, ist der Compiler einsatzbereit.

Übersetzen mit g++ unter Windows
C++-Quellcodedateien übersetzt man mit dem Befehl `g++` gefolgt von dem Namen der Quellcodedatei – hier `hallowelt.cpp`. Den Namen des zu erzeugenden Programms legt man mit `-o` fest. Der in Abb. 2.4 gezeigte Aufruf übersetzt daher die im aktuellen Ordner gespeicherte Datei `hallowelt.cpp` und erzeugt die Datei `hallowelt.exe`, die sich anschließend ausführen lässt.[12]

> Mit `g++` startet man automatisch nacheinander Präprozessor, Compiler und Linker; man muss sie nicht separat aufrufen.

Wie `g++` arbeitet, lässt sich mit vielen zusätzlichen Einstellungen beeinflussen, was zunächst unnötig ist. Und doch überrascht es vielleicht, dass `g++` eher schweigsam arbeitet – getreu dem Motto „No News are Good News".

---

[12] Unter Windows drückt die Dateiendung .exe aus, dass es sich um ein ausführbares Programm handelt.

2.3 Vom Quellcode zur Ausführung

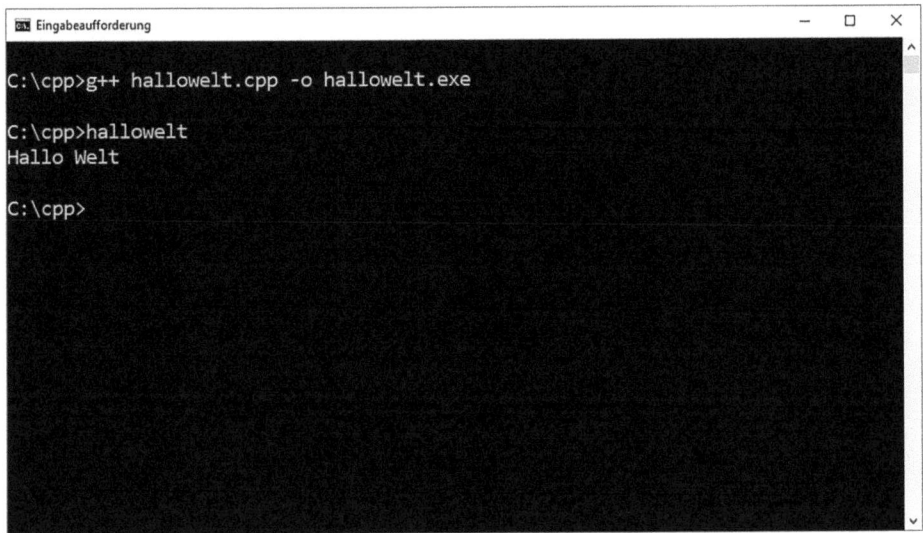

Abb. 2.4 Übersetzen auf der Windows-Kommandozeile

> Gelingt das Übersetzen, erscheint keine weitere Meldung.

War der Quellcode fehlerfrei, befindet sich nun im aktuellen Verzeichnis die Datei `hallowelt.exe`.

Sie kann man durch Eingabe von `hallowelt`[13] ausführen. Das Programm startet, erzeugt seine Ausgabe „Hallo Welt" und wird anschließend wieder beendet. Die Kommandozeile ist bereit für die nächsten Eingaben.

Findet der Compiler Fehler im Quellcode, z. B. ein fehlendes Semikolon, gibt er entsprechende Fehlermeldungen aus. Abb. 2.5 zeigt eine solche Meldung: Der Compiler hat erkannt, dass in Zeile 9 von `hallowelt.cpp` bei Zeichen 33 ein Semikolon fehlt.

> Fehler im Quellcode führen dazu, dass kein ausführbares Programm erzeugt wird.

Man müsste nun die fehlerhafte Datei im Texteditor öffnen, den Fehler beseitigen und die Übersetzung erneut starten.

---

[13] Alternativ: hallowelt.exe, ./hallowelt oder ./hallowelt.exe.

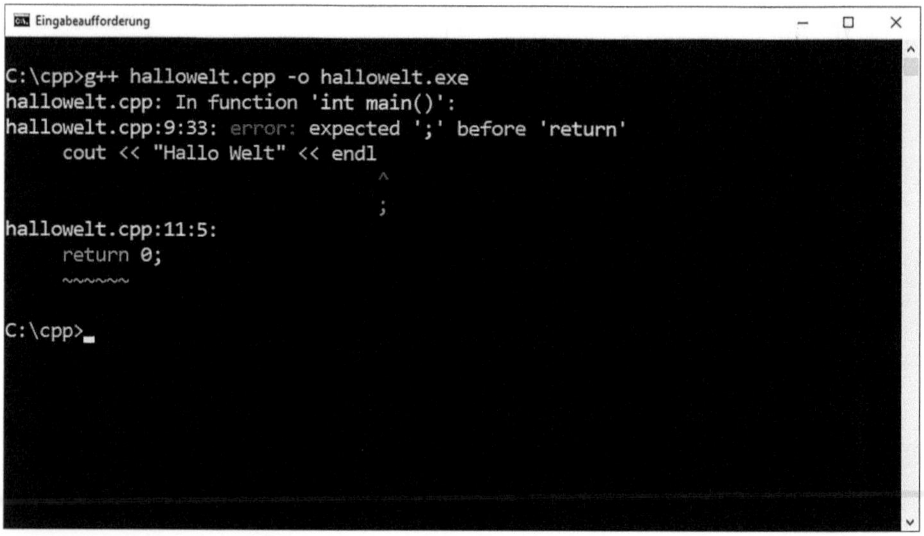

```
Eingabeaufforderung                                    -  □  ×

C:\cpp>g++ hallowelt.cpp -o hallowelt.exe
hallowelt.cpp: In function 'int main()':
hallowelt.cpp:9:33: error: expected ';' before 'return'
    cout << "Hallo Welt" << endl
                                ^
                                ;
hallowelt.cpp:11:5:
    return 0;
    ~~~~~~

C:\cpp>_
```

Abb. 2.5 Fehlermeldung auf der Windows-Kommandozeile

Übersetzen mit g++ unter Linux

Unter Linux entfällt meist die Installation des Compilers; GCC ist üblicherweise bereits einsatzbereit. Der C++-Quellcode lässt sich ebenfalls mit `g++` übersetzen.

Der Aufruf von `g++` ist beinahe identisch. Das ausführbare Programm hat unter Linux jedoch nicht die Endung `.exe`, weshalb man sie weglässt. Das übersetzte Programm lässt sich anschließend mit `./hallowelt` starten (Abb. 2.6).

Abb. 2.7 zeigt, dass etwaige Fehler wie in Windows angezeigt werden.

> Es gibt Fälle, in denen das Übersetzen auf der Kommandozeile notwendig ist. Bequemer ist meist die Übersetzung mit einer IDE, da hier Texteditor und Compiler unter einem Dach vereint sind.

2.3.4 Übersetzen in einer IDE

Wie das Übersetzen in einer IDE abläuft und welche Vorarbeiten notwendig sind, hängt stark von der verwendeten IDE ab. Als Beispiel dient hier die IDE Code::Blocks, in der das Übersetzen sehr einfach ist.

Übersetzen ohne Kommandozeile

Hat man den Quellcode mit dem eingebauten Editor erstellt und gespeichert, kann man ihn über die Schaltfläche „*Build*" übersetzen.

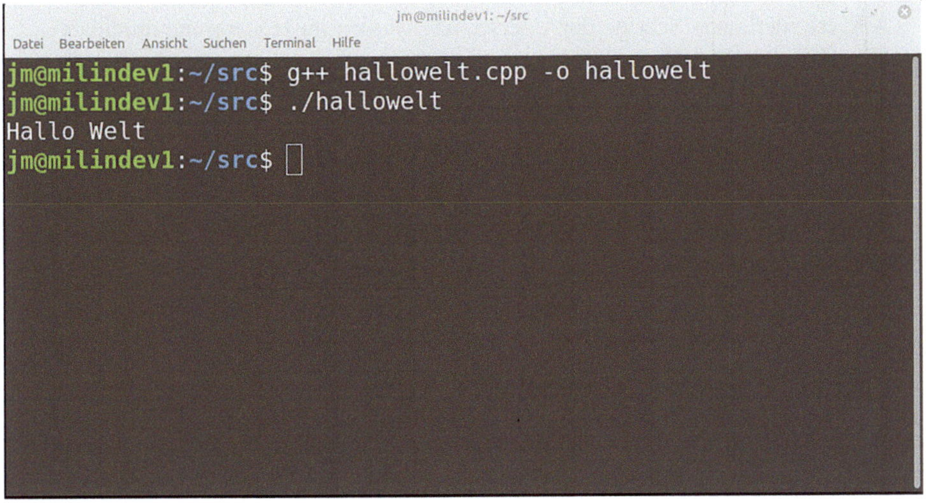

2.3 Vom Quellcode zur Ausführung

Abb. 2.6 Übersetzung auf der Linux-Kommandozeile

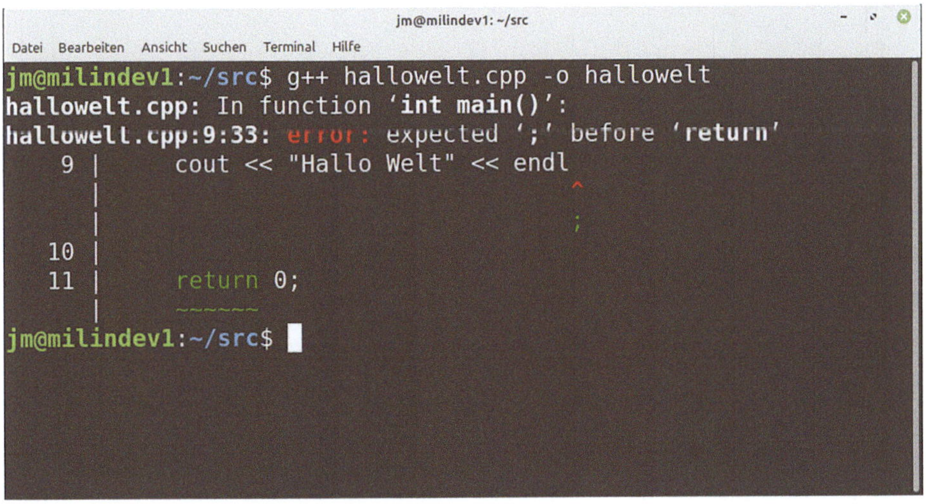

Abb. 2.7 Fehlermeldung auf der Linux-Kommandozeile

> Alle erforderlichen Schritte der Übersetzung werden im Hintergrund durchlaufen, ohne dass man Befehle in der Kommandozeile eingeben muss.

Über den Erfolg der Übersetzung informiert im unteren Bereich des Fensters der Tab „Build Messages". Sind hier keine Fehler aufgelistet, wurde das ausführbare Programm im selben Verzeichnis wie die Quellcodedatei erzeugt (Abb. 2.8). Es lässt sich mit der Schaltfläche „Run" ausführen.

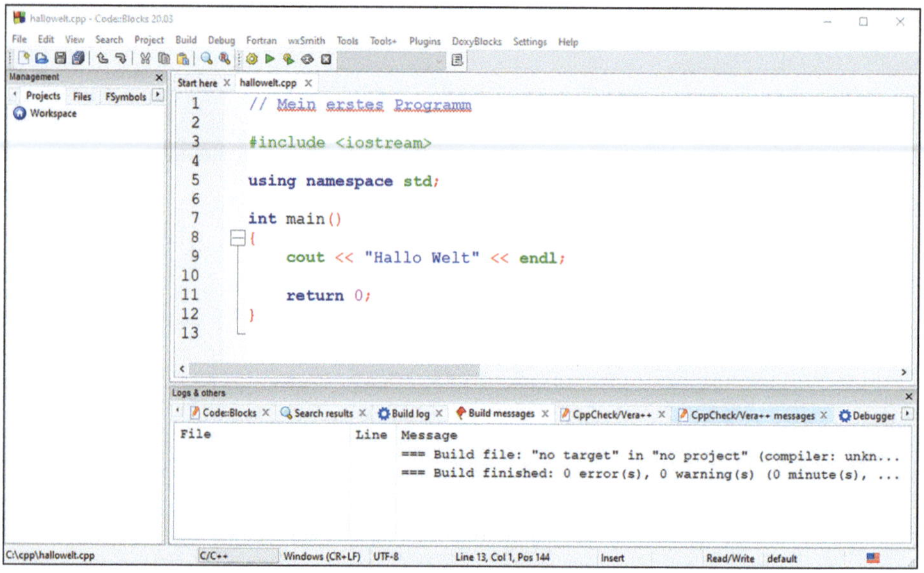

Abb. 2.8 Hallo Welt in der Entwicklungsumgebung Code::Blocks

Übersetzen und ausführen
Alternativ kann man für die Übersetzung auch die Schaltfläche „*Build+Run*" nutzen. Nach erfolgreicher Übersetzung führt Code::Blocks das erzeugte Programm sofort aus (Abb. 2.9).

Fehler finden und beseitigen
Findet der Compiler Fehler im Quellcode, werden diese in „*Build Messages*" angezeigt. Für jeden Fehler sind die betroffene Datei, die Zeilennummer und die Fehlermeldung angegeben. Durch *Doppelklicken* der Meldung gelangt man zu der betreffenden Zeile im Quellcode (Abb. 2.10).

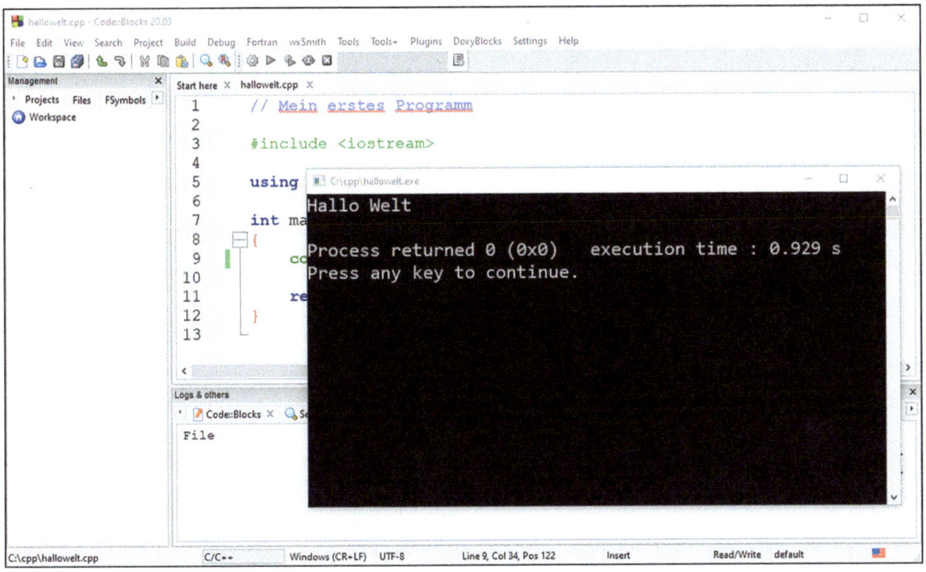

2.3 Vom Quellcode zur Ausführung

Abb. 2.9 Ausführen von Hallo Welt in Code::Blocks

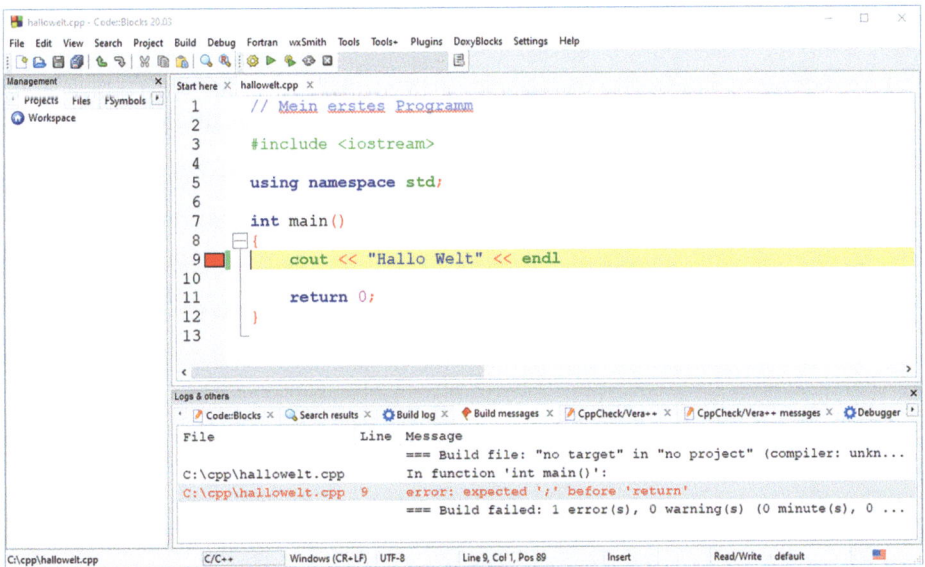

Abb. 2.10 Hallo Welt mit Fehler in Code::Blocks

▶ **Tipp** Beim Beseitigen von Fehlern sollte man von oben nach unten arbeiten und zwischendurch erneut übersetzen, da manche Fehler zu Folgefehlern führen.

2.4 Zusammenfassung

C++ eignet sich als Programmiersprache vor allem dann, wenn Hardwarenähe und Leistungsfähigkeit notwendig sind. Für Web-Anwendungen eignet sich C++ nicht.

C++-Quellcode wird in Dateien mit der Endung `.cpp` (teils auch `.h`) gespeichert. Für die Bearbeitung setzt man einen Texteditor oder eine integrierte Entwicklungsumgebung (IDE) ein.

Das Hallo-Welt-Programm eignet sich als grundlegendes Beispiel, an dem man das Grundgerüst eines C++-Programms erkennen kann. Jedes C++-Programm benötigt ein Hauptprogramm, das mit `int main()` eingeleitet wird. Startet man ein Programm, beginnt die Ausführung mit dem Hauptprogramm. `return` verlässt das Hauptprogramm und beendet damit die Ausführung des Programms.

Anweisungen werden in C++ mit einem Semikolon beendet. Anweisungsblöcke sind von geschweiften Klammern `{}` umschlossen. Groß- und Kleinschreibung wird im Quellcode unterschieden.

Für Ausgaben auf dem Bildschirm nutzt man `cout`. Hierfür macht man die Ein- und Ausgabebefehle verfügbar mit der Präprozessoranweisung `#include <iostream>` und mit `using namespace std;`.

Jede Anweisung des Quellcodes steht in einer eigenen Zeile; zusätzlich sorgen Kommentare, einheitliche Einrückungen, Leerzeichen und Leerzeilen für einen besser lesbaren Quellcode.

C++ ist eine kompilierte Sprache; hat man den Quellcode in Maschinenbefehle übersetzt, lässt er sich immer wieder ohne erneute Übersetzung ausführen. Der C++-Quellcode wird von Präprozessor, Compiler und Linker in ein ausführbares Programm übersetzt. Das ausführbare Programm lässt sich nur auf der Plattform starten, für die es übersetzt wurde.

Die Übersetzung lässt sich entweder über die Kommandozeile starten oder innerhalb der IDE. Im Alltag ist der Weg über die IDE meist bequemer.

Werden bei der Übersetzung Fehler gefunden, entsteht kein ausführbares Programm. Warnungen werden angezeigt, führen aber nicht zum Abbruch. Fehlermeldungen zeigt der Compiler in der Regel mit Datei, Zeilennummer und Beschreibung des Fehlers an. Der Compiler findet jedoch nur syntaktische Fehler. Ob das Programm wie vorgesehen arbeitet, muss man durch Softwaretests prüfen.

2.5 Aufgaben

2.5.1 Theorie

1. Wofür setzt man C++ ein? Wofür eher nicht?
2. Worauf sollte man bei der Benennung von Quellcodedateien in C++ achten?
3. Was gehört zum Grundgerüst eines C++-Programms?
4. Wann schreibt man am Ende einer Zeile ein Semikolon und wann nicht?
5. Warum sind Kommentare wichtig, obwohl sie zu keinen Maschinenbefehlen führen?
6. Worin unterscheiden sich Texteditor und IDE?
7. Nennen Sie Beispiele verbreiteter Texteditoren und C++-IDEs.
8. Wie erreicht man, dass Quellcode besser lesbar wird?
9. Wie wird C++-Quellcode übersetzt? Welche Teilschritte werden dabei durchlaufen?

2.5.2 Praxis

1. Installieren Sie die notwendigen Werkzeuge und versuchen Sie, `hallowelt.cpp` zu übersetzen und auszuführen.
2. Erstellen Sie ein Programm, das Ihre Postanschrift mehrzeilig auf dem Bildschirm ausgibt. Wie viele verschiedene Varianten finden Sie hierfür?
3. Untersuchen Sie, welche Fehlermeldungen angezeigt werden, wenn Sie in `hallowelt.cpp` gezielt Fehler einbauen und versuchen, die Datei zu übersetzen.

2.6 Weiterführende Literatur

Zu den verbreiteten Editoren, IDEs und Compilersystemen gibt es ausführliche Dokumentationen und Tutorials, die die ersten Schritte zeigen. Grundlagen zu Programmiersprachen und zu dem Übersetzungsprozess erläutern (Müller & Weichert, 2017). Ausführlich beschäftigten sich (Breymann, 2023) und (Will, 2024) mit den Grundlagen von C++ und dem Übersetzungsprozess.

Die folgenden Kapitel, vor allem Kap. 3 und 4, führen ausführlich in die Grundlagen von C++ ein.

Literatur

Breymann U. (2023). *C++ programmieren* (7. Aufl.). Hanser.
Müller H., & Weichert F. (2017). *Vorkurs Informatik* (5. Aufl.). Springer Vieweg.
Stroustrup, B. (2015). *Die C++-Programmiersprache: Aktuell zu C++11* (1. Aufl.). Hanser.
Will T. (2024). *C++ Das umfassende Handbuch* (3. Aufl.). Rheinwerk.

Grundlagen 3

Zusammenfassung

Einfache C++-Programme basieren auf einigen grundlegenden Elementen: Variablen enthalten Benutzereingaben oder berechnete Werte. Verzweigungen erlauben es, in Programmen abhängig von Bedingungen zu verzweigen. Schleifen wiederholen Anweisungen. Funktionen fördern die Lesbarkeit und Wiederverwendbarkeit des Quellcodes durch Modularisierung. Richtig kombiniert entstehen aus diesen grundlegenden Elementen schrittweise immer größere Programme.

3.1 Eingeben und rechnen

3.1.1 Beispiel: Meter2Feet

Das folgende Programm soll eine Längenangabe von Meter in Feet umrechnen. Hierfür liest es die umzurechnende Länge ein und gibt anschließend das Umrechnungsergebnis aus. Quellcode 3.1 zeigt den zugehörigen C++-Quellcode. Gut zu erkennen ist das aus Abschn. 2.2 bekannte Grundgerüst mit dem Hauptprogramm.

```
// Rechnet Meter in Feet um

#include <iostream>

using namespace std;

int main()
```

```
{
    // Laenge in Meter einlesen
    double meter = 0.0;
    cout << "Meter: ";
    cin >> meter;
    // In Feet umrechnen und ausgeben
    cout << "Feet:   " << meter * 3.2808399 << endl;

    return 0;
}
```

Quellcode 3.1 Umrechnung Meter2Feet V1 (meter2feet1.cpp)

Führt man dieses Programm aus, werden die Anweisungen des Hauptprogramms nacheinander ausgeführt. Abb. 3.1 zeigt die Ausgabe, wenn eine Länge von 1,9 m eingegeben wird. Dabei fallen mehrere Dinge auf:

- Statt 1,9 gibt man 1.9 ein; Nachkommastellen werden demnach mit einem Punkt und nicht mit einem Komma getrennt.
- Man gibt hinter 1.9 keine Einheit an. So etwas hätte deutlich mehr Aufwand erfordert.
- Das Ergebnis wird hier mit 4 Nachkommastellen angezeigt. Das lässt sich später ändern.

```
> meter2feet1
Meter: 1.9
Feet:   6.2336
>
```

Abb. 3.1 Ausgabe von Meter2Feet V1

Die folgenden Abschnitte zeigen, wie man Werte von der Tastatur einliest, welche Rolle Variablen dabei spielen und wie man einfache Berechnungen durchführt.

3.1.2 Variablen und Datentypen

Mit `double meter = 0.0;` erzeugt man eine sog. *Variable* für Dezimalwerte mit dem Namen `meter`.

> Variablen erlauben es, Werte zwischenzuspeichern. Anhand des *Namens* der Variablen kann man auf ihren Inhalt – den Wert – zugreifen.

Ein Programm enthält meist viele Variablen. Sie unterscheiden sich hinsichtlich ihres Zwecks (z. B. eine Länge, eine Anzahl, ein Benutzername usw.). Aber auch die Art der enthaltenen Werte kann sich von Variable zu Variable unterscheiden – ganze Zahlen mit oder ohne Vorzeichen, Zahlen mit Nachkommastellen (Dezimalzahlen), Wahrheitswerte, einzelne Zeichen oder längere Texte (Zeichenketten).

Variablennamen

> Jede Variable hat einen Namen, der sie von anderen unterscheidet. Man vergibt diesen Namen selbst.

Im betrachteten Beispiel heißt die Variable `meter`. Auch `laenge_meter` oder `length_meter` wäre sinnvoll gewesen.

▶ **Tipp** Englische Namen sind heutzutage üblich, da der Quellcode oft in internationalen Teams bearbeitet wird.

Aussagekräftige Namen
Aussagekräftige Namen machen den Quellcode lesbarer und verständlicher (siehe Abschn. 2.2.5). Was aber ist an einem Namen wie `x` oder `zahl1` schlecht? Solche Namen lassen nicht sofort erkennen, wie und wofür eine Variable verwendet wird – das kann Fehler begünstigen.

> Der Name einer Variablen sollte *aussagekräftig* sein; er drückt aus, wofür eine Variable verwendet wird. Auch das Anhängen von Einheiten ist oft sinnvoll.

Im Vergleich zu dem Namen `x` verrät `gewicht_kg` auf einen Blick, dass es sich um ein Gewicht handelt, das in Kilogramm angegeben ist – dieser Name ist aussagekräftig.

Erlaubte Namen
Aussagekräftige Namen sind außerordentlich wichtig, aber in den Augen des C++-Compilers wäre der Name `x` ebenfalls erlaubt. Der Compiler verlangt lediglich, dass einige Anforderungen erfüllt sind.

> Namen (sog. *Bezeichner*) dürfen *Groß- und Kleinbuchstaben*, *Ziffern* – diese jedoch nicht am Anfang – und *Unterstriche* (_) enthalten. *Leerzeichen*, *reservierte Wörter* und *Operatoren* sind als Name nicht erlaubt. *Umlaute* sollte man vermeiden.

Tab. 3.1 Erlaubte und nicht erlaubte Namen

Erlaubt	Nicht erlaubt
`laenge`	`1wert`
`laenge_m`	`1.wert`
`area_m2`	`a/b-test`
`_Element_0_2`	`gueltig?`
`Zahl1`	`double`
`ABC_RESULT`	`switch`

Erfüllen lässt sich das meist problemlos; Verstöße zeigt der Compiler mehr oder weniger deutlich an. Reservierte Wörter und Operatoren lassen sich leicht in einschlägigen Referenzen nachsehen.[1] Tab. 3.1 zeigt Beispiele für erlaubte und nicht erlaubte Namen.

Groß- und Kleinschreibung

> C++ unterscheidet *Groß- und Kleinschreibung*. Daher muss man den Variablennamen immer exakt so schreiben, wie er vergeben wurde.

Heißt die Variable `meter`, führt ein Zugriff auf `Meter` ebenso zum Fehler wie beispielsweise `METER`. Die Groß- und Kleinschreibung muss *exakt* übereinstimmen.

▶ **Tipp** Zwei Variablen nur durch Groß- und Kleinschreibung zu unterscheiden (z. B. `zahl` und `Zahl`) ist zwar erlaubt, aber äußerst verwirrend und fehleranfällig. Man sollte das auf keinen Fall machen.

Datentypen in C++

In C++ muss[2] man für jede Variable festlegen, welche Art von Werten darin abgelegt werden kann – man weist ihr einen sog. *Datentyp* zu.

> Der Datentyp einer Variablen legt fest, welche *Werte* für sie erlaubt sind und welche *Operationen* es zwischen den Werten dieses Datentyps gibt.

In Quellcode 3.1 weist man der Variablen `meter` den Datentyp `double` zu. Die Variable darf hierdurch positive oder negative Zahlen mit (oder ohne) Nachkommastellen enthalten, nicht aber eine Folge von Buchstaben.

---

[1] Zum Beispiel unter https://en.cppreference.com/w/cpp/keyword.
[2] Man nennt C++ deshalb auch eine typisierte Programmiersprache.

3.1 Eingeben und rechnen

Tab. 3.2 Beispiele wichtiger Datentypen in C++

Datentyp	Bedeutung
`int`	Ganzzahl mit Vorzeichen (z. B. `42,-19.267,0`)
`unsigned int`	Ganzzahl ohne Vorzeichen (z. B. `42,72.615,0`)
`double`	Gleitkommazahl mit Vorzeichen (z. B. `0.21,-1.2E9,5.7E-11`)
`bool`	Wahrheitswert (`true`, `false`)
`char`	Einzelnes Zeichen (z. B. `a`, `G`, `5`, `?`, `\n`) oder kleine ganze Zahlen

In C++ gibt es viele verschiedene Datentypen. Eine Auswahl von ihnen zeigt Tab. 3.2. Beispielsweise wären mit dem Datentyp `int` nur ganzzahlige Werte für `meter` möglich; da Längenangaben aber Nachkommastellen enthalten können, eignet sich `double` besser.

Abschn. 8.2 liefert weitere Hintergründe zu Datentypen und wie sich Werte zwischen verschiedenen Datentypen umwandeln lassen.

Variablen im Arbeitsspeicher

Jede Variable wird im sog. *Arbeitsspeicher* des Computers abgelegt. Dort belegt sie eine durch den Datentyp vorgegebene Anzahl von Bits bzw. Bytes. Sie ist also eine Art benannter Bereich innerhalb des Speichers.

> Der Datentyp legt fest, wie viel Speicher jede Variable des Typs benötigt und wie die Werte darin codiert sind. Der Wertebereich hängt von diesem *Speicherbedarf* ab.

Ein Datentyp, der für jeden Wert 8 bit Speicher benötigt, kann $2^8 = 256$ verschiedene Werte repräsentieren. Verwendet man ihn für ganzzahlige Werte ohne Vorzeichen, würde der Wertebereich von 0 bis 255 reichen, mit Vorzeichen von -128 bis $+127$. Man könnte damit aber auch 256 verschiedene Zeichen repräsentieren.

▶ **Tipp** Bei manchen Datentypen hängt der Wertebereich von der verwendeten Plattform ab. Das muss man vor allem bedenken, wenn man Software für Embedded Systems entwickelt.

Abschn. 4.4.1 erklärt genauer, wie Variablen im Arbeitsspeicher abgelegt sind.

Das Zuweisen von Werten

> Mit dem *Zuweisungsoperator* = weist man der Variablen einen Wert zu.

Die Anweisung `zahl=42;` würde der Variablen `zahl` den Wert 42 zuweisen. Man dürfte jedoch nicht `42=zahl;` schreiben – die Variable, die den Wert erhält, muss auf der linken Seite stehen.

Dezimalpunkt statt Dezimalkomma

> Dezimalwerte müssen mit einem Dezimalpunkt angegeben werden.

Dementsprechend würde man mit `wert=3.1415;` der Variablen den Wert 3.1415 zuweisen.

▶ **Tipp** Für sehr große oder sehr kleine Werte nutzt man in C++ die wissenschaftliche Notation mit Zehnerpotenzen. Den Wert 1200000000000 würde man als 1.2E12 angeben ($1{,}2 \cdot 10^{12}$).

Deklaration von Variablen

> Bevor man in C++ eine Variable nutzen kann, muss man sie anlegen. Bei dieser sog. *Deklaration* gibt man ihren Namen und den Datentyp an.

`int zahl;` oder `double laenge;` wären demnach gültige Deklarationen. Im Anschluss daran könnte man mit diesen Variablen arbeiten. Greift man auf sie vor der Deklaration zu, zeigt der Compiler einen Fehler an (Quellcode 3.2).

```
zahl = 5;    // Falsch: zahl ist noch nicht deklariert
int zahl;
zahl = 42;   // Korrekt: zahl ist bereits deklariert
```

Quellcode 3.2 Richtiger und falscher Umgang mit Variablen

Der Gültigkeitsbereich einer Variablen
Eine Variable kann erst *nach* ihrer Deklaration genutzt werden, doch wie lange? Diese Frage ist nicht zeitlich gemeint, sondern hinsichtlich des Quellcodebereichs, in dem sich diese Variable verwenden lässt. Man nennt dies den *Gültigkeitsbereich* der Variablen.

> Der Gültigkeitsbereich einer Variablen reicht von deren Deklaration bis zum Ende des *Anweisungsblocks*, in dem sie deklariert wurde. Nur in diesem Bereich kann man sie verwenden.

3.1 Eingeben und rechnen

In Quellcode 3.1 wurde die Variable `meter` innerhalb des Hauptprogramms angelegt, also endet ihr Gültigkeitsbereich mit der schließenden geschweiften Klammer von `int main()`.

Variablen können in C++ prinzipiell an vielen Stellen des Quellcodes deklariert werden, nicht nur zu Beginn des Hauptprogramms.

> Den Gültigkeitsbereich einer Variablen sollte man *möglichst klein* halten. Daher legt man Variablen möglichst kurz vor der ersten Verwendung an.

Globale Variablen

Prinzipiell könnte man `meter` auch vor `int main()` deklarieren. Dann wäre `meter` eine sog. *globale Variable*.

> Der Gültigkeitsbereich globaler Variablen ist äußerst groß, wodurch unbeabsichtigte Änderungen möglich sind. Deshalb sollte man globale Variablen *vermeiden*.

Der Anfangswert

In Quellcode 3.1 enthält die Deklaration von `meter` noch ein `=0.0`. Man nennt dies *Initialisierung*. Sie sorgt dafür, dass die Variable von Anfang an einen festgelegten Wert besitzt.

> Eine Deklaration *ohne* Initialisierung kann dazu führen, dass die Variable nach der Deklaration einen nicht vorhersehbaren Wert enthält.

Den Unterschied zwischen Deklaration ohne und mit Initialisierung zeigt Quellcode 3.3. Nach dem Ausführen erhält man für die nicht initialisierte Variable `wert1` einen mehr oder weniger zufälligen Wert, während `wert2` korrekt mit 0 initialisiert wird.

```
#include <iostream>
using namespace std;
int main()
{
    // Ohne Initialisierung
    double wert1;
    cout << wert1 << endl; // Ausgabe: 7.90505e-323 (oder anderer Wert)
```

```
    // Mit Initialisierung
    double wert2 = 0.0;
    cout << wert2 << endl; // Ausgabe: 0
    return 0;
}
```

Quellcode 3.3 Deklaration ohne und mit Initialisierung (varnotinit.cpp)

▶   **Tipp** Man sollte *jede* Variable bei der Deklaration initialisieren, sonst könnte der zufällige Wert zu Folgefehlern führen.

3.1.3 Ein- und Ausgaben

Abschn. 2.2.4 zeigt anhand von „Hallo Welt", wie man mit `cout` Text auf dem Bildschirm ausgeben kann und welche Voraussetzungen notwendig sind.

Von Hallo Welt zu vielfältigen Ausgaben

> Ein- und Ausgaben setzen `#include <iostream>` voraus. `using namespace std;` erspart das `std::` vor jedem `cout`, `cin`, `endl` usw.

Quellcode 3.1 zeigt zwei Unterschiede gegenüber der Ausgabe in „Hallo Welt":

1. `endl` ist *nicht* bei jeder Ausgabe notwendig, nur dann, wenn der Cursor in die nächste Zeile bewegt werden soll.
2. Mit `cout` lassen sich auch die Inhalte von *Variablen* sowie *Berechnungsergebnisse* ausgeben.

Variablen und Berechnungsergebnisse ausgeben

> Variablen und Berechnungsergebnisse schreibt man bei der Ausgabe *nicht* in Anführungszeichen.

In Anführungszeichen schreibt man lediglich Text (sog. *Zeichenketten*), der unverändert angezeigt werden soll. Quellcode 3.4 zeigt den richtigen und falschen Einsatz von Anführungszeichen.

3.1 Eingeben und rechnen

```
double x = 21.0;
cout << x * 2.0 << endl;      // Richtig - Ausgabe: 42
cout << "x * 2.0" << endl;    // Falsch  - Ausgabe: x * 2.0
cout << "Ergebnis" << endl;   // Richtig - Ausgabe: Ergebnis
```

Quellcode 3.4 Richtiger und falscher Einsatz von Anführungszeichen bei cout

Eingaben mit cin

Quellcode 3.1 soll die Länge in Metern von der Tastatur einlesen – anders ausgedrückt: Der Benutzer soll sie mit der Tastatur eingeben können. Das übernimmt die Anweisung `cin >> meter;`.

> `cin` erlaubt es, Werte von der *Tastatur*[3] einzulesen und in geeigneten Variablen abzulegen.

Muss man dafür jeden Tastendruck einzeln erfassen und Zahlen „zusammenbauen"? Glücklicherweise nicht, Quellcode 3.5 zeigt, wie gut `cin` solche Details verbirgt. Lediglich die einzulesende Variable muss bereits angelegt sein.

```
double meter = 0.0;
cin >> meter;
```

Quellcode 3.5 Eingabe der Länge mit cin

> Im Gegensatz zu `cout` zeigt >> bei `cin` in Richtung der Variablen. `endl` darf bei `cin` *nicht* verwendet werden.

Die Rolle des Cursors

Es gibt eine wichtige Gemeinsamkeit zu `cout`: Die Position des Cursors ist wichtig. Wo er sich befindet, erfolgt die nächste Eingabe. Deshalb verzichtet Quellcode 3.1 bei der Ausgabe vor der Eingabe auf `endl` – hierdurch bleibt der Cursor hinter `"Meter:  "`, wo dann die Eingabe erfolgt.

---

[3] Streng genommen liest man mit cin nicht von der Tastatur ein, sondern von der sog. Standardeingabe. Diese ist aber meistens mit der Tastatur verbunden.

▶ **Tipp** Von der Ein- und Ausgabe mit `cin` und `cout` darf man keine grafischen Höchstleistungen erwarten. Sie sind einfach und funktional auf der Kommandozeile.

Kap. 6 erklärt die Ein- und Ausgabe ausführlich und zeigt, wie sie sich anpassen und überwachen lässt.

3.1.4 Einfache Berechnungen

Von Metern zu Feet gelangt man in Quellcode 3.1 durch `meter * 3.2808399`. Solche Berechnungen treten in vielen C++-Programmen auf.

> Berechnungen sind durch *arithmetische Ausdrücke* möglich. Sie können *arithmetische Operatoren* (z. B. +, -, *, /) oder *Funktionen* (z. B. für Sinus, Quadratwurzel oder Logarithmus) enthalten. Teilausdrücke lassen sich *klammern*.

Arithmetische Operatoren
In der Umrechnung `meter * 3.2808399` drückt der Operator * eine Multiplikation aus. Er zählt zu den *arithmetischen Operatoren* in C++. Tab. 3.3 zeigt die Operatoren der Grundrechenarten. Neben ihnen gibt es noch weitere Operatoren, die z. B. die Binärdarstellung einer Zahl verändern. Diese lassen wir zunächst außen vor.

Der *Modulo-Operator* erinnert eher an Prozentrechnung. Tatsächlich liefert er den Rest einer (Ganzzahl-)Division. Mit ihm lässt sich zum Beispiel später entscheiden, ob eine Tabellenzeile hell oder dunkel dargestellt wird.[4]

Gleicher Operator, unterschiedliches Ergebnis
Mit Ausnahme des Modulo-Operators lassen sich die Operatoren für Zahlen mit und ohne Nachkommastellen einsetzen; sie eignen sich für unterschiedliche Datentypen. Die Beispiele der Division in Tab. 3.3 verdeutlichen aber, dass das Ergebnis nicht immer übereinstimmt.

> Zu welchem Ergebnis ein Operator führt, hängt von dem *Datentyp* der Operanden ab.

---

[4] Mathematisch ausgedrückt: ob eine Zahl gerade oder ungerade ist.

3.1 Eingeben und rechnen

Tab. 3.3 Grundlegende arithmetische Operatoren in C++

Operator	Bedeutung	Beispiel
+	Addition	1.2+3.4 → 4.6 1+3 → 4
-	Subtraktion	4.6-3.4 → 1.2 4-3 → 1
*	Multiplikation	2.0*3.2 → 6.4 2*3 → 6
/	Division	5.0/2.0; → 2.5 5/2 → 2
%	Modulo (Rest)	5%2 → 1

Vorsicht ist bei der Division von `int`-Werten geboten, da sie keine Nachkommastellen besitzen. In einem solchen Fall führt der Operator / zu einer Integer-Division.

> Bei der *Integer-Division* werden die entstehende Nachkommastellen nicht berücksichtigt; es findet *keine Rundung* statt.

Aus diesem Grund ergibt `5/2` als Ergebnis 2; `99/100` ergibt 0 (siehe Abschn. 8.2).

▶ **Tipp** Eine häufige Fehlerquelle sind Formeln der Art $\frac{1}{2}(a+b)$. Schreibt man im Quellcode nämlich `1/2*(a+b)`, ist das Ergebnis immer 0, da `1/2` als Integer-Division behandelt wird. Das richtige Ergebnis liefert z. B. `0.5*(a+b)`.

Falsche Freunde und Gewohnheiten

Die verfügbaren Operatoren bergen Tücken, gerade dann, wenn man Schreibweisen aus der Mathematik übernimmt.

> Der Operator für *Division* ist / und *nicht* :. Bruchstriche gibt es in C++ nicht; sie werden durch den Divisionsoperator ersetzt.

$x : 2$ schreibt man in C++ als `x/2`. Brüche wie $\frac{x+1}{y-1}$ werden zu `(x+1)/(y-1)`.

> Bei der Multiplikation darf man den *-Operator *nicht* weglassen.

Während die Mathematik die Schreibweise $2x$ erlaubt, wäre das in C++ verboten. Man muss `2*x` schreiben.

> Der *Modulo-Operator* `%` dient *nicht* dem Prozentrechnen.

Möchte man z. B. 10 % von x berechnen, erreicht man dies durch Multiplikation, also `x*0.1`. Dagegen liefert `x%10` den Rest einer Division durch 10, also eine Zahl zwischen 0 und 9, z. B. 2 bei `12%10`.

Punkt vor Strich und Klammersetzung

> Bei den Operatoren gilt die Regel *„Punkt vor Strich"*. Durch runde *Klammern* kann man Teilausdrücke vorrangig berechnen.

Der Ausdruck `1+2*3` ergibt demnach 7 und nicht 9, da zuerst `2*3` berechnet wird. Man könnte aber den Vorrang der Multiplikation mit Klammern übergehen, also `(1+2)*3`.

> C++ verwendet in Berechnungen nur runde Klammern. Klammerebenen werden *nicht* durch die Klammerform unterschieden.

$[2(x+1)-3](x+4)$ wäre in C++ daher nicht erlaubt, stattdessen müsste man den Ausdruck `(2*(x+1)-3)*(x+4)` verwenden. Er verwendet ausschließlich runde Klammern.

Mathematische Funktionen
Neben Operatoren benötigt man für einige Berechnungen auch Wurzeln, trigonometrische Funktionen, Logarithmen usw.

> Stellt man an den Anfang des Quellcodes `#include <cmath>`, stehen dadurch zahlreiche *mathematische Funktionen* zur Verfügung.

Quellcode 3.6 zeigt deren Verwendung anhand von Sinus (`sin()`). Einschlägige Referenzen wie (en.cppreference.com, 2024) beschreiben, welche weiteren Funktionen `cmath` enthält.

3.1 Eingeben und rechnen

```
#include <cmath>
...
cout << sin( 0.0174532925 * winkel ) << endl;
```

Quellcode 3.6 Funktion sin() aus cmath

3.1.5 Zuweisungen

In Quellcode 3.1 erfolgt die Umrechnung direkt in der Ausgabe. Man hätte das Ergebnis aber auch zunächst in einer Variablen `feet` ablegen können, die man anschließend ausgibt (Quellcode 3.7).

```
// In Feet umrechnen und ausgeben
double feet = meter * 3.2808399;

cout << "Feet: " << feet << endl;
```

Quellcode 3.7 Umrechnungsergebnis in der Variablen feet

Der Operator = ist der *Zuweisungsoperator;* er weist der Variablen auf seiner linken Seite den Wert der rechten Seite zu (siehe Abschn. 3.1.2). Das kann direkt bei der Deklaration erfolgen oder auch, wenn eine bereits deklarierte Variable später einen neuen Wert erhalten soll.

Links oder rechts
Aus der Mathematik ist man gewohnt, dass das Ergebnis auf der rechten Seite steht, also z. B. $a + b = c$. In C++ wäre eine Anweisung `a+b=c;` jedoch falsch.

> Die Variable, der ein Wert zugewiesen wird, muss *immer* auf der linken Seite von = stehen.

Zuweisung oder Gleichung
Auch die Anweisung `i=i+1;` nutzt eine Zuweisung. Und doch sieht dieser Ausdruck zunächst falsch aus – als Gleichung ergäbe das $0 = 1$, wäre also nicht erfüllbar. Das ist aber nicht die Bedeutung in C++.

> Der Operator = beschreibt eine Zuweisung und *keine Gleichung*.

Am Beispiel von `i = i + 1;` wird das deutlich:

- *Zuerst* wird die rechte Seite berechnet, also der aktuelle Wert von `i` um 1 erhöht.
- *Anschließend* wird das Ergebnis der rechten Seite der Variablen `i` auf der linken Seite zugewiesen.

Mit anderen Worten: `i = i + 1;` erhöht den Wert von `i` um 1.

Zuweisung und Berechnung vereint
Häufig muss man Variablen um 1 (oder eine andere Zahl) erhöhen oder verringern. Hierfür gibt es besondere Operatoren, die Zuweisung und Berechnung vereinen.

> Statt `i = i + 1;` kann man die Kurzformen `i++;` oder `i+=1;` verwenden.[5] Gleiches gibt es auch für andere Operationen (Tab. 3.4).

▶ **Tipp** Auch wenn C++ dies nicht verlangt, sollte man diese Operatoren (bis auf wenige Ausnahmen) als eigenständige Anweisung in eine eigene Zeile schreiben. Dadurch bleibt der Quellcode verständlicher.

Tab. 3.4 Ausgewählte Operatoren die Zuweisung und Berechnung vereinen

Operator	Bedeutung	Beispiel
+=	Variable um angegebenen Wert erhöhen	`d+=12.3;` `i+=2;`
-=	Variable um angegebenen Wert verringern	`d-=0.5;` `i-=2;`
*=	Variable mit rechtem Wert multiplizieren und wieder zuweisen	`d*=1.02;` `i*=2;`
/=	Variable durch rechten Wert dividieren und wieder zuweisen	`d/=1.02;` `i/=2;`
++	Ganzzahl um 1 erhöhen	`i++;`
--	Ganzzahl um 1 verringern	`i--;`

---

[5] ++ und -- sind aber nur für ganzzahlige Datentypen vorgesehen.

3.2 Mit Bedingungen verzweigen

3.2.1 Beispiel: Meter2Feet für positive Werte

Die erste Version der Umrechnung hatte eine kleine Schwäche: Hätte man eine negative Länge eingegeben, wäre diese ebenfalls umgerechnet worden. Die zweite Version soll dies verhindern und das Programm beenden, wenn ein negativer Wert oder 0 eingegeben wird. Der zugehörige Quellcode 3.8 basiert zu großen Teilen auf der ursprünglichen Version.

```cpp
// Rechnet Meter in Feet um
#include <iostream>
using namespace std;
int main()
{
    double meter = 0.0;
    cout << "Meter (>0): ";
    cin >> meter;
    // Bei ungueltigem Wert Programm beenden
    if( meter <= 0 )
    {
        cout << "Ungültiger Wert" << endl;
        return 0;
    }
    cout << "Feet:  " << meter * 3.2808399 << endl;
    return 0;
}
```

Quellcode 3.8 Umrechnung Meter2Feet V2 (meter2feet2.cpp)

Startet man dieses Programm, erscheint die bekannte Eingabeaufforderung (Abb. 3.2). Ein negativer Wert führt ebenso zu einer Fehlermeldung und dem Programmabbruch wie

```
> meter2feet2
Meter: -1
Ungültiger Wert
> meter2feet2
Meter: 0
Ungültiger Wert
> meter2feet2
Meter: 2
Feet:  6.56168
>
```

Abb. 3.2 Ausgabe von Meter2Feet V2 mit ungültigen Werten

die Eingabe von 0. Nach jeder Falscheingabe muss man das Programm erneut ausführen. Nur wenn man einen gültigen Wert eingibt, wird das Umrechnungsergebnis angezeigt.

3.2.2 Bedingungen formulieren

Die Bedingung `meter<=0` prüft in Quellcode 3.8, ob der aktuelle Wert der Variablen `meter` kleiner oder gleich 0 ist – ob er also ungültig ist oder nicht.

> *Bedingungen* liefern einen Wahrheitswert; sie sind entweder erfüllt (wahr, `true`) oder nicht erfüllt (falsch, `false`). Es handelt sich um sog. *logische Ausdrücke*.

Bedingungen basieren üblicherweise auf *Vergleichsoperatoren* und *logischen Operatoren*.

Vergleichsoperatoren für einfache Bedingungen

> *Vergleichsoperatoren* vergleichen zwei Werte und liefern als Ergebnis einen Wahrheitswert.

Tab. 3.5 zeigt die wichtigsten Vergleichsoperatoren.[6] Mit ihnen lassen sich Variablen, Konstanten oder auch komplexere Ausdrücke vergleichen. Vorsicht ist bei der Prüfung auf Gleichheit geboten.

> Auf Gleichheit prüft man zwei Werte mit dem Operator ==. Der Operator = dient dem Zuweisen von Werten (Abschn. 3.1.5).

▶ **Tipp** Das einfache Gleichzeichen = (Zuweisungsoperator) wird oft *versehentlich* für Vergleiche genutzt. Das sieht auf den ersten Blick richtig aus, ist aber falsch – nur das doppelte Gleichzeichen == prüft auf Gleichheit.

---

[6] Mit dem Standard C++20 wurde auch der Operator <=> eingeführt. Er prüft, ob die verglichenen Werte kleiner, größer oder gleich sind, liefert also nicht nur zwei, sondern drei verschiedene Ergebnisse.

3.2 Mit Bedingungen verzweigen

Tab. 3.5 Vergleichsoperatoren in C++

Operator	Bedeutung	Beispiel `int x=1; int y=2;`
==	Ist gleich	`x==y` → `false`
!=	Ist nicht gleich	`x!=y` → `true`
>	Ist größer als	`x > y` → `false`
>=	Ist größer oder gleich	`x>=y` → `false`
<	Ist kleiner als	`x < y` → `true`
<=	Ist kleiner oder gleich	`x<=y` → `true`

bool-Variablen

> Variablen des Datentyps `bool` enthalten entweder den Wert `true` oder den Wert `false`; man kann ihnen das Ergebnis eines logischen Ausdrucks zuweisen.

Quellcode 3.9 zeigt dies anhand der Variablen `eingabeok`; ihr wird das Ergebnis des logischen Ausdrucks `meter > 0` zugewiesen. Ist der Wert von `meter` größer als 0, erhält `eingabeok` den Wert `true`, sonst `false`. Ein solches Vorgehen kann sinnvoll sein, wenn man dieselbe Bedingung mehrfach benötigt oder um komplexe Bedingungen aussagekräftiger zu gestalten.

```
bool eingabeok = ( meter > 0);
...
if( eingabeok )
{
   ...
}
```

Quellcode 3.9 Zuweisen eines logischen Ausdrucks

Kombinierte Bedingungen mit logischen Operatoren

Mit den Vergleichsoperatoren lassen sich bereits viele Bedingungen formulieren. Teilweise müssen jedoch Bedingungen miteinander verknüpft werden.

> *Logische Operatoren* verknüpfen Bedingungen. Sie liefern als Ergebnis einen Wahrheitswert. Klammern sind in solchen Ausdrücken erlaubt.

Tab. 3.6 zeigt die vorhandenen logischen Operatoren. Statt `!`, `&&` oder `||` darf man auch `not`, `and` oder `or` schreiben.

Tab. 3.6 Logische Operatoren in C++

Operator	Bedeutung	Beispiel `bool a=true; bool b=false;`
`!` `not`	Negation	`!a` → `false`
`&&` `and`	Logisches Und	`a && b` → `false`
`||` `or`	Logisches Oder	`a || b` → `true`

Negation (not)

a	!a
false	true
true	false

Logisches Und (and)

a	b	a && b
false	false	false
false	true	false
true	false	false
true	true	true

Logisches Oder (or)

a	b	a || b
false	false	false
false	true	true
true	false	true
true	true	true

Abb. 3.3 Wahrheitstafeln der logischen Operatoren !, &&, ||

> Die *Negation* ! kehrt einen Wahrheitswert um. Das *logische Und* `&&` ist erfüllt, wenn beide Bedingungen erfüllt sind. Das *logische Oder* `||` ist erfüllt, wenn mindestens eine Bedingung erfüllt ist.

Die sog. *Wahrheitstafeln* in Abb. 3.3 zeigen alle möglichen Ergebnisse der logischen Operatoren.

Anstelle der in Tab. 3.6 und Abb. 3.3 verwendeten `bool`-Variablen lassen sich auch *logische Ausdrücke* miteinander verknüpfen. Möchte man beispielsweise prüfen, ob der Wert x kleiner als 0 oder größer als 10 ist, könnte man dies mit `( x < 0 ) || ( x > 10 )` erreichen. Die Umkehrung wäre `( x>=0 ) && ( x<=10 )`.[7]

▸ **Tipp** Vorsicht bei den ebenfalls vorhandenen Operatoren `&` und `|`: Sie sehen den logischen Operatoren sehr ähnlich, arbeiten aber mit Binärwerten.

Falsche Freunde und Gewohnheiten
In der Mathematik ist eine Bedingung wie $0 < x < 1$ nicht ungewöhnlich. Sie im C++-Quellcode als `0 < x < 1` anzugeben, wäre *falsch*. Der Compiler zeigt dies aber meist nicht als Fehler an. Stattdessen müsste man `( 0 < x ) && ( x < 1 )` verwenden.

---

[7] In der Aussagenlogik spricht man hier von den De Morganschen Gesetzen.

3.2.3 Im Programmablauf verzweigen

Neu in dieser Version der Umrechnung ist der in Quellcode 3.10 gezeigte Abschnitt. Er beendet das Programm nach der Eingabe ungültiger Werte. Notwendig ist hierfür eine *Verzweigung*.

```
if( meter <= 0 )
{
    cout << "Ungültiger Wert" << endl;
    return 0;
}
```

Quellcode 3.10 Programmende bei ungültiger Eingabe

if für Verzweigungen

Verzweigungen gehören zu den Grundelementen von Algorithmen (siehe Abschn. 1.3.4), sie durchbrechen die sonst sequenzielle Ausführung der Anweisungen.

> Durch *Verzweigungen* werden Anweisungen nur dann ausgeführt, wenn die zugehörige Bedingung erfüllt ist. In C++ verwendet man das Schlüsselwort `if` mit der zu erfüllenden Bedingung.

In Quellcode 3.10 kann man dies gut erkennen: `if( meter<=0 )` leitet die Verzweigung ein. Der zugehörige Anweisungsblock in geschweiften Klammern (siehe Abschn. 2.2.3), wird nur ausgeführt, wenn die Bedingung `meter<=0` erfüllt ist.

> Da der Anweisungsblock zu `if` gehört, steht nach der `if`-Zeile kein Semikolon.

Die Gültigkeitsprüfung folgt dem Prinzip „Wenn ... dann ... " – *wenn* die `if`-Bedingung erfüllt ist, *dann* werden die Anweisungen ausgeführt. Die Fehlermeldung und das `return 0;` zum vorzeitigen Beenden des Programms werden nur ausgeführt, wenn `meter<=0` ist, sonst nicht.

bool-Variablen als Bedingung

> `bool`-Variablen können als Bedingung verwendet werden oder Teil von Bedingungen sein.

Ein solcher Fall liegt in Quellcode 3.9 vor: `if( eingabeok )` wertet den Wert von `eingabeok` aus. Ein zusätzliches `== true` wäre überflüssig, da `eingabeok` bereits `true` oder `false` ist. In Quellcode 3.8 wäre dieses Vorgehen jedoch überflüssig.

Sogar `int`-Variablen[8] lassen sich als Bedingung nutzen, da sie dann als Wahrheitswert interpretiert werden – ein Wert von 0 entspricht `false`, ein Wert ungleich 0 `true` (siehe Abschn. 8.2.2).

Alternativen mit else
Was aber, wenn statt „Wenn ... dann ..." eher „Wenn ... dann ... sonst ..." gebraucht wird? In solchen Fällen hilft das Schlüsselwort `else`.

> `if`-Verzweigungen können einen optionalen `else`-Zweig besitzen. Seine Anweisungen werden ausgeführt, wenn die `if`-Bedingung *nicht* erfüllt ist.

Ein solcher `else`-Zweig könnte beispielsweise die eigentliche Umrechnung enthalten. Seine Anweisungen werden ausgeführt, wenn die Bedingung nicht erfüllt ist, der eingegebene Wert also gültig ist (Quellcode 3.11). Notwendig ist der `else`-Zweig in diesem Fall aber nicht, da das Programm bei ungültigen Werten ohnehin beendet wird.

```
if( meter <= 0 )
{
    cout << "Ungültiger Wert" << endl;
    return 0;
}
else
{
    cout << "Feet:  " << meter * 3.2808399 << endl;
}
```

Quellcode 3.11 Gültigkeitsprüfung mit else-Zweig

Klammern oder nicht?
Die Anweisungen des `if`- und des `else`-Zweigs sind in den bisher gezeigten Quellcodes von geschweiften Klammern umschlossen – zwingend ist das aber nicht immer.

> Enthält der `if`-Zweig nur eine Anweisung, *kann* man auf die geschweiften Klammern verzichten. Gleiches gilt für den `else`-Zweig.

---

[8] Gleiches gilt für verschiedene andere Datentypen.

3.2 Mit Bedingungen verzweigen

Diese Freiheit ist jedoch tückisch und kann zu Fehlern führen: Quellcode 3.12 erscheint durch die einheitliche Einrückung unauffällig. Durch den Verzicht auf Klammern hängt jedoch nur die Ausgabe der Fehlermeldung von `if` ab. `return 0;` wird aber unabhängig von der Bedingung ausgeführt, verlässt also auch bei gültigen Werten sofort das Hauptprogramm.

```
if( meter <= 0 )
    cout << "Ungültiger Wert" << endl;
    return 0;
```

Quellcode 3.12 Fehler durch Verzicht auf Klammern

▶ **Tipp** Die Anweisungen des `if`- und `else`-Zweigs sollte man grundsätzlich mit geschweiften Klammern umschließen, um Fehler zu verhindern.

Bedingte Zuweisungen
Gelegentlich werden, wie in Quellcode 3.13, Werte anhand einer Bedingung zugewiesen. `faktor` wird der Wert 1 zugewiesen, wenn `summe` größer oder gleich 0 ist, andernfalls erhält `faktor` den Wert −1.

```
int faktor = 0;

if( summe >= 0.0 )
{
    faktor = 1;
}
else
{
    Faktor = -1;
}
```

Quellcode 3.13 Bedingte Zuweisung mit if-else

Ersetzen lässt sich dies durch eine sog. *bedingte Zuweisung*.

> Die bedingte Zuweisung ? ... : ... weist einen Wert abhängig von einer Bedingung zu.

Vor ? steht die zu erfüllende Bedingung (hier: `summe >= 0.0`), danach folgt der Wert bei erfüllter Bedingung und nach : der Wert bei nicht erfüllter Bedingung. Quellcode 3.14 zeigt, wie sich der vorherige Quellcode dadurch umformulieren lässt.

```
int faktor = ( summe >= 0.0 ) ? 1 : -1;
```

Quellcode 3.14 Bedingte Zuweisung mit Operator

Verzweigungen mit switch-case
Die Verzweigung mit `if` unterscheidet nur zwischen zwei Fällen – die Bedingung ist erfüllt oder nicht. Mehr Fälle lassen sich mit der `switch-case`-Verzweigung unterscheiden.

> Die `switch-case`-Verzweigung erlaubt eine Verzweigung mit *mehr als zwei Fällen*. Die Bedingung ist hierbei keine logische Bedingung, sondern ein ganzzahliger Wert.

Quellcode 3.15 verwendet `switch-case`, um abhängig von dem Wert der Variablen `faktor` einen Text auszugeben. Jeder zu behandelnde Wert wird mit `case` angegeben. Die nicht aufgezählten Werte verarbeitet `default`. Jeder Zweig kann mit geschweiften Klammern umschlossen werden. Das `break` in jedem Zweig ist normalerweise *unverzichtbar*.

> Ohne `break` werden auch alle *nachfolgenden* Fälle ausgeführt.

```
switch( faktor )
{
    case 1:
        cout << "Positiv" << endl;
        break;
    case 0:
        cout << "Null" << endl;
        break;
    case -1:
        cout << "Negativ" << endl;
        break;
    ...
    default:
        cout << "Unbekannt" << endl;
        break;
}
```

Quellcode 3.15 Mehrwertige Verzweigung mit switch-case

3.3 Unbegrenzt wiederholen

3.3.1 Beispiel: Meter2Feet mit Wiederholung bei Fehlern

Die Umrechung in Quellcode 3.8 verhindert die Umrechnung ungültiger Werte, allerdings muss man das Programm nach jedem Eingabefehler erneut starten. Die dritte Version der Umrechnung in Quellcode 3.16 verfolgt einen anderen Ansatz: Sie wiederholt die Eingabe der umzurechnenden Länge, solange der Wert ungültig ist.

```cpp
// Rechnet Meter in Feet um
#include <iostream>
using namespace std;
int main()
{
    double meter = 0.0;
    // Ungueltige Eingaben wiederholen
    do
    {
        cout << "Meter (>0): ";
        cin >> meter;
    }
    while( meter <= 0 );
    cout << "Feet:  " << meter * 3.2808399 << endl;
    return 0;
}
```

Quellcode 3.16 Umrechnung Meter2Feet V3 (meter2feet3.cpp)

Nach dem Starten erscheint eine Eingabeaufforderung; wird hier ein negativer Wert oder 0 eingegeben, erscheint diese Eingabeaufforderung immer wieder. Gibt man jedoch einen gültigen Wert ein, wird dieser umgerechnet und das Programm endet (Abb. 3.4).

```
> meter2feet3
Meter (>0): -1
Meter (>0): 0
Meter (>0): 2
Feet:  6.56168
>
```

Abb. 3.4 Ausgabe von Meter2Feet V3 bei Eingabe ungültiger Werte

3.3.2 Fußgesteuerte Schleifen

Die Wiederholung der Eingabe basiert auf dem in Quellcode 3.17 gezeigten Abschnitt. Er wiederholt die Eingabe, bis ein erlaubter Wert – also ein Wert größer als 0 – eingegeben wurde. Dafür benötigt man eine *Schleife*.

```
do
{
    cout << "Meter (>0): ";
    cin >> meter;
}
while( meter <= 0 );
```

Quellcode 3.17 Schleife für Wiederholung ungültiger Eingaben

Schleifen mit do-while

Schleifen gehören zu den Grundelementen von Algorithmen (siehe Abschn. 1.3.5). Mit ihnen lassen sich Anweisungen mehrmals wiederholen, ohne sie mehrfach in den Quellcode schreiben zu müssen. C++ bietet unterschiedliche Arten von Schleifen, darunter die hier verwendete `do-while`-*Schleife*.

> Die `do-while`-Schleife wiederholt die enthaltenen Anweisungen, solange die *Schleifenbedingung* erfüllt ist.

Quellcode 3.17 zeigt den grundlegenden Aufbau: Nach dem Schlüsselwort `do` folgen die zu wiederholenden Anweisungen in geschweiften Klammern – hier die Eingabeaufforderung und die Eingabe. Das anschließende `while` enthält die Schleifenbedingung – hier die Prüfung auf ungültige Werte mit `meter<=0`.

Schleifenbedingung

Als Schleifenbedingung eignen sich *logische Ausdrücke*, wie sie auch in Verzweigungen zum Einsatz kommen (siehe Abschn. 3.2.2). Solange diese Bedingung erfüllt ist (`true`), wird die Schleife wiederholt.

> Ist die Schleifenbedingung nicht oder nicht mehr erfüllt, bricht die Schleife ab und die nächste Anweisung *nach* der Schleife wird ausgeführt.

3.3 Unbegrenzt wiederholen

Mindestens ein Durchlauf

> Die Anweisungen der `do-while`-Schleife werden stets *mindestens einmal* durchlaufen, da die Schleifenbedingung erst am Ende der Schleife geprüft wird. Man nennt dies eine *fußgesteuerte Schleife*.

Die `do-while`-Schleife ist daher gut geeignet für unser Ziel – sie erlaubt immer einen ersten Eingabeversuch. Misslingt dieser, wiederholt sie die Eingabe. Liefert bereits der erste Eingabeversuch einen gültigen Wert, bricht die Schleife ab, und der Wert wird umgerechnet.

3.3.3 Beispiel: Meet2Feet mit wiederholter Umrechnung

Die Wiederholung der Eingabe mit Quellcode 3.16 brachte mehr Benutzerfreundlichkeit mit sich, da kein Neustart des Programms nach einer Falscheingabe notwendig war. Bei diesem Ansatz geht man davon aus, dass viel Anläufe notwendig sind, um einen Wert umzurechnen.

Die nächste Version des Programms in Quellcode 3.18 wählt den umgekehrten Ansatz: Man kann so lange Werte umrechnen, bis man einen ungültigen Wert eingibt. Zusätzlich zeigt das Programm am Ende an, wie viele Werte umgerechnet wurden.

```cpp
// Rechnet Meter in Feet um
#include <iostream>
using namespace std;
int main()
{
    int werte = 0; // Anzahl der umgerechneten Werte
    // Umrechnung wiederholen
    while( 1 )
    {
        double meter = 0.0;
        cout << "Meter (>0): ";
        cin >> meter;

        // Abbruch mit ungueltigem Wert
        if( meter <= 0 )
```

```
        {
            break;
        }
        cout << "Feet:   " << meter * 3.2808399 << endl;
        werte++;
    }
    // Zusammenfassung anzeigen
    cout << werte << " Werte umgerechnet." << endl;
    return 0;
}
```

Quellcode 3.18 Umrechnung Meter2Feet V4 (meter2feet4.cpp)

Nach dem Starten erscheint die von der letzten Version bekannte Eingabeaufforderung. Nach jedem gültigen Wert erscheint das Ergebnis der Umrechnung. Gibt man einen ungültigen Wert ein, zeigt das Programm die Anzahl umgerechneter Wert an und endet (Abb. 3.5).

```
> meter2feet4
Meter (>0): 1
Feet:   3.28084
Meter (>0): 2
Feet:   6.56168
Meter (>0): -1
2 Werte umgerechnet.
>
```

Abb. 3.5 Ausgabe von Meter2Feet V4 bis Eingabe eines ungültigen Wertes

3.3.4 Kopfgesteuerte Schleife

Auch in diesem Fall kommt eine Schleife zum Einsatz. Die fußgesteuerte Schleife do-while-Schleife aus Quellcode 3.16 hätte hier jedoch einen entscheidenden Nachteil: Sie wird mindestens einmal durchlaufen. Wäre der erste Wert ungültig, müsste man dennoch die Umrechnung verhindern. Besser – aber nicht optimal – ist die while-*Schleife*.

Schleifen mit while

Die while-Schleife ist der do-while-Schleife äußerst ähnlich, da die Anzahl der Wiederholungen per se nicht begrenzt ist.

3.3 Unbegrenzt wiederholen

> Die `while`-Schleife wiederholt die enthaltenen Anweisungen, solange die *Schleifenbedingung* erfüllt ist.

Wie bei der `do-while`-Schleife enthält `while` die Schleifenbedingung, allerdings steht `while` am *Anfang* der Schleife.

Abbruch ohne Durchlauf

> Die `while`-Schleife prüft die Schleifenbedingung zu Beginn, es handelt sich um eine *kopfgesteuerte Schleife*. Es ist daher möglich, dass die Anweisungen der `while`-Schleife gar *nicht* durchlaufen werden.

Ist die Schleifenbedingung bei Erreichen der Schleife nicht erfüllt, wird die Schleife übersprungen. Für die vierte Version der Umrechnung ist das interessant, allerdings muss die erste Eingabe bereits stattgefunden haben, ehe man den Wert in einer Schleifenbedingung prüfen kann.

Zahlen als Wahrheitswerte
Die Schleifenbedingung in Quellcode 3.18 dürfte überraschen: Statt `meter > 0` besteht sie nur aus `1`.

> Ein ganzzahliger Wert 0 wird stets als logisch falsch (`false`) interpretiert, ein Wert ungleich 0 als logisch wahr (`true`).

Statt `while( 1)` hätte man auch `while( true)` schreiben können, beide Schreibweisen sind gleichwertig.

Weitere Hintergründe hierzu liefert Abschn. 8.2.2.

Nutzung als Endlosschleife
Mit diesem Wissen dürfte Schleifenbedingung umso überraschender sein, denn sie ist immer erfüllt.

> Ist eine Schleifenbedingung immer erfüllt, entsteht eine *Endlosschleife*.

Quellcode 3.19 zeigt eine solche Endlosschleife. Sie wird in manchen Fällen benötigt, beispielsweise bei einem intelligenten Lichtschalter, der das Licht ausschaltet, wenn keine Menschen im Raum sind.

```
while( 1 )
{
  ...
}
```

Quellcode 3.19 Eine Endlosschleife mit while

Soll das Programm trotz einer Endlosschleife enden, muss man innerhalb der Schleife einen eigenen Abbruch vorsehen – möglich sind `return` oder `break` (siehe Abschn. 3.3.5).

Quellcode 3.18 nutzt dieses Vorgehen, da sich weder die kopfgesteuerte noch die fußgesteuerte Schleife gut für das zu lösende Problem eignet. Zuerst muss die Eingabe erfolgen, dann wird diese geprüft und ggf. abgebrochen, nur bei gültiger Eingabe erfolgt anschließend die Umrechnung. Das klingt nach „bauchgesteuert", was es jedoch in C++ nicht gibt.

3.3.5 Schleifen steuern

Üblicherweise steuert die Schleifenbedingung das Verhalten einer Schleife. Manchmal ist es jedoch notwendig, die Schleife vorzeitig abzubrechen oder den nächsten Schleifendurchlauf zu beginnen.

Schleifen vorzeitig abbrechen

> `break;` bricht eine Schleife sofort ab; die Ausführung wird mit der nächsten Anweisung nach der Schleife fortgesetzt.

Quellcode 3.18 verwendet `break;` da die Schleife als Endlosschleife eingesetzt wird. Die vorhandene Schleifenbedingung eignet sich also nicht für das Abbrechen. Da die Schleife nur bei ungültigen Werten abgebrochen werden soll, nutzt man eine `if`-Verzweigung.

Vorzeitig den nächsten Durchlauf beginnen

> `continue;` leitet vorzeitig den nächsten Durchlauf einer Schleife ein. Alle nachfolgenden Anweisungen innerhalb der Schleife werden *übersprungen*.

> **Tipp** `break` und `continue` werden teilweise kritisch gesehen, da sie die Verständlichkeit des Quellcodes einschränken können. Ob sie mehr Vor- als Nachteile haben, hängt vom jeweiligen Einzelfall ab.

3.4 Begrenzt wiederholen

3.4.1 Beispiel: Umrechnungstabelle in 1er-Schritten

Das Programm in Quellcode 3.20 arbeitet ohne Benutzereingabe. Stattdessen zeigt es eine Umrechnungstabelle für 1, 2, 3, 4 und 5 Meter an.

```cpp
// Erzeugt eine Umrechnungstabelle Meter/Feet

#include <iostream>

using namespace std;

// Anzahl der Tabellenzeilen
const int AnzZeilen = 5;

int main()
{
    // Ueberschrift erzeugen
    cout << "Meter\tFeet" << endl;

    // Umrechnungszeilen erzeugen
    for( int meter = 1; meter <= AnzZeilen; meter++ )
    {
        cout << meter << '\t' << meter * 3.2808399 << endl;
    }
    return 0;
}
```

Quellcode 3.20 Umrechnungstabelle mit 1er-Schritten (meter2feet5a.cpp)

Nach dem Aufrufen des Programms erscheint sofort die gewünschte Tabelle. Sie hat eine Überschrift und darunter in Spalten die Meter- und Feet-Werte (Abb. 3.6).

```
> meter2feet5a
Meter   Feet
1       3.28084
2       6.56168
3       9.84252
4       13.1234
5       16.4042
>
```

Abb. 3.6 Ausgegebene Umrechnungstabelle in 1er-Schritten

3.4.2 Konstanten

Die Zeile `const int AnzZeilen=5;` ähnelt der Deklaration einer Variablen. Typ, Name und Anfangswert sind in bekannter Weise enthalten (siehe Abschn. 3.1.2). Das Schlüsselwort `const` kennzeichnet `AnzZeilen` jedoch als eine sog. *Konstante*.

Unveränderlich durch const
Eine Variable kann zu jeder Zeit einen neuen Wert erhalten. Dies ist aber nicht immer gewünscht – Abhilfe schafft `const`.[9]

> *Konstanten* ähneln Variablen. Das vorangestellte `const` verhindert, dass sich der Wert der Konstanten ändern lässt.

Wie Variablen besitzen auch Konstanten einen Datentyp und einen Namen. Das kann Fehlern vorbeugen.

Lesbarkeit durch Konstanten
Ein typischer Anwendungsfall für Konstanten sind Naturkonstanten, Materialeigenschaften usw. Mit `const int Dichte_Fe=7.874;` könnte man beispielsweise die Dichte von Eisen als Konstante im Quellcode anlegen. Gegenüber der Zahl `7.874` ist der Name `Dichte_Fe` deutlich aussagekräftiger.

> Konstanten verbessern aufgrund ihres Namens die *Lesbarkeit* des Quellcodes.

Anpassbarkeit durch Konstanten
In Quellcode 3.20 erfüllt die Konstante `AnzZeilen` einen weiteren Zweck: Mit ihr lässt sich die Anzahl der Tabellenzeilen festlegen und damit das Verhalten des Programmes steuern.

> Konstanten erlauben es, den Quellcode leichter an geänderte Anforderungen *anzupassen*.

---

[9] Eine moderne Alternative hierzu ist constexpr; der Wert wird dabei bei der Übersetzung festgelegt, was in manchen Fällen Vorteile bringen kann.

3.4 Begrenzt wiederholen

Soll die Tabelle künftig 10 Zeilen enthalten, müsste man nur den Wert der Konstanten ändern. Der Rest des Quellcodes muss nicht geändert werden. Das ist besonders dann von Vorteil, wenn die Anzahl der Zeilen an mehreren Stellen des Quellcodes verwendet wird.

▶ **Tipp** Konstanten sind ein wichtiger Ansatz, um den Quellcode lesbarer zu gestalten und ihn leichter anpassen zu können.

#define als historischer Ansatz
Historisch gibt es auch die Möglichkeit, Konstanten mittels Präprozessoranweisungen anzulegen, z. B. `#define AnzZeilen 5`.

> Durch `#define` wird jedes Vorkommen des Namens durch den angegebenen Wert ersetzt.

Der Präprozessor würde in diesem Beispiel den Namen `AnzZeilen` im Quellcode durch 5 ersetzen, bevor der Compiler die weitere Übersetzung beginnt.

▶ **Tipp** Konstanten mit `#define` können leicht zu Fehlern führen, weshalb man heute zu Konstanten mit `const` rät.

Abschn. 4.3 stellt mit den sog. Aufzählungstypen eine Alternative zu Konstanten vor, die in einigen Fällen nützlich sein kann.

3.4.3 for-Schleifen

Die Umrechnungszeilen erzeugt der in Quellcode 3.21 gezeigte Abschnitt. Es handelt sich um eine sog. `for`-*Schleife*.

```
for( int meter = 1; meter <= AnzZeilen; meter++ )
{
    cout << meter << '\t' << meter * 3.2808399 << endl;
}
```

Quellcode 3.21 Erzeugen der Umrechnungszeilen mit for

Festgelegte Anzahl von Wiederholungen
`while`- und `do-while`-Schleifen legen die Anzahl der Wiederholungen nicht fest; sie enthalten lediglich eine Bedingung, die für weitere Wiederholungen erfüllt sein muss. Teilweise ist die Anzahl der Wiederholungen jedoch vorab bekannt.

> `for`-Schleifen werden meist verwendet, wenn eine *festgelegte Anzahl* von Wiederholungen benötigt wird.

Aufbau der for-Schleife

Auf `for` folgen in der runden Klammer drei Bestandteile, die jeweils durch Semikolon getrennt sind[10]:

1. Die *Initialisierung* der Schleife (hier: `int meter=1`),
2. die *Schleifenbedingung* (hier: `meter<=AnzZeilen`)
3. und die *Operation* nach jedem Schleifendurchgang (hier: `meter++`).

Die geschweiften Klammern enthalten die zu wiederholenden Anweisungen.

> Am Ende der `for`-Zeile steht *kein* Semikolon, da die zu wiederholenden Anweisungen zu der Schleife gehören.

▶ **Tipp** Auf die geschweiften Klammern kann man wie bei `if` verzichten, wenn sie nur eine Anweisung enthalten. Besser ist es, sie immer zu verwenden.

Ablauf der for-Schleife

> Bei Erreichen der `for`-Schleife wird zunächst die *Initialisierung* der Schleife ausgeführt.

In Quellcode 3.21 wird demzufolge die Variable `meter` deklariert und mit dem Startwert 1 initialisiert.

▶ **Tipp** Vor jedem Schleifendurchgang wird die *Schleifenbedingung* überprüft. Ist sie erfüllt, werden die zu wiederholenden Anweisungen ausgeführt, andernfalls bricht die Schleife ab.

---

[10] Die genannten Teile müssen nicht zwingend vorhanden sein. `for(;;){...}` wäre eine gültige Schleife; in diesem Fall eine Endlosschleife.

3.4 Begrenzt wiederholen

Solange `meter <= AnzZeilen` erfüllt ist, wird demnach eine weitere Umrechnungszeile ausgegeben. Wäre die Konstante `AnzZeilen` 0, würden gar keine Zeilen erzeugt, da die Schleifenbedingung bereits für den Startwert `meter = 1` nicht erfüllt ist.

> Nach jedem Schleifendurchgang wird die angegebene *Operation* ausgeführt.

Nach dem Ausgeben der Umrechnungszeile erhöht `meter++` die Variable `meter` um 1. Daran schließt sich erneut die Prüfung der Schleifenbedingung an. Deutlich wird dieser Ablauf, wenn man die `for`-Schleife als `while`-Schleife umformuliert (Quellcode 3.22).

```
int meter = 0;                  // Initialisierung
while( meter <= AnzZeilen )     // Schleifenbedingung
{
    // Zu wiederholende Anweisungen
    cout << meter << '\t' << meter * 3.2808399 << endl;
    meter++;                    // Operation
}
```

Quellcode 3.22 for-Schleife als while-Schleife

Schleifenlokale Variablen
Die Variable `meter` wurde innerhalb von `for` angelegt. Es handelt sich um eine *schleifenlokale Variable*. In `for`-Schleifen werden sie häufig verwendet.

> Schleifenlokale Variablen sind nur *innerhalb* der Schleife gültig; außerhalb sind sie unbekannt.

Der *Gültigkeitsbereich* der Variablen (siehe Abschn. 3.1.2) ist hierdurch klein, was Fehlern vorbeugt. Benötigt man den Wert der Variablen außerhalb der Schleife nicht, sollte man die Variable möglichst immer schleifenlokal deklarieren.

Weitere Möglichkeiten
Die Schleife in Quellcode 3.21 zählte wegen `meter++` in 1er-Schritten. Man könnte aber auch z. B. mit `meter += 5` in 5er-Schritten zählen oder mit `meter *= 2` in Zweierpotenzen. Auch Schleifen, die abwärts zählen (z. B. `meter--`), sind möglich.

▶ **Tipp** Fehler bei `for`-Schleifen passieren häufig, weil die Schleife mit dem falschen Wert beginnt oder mit dem falschen Wert endet. Diese Grenzen sollte man aufmerksam prüfen.

3.4.4 Escape-Sequenzen

Die Überschrift der Tabelle wird mit `cout << "Meter\tFeet" << endl;` erzeugt. Die Programmausgabe in Abb. 3.6 enthält jedoch zwischen `Meter` und `Feet` statt \t einen Leerraum.

Codes für besondere Zeichen
Nicht alle Zeichen, die man benötigt, kann man im Quellcode als solche angeben. Überwiegend handelt es sich bei ihnen um nicht darstellbare Zeichen.

> *Escape-Sequenzen* erlauben es, Zeichen im Quellcode zu verwenden, die man sonst *nicht* verwenden könnte. Sie beginnen stets mit \.

Spalten mit \t
Eines dieser Zeichen ist der sog. *Tabulator*[11] Mit ihm lassen sich die Spalten von Tabellen einheitlich aufbauen. Auch wird er oft in Dateien als Trennzeichen verwendet (siehe Abschn. 6.4).

> Die Escape-Sequenz \t entspricht dem Tabulator; mit ihm lassen sich Spalten trennen.

Zeilenwechsel mit \n
Für Zeilenwechsel verwendet man in C++ normalerweise `endl`. Es gibt aber Fälle, in denen man einen Zeilenumbruch als einzelnes Zeichen ausgeben muss.

> Die Escape-Sequenz \n bewirkt einen Zeilenumbruch.

Statt `cout << "Hallo Welt" << endl;` könnte man daher auch `cout << "Hallo Welt\n";` schreiben, also ohne `endl`.

---

[11] Auf der Tastatur findet man dieses Zeichen links neben Q.

3.4 Begrenzt wiederholen

Einfache oder doppelte Anführungszeichen
In der Tabellenüberschrift steht \t innerhalb doppelter Anführungszeichen. In den Umrechnungszeilen wird es jedoch als '\t' ausgegeben. Was ist richtig?

> *Einfache* Anführungszeichen dürfen verwendet werden, wenn ein *einzelnes* Zeichen gemeint ist.

Gibt man einen Text wie Hallo Welt aus, enthält dieser mehrere Zeichen – eine Zeichenkette. Diese muss man in *doppelten* Anführungszeichen schreiben. Das gilt auch, wenn Escape-Sequenzen enthalten sind.

> Escape-Sequenzen entsprechen *einem* Zeichen, deshalb darf man sie in einfachen Anführungszeichen schreiben, wenn sie als einzelnes Zeichen verwendet werden.

3.4.5 Beispiel: Umrechnungstabelle mit ausgewählten Werten

Möchte man im Gegensatz zu Quellcode 3.20 eine Tabelle mit ausgewählten Werten erzeugen, benötigt man ein anderes Vorgehen. Quellcode 3.23 zeigt das Vorgehen für 1, 2, 3, 5, 10, 50 und 100 Meter.

```cpp
// Erzeugt eine Umrechnungstabelle Meter/Feet
#include <iostream>
using namespace std;
int main()
{
    // Ueberschrift erzeugen
    cout << "Meter\tFeet" << endl;
    // Umrechnungszeilen erzeugen
    for( int meter : { 1, 2, 3, 5, 10, 50, 100 } )
    {
        cout << meter << '\t' << meter * 3.2808399 << endl;
    }
    return 0;
}
```

Quellcode 3.23 Umrechnungstabelle mit ausgewählten Werten (meter2feet5b.cpp)

Der Aufbau der Tabelle ist unverändert, allerdings enthält sie jetzt die Umrechnungen der ausgewählten Werte (Abb. 3.7).

```
> meter2feet5b
Meter    Feet
1        3.28084
2        6.56168
3        9.84252
5        16.4042
10       32.8084
50       164.042
100      328.084
>
```

Abb. 3.7 Ausgegebene Umrechnungstabelle mit ausgewählten Werten

3.4.6 Range-for-Schleifen

Die `for`-Schleife in Quellcode 3.23 unterscheidet sich von der bislang verwendeten `for`-Schleife – es handelt sich um eine sog. Range-`for`-Schleife.

Gemeinsamkeiten und Unterschiede im Aufbau

Auf das bereits bekannte `for` folgen bei einem Range-`for` lediglich zwei Bestandteile, die mit *Doppelpunkt* getrennt sind:

1. Die Variable (hier: `int meter`) und
2. eine Liste von Werten (hier: `{ 1, 2, 3, 5, 10, 50, 100}`).

Die zu wiederholenden Anweisungen sind wie bei der konventionellen `for`-Schleife angegeben. `meter` ist auch hier eine schleifenlokale Variable.

Angeben mehrerer Werte

Die Liste der benötigten Werte `{ 1, 2, 3, 5, 10, 50, 100}` ist von geschweiften Klammern umschlossen. Das ist ungewöhnlich, da man sonst auf diese Weise Anweisungsblöcke formuliert.

> *Wertelisten* sind von geschweiften Klammern umschlossen. Die einzelnen Werte sind mit Komma getrennt.

Derartige Wertelisten benötigt man auch, um Felder zu initialisieren, siehe Abschn. 4.1.

Ablauf der Range-for-Schleife

> Die Range-`for`-Schleife durchläuft nacheinander die angegeben Werte und legt sie *jeweils* in der angegebenen Variable ab.

Die Besonderheit der Range-`for`-Schleife liegt also darin, dass man sich nicht um Initialisierung, Schleifenbedingung und Operation kümmern muss. Nach dem Erreichen einer Range-`for`-Schleife verarbeitet sie nacheinander jeden Wert der angegebenen Werteliste. Sie endet automatisch, wenn der letzte Wert verarbeitet wurde.

Die Schleife in Quellcode 3.23 wird also zunächst die Umrechnung für 1 m ausgeben, danach für 2 m usw. Sie endet mit 100 m.

Range-for-Schleifen werden vor allem in Verbindung mit Containern der C++-Standardbibliothek verwendet; Details hierzu beschreibt Kap. 7.

3.5 Modularisieren und wiederverwenden

3.5.1 Beispiel Meter2Feet mit Funktion

Quellcode 3.23 ähnelt deutlich der ersten Version der Umrechnung in Quellcode 3.1 – es lehnt keine ungültigen Werte ab und wiederholt die Eingabe nicht. Es führt jedoch ein wichtiges neues Element ein, die sog. *Funktion*. Sie übernimmt die Umrechnung von Meter nach Feet.

```cpp
// Rechnet Meter in Feet um

#include <iostream>

using namespace std;

double meter2feet( double m )
// Rechnet die Laenge m von Metern in Feet um
{
    return m * 3.2808399;
}

int main()
{
    // Laenge in Meter einlesen
    double meter = 0.0;
    cout << "Meter: ";
    cin >> meter;
```

```
    // In Feet umrechnen und ausgeben
    cout << "Feet:  " << meter2feet( meter ) << endl;

    return 0;
}
```

Quellcode 3.24 Umrechnung Meter2Feet V6 (meter2feet6.cpp)

Die Ausgabe des Programms in Abb. 3.8 unterscheidet sich nicht von der ursprünglichen Ausgabe (Abb. 3.1). Das ist bemerkenswert, denn das Einführen von Funktionen scheint für den Benutzer keinen Unterschied zu machen.

```
> meter2feet6
Meter: 1.9
Feet:  6.2336
>
```

Abb. 3.8 Ausgabe von Meter2Feet V6

3.5.2 Funktionen

Je größer Programme werden, desto wichtiger wird es, ihren Quellcode in Abschnitte zu zerlegen, die sog. *Module*.

> *Funktionen* sind in C++ ein wichtiger Ansatz, um den Quellcode in benannte Module (sog. *Unterprogramme*) zu zerlegen.

Funktionen sind aber nicht nur benannte Abschnitte des Quellcodes, sie haben eine bestimmte Aufgabe. `meter2feet()` soll Längen von Meter in Feet umrechnen. Sie *erhält* dafür eine Längenangabe in Meter und *liefert* eine Länge in Feet.

> Funktionen können Werte durch *Parameter* erhalten und einen *Rückgabewert* als Ergebnis liefern.

Die Länge in Meter wäre demzufolge ein Parameter, die umgerechnete Länge in Feet der Rückgabewert. Den grundlegenden Aufbau von `meter2feet()` zeigt Abb. 3.9.

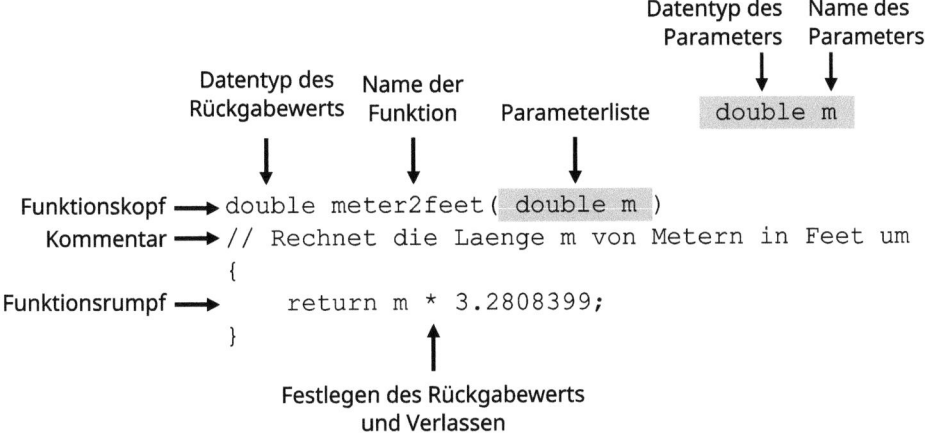

Abb. 3.9 Aufbau der Funktion meter2feet()

Der Funktionskopf

Grundsätzlich unterscheidet man bei jeder Funktion zwischen ihrem Kopf und ihrem Rumpf.

> Der *Funktionskopf* enthält den *Datentyp* des Rückgabewerts sowie den *Namen* und die *Parameterliste* der Funktion.

Der Rückgabewert von `meter2feet()` ist demnach ein `double`-Wert. Als einzigen Parameter erhält die Funktion einen `double`-Wert.

Der Name der Funktion

Den Namen der Funktion kann man in gewissen Grenzen frei wählen. Es gelten ähnliche Vorgaben wie bei Variablennamen: Buchstaben, Ziffern und Unterstriche sind erlaubt, nicht aber Leerzeichen, Umlaute und Operatoren. Schlüsselwörter wie `int`, `break` usw. sind als Name nicht erlaubt.

> Der Name einer Funktion sollte eindeutig erkennen lassen, *wofür* sie eingesetzt wird.

`meter2feet` ist ein zweckmäßiger Name. Ungeeignet wären allgemeine Namen wie `berechnen` oder `function1`.

In C++ gibt es auch Funktionen ohne Namen, die sog. Lambda-Ausdrücke, Abschn. 7.5.5 erläutert sie.

Der Typ des Rückgabewerts

> Funktionen haben höchstens *einen* Rückgabewert.

`meter2feet()` liefert als Ergebnis eine Zahl mit Nachkommastellen. Hierfür benötigt man den Typ `double`. Aber auch die anderen bereits vorgestellten Datentypen wären für Rückgabewerte von Funktionen erlaubt, zum Beispiel:

- `bool`, wenn eine Funktion liefern soll, ob etwas erfolgreich war
- `int`, wenn eine Funktion einen Fehlercode liefern soll
- `int`, wenn eine Funktion eine Anzahl liefern soll
- `double`, wenn eine Funktion das Ergebnis einer mathematischen Berechnung liefert
- `char`, wenn eine Funktion den Anfangsbuchstaben eines Wortes liefert

Reicht ein einfacher Wert als Ergebnis nicht aus, kann man sog. Klassen einsetzen (Kap. 5); auch die C++-Standardbibliothek bietet mehrere Möglichkeiten hierfür (Kap. 7). Werte lassen sich außerdem durch Referenzparameter zurückgeben (Abschn. 3.5.7).

Die Parameterliste

> Durch *Parameter* erhält eine Funktion die notwendigen Werte, anhand derer sie ihren Rückgabewert bestimmen kann.

Die Funktion `meter2feet()` besitzt als Parameter die umzurechnende Länge. Alle Parameter einer Funktion müssen als *Parameterliste* im Kopf der Funktion angegeben werden.

> Die Parameterliste enthält alle Parameter der Funktion; sie steht in runden Klammern nach dem Funktionsnamen.

Die Parameterliste von `meter2feet()` enthält nur den Parameter `double m`, weitere Parameter sind für die Umrechnung nicht nötig.

> Für jeden Parameter muss man den *Datentyp* und den *Namen* angeben. Mehrere Parameter werden mit *Komma* getrennt.

3.5 Modularisieren und wiederverwenden

Ein Beispiel hierfür ist `double verhaeltnis( double a, double b )`. Sie besitzt zwei Parameter, die mit Komma getrennt sind.

Funktionen ohne Parameter

> Auch eine *leere* Parameterliste ist erlaubt. Auf das Klammerpaar () darf man trotzdem nicht verzichten.

Ein Beispiel hierfür ist die Funktion `int wuerfeln()`. Einen Parameter besitzt sie nicht; die Klammern sind dennoch angegeben, da es sich um eine Funktion handelt.

Der Funktionsrumpf
Während der Funktionskopf die Parameter und die Art des Rückgabewerts festlegt, beschreibt der Funktionsrumpf, wie aus den Parameterwerten der Rückgabewert ermittelt wird. Hier erfolgt in `meter2feet()` die Umrechnung.

> Der *Funktionsrumpf* enthält – umschlossen von geschweiften Klammern – die Anweisungen, die zu der Funktion gehören.

Der Rumpf von `meter2feet()` enthält lediglich eine Anweisung für die Umrechnung. Andere Funktionen können deutlich länger sein. Im Rumpf darf man Variablen deklarieren, Verzweigungen und Schleifen nutzen, Funktionen aufrufen und vieles mehr. Allerdings werden aufgeblähte, mit Aufgaben überladene Funktionen unübersichtlich und sind dann schwer zu verstehen.

> Funktionen sollten *einfach* sein und sich auf *eine Aufgabe* beschränken.

Verlassen der Funktion statt Programmende
`meter2feet()` liefert als Rückgabewert das Ergebnis der Umrechnung. Wichtig ist dafür das Schlüsselwort `return` im Rumpf der Funktion. In gewöhnlichen Funktionen wie `meter2feet()` erfüllt `return` zwei wichtige Aufgaben.

> `return` legt den *Rückgabewert* einer Funktion fest und *verlässt* sie anschließend.

Im Gegensatz zu `return` in einem Hauptprogramm beendet `return` in einer Funktion das Programm nicht, sondern verlässt lediglich die Funktion. Man kehrt dorthin zurück, wo man die Funktion aufgerufen hat.

> Anweisungen, die *nach* `return` stehen, werden nicht mehr ausgeführt.

Dieses Verhalten zeigt Quellcode 3.25. Da `return 42;` bereits die Funktion verlässt, wird `return 43;` nicht mehr ausgeführt.

```
int test()
{
    return 42; // Verlaesst die Funktion
    return 43; // Wird nicht mehr ausgeführt
}
```

Quellcode 3.25 Anweisungen nach return

Festlegen des Rückgabewerts

`return m * 3.2808399;` verlässt nicht nur die Funktion, sondern legt auch den Rückgabewert fest – bei `meter2feet()` das Ergebnis der Umrechnung.

> Der *Rückgabewert* einer Funktion kann das Ergebnis einer Berechnung sein, ein logischer Ausdruck oder auch ein konstanter Wert.

Meist ergibt sich der Rückgabewert aus den Parametern der Funktion, so auch im Fall von `meter2feet()`: Der Wert des Parameters `m` wird mit dem Umrechnungsfaktor multipliziert.

Das Beispiel in Quellcode 3.26 zeigt, dass sich Funktionen nicht nur für numerische Berechnungen eignen. `isneg()` liefert einen Wahrheitswert als Ergebnis – `true`, wenn der Parameter `value` kleiner als 0 ist, sonst `false`.

```
bool isneg( double value )
{
   return ( value < 0.0 )
}
```

Quellcode 3.26 Funktion isneg() mit Wahrheitswert als Ergebnis

3.5 Modularisieren und wiederverwenden

▶ **Tipp** Der Rückgabewert von Funktionen wird teilweise auch genutzt, um den Erfolg einer Operation zurückzugeben, zum Beispiel als Wahrheitswert oder als Fehlercode (siehe Abschn. 8.1.3).

Aufrufen von Funktionen

Die Zeile `cout << "Feet:    " << meter2feet( meter ) << endl;` in Quellcode 3.24 ist wesentlich: Sie ruft die Funktion `meter2feet()` auf und gibt ihr Ergebnis aus.

> Man muss Funktionen *aufrufen*, damit die in ihnen enthaltenen Anweisungen ausgeführt werden.

Ohne einen Aufruf würde eine Funktion zwar im Quellcode stehen, aber nie ausgeführt werden.

> Funktionen werden anhand ihres *Namens* aufgerufen, stets gefolgt von den *runden Klammern*, in denen die Werte der Parameter stehen.

`meter2feet( meter )` ruft die Umrechnung unter dem Namen `meter2feet` auf. In den Klammern steht der Wert des Parameters, der an die Funktion übergeben wird. Der in `meter` gespeicherte Wert soll also mit `meter2feet()` umgerechnet werden. Durch das Aufrufen geschieht nun Folgendes (Abb. 3.10):

1. Vom Ort des Aufrufs „springt" die Ausführung des Programms in die Funktion `meter2feet()`.
2. Der Parameter `m` erhält den übergebenen Wert.
3. Die Anweisungen der Funktion werden ausgeführt.
4. `return` legt den Rückgabewert fest und verlässt die Funktion.
5. Die Ausführung wird mit dem Rückgabewert am Ort des Aufrufs fortgesetzt.

Gibt man als umzurechnende Länge `1.9` ein, wird demnach `meter2feet( 1.9 )` aufgerufen, da `meter` zu dieser Zeit den Wert `1.9` enthält. Der Parameter `m` erhält hierdurch den Wert `1.9`. `return` legt das Umrechnungsergebnis `6.2336` fest und verlässt die Funktion. Zurück im Hauptprogramm werden anschließend wieder dessen Anweisungen ausgeführt; deshalb erscheint mithilfe von `cout` das Ergebnis `6.2336` auf dem Bildschirm.

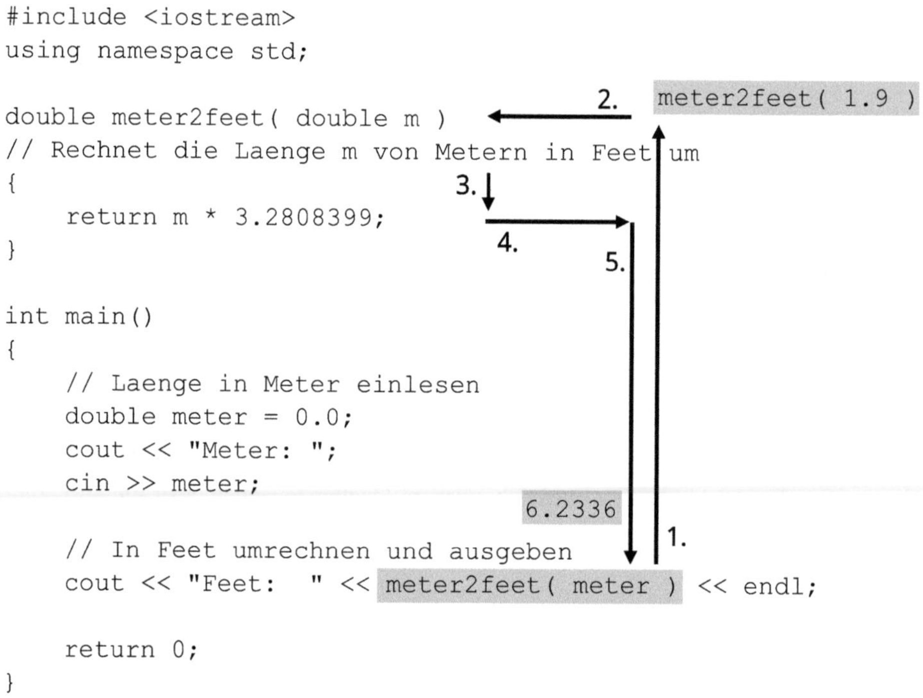

```
#include <iostream>
using namespace std;

                                              2.   meter2feet( 1.9 )
double meter2feet( double m )
// Rechnet die Laenge m von Metern in Feet um
{                           3.
    return m * 3.2808399;
}                               4.
                                    5.
int main()
{
    // Laenge in Meter einlesen
    double meter = 0.0;
    cout << "Meter: ";
    cin >> meter;
                                  6.2336
    // In Feet umrechnen und ausgeben       1.
    cout << "Feet:   " << meter2feet( meter ) << endl;

    return 0;
}
```

Abb. 3.10 Aufruf der Funktion meter2feet()

Mehrmalige Aufrufe

In Quellcode 3.24 wird `meter2feet()` lediglich einmal aus dem Hauptprogramm aufgerufen. Daneben gibt es weitere Möglichkeiten.

> Funktionen können *mehrmals* aufgerufen werden, auch von anderen Funktionen oder sogar von sich selbst.[12]

Beispielsweise könnte man `meter2feet()` auch in der Schleife von Quellcode 3.23 verwenden. Die Funktion wird für jede Zeile erneut aufgerufen und liefert jeweils das Umrechnungsergebnis (Quellcode 3.27).

```
// Ueberschrift erzeugen
cout << "Meter\tFeet" << endl;
```

---

[12] Wenn eine Funktion sich selbst aufruft, nennt man das Rekursion.

3.5 Modularisieren und wiederverwenden

```
// Umrechnungszeilen erzeugen
for( int meter : { 1, 2, 3, 5, 10, 50, 100 } )
{
    cout << meter << '\t' << meter2feet( meter ) << endl;
}
```

Quellcode 3.27 Umrechnungstabelle mit der Funktion meter2feet()

Werte statt Namen

Die Funktion `meter2feet()` besitzt einen Parameter mit dem Namen m. Aufgerufen wird sie aber mit `meter2feet( meter )`. Ist das ein Fehler? Nein, das Programm lässt sich fehlerfrei übersetzen und ausführen. Die Erklärung liefert das zugrunde liegende Prinzip namens *Call-by-Value*.

> Die Parameter einer Funktion sind in C++ standardmäßig *Wertparameter*. Beim Aufruf der Funktion werden dabei *Werte* statt Namen übergeben (Call-by-Value).

Es ist also vollkommen unbedeutend, ob die übergebene Variable wie der Parameter heißt; lediglich ihr Wert wird übergeben. Deutlich wird das an den Beispielen in Quellcode 3.28:

- Es ist egal, ob die übergebene Variable m, `meter` oder `wert` heißt.
- Es ist egal, dass die übergebene Variable den Typ `int` hat.[13]
- Es ist egal, dass der Zahlenwert `1.0` ohne Variable übergeben wird.

```
double m     = 1.0;
double meter = 1.0;
int    wert  = 1;

cout << meter2feet( m )     << endl; // Ausgabe: 3.28084
cout << meter2feet( meter ) << endl; // Ausgabe: 3.28084
cout << meter2feet( wert )  << endl; // Ausgabe: 3.28084
cout << meter2feet( 1.0 )   << endl; // Ausgabe: 3.28084
```

Quellcode 3.28 Unterschiedliche Aufrufe von meter2feet

Das Hauptprogramm als Funktion

Das Hauptprogramm eines C++-Programms beginnt mit `int main()`. In der Tat handelt es sich auch hierbei um eine Funktion. Im Gegensatz zu allen anderen Funktionen

---

[13] Das gelingt, da alle Werte des Datentyps int auch in double enthalten sind, siehe Abschn. 8.2.2.

muss `main()` vorhanden sein. Der Name `main` und `int` als Typ des Rückgabewerts sind vorgeschrieben. Bei den Parametern gibt es wenige Varianten.

Abschn. 8.7 erläutert die sog. Kommandozeilenparameter und welcher Parameter main dafür erhalten muss.

3.5.3 Modularisierung

Quellcode 3.24 überrascht auf den ersten Blick: Warum sollte man Funktionen verwenden, wenn der Benutzer keinerlei Unterschied gegenüber der Version ohne Funktionen (Quellcode 3.1) sieht? Die Antwort führt uns zurück zu Abschn. 2.2.5 und der Lesbarkeit des Quellcodes. Ob der Quellcode gut lesbar ist oder nicht, macht für den Benutzer keinen Unterschied, wohl aber für diejenigen, die den Quellcode lesen, verstehen und weiterentwickeln müssen. So verhält es sich auch mit dem Einsatz von Funktionen und der damit einhergehenden *Modularisierung*.

Lesbarkeit als Ziel
Der Ausdruck `x * 3.2808399` ist nicht aussagekräftig – die wenigsten dürften auf Anhieb erkennen, dass x von Meter nach Feet umgerechnet werden soll. Das ändert sich mit Funktionen, denn ein Aufruf wie `meter2feet( x )` ist wesentlich aussagekräftiger. Noch besser wird dies mit aussagekräftigeren Variablennamen, z. B. `meter` statt `x`.

> Funktionen verbessern die *Lesbarkeit* des Quellcodes, weil sie komplexe Ausdrücke und Anweisungen durch aussagekräftige Namen ersetzen.

Ausdruck von Zusammengehörigkeit
Die Anweisungen innerhalb einer Funktion erfüllen eine bestimmte Aufgabe, beispielsweise eine aufwendige Berechnung. Diese Anweisungen gehören zusammen; der Funktionsname beschreibt ihre Bedeutung – so entstehen benannte Blöcke zusammengehöriger Anweisungen.

> Funktionen *strukturieren* den Quellcode anhand von Zusammengehörigkeit, was die Lesbarkeit weiter verbessert.

Die Funktion als Black Box
Weiß man, welche Aufgabe eine Funktion erfüllt, ist es meist bedeutungslos, wie sie im Detail funktioniert. Beispielsweise wissen wir, dass `meter2feet()` einen Wert

3.5 Modularisieren und wiederverwenden

von Meter nach Feet umrechnet. Welche Formel sie verwendet, oder ob sie eine Umrechnungstabelle nutzt, ist für uns unbedeutend.

> Von außen betrachtet ist eine Funktion eine Art *Black Box*.

Funktionen trennen somit zwischen ihrem Innenleben und der Außenwelt, also dem Rest des Quellcodes. Durch *Parameter* nimmt die Funktion Eingaben von der Außenwelt entgegen. Durch den *Rückgabewert* gibt sie ihre Ergebnisse an die Außenwelt zurück.

Wiederverwendbarkeit als Ziel
Funktionen erlauben es, Blöcke von Anweisungen wiederzuverwenden. Müsste man mehrmals von Meter nach Feet umrechnen, könnte man jeweils `meter2feet()` aufrufen, statt immer wieder die Umrechnungsformel in den Quellcode zu schreiben.[14]

> Funktionen verhindern unnötige Wiederholungen von Quellcode durch *Wiederverwendung*.

Wiederverwendung verbessert aber nicht nur die Lesbarkeit des Quellcodes, sie vereinfacht vor allem Änderungen am Quellcode.

> Durch diese Art der Wiederverwendung muss man bei *Änderungen* nur einmal die Funktion anpassen und nicht jede einzelne Verwendung.

Gute und schlechte Funktionen
Möchte man den Nutzen der Modularisierung voll ausschöpfen, sollte man einige Ratschläge berücksichtigen:

1. *Aussagekräftige Funktionsnamen* sind ein Muss.
2. *Kommentare* sollten die Funktion samt aller Parameter und des Rückgabewerts beschreiben – als würde man eine Bedienanleitung anschreiben.
3. *Ein- und Ausgaben* mit `cin` und `cout` sollte man in Funktion möglichst *vermeiden*, da sie die Wiederverwendbarkeit stark einschränken. Ausgenommen sind hiervon spezielle Funktionen für die Interaktion mit den Benutzern.

---

[14] Später werden wir auch sehen, wie sich Funktionen über mehrere Programme hinweg nutzen lassen.

4. Funktionen sollten ausschließlich über *Parameter und Rückgabewerte* mit der Außenwelt kommunizieren.
5. Funktionen sollten *genau eine Aufgabe* erfüllen und nicht mehrere vermischen.

3.5.4 Beispiel: Vertauschen zweier Werte

Abschn. 1.3.3 beschreibt den Algorithmus für das Vertauschen zweier Werte, was beispielsweise gebraucht wird, um Werte zu sortieren. Die Funktion vertausche() setzt diesen Algorithmus um. Der Wert von a wird in der Hilfsvariablen h gesichert und anschließend mit dem Wert von b überschrieben. b erhält dann den Wert der Hilfsvariablen (Quellcode 3.29).

```cpp
// Vertauscht zwei Integer-Werte

#include <iostream>

using namespace std;

void vertausche( int& a, int& b )
// Vertauscht die Werte a und b
{
    int h = a;
    a = b;
    b = h;
}

int main()
{
    // Beispieldaten
    int a = 2;
    int b = 5;

    // Vertauschen
    vertausche( a, b );

    // Zeige das Ergebnis
    cout << "a: " << a << endl;
    cout << "b: " << b << endl;
    return 0;
}
```

Quellcode 3.29 Vertauschen zweier Werte (swapint.cpp)

Die Ausgabe des Programms in Abb. 3.11 zeigt, dass die Werte korrekt vertauscht wurden.

```
> swapint
a:   5
b:   2
>
```

Abb. 3.11 Ausgabe der Vertauschung

3.5.5 Funktionen ohne Rückgabe

Die Funktion `meter2feet()` aus Quellcode 3.24 liefert für jeden Aufruf einen Wert. `vertausche()` ist anders – sie verändert zwar die übergebenen Werte, erzeugt aber keinen Rückgabewert. Sie enthält auch kein `return`.

Die Bedeutung von void
Sollen Funktionen keinen Wert zurückgeben, nutzt man den Datentyp `void`.

> Eine `void`-Funktion gibt keinen Wert zurück.

Ein weiteres Beispiel hierfür zeigt Quellcode 3.30. Die Funktion `showHelp()` besitzt keine Parameter. Wie man an `vertausche()` erkennt, sind bei `void`-Funktionen auch Parameter möglich.

```
void showHelp()
{
    cout << "Aufruf: calc <X-Wert> <Y-Wert> <Dateiname>" << endl;
}
```

Quellcode 3.30 Beispiel der void-Funktion showHelp()

Kein return notwendig
Wenn es keinen Rückgabewert gibt, muss man ihn auch nicht mit `return` festlegen.

> `void`-Funktionen benötigen kein `return`.

Vorzeitiges Verlassen
Dennoch gibt es Fälle, in denen man eine `void`-Funktion vorzeitig (d. h. vor der schließenden geschweiften Klammer) verlassen möchte. Möglich ist das mit `return`, allerdings ohne Wert.

> Mit `return;` lässt sich eine `void`-Funktion vorzeitig verlassen.[15]

3.5.6 Lokale Variablen

Mit `int h = a;` wird in Quellcode 3.29 eine Variable deklariert. Variablen lassen sich nicht nur im Hauptprogramm deklarieren, sondern auch in Funktionen.

Gültig innerhalb der Funktion

> Eine innerhalb der Funktion angelegte Variable ist nur innerhalb der Funktion sichtbar. Man nennt sie *lokale Variable*.

Lokale Variablen nutzt man beispielsweise für Zwischenergebnisse, die nur innerhalb der Funktion gebraucht werden. So dient die Variable `h` dazu, den Wert von `a` zwischenzuspeichern. Mit dem Verlassen der Funktion werden die lokalen Variablen automatisch zerstört.

Zugreifbare Variablen

> Innerhalb einer Funktion kann man auf lokale Variablen, Parameter und globale Variablen zugreifen.

Nicht zugreifbar sind Variablen, die *innerhalb* des Hauptprogramms deklariert wurden – sie sind nur in `main()` sichtbar, können aber als Parameter an Funktionen übergeben werden.

Globale Variablen sind *außerhalb* des Hauptprogramms deklariert (siehe Abschn. 3.1.2). Man sollte sie aber nicht verwenden.

> ▶ **Tipp** Funktionen, die auf globale Variablen zugreifen, hängen stark von ihrer Außenwelt ab – das ist schlecht und sollte vermieden werden.

---

[15] Das Semikolon ist auf jeden Fall notwendig.

3.5 Modularisieren und wiederverwenden

Unabhängig von der Außenwelt

> Man versucht, Funktionen so zu gestalten, dass sie nur über Parameter und Rückgabewerte mit der Außenwelt verbunden sind.

Variablen lokal zu deklarieren ist sinnvoll, da dies Abhängigkeiten gegenüber der Außenwelt (also außerhalb der Funktion) verringert.

3.5.7 Arten von Parametern

In `void vertausche( int& a, int& b)` erkennt man, dass bei beiden Parametern ein `&` angegeben ist. Dieses macht aus den standardmäßigen Wertparametern sog. *Referenzparameter*.

Wertparameter als Einbahnstraße

Die im vorherigen Beispiel verwendeten Wertparameter sind leicht zu verwenden. Verändert man sie jedoch in einer Funktion, bleibt dies außerhalb der Funktion ohne Folgen (Quellcode 3.31).

```
void init( int x )
{
    x = 0;
}
...
int wert = 42;
init( wert )
cout << wert << endl; // Ausgabe: 42
```

Quellcode 3.31 Verändern eines Wertparameters

> Wertparameter werden in der Funktion als *Kopien* angelegt. Sie lassen sich verändern, werden aber mit Verlassen der Funktion wieder zerstört.

Das macht Wertparameter zu einer *Einbahnstraße:* Mit ihnen lassen sich Werte in die Funktion transportieren, aber nicht wieder heraus. Für das Vertauschen wäre Call-by-Value somit ungeeignet.

Referenzparameter als Ausweg
Referenzparameter arbeiten nicht mit Call-by-Value, sondern mit *Call-by-Reference*.

> Der Referenzoperator & kennzeichnet Parameter als *Referenzparameter*.

Die Parameter a und b sind demnach Referenzparameter; sie werden mittels Call-by-Reference verwendet. Mit ihnen lassen sich Werte an Funktionen übergeben, aber auch in der Funktion verändern.

> Beim Aufruf der Funktion müssen für Referenzparameter *Variablen* übergeben werden, konstante Werte sind nicht erlaubt.

Über Referenzparameter sollen die übergebenen Variablen in der Funktion verändert werden – an die Stelle der Einbahnstraße von Wertparametern tritt damit die Möglichkeit, Werte wieder aus der Funktion zu erhalten, und zwar ohne `return`.

Der Aufruf `vertausche( 2, 5 )` wäre dementsprechend unsinnig, da sich diese konstanten Werte nicht verändern ließen.

Referenzparameter nur bei Bedarf
Um es klar zu sagen: Referenzparameter sind nicht grundsätzlich besser als Wertparameter. Wertparameter sind besonders verbreitet; zu Referenzparametern greift man in einigen Sonderfällen.

> Referenzparameter eignen sich vor allem dann, wenn man als Parameter übergebene Variablen in der Funktion verändern möchte.

▶ **Tipp** Teilweise werden auch Zeiger (siehe Abschn. 4.4) genutzt, um Referenzparameter zu erhalten. Der Referenzoperator ist jedoch einfacher und birgt weniger Fehler.

return als Alternative?
Wäre nicht auch die Rückgabe per `return` eine Möglichkeit gewesen? Leider nicht.

> `return` erlaubt nur die Rückgabe *eines* Wertes.[16]

Auch mehrfaches Aufrufen von `return` würde nicht helfen, da bereits das erste `return` die Funktion verlassen würde.

3.6 Beispielaufgabe: Qualitätskontrolle

Die folgende Beispielaufgabe soll zeigen, wie man kleinere Programmieraufgaben löst. Wer schon etwas Routine hat, wird diese Schritte nicht vollständig durchlaufen. Einsteiger erhalten hier jedoch eine erste Orientierung.

3.6.1 Aufgabenstellung

Im Rahmen einer Qualitätskontrolle werden Messwerte erfasst und ausgewertet. Bei den Messwerten handelt es sich um Dezimalzahlen. Man möchte wissen, welcher prozentuale Anteil der Messwerte außerhalb eines Normbereichs von 45 bis 55 liegt („Nicht OK"). Hierfür gibt der Benutzer nacheinander die Messwerte ein; er beendet dies mit der Eingabe von 0. Anschließend zeigt das Programm die Anzahl der eingegebenen Werte an sowie den prozentualen Anteil der Nicht-OK-Werte.

3.6.2 Schritt 1: das Problem verstehen

Nicht jede Aufgabenstellung versteht man auf Anhieb. Das gilt vor allem, wenn man aus Gesprächen verstehen muss, was der Kunde möchte bzw. was er braucht.

Fragen stellen
Hat man die Möglichkeit, sollte man Unklarheiten durch gezieltes Nachfragen ausräumen. Beispiele solcher Fragen könnten lauten:

- Soll der Benutzer den Normbereich eingeben können?
- Könnte es sein, dass Benutzer auch etwas anderes als Zahlen eingeben?
- Wie soll die Benutzeroberfläche beschaffen sein (Sprache, Gestaltung usw.)?
- In welcher Umgebung (Betriebssystem usw.) soll das Programm eingesetzt werden?

---

[16] Zumindest dann, wenn man von den später vorzustellenden Klassen absieht.

Sonderfälle

> Grenz- und Sonderfälle führen besonders häufig zu Missverständnissen und Fehlern.

Aus diesem Grund sollte man diese Fälle aufmerksam klären. Bei der hier betrachteten Aufgabe stehen vor allem zwei Fragen im Vordergrund:

- Zählen die Grenzen (hier: 45 und 55) zum Normbereich oder nicht?
- Was soll geschehen, wenn der Benutzer direkt zu Beginn eine 0 eingibt?

Beispiele nutzen
Beispiele helfen, das erwartete Programmverhalten besser zu verstehen. Diese Beispiele kann man selbst formulieren oder die Kunden um geeignete Beispiele samt erwarteter Ausgabe bitten. Beispiel 1 verwendet Werte innerhalb und außerhalb des Normbereichs sowie dessen Grenzen (Abb. 3.12):

```
10
70
55
52
45
0

Messwerte: 5
Nicht OK:  40%
```

Abb. 3.12 Beispiel 1 der Qualitätskontrolle

Beispiel 2 repräsentiert den Sonderfall, dass die Eingabe sofort abgebrochen wird (Abb. 3.13):

```
0

Keine Werte vorhanden
```

Abb. 3.13 Beispiel 2 der Qualitätskontrolle

> Solche Beispiele sind auch deshalb nützlich, weil man sie später als Testfälle verwenden kann, um das Programm zu prüfen.

3.6.3 Schritt 2: Entwerfen des Programms

Im nächsten Schritt geht es darum, den Programmablauf zu beschreiben. Abschn. 1.3 zeigt, wie man Algorithmen mit Flussdiagrammen oder Pseudocode beschreiben kann – beide Ansätze würden sich hier anbieten.

> Eine pragmatische Alternative für den Entwurf besteht darin, die einzelnen Schritte in Form von *Kommentaren* in eine Quellcodedatei zu schreiben.

Hierfür verwendet man das C++-Grundgerüst aus Abschn. 2.2 als Grundlage und fügt Kommentare für jeden relevanten Schritt ein. Dieses Vorgehen hat mehrere Vorteile:

1. Das Schreiben in eigenen Worten verbessert das *Verständnis*.
2. Die Kommentare bieten *Orientierung*, während man den Quellcode schreibt.
3. Die Kommentare machen später den Quellcode *verständlicher*, weil sie die relevanten Schritte beschreiben.

Wichtig ist dabei, Sequenzen, Wiederholungen und Verzweigungen richtig einzusetzen. Quellcode 3.32 zeigt, wie ein solcher Entwurf in Form von Kommentaren aussehen könnte. Einrückungen der Kommentare zeigen hier bereits, was später Teil einer Schleife sein soll, oder welche Anweisungen von einer Bedingung abhängen.

```cpp
#include <iostream>
using namespace std;

int main()
{
    // Anzahl der Werte mit 0 initialisieren
    // Anzahl der Nicht-OK-Werte mit 0 initialisieren

    // Messwerte eingeben, bis zur Eingabe von 0
        // Erhöhe Anzahl der Werte um 1
        // Wenn Wert nicht in Normbereich [45;55]
            // Erhöhe Anzahl der Nicht-OK-Werte um 1

    // Wenn keine Werte vorhanden
        // Fehlermeldung
        // Programm beenden

    // Zeige Anzahl der Werte an
    // Zeige Anteil der Nicht-OK-Werte als Prozentwert an

    return 0;
}
```

Quellcode 3.32 Entwurf der Qualitätskontrolle in Kommentaren (quality1.cpp)

▶ Dieses Vorgehen ist auch dann praktisch, wenn man später mit mehr Erfahrung kompliziertere Quellcodeabschnitte entwickeln muss.

3.6.4 Schritt 3: in kleinen Schritten zum Ziel

Den Entwurf in Form von Kommentaren kann man nun in kleinen Schritten, nach und nach in C++-Anweisungen überführen. Zum Beispiel könnte man mit der Eingabeschleife beginnen, dann die Werte zählen, danach die Nicht-OK-Werte zählen, um am Ende die Auswertung und den Sonderfall umzusetzen. Die Kommentare zeigen zu jeder Zeit, was noch zu tun ist.

> Bei diesem *inkrementellen Vorgehen* sollte man den Quellcode zwischendurch regelmäßig kompilieren, um Fehler frühzeitig erkennen und beseitigen zu können.

Eingabeschleife
Quellcode 3.33 enthält zunächst nur die Eingabeschleife. Man kann damit nacheinander Werte eingeben. Gibt man 0 ein, bricht die Schleife ab. Normbereiche, Anteile usw. bleiben hierbei zunächst außen vor.

Die Lösung basiert auf dem Ansatz aus Abschn. 3.3.3, einer Endlosschleife mit `while( 1 )`, die man nach erfolgter Eingabe nötigenfalls mit `break;` verlässt. `return 0;` wäre hier falsch, da nach der Eingabeschleife noch die Zusammenfassung angezeigt werden soll.

Schleifen mit `while` oder `do-while` wären ebenfalls möglich gewesen, allerdings hätte man dann verhindern müssen, dass die 0 für den Abbruch mitgezählt wird.

Die Variable `messwert` wird nur in der Schleife benötigt, daher legt man sie nahe am Verwendungsort an. Da es sich um eine Dezimalzahl handeln soll, erhält sie den Typ `double`.

Für die Ein- und Ausgabe kommen – wie üblich – `cin` und `cout` zum Einsatz.

```
#include <iostream>
using namespace std;

int main()
{
    // Anzahl der Werte mit 0 initialisieren
    // Anzahl der Nicht-OK-Werte mit 0 initialisieren
    // Messwerte eingeben, bis zur Eingabe von 0
    while( 1 )
    {
        // Nächsten Wert einlesen
```

3.6 Beispielaufgabe: Qualitätskontrolle

```
        double messwert = 0.0;
        cout << "Wert: ";
        cin >> messwert;

        // Abbruch mit Eingabe von 0
        if( messwert == 0.0 )
        {
            break;
        }

        // Erhöhe Anzahl der Werte um 1
        // Wenn Wert nicht in Normbereich [45;55]
            // Erhöhe Anzahl der Nicht-OK-Werte um 1
    }
    // Wenn keine Werte vorhanden
        // Fehlermeldung
        // Programm beenden

    // Zeige Anzahl der Werte an
    // Zeige Anteil der Nicht-OK-Werte als Prozentwert an

    return 0;
}
```

Quellcode 3.33 Eingabeschleife der Qualitätskontrolle (quality2.cpp)

> Die nächsten Kommentare setzt man erst dann um, wenn man alle Fehlermeldungen des Compilers beseitigt hat, und wenn sich das Programm wie vorgesehen verhält.

Zählen der Werte
Funktioniert die Eingabeschleife, kann man sich dem nächsten Teilschritt zuwenden, dem Zählen der Werte. Diese Anzahl soll in der Variablen `anzahl_ges` gespeichert werden; sie ist ganzzahlig, daher erhält sie den Datentyp `int`. Nach jeder Eingabe – außer 0 – erhöht man diese Anzahl mit `anzahl_ges++` um 1.

Zählen der Nicht-OK-Werte
In gleicher Weise legt man eine Variable `anzahl_nok` an – in beiden Fällen natürlich außerhalb der Eingabeschleife, da sie sonst bei jedem Schleifendurchgang wieder auf 0 gesetzt werden. Die Nicht-OK-Werte sollen aber nur bei jedem Wert erhöht werden, der außerhalb des Normbereichs liegt. Hierfür nutzt man eine `if`-Verzweigung. Nicht OK wäre ein Wert, der kleiner als 45 (`messwert<45.0`) oder größer als 55 (`messwert>55.0`) ist. Das logische Oder (`||`) ist hier wichtig, da ein Wert nicht zur selben Zeit kleiner als 45 und größer als 55 sein kann.

Quellcode 3.34 enthält neben der Eingabeschleife die Zählung der Werte. Möchte man dies erproben, könnte man sich am Ende oder auch in der Schleife die jeweiligen Werte der beiden Variablen anzeigen lassen.

```cpp
#include <iostream>
using namespace std;

int main()
{
    // Anzahl der Werte mit 0 initialisieren
    int anzahl_ges = 0;

    // Anzahl der Nicht-OK-Werte mit 0 initialisieren
    int anzahl_nok = 0;

    // Messwerte eingeben, bis zur Eingabe von 0
    while( 1 )
    {
        // Nächsten Wert einlesen
        double messwert = 0.0;
        cout << "Wert: ";
        cin >> messwert;

        // Abbruch mit Eingabe von 0
        if( messwert == 0.0 )
        {
            break;
        }

        // Erhöhe Anzahl der Werte um 1
        anzahl_ges++;

        // Wenn Wert nicht in Normbereich [45;55]
        if( messwert < 45.0 || messwert > 55.0 )
        {
            // Erhöhe Anzahl der Nicht-OK-Werte um 1
            anzahl_nok++;
        }
    }

    // Wenn keine Werte vorhanden
        // Fehlermeldung
        // Programm beenden

    // Zeige Anzahl der Werte an
    // Zeige Anteil der Nicht-OK-Werte als Prozentwert an

    return 0;
}
```

Quellcode 3.34 Zählen der Werte in der Qualitätskontrolle (quality3.cpp)

3.6 Beispielaufgabe: Qualitätskontrolle

Sonderfall: keine Werte

Hat der Benutzer keine Werte eingegeben, also sofort 0, soll keine Berechnung erfolgen. Eine `if`-Verzweigung übernimmt diese Prüfung. Ist `anzahl_ges` 0 (oder sogar negativ), erscheint eine Fehlermeldung, und `return 0;` beendet das Programm.

Normalfall: Anzahl und Anteil

Die letzten Anweisungen in Quellcode 3.35 stellen den Normalfall dar. Sie zeigen mit `cout` die Anzahl der eingegebenen Werte an sowie den prozentualen Anteil der Nicht-OK-Werte. Ersteres bedarf keiner weiteren Erklärungen, wohl aber der prozentuale Anteil.

Prozentrechnen und Tücken von int

Teilt man `anzahl_nok` durch `anzahl_ges`, erhält man den *relativen Anteil* der Nicht-OK-Werte. Es handelt sich um einen Dezimalwert zwischen 0 und 1. Multipliziert man ihn mit 100, erhält man den Anteil als Prozentwert.

Schreibt man im Quellcode jedoch `anzahl_nok/anzahl_ges*100`, kann man eine böse Überraschung erleben – das Ergebnis wird fast immer 0 sein. Das Problem ist die Division der beiden `int`-Werte: Sie führt dazu, dass alle Nachkommastellen gestrichen werden, statt 0.12, 0.40 oder 0.99 erhält man immer 0, außer alle Werte sind nicht OK, dann wäre der Wert 1.

Abhilfe schafft eine vorübergehende Umwandlung (*Cast*) der Variablen in den Datentyp `double`. Hierfür schreibt man vor den Variablennamen den gewünschten Datentyp und setzt die Variable in Klammern, z. B. `double( anzahl_nok )`. Der Ausdruck `double( anzahl_nok )/double( anzahl_ges )*100.0` liefert daher das korrekte Ergebnis.

```
#include <iostream>
using namespace std;

int main()
{
    // Anzahl der Werte mit 0 initialisieren
    int anzahl_ges = 0;

    // Anzahl der Nicht-OK-Werte mit 0 initialisieren
    int anzahl_nok = 0;

    // Messwerte eingeben, bis zur Eingabe von 0
    while( 1 )
    {
        // Nächsten Wert einlesen
        double messwert = 0.0;
        cout << "Wert: ";
        cin >> messwert;
```

```cpp
            // Abbruch mit Eingabe von 0
            if( messwert == 0.0 )
            {
                break;
            }

            // Erhöhe Anzahl der Werte um 1
            anzahl_ges++;

            // Wenn Wert nicht in Normbereich [45;55]
            if( messwert < 45.0 || messwert > 55.0 )
            {
                // Erhöhe Anzahl der Nicht-OK-Werte um 1
                anzahl_nok++;
            }
        }

        // Wenn keine Werte vorhanden
        if( anzahl_ges <= 0 )
        {
            // Fehlermeldung
            cout << "Keine Werte vorhanden." << endl;

            // Programm beenden
            return 0;
        }

        // Zeige Anzahl der Werte an
        cout << endl
             << "Werte:    " << anzahl_ges << endl;

        // Zeige Anteil der Nicht-OK-Werte als Prozentwert an
        cout << "Nicht OK: "
             << double( anzahl_nok )/double( anzahl_ges )*100.0 << "%"
             << endl;

    return 0;
}
```

Quellcode 3.35 Vollständige Qualitätskontrolle (quality4.cpp)

3.6.5 Schritt 4: Testen

Lässt sich der erstellte Quellcode fehlerfrei übersetzen, entsteht ein ausführbares Programm. Ob es sich jedoch wie vorgesehen verhält, muss man durch Tests überprüfen, da der Compiler nur prüft, ob der C++-Quellcode korrekt geschrieben wurde. Hätte man die untere Grenze des Normbereich beispielsweise mit `messwert<=45.0`, statt mit `messwert<45.0` geprüft, würde der Compiler keinen Fehler anzeigen. Da die Grenzen jedoch zum Normbereich gehören, wäre diese Prüfung dennoch falsch.

> Durch *Tests* prüft man, ob ein Programm für bestimmte Eingaben die erwarteten Ausgaben erzeugt bzw. sich wie erwartet verhält.

Eine Frage des Vorgehens

Doch wie geht man vor? Unsystematisch einen oder wenige Werte auszuprobieren, genügt meist nicht. Da man aber nicht alle möglichen Eingaben durchprobieren kann, testet man das Programm anhand repräsentativer Eingaben, beispielsweise Werte innerhalb des Normbereichs, aber auch Werte, die oberhalb oder unterhalb von ihm liegen.

▶ Der Umgang mit den *Grenz- und Sonderfällen* führt häufig zu Fehlern, deshalb sollte man diese Fälle besonders gründlich testen.

Geeignete Eingaben und erwartete Ausgaben

Die Beispiele in Abschn. 3.6.2 erfüllen alle diese Anforderungen. Daher verwendet man zunächst die folgenden Zahlen:

- `10` (unterhalb des Normbereichs)
- `70` (oberhalb des Normbereichs)
- `55` (obere Grenze)
- `52` (innerhalb des Normbereichs)
- `45` (untere Grenze)
- `0` (Abbruch)

Man erwartet für diese Eingaben, dass 5 Zahlen gezählt werden. Außerdem müssten 2 von 5 – also 40 % – als Nicht OK erkannt werden.

Durchführen des Tests

Um das Programm zu testen, startet man es und gibt die vorgesehenen Zahlen ein. Dabei achtet man darauf, ob das Erscheinungsbild in Ordnung ist, ob das Programm wie vorgesehen abläuft (z. B. Abbruch mit 0) und ob es am Ende die korrekten Ergebnisse anzeigt.

Abb. 3.14 zeigt die Programmausgabe. Das Programm läuft wie vorgesehen ab, auch die berechneten Werte entsprechen den erwarteten Werten.

```
Wert: 10
Wert: 70
Wert: 55
Wert: 52
Wert: 45
Wert: 0

Werte:    5
Nicht OK: 40%

Process returned 0 (0x0)    execution time : 26.195 s
Press any key to continue.
```

Abb. 3.14 Test der Qualitätskontrolle

Testen des Sonderfalls
Die sofortige Eingabe von 0 ist gemäß Abschn. 3.6.2 ein Sonderfall. Diesen Fall muss man separat testen. Startet man das Programm und gibt sofort 0 ein, erscheint die erwartete Fehlermeldung (Abb. 3.15). Das Programm hat damit auch diesen Test erfolgreich bestanden.

```
Wert: 0
Keine Werte vorhanden.

Process returned 0 (0x0)    execution time : 2.845 s
Press any key to continue.
```

Abb. 3.15 Test des Sonderfalls der Qualitätskontrolle

Auftreten von Fehlern
Abb. 3.16 zeigt einen Test, bei dem sich das Programm anders als erwartet verhält – statt der Fehlermeldung zeigt es das Ergebnis der Berechnung an und dividiert dabei durch 0. Was aber macht man, wenn der Test einen solchen Fehler offenbart?

> Man sollte froh sein, wenn man durch Tests Fehler findet. Denn diese Fehler findet später nicht der Auftraggeber.

3.6 Beispielaufgabe: Qualitätskontrolle

```
Wert: 0

Werte:     0
Nicht OK: nan%

Process returned 0 (0x0)    execution time : 6.684 s
Press any key to continue.
```

Abb. 3.16 Fehlerhafte Qualitätskontrolle

Die Suche im Quellcode

Hat man ein Fehlverhalten des Programms entdeckt, muss man dessen Ursache im Quellcode suchen. Das ist mit zunehmender Größe des Programms eine echte Herausforderung.

> Im Gegensatz zu dem Compiler verrät der Test normalerweise nicht, wo sich die Ursache eines Fehlers im Quellcode befindet.

Um die Ursache des Fehlers zu finden, schaut man sich gründlich den Quellcode an und verfolgt den Ablauf anhand der gemachten Eingaben. So entdeckt man vielleicht, dass die `if`-Verzweigung des Sonderfalls versehentlich `anzahl_ges < 0` statt `anzahl_ges <= 0` prüft.

Ist man nicht sicher, welchen Wert eine Variable zu einem bestimmten Zeitpunkt hat, kann man sich ihren Wert mit `cout` ausgeben lassen – das birgt zwar Nachteile, reicht aber für den Einstieg aus. Besser sind geeignete Werkzeuge wie der sog. *Debugger* (siehe Abschn. 9.3).

Erneutes Testen

Hat man den Quellcode angepasst, führt man die Tests erneut durch. Sonst kann es passieren, dass man durch Änderungen neue Fehler verursacht oder dass längst beseitigte Fehler wieder auftauchen. Sind alle Fehler beseitigt, ist das Testen abgeschlossen.

▶ *Das hier gezeigte Vorgehen ist sehr pragmatisch. In der professionellen Software-Entwicklung setzt man verschiedene Arten von Tests ein. Abschn. 9.3 beschreibt einige Werkzeuge hierfür.*

3.6.6 Schritt 5: Abgeben

Ist die Aufgabe Teil einer Vorlesung oder gar einer Prüfung, könnte man jetzt die erstellte Lösung abgegeben – vor allem dann, wenn die zur Verfügung stehende Zeit bald endet.

Handelt es sich aber um ein Programm, das man für einen Auftraggeber erstellt hat, müsste man diesem das ausführbare Programm übergeben bzw. auf seinem Computer installieren. Ob man auch den Quellcode aushändigen muss, hängt davon ab, was vorab vertraglich vereinbart wurde.

Ab jetzt ist das erstellte Programm im Einsatz; jederzeit könnte der Auftraggeber anrufen und einen Fehler melden. Auch könnte er Änderungswünsche haben.

3.6.7 Weitere Lösungen

Die Lösung in Quellcode 3.35 funktioniert. Aber auch andere Lösungswege wären möglich gewesen. Beispielsweise hätte man mit zwei Maßnahmen die Qualität des Quellcodes verbessern können.

Wartbarkeit durch Konstanten

Der Normbereich besitzt gemäß Aufgabenstellung die Grenzen 45 und 55. Werden irgendwann andere Grenzen benötigt, müsste man diese beiden Werte im Quellcode ändern. Die Grenzen als *Konstanten* (Abschn. 3.4.2) anzulegen (Quellcode 3.36), vereinfacht das Ändern des Normbereichs (*Wartbarkeit*) und macht die Bedingung aussagekräftiger (*Lesbarkeit*).

```
const double Normbereich_unten = 45.0;
const double Normbereich_oben  = 55.0;

...

if( messwert < Normbereich_unten || messwert > Normbereich_oben )
{
    // Erhöhe Anzahl der Nicht-OK-Werte um 1
    anzahl_nok++;
}
```

Quellcode 3.36 Konstanten für den Normbereich der Qualitätskontrolle

Prüfung mit einer Funktion

Die Prüfung des Normbereichs ließe sich außerdem in eine Funktion `inNormbereich()` auslagern. Sie liefert `true`, wenn `wert` innerhalb des Normbereichs liegt, sonst `false`. Der Quellcode wird dadurch länger, aber wiederum lesbarer (Quellcode 3.37).

3.7 Exkurs: Hilfe suchen und finden

```
bool inNormbereich( double wert )
// Liefert true, wenn der Wert wert im Normbereich liegt, sonst false
{
    return (wert >= Normbereich_unten && wert <= Normbereich_oben );
}
...
if( !inNormbereich( messwert ) )
{
    // Erhöhe Anzahl der Nicht-OK-Werte um 1
    anzahl_nok++;
}
```

Quellcode 3.37 Funktion inNormbereich() für die Qualitätskontrolle

Gut für die Qualität
Auch wenn der Benutzer diese Änderungen nicht feststellen wird, sollte man die Qualität des Quellcodes von Anfang an im Auge behalten. Konstanten und Funktionen dienen der Qualität ebenso wie ein gutes Quellcode-Layout (Abschn. 2.2.5) oder aussagekräftige Variablennamen (Abschn. 3.1.2).

3.7 Exkurs: Hilfe suchen und finden

Wenn man selbst einen Quellcode schreibt oder versucht, einen fremden Quellcode zu verstehen., wird man immer wieder auf Hilfe angewiesen sein. Wie schreibt man eine Range-for-Schleife? Was bedeutet das Wort `auto`? Wie berechnet man in C++ ein Zweierkomplement? Nicht alles zu wissen oder zu verstehen, ist normal.

Bücher
Bücher eignen sich meist als Einstieg. Allerdings unterscheidet sich der Programmierstil der Autoren mitunter sehr. Darüber hinaus sollten die Bücher nicht zu alt sein, da sonst wichtige Veränderungen der Sprache nicht enthalten sind. Gerade bei C++ wurden seit 2011 zahlreiche wichtige Neuerungen eingeführt – kennt man sie nicht, endet man bei unnötig komplizierten Lösungen oder sucht Fehler, die nur einem veralteten Buch geschuldet sind.

Suchen im Internet
Schnell und einfach erscheint auf den ersten Blick die Suche nach Lösungen oder Erklärungen im Internet. Seiten wie cppreference.com oder stackoverflow.com sind bei der Arbeit mit C++ beliebte Quellen. Gerade Forenbeiträge bergen jedoch die Gefahr, dass man die Kompetenz der Antwortenden nicht sicher einschätzen kann. Auch sollte man gründlich prüfen, ob die vorgeschlagene Lösung wirklich zu dem eigenen Problem passt.

Wie bei den Büchern ist auch hier der Blick auf das Alter der Information hilfreich, ein Forenbeitrag von 2009 kann heute vollkommen überholt sein.

Code mit generativer KI erzeugen

Seit 2022 greifen immer mehr Personen bei der Software-Entwicklung auf Werkzeuge wie ChatGPT zurück. Sie wurden mit riesigen Datenmengen (darunter auch Quellcodes) trainiert, um Anfragen zu beantworten, die man in natürlicher Sprache formuliert – die sog. *Prompts*. Solche generativen KI-Systeme können das Lernen einer Programmiersprache vor allem unterstützen durch

1. das Erklären von Quellcode (z. B: „Erkläre mir in C++ die Zeile `for( int i=10; i>=0; i--)`"),
2. das Erklären von Fehlern (z. B. „Warum fehlen die Nachkommastellen, wenn ich eine `double`-Variable mit `cin` einlese?"),
3. das Erzeugen von Quellcode (z. B: „Erstelle eine Schleife in C++, die die Werte 1, 2, 4, 8, 16, 32 durchläuft").

Die Antworten hierauf sind beeindruckend ausführlich. Allerdings nimmt man hierdurch schnell an, dass die Antworten des KI-Systems richtig sind. Das ist jedoch nicht immer der Fall. Manchmal erhält man falsche, veraltete oder auch umständliche Lösungen. Insofern sollte man – wie bei allen anderen Quellen – kritisch sein und nötigenfalls mehrere Lösungen vergleichen.

▶ Die Qualität der Antworten hängt nicht zuletzt von dem gewählten Prompt ab. Es lohnt sich, hier präzise zu formulieren, das eigene Kenntnisniveau anzugeben („Ich bin neu in C++") oder bei Unsicherheit nachzufragen.

Das Problem des C++-Standards

Es gibt nicht „das eine C++". Der C++-Standard wird immer wieder aktualisiert, deshalb gibt es unter anderem die Standards C++11, C++17 oder C++23.[17] Jeder weitere Standard bringt neue Möglichkeiten mit sich; veraltete Ansätze können aber auch entfernt werden. Die wiederkehrenden Änderungen bringen Herausforderungen mit sich:

1. Man muss das Wissen zu C++ aktuell halten.
2. Der Compiler arbeitet mit einem bestimmten Sprachstandard. Ist er beispielsweise so eingestellt, dass er dem Standard C++11 folgt, kennt er nur die Sprachelemente bis zu diesem Standard.

Gerade dieser letzte Punkt ist tückisch, da eine gefundene Antwort oder Lösung nicht immer erkennen lässt, für welchen Sprachstandard sie geschrieben ist.

---

[17] Die Zahl entspricht ungefähr dem Erscheinungsjahr.

> Die Flut an Informationen und Lösungen zu C++ ist riesig. Man benötigt aber ein solides Grundlagenwissen, um deren Richtigkeit einzuschätzen. Ob eine Antwort richtig ist, kann auch von dem verwendeten C++-Standard abhängen.

3.8 Zusammenfassung

Basierend auf dem Grundgerüst von C++-Programmen lassen sich durch Variablen, Verzweigungen, Schleifen und Funktionen unterschiedlichste Probleme lösen.

Variablen erlauben es, unter einem Namen Werte im Speicher des Computers abzulegen. In C++ müssen Variablen mit einem Datentyp (z. B. `int`, `double`, `bool`) deklariert werden. Auch sollte man sie immer mit einem Anfangswert initialisieren. Variablen können an vielen Stellen im Quellcode deklariert werden, am besten aber in der Nähe des Verwendungsorts. Globale Variablen sollte man möglichst nicht verwenden.

Die Werte von Variablen lassen sich mit `cin` von der Tastatur bzw. der sog. Standardeingabe einlesen. Für Berechnungen stehen in C++ verschiedene Operatoren (z. B. + - * / %), Klammern und mathematische Funktionen zur Verfügung. Die Ergebnisse lassen sich mit = einer Variablen zuweisen oder direkt ausgeben.

Soll eine Änderung des Wertes nicht möglich sein, nutzt man Konstanten. Sie beginnen mit dem Schlüsselwort `const`. Sie verbessern Lesbarkeit und Wartbarkeit des Quellcodes.

Verzweigungen sind in C++ mit `if` oder `switch-case` möglich. `if` verzweigt abhängig von einer logischen Bedingung, die entweder erfüllt ist (`true`) oder nicht (`false`). Hierfür stehen unter anderem Vergleichsoperatoren wie < <= > und >= zur Verfügung. Auf Gleichheit prüft man mit == (nicht mit =), auf Ungleichheit mit !=.

Begrenzte Wiederholungen sind in C++ durch `for`-Schleifen möglich, für unbegrenzte Wiederholungen nutzt man die kopfgesteuerte `while`-Schleife oder die fußgesteuerte `do-while`-Schleife. Sie wiederholen den Code, solange eine logische Bedingung erfüllt ist. Durch `break;` lässt sich eine Schleife vorzeitig verlassen, durch `continue;` der nächste Schleifendurchlauf beginnen.

Funktionen besitzen Parameter und liefern einen Rückgabewert. Sie können lokale Variablen enthalten. Funktionen modularisieren den Quellcode, was vor allem die Lesbarkeit und Wiederverwendbarkeit des Quellcodes verbessert. Auch vermeiden Funktionen unnötige Wiederholungen von Quellcode.

Bei neuen Programmieraufgaben sollte man zunächst versuchen, das Problem durch gezielte Nachfragen und Beispiele zu verstehen. Darauf aufbauend lässt sich das Programm durch Flussdiagramme, Pseudocode oder in Form von Kommentaren entwerfen. Anschließend setzt man das Programm in kleinen Schritten um, testet es und liefert es anschließend aus.

3.9 Aufgaben

3.9.1 Theorie

1. Was versteht man unter dem Datentyp einer Variablen? Nennen Sie Beispiele.
2. Worauf sollte man achten, wenn man Variablen benennt?
3. Was sind die Besonderheiten des Zuweisungsoperators?
4. Welche Arten der Verzweigung gibt es in C++? Worin unterscheiden sie sich?
5. Welche Arten von Schleifen gibt es in C++? Worin unterscheiden sie sich?
6. Wofür nutzt man Konstanten? Welche Vorteile bringen sie mit sich?
7. Was sind Escape-Sequenzen? Nennen Sie Beispiele.
8. Wie verbessert die Modularisierung mit Funktionen den Quellcode?
9. Welche Arten von Parametern gibt es? Wie und wofür setzt man sie ein?
10. Was versteht man unter lokalen und globalen Variablen?

3.9.2 Praxis

1. Erstellen Sie ein Programm, das anhand von Körpergröße und Gewicht den sog. Body-Mass-Index (BMI) berechnet.
2. Erstellen Sie ein Programm, das anhand der getankten Menge Kraftstoff (oder geladener Energie) und gefahrener Strecke den Durchschnittsverbrauch pro 100 km errechnet.
3. Schreiben Sie ein Programm, das Dezimalzahlen von der Tastatur einliest. Gibt der Benutzer einen negativen Wert ein, wird die Eingabe beendet und das Programm zeigt Minimum, Maximum, Summe, Anzahl und Mittelwert der Werte an.
4. Erweitern Sie Quellcode 3.24 um eine Funktion `feet2meter` und fragen Sie vom Benutzer ab, ob von Meter nach Fuß oder umgekehrt umgerechnet werden soll.
5. Erstellen Sie eine Funktion `limit`, die einen übergebenen Dezimalwert x auf zwei übergebene Grenzen a und b begrenzt. Sie liefert a, wenn $x < a$ ist, b, wenn $x > b$ ist, sonst x.
6. Erstellen Sie eine Funktion, die für ein gegebenes Jahr prüft, ob es sich um ein Schaltjahr handelt.
7. Schreiben Sie ein Programm, das die folgenden Zahlenfolgen erzeugt und 10 Glieder der Folgen auf dem Bildschirm ausgibt.
   a. 0 1 0 1 0 1 0 1 0 ...
   b. 0–1 2–3 4–5 6 ...
   c. 1 0.5 0.25 0.125 ...

3.10 Weiterführende Literatur

Die in diesem Kapitel behandelten Grundlagen vertiefen u. a. (Breymann, 2023), (Will, 2024) oder (Wolf & Guddat, 2022). Umsteiger von Java finden in (Müller & Weichert, 2017) einen Vergleich zwischen Java und C++ sowie einige grundlegende Erklärungen zu C++. Referenzen gibt es auch gedruckt, z. B. (Grimm & Loudon, 2018); im Alltag hilft meist eine Online-Referenz wie (en.cppreference.com, 2024); diese wird jedoch von der Community gepflegt.

Abschn. 3.2 verwendet Grundlagen der Aussagenlogik; ausführlicher ist diese in Mathematik- und Logiklehrbüchern beschrieben. Diese erklären auch wichtige Regeln für Vereinfachung und Umformung von Bedingungen. Einen kurzen Überblick bezogen auf die Informatik bietet (Ernst et al., 2023).

Literatur

Breymann, U. (2023). *C++ programmieren* (7. Aufl.). Carl Hanser Verlag.
en.cppreference.com. (2024). *C++ Reference*. https://en.cppreference.com/. Zugegriffen: 27. Juli 2024.
Ernst, H., Schmidt, J., & Beneken, G. (2023). *Grundkurs Informatik* (8. Aufl.). Springer Fachmedien.
Grimm, R., & Loudon, K. (2018). *C++ – kurz & gut* (3. Aufl.). O'Reilly.
Müller, H., & Weichert, F. (2017). *Vorkurs Informatik* (5. Aufl.). Springer Vieweg.
Will, T. (2024). *C++ Das umfassende Handbuch* (3. Aufl.). Rheinwerk Verlag.
Wolf, J., & Guddat, M. (2022). *Grundkurs C++* (4. Aufl.). Rheinwerk Verlag.

4 Vielfältigere Daten

> **Zusammenfassung**
>
> Felder, Zeichenketten und Aufzählungstypen sind wichtig, um unterschiedlichste Arten von Daten in Programmen effizient verwenden zu können. Zeiger haben heutzutage an Bedeutung verloren, helfen jedoch, die Besonderheiten mancher Sprachkonstrukte besser zu verstehen. Bei all dem erkennt man, wie moderne Ansätze in C++ nach und nach traditionelle, teils unsichere Sprachkonstrukte verdrängen.

4.1 Variablen mit Index

4.1.1 Beispiel: Reihenfolge umkehren

Immer wieder kommt es vor, dass man die Reihenfolge einiger Werte umkehren möchte – die zuletzt erfassten Werte sollen zuerst ausgegeben werden. Der folgende Quellcode erledigt diese Aufgabe für fünf Werte. Abb. 4.1 zeigt, dass das Programm in Quellcode 4.1 diese Aufgabe erledigen kann – aus den Eingaben 1 bis 5 entstehen die Ausgaben 5 bis 1. Jetzt gilt es, das reflexartige „Aber es funktioniert doch" zu unterdrücken und zu überlegen, ob es wirklich eine *gute* Lösung ist.

```cpp
#include <iostream>

using namespace std;

int main()
{
    // 5 Werte einlesen ...
    int werte0 = 0;
    cout << "Wert 0: ";
    cin >> werte0;

    int werte1 = 0;
    cout << "Wert 1: ";
    cin >> werte1;

    int werte2 = 0;
    cout << "Wert 2: ";
    cin >> werte2;

    int werte3 = 0;
    cout << "Wert 3: ";
    cin >> werte3;

    int werte4 = 0;
    cout << "Wert 4: ";
    cin >> werte4;

    // ... und in umgekehrter Reihenfolge ausgeben
    cout << "Wert 4: " << werte4 << endl;
    cout << "Wert 3: " << werte3 << endl;
    cout << "Wert 2: " << werte2 << endl;
    cout << "Wert 1: " << werte1 << endl;
    cout << "Wert 0: " << werte0 << endl;

    return 0;
}
```

Quellcode 4.1 Reihenfolge umkehren mit einzelnen Variablen (reversevar.cpp)

```
> reversevar
Wert 0: 1
Wert 1: 2
Wert 2: 3
Wert 3: 4
Wert 4: 5
Wert 4: 5
Wert 3: 4
Wert 2: 3
Wert 1: 2
Wert 0: 1
>
```

Abb. 4.1 Ausgabe des Umkehrens mit Variablen

4.1 Variablen mit Index

Indizierung im Namen als Problem
Betrachtet man Quellcode 4.1 kritischer, fallen die vielen ähnlichen Quellcodeabschnitte auf: Das Einlesen wird mit nahezu denselben Anweisungen für jeden Wert wiederholt. Gleiches gilt für das Ausgeben. Die `for`-Schleife aus Abschn. 3.4 könnte hier helfen, scheitert jedoch an den fünf einzelnen Variablen.

> Indizes, die Teil des Variablennamens sind, können nicht für Schleifen genutzt werden.

Das Problem sind somit die Namen `werte0`, `werte1` usw. Man kann `for` nicht veranlassen, die einzelnen Variablen anhand der Ziffer am Ende ihres Namens zu verarbeiten. Stattdessen benötigt man echte *Indizes*. So etwas kennt man aus der Mathematik, wenn man beispielsweise mit x_1 bis x_5 arbeitet. Die tiefgestellten Zahlen sind in diesem Fall die Indizes von x.

Felder als Lösungsansatz
In C++ kann man mehrere Werte desselben Datentyps unter einem Namen so zusammenfassen, dass man die einzelnen Werte anhand ihres Indexes zugreifen kann. Man nennt das ein *Feld* (engl. Array).

Quellcode 4.2 verwendet statt einzelner Variablen ein solches Feld, um die Werte nacheinander mit einer `for`-Schleife einzulesen und anschließend wieder auszugeben. Der Quellcode ist deutlich kürzer. Auf die unnötigen Wiederholungen kann man dank der Schleifen verzichten.

Zwar bringt das für den Benutzer keine sichtbare Änderung mit sich (Abb. 4.2). Verbessert hat sich jedoch die Qualität des Quellcodes, da dieser lesbarer geworden ist und sich leichter anpassen lässt, wenn später mehr oder weniger Werte verarbeitet werden sollen.

```cpp
#include <iostream>

using namespace std;

const int AnzahlWerte = 5;

int main()
{
    // 5 Werte einlesen ...
    int werte[ AnzahlWerte ] = {};

    for( int i = 0; i < AnzahlWerte; i++ )
    {
        cout << "Wert " << i << ": ";
        cin >> werte[ i ];
```

```
    }

    // ... und in umgekehrter Reihenfolge ausgeben
    for( int i = AnzahlWerte-1; i >= 0; i-- )
    {
        cout << "Wert " << i << ": " << werte[ i ] << endl;
    }

    return 0;
}
```

Quellcode 4.2 Reihenfolge umkehren mit einem Feld (reversearr.cpp)

```
> reversearr
Wert 0: 1
Wert 1: 2
Wert 2: 3
Wert 3: 4
Wert 4: 5
Wert 4: 5
Wert 3: 4
Wert 2: 3
Wert 1: 2
Wert 0: 1
>
```

Abb. 4.2 Ausgabe des Umkehrens mit einem Feld

4.1.2 Felder als indizierte Variablen

`int werte[ AnzahlWerte ] = {};` erzeugt in Quellcode 4.2 ein *Feld* mit dem Namen `werte`, das fünf `int`-Werte (also Ganzzahlen) enthält. Sie alle werden mit 0 initialisiert. Man hätte statt der Konstanten `AnzahlWerte` auch nur 5 eintragen können, da aber die `for`-Schleifen von der Anzahl der Werte abhängen, eignet sich die Konstante besser.

Die Vielfalt von Feldern

> In C++ gibt es unterschiedliche Arten von Feldern. Sie alle eint, dass sie mehrere Elemente *desselben Datentyps* enthalten, auf die man mit einem *Index* zugreifen kann.

Genau genommen handelt es sich bei dem Feld in Quellcode 4.2 um ein *C-Feld*. Es trägt diesen Namen, da diese Art Felder in der Programmiersprache C entstanden sind.

4.1 Variablen mit Index

> C-Felder bringen einige Nachteile mit sich; mit `vector` und `array` gibt es in C++ bessere Alternativen.

Trotz ihrer Nachteile sind C-Felder unverändert verbreitet; die Tücken ihrer Verwendung zu kennen, ist deshalb wichtig.

Deklarieren von C-Feldern
Es gibt unterschiedliche Möglichkeiten, C-Felder zu deklarieren, die üblichste unter ihnen verwendet den Typ der Elemente und die Anzahl der enthaltenen Werte.

> Um ein C-Feld zu deklarieren, gibt man den *Datentyp* der enthaltenen Werte an, danach den *Namen* und in eckigen Klammern die *Anzahl* der Elemente.

`double messungen[24];` würde somit ein C-Feld mit dem Namen `messungen` anlegen, das 24 `double`-Werte enthält.

Zugriff mit dem Index-Operator []

> Auf die einzelnen Elemente eines Feldes greift man mit dem *Index-Operator* `[]` zu. In die Klammern schreibt man den *Index* des betreffenden Elements.

Mit `cin >> werte[ i ];` liest man in Quellcode 4.2 das Element mit dem Index i ein, mit `cout << werte[ i ];` würde man es ausgeben. Als Index kann man die Werte ganzzahliger Variablen und Konstanten verwenden. `werte[ 2 ]=5;` wäre daher auch erlaubt.

Indizierung ab 0
Die `for`-Schleife in Quellcode 4.2 beginnt mit 0 und endet mit `AnzahlWerte-1`, also 4. Ist das nicht ungewöhnlich?

> Das erste Element eines Feldes hat immer den *Index 0*. Der Index des letzten Elements entspricht der *Anzahl der Elemente minus 1*.

Mit `cout << werte[ 0 ];` würde man in Quellcode 4.2 demnach den Wert des ersten Elements ausgeben. `werte[ 4 ]` entspräche dem letzten Element des Feldes, da das Feld insgesamt 5 Elemente enthält, aber deren Zählung bei 0 beginnt (Abb. 4.3).

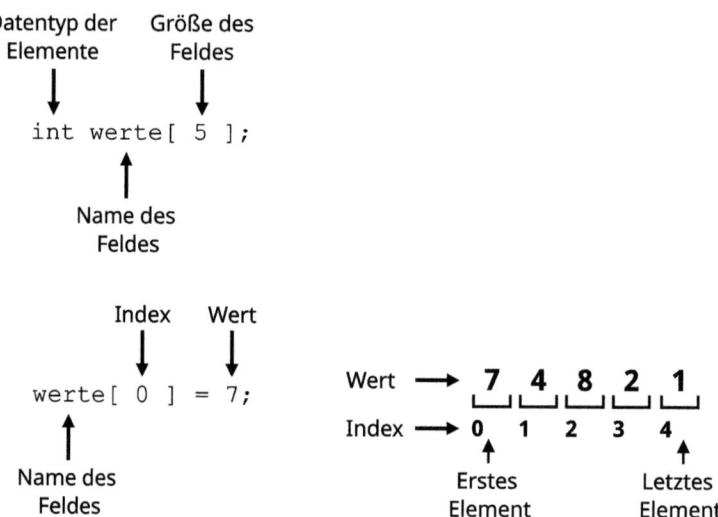

Abb. 4.3 Zugriff auf Elemente eines C-Feldes

Leider kommt es zwischen der Größe des Feldes (hier: 5) und dem Index des letzten Elements (hier: 4) häufig zu Verwechslungen. Das könnte dazu führen, dass man fälschlicherweise auf das nicht vorhandene Element `werte[ 5 ]` zugreift. Der Compiler verhindert das nicht – er erzeugt keine Fehlermeldung, und auch beim Ausführen des Programms *kann* unser Fehler unbemerkt bleiben.

> Der Zugriff auf falsche Indizes eines C-Feldes gehört zu den häufigsten Fehlern in C++.

Diese Fehleranfälligkeit ist eine von mehreren Schwachstellen, denen man sich bei C-Feldern bewusst sein muss. Abschn. 4.1.4 erklärt die Hintergründe.

Initialisieren von C-Feldern
Die Deklaration des C-Feldes `werte` in Quellcode 4.2 endet mit `={};` Hierdurch drückt man aus, dass alle Werte mit 0 *initialisiert* werden sollen.

> Ohne Initialisierung enthält das C-Feld *unvorhersehbare* Werte.

4.1 Variablen mit Index

Tab. 4.1 Unterschiedliche Arten der Initialisierung

Deklaration und Initialisierung	Bedeutung
`int werte[ 5 ]={};`	Initialisiert alle Elemente mit 0
`int werte[ 5 ]={7, 4, 8, 2, 1};`	Initialisiert die Elemente in dieser Reihenfolge mit den angegebenen Werten
`int werte[]={7, 4, 8, 2, 1};`	Legt die Größe des Feldes anhand der Anzahl der Werte fest und initialisiert die Elemente mit diesen Werten
`int werte[ 5 ]={7, 4};`	Initialisiert die ersten beiden Elemente mit 7 und 4, die übrigen mit 0

Ein einfacher Lösungsansatz besteht darin, das C-Feld anzulegen und anschließend mit einer Schleife bestimmte Werte zuzuweisen. Einfacher ist aber die Schreibweise mit `{}`; sie erlaubt unterschiedliche Arten der Initialisierung, von denen einige in Tab. 4.1 dargestellt sind.

> Es empfiehlt sich, jedes C-Feld mithilfe von `={}` einheitlich mit 0 zu initialisieren, sofern keine anderen Anforderungen bestehen.

4.1.3 Mit Schleifen auf Felder zugreifen

Felder lassen sich – im Gegensatz zu einzelnen Variablen – leicht mit Schleifen verarbeiten. Quellcode 4.2 nutzt hierfür eine `for`-Schleife, um die Werte einzulesen und die andere, um sie in umgekehrter Reihenfolge wieder auszugeben.

> `for`- und `Range-for`-Schleifen- sind besonders beliebt, um die Inhalte von Feldern zu verarbeiten.

`while`- oder `do-while`-Schleifen sind ebenfalls möglich, kommen aber meist nur in Sonderfällen zum Einsatz.

Zugreifen mit for

`for`-Schleifen- (siehe Abschn. 3.4.3) erfordern, dass man Start- und Endwert korrekt festlegt, was zu Fehlern führen kann. Sie bringen jedoch zwei wichtige Vorteile mit sich:

1. Man kann sich nicht nur elementweise (`i++`) von links nach rechts bewegen, sondern auch von rechts nach links (`i--`) oder in anderen Schritten (z. B. `i+=2`).
2. Man erhält für jeden Schleifendurchlauf den Wert *und* dessen Index.

Quellcode 4.3 verdeutlicht, was damit gemeint ist: Die Zählvariable i repräsentiert den Index, während werte[i] den Wert an dieser Stelle liefert.

```
for( int i = 0; i < AnzahlWerte; i++ )
{
    cout << "Wert " << i << ": ";
    cin >> werte[ i ];
}
```

Quellcode 4.3 Durchlaufen des Feldes mit for

> for-Schleifen bieten mehr Flexibilität beim Durchlaufen des Feldes und liefern jeweils Index und Wert. Start- und Endwert werden aber häufig falsch festgelegt.

Zugreifen mit Range-for

Range-for-Schleifen- (siehe Abschn. 3.4.6) sind leichter zu verwenden: Start- und Endwert muss man nicht festlegen. Zwei weitere Aspekte unterscheiden sich von for-Schleifen:

1. Man bewegt sich Element für Element von links nach rechts.
2. Man kennt den Index des aktuellen Elements nicht.

Quellcode 4.4 verdeutlicht den Unterschied zwischen Range-for- und for-Schleifen: Die Range-for-Schleife ist einfacher und verarbeitet Element für Element; man „weiß" jedoch nicht, an welcher Stelle man sich gerade befindet.

```
for( int w : werte )
{
    cout << w << endl;
}
```

Quellcode 4.4 Durchlaufen des Feldes mit einer Range-for-Schleife

> Range-for-Schleifen lassen sich einfach und sicher verwenden; sie eignen sich, wenn man die Elemente nacheinander verarbeiten möchte und deren Index nicht benötigt.

4.1 Variablen mit Index

▶ **Tipp** Da `for`-Schleifen häufig zu Fehlern bei Start- und Endwert führen, sollte man Range-`for`-Schleifen möglichst bevorzugen.

4.1.4 Nachteile von C-Feldern

So einfach sich C-Felder erzeugen lassen, so problematisch können sie bei der Nutzung sein. Sie bringen eine Reihe von Nachteilen mit sich, die vor allem damit zusammenhängen, wie solche Felder hinter den Kulissen angelegt sind.

Die Hintergründe dieser Nachteile zu verstehen, erfordert Wissen zu Zeigern, womit sich Abschn. 4.2.12 beschäftigt.

Keine Zuweisung
Manchmal möchte man ein Feld als Ganzes einem anderen Feld zuweisen, sodass sie danach elementweise übereinstimmen. Das versucht Quellcode 4.5 mit den C-Feldern x und y, wobei x die Werte von y erhalten soll. Allerdings erlaubt der Compiler das nicht.

```
int x[ 3 ] = { 1, 2, 3 };
int y[ 3 ] = { 4, 5, 6 };

x = y;  // Compiler-Fehler: Invalid array assignment
```

Quellcode 4.5 Unerlaubtes Zuweisen von C-Feldern

> Der Zuweisungsoperator ist zwischen Feldern *nicht* erlaubt.

Keine Prüfung der Grenzen
Tückisch ist das bereits angesprochene Zugreifen auf nicht vorhandene Feldelemente, beispielsweise auf x[5] in Quellcode 4.6. Erlaubt wären nur die Indizes 0, 1 und 2, da das Feld drei Elemente enthält. Der Compiler verhindert diesen fehlerhaften Zugriff nicht. Oft bleibt der Fehler auch beim Ausführen unbemerkt. Tatsächlich birgt er eine große Gefahr für die Sicherheit des Programms.

```
int x[ 3 ] = { 1, 2, 3 };

x[ 5 ] = 1;  // Fehler: Zugriff auf nicht vorhandenes Element
```

Quellcode 4.6 Zugriff auf nicht vorhandenes Element eines C-Feldes

> Der Compiler erkennt nicht, wenn man auf nicht vorhandene Elemente eines C-Feldes zugreift. Da dies bei der Ausführung oft unbemerkt bleibt, sind diese Fehler schwer zu erkennen.[1]

Kein Wissen über die Größe
So absurd es klingen mag, kennt das C-Feld seine eigene Größe nicht. Deshalb nutzt man – wie auch in Quellcode 4.2 – oft Konstanten. Daneben gibt es verschiedene Tricks, um die Länge eines C-Feldes zu bestimmen.

Keine C-Felder als Rückgabewert von Funktionen
Möchte man ein C-Feld als Ergebnis einer Funktion zurückgeben, ist das nicht mithilfe des Rückgabewerts möglich.

> C-Felder können *nicht* als Typ des Rückgabewerts einer Funktion verwendet werden.

Problematische Nutzung als Parameter
C-Felder lassen sich als Parameter an Funktionen übergeben – das ist die gute Nachricht. Allerdings muss man hierfür meist auch die Größe des Feldes übergeben, da das Feld seine Größe nicht kennt (s. o.). Um Felder als Parameter zu nutzen, ist man außerdem auf *Zeiger* angewiesen (siehe Abschn. 4.2.12), was dieses Vorgehen fehleranfällig macht.

4.1.5 vector als moderne Alternative

Abschn. 4.1.4 zeigt deutlich, welche Nachteile C-Felder im Alltag haben. Auch lässt sich deren Größe nur aufwendig und fehleranfällig zur Laufzeit des Programmes ändern.

> Der `vector` ist eine einfache und moderne Möglichkeit, Felder in C++ zu verwenden.

Quellcode 4.7 zeigt, dass das ursprüngliche Programm für `vector` nur wenig angepasst werden muss.

---

[1] Werkzeuge für die sog. statische Code-Analyse (siehe Abschn. 9.3) können solche Fehler erkennen.

4.1 Variablen mit Index

```cpp
#include <iostream>
#include <vector>

using namespace std;

const int AnzahlWerte = 5;

int main()
{
    // 5 Werte einlesen ...
    vector<int> werte( AnzahlWerte, 0 );

    for( int i = 0; i < werte.size(); i++ )
    {
        cout << "Wert " << i << ": ";
        cin >> werte[ i ];
    }

    // ... und in umgekehrter Reihenfolge ausgeben
    for( int i = werte.size()-1; i >= 0; i-- )
    {
        cout << "Wert " << i << ": " << werte[ i ] << endl;
    }

    return 0;
}
```

Quellcode 4.7 Reihenfolge umkehren mit vector (reversevec.cpp)

Kap. 7 beschäftigt sich intensiv mit der C++-Standardbibliothek, zu der auch der vector gehört.

Deklaration und Initialisierung

`vector<int> werte( AnzahlWerte, 0 );` erzeugt in Quellcode 4.7 ein Feld für `int`-Werte. Es bietet anfangs Platz für fünf Elemente, die alle mit 0 initialisiert werden. Die Schreibweise unterscheidet sich daher deutlich von den C-Feldern.

> Hinter dem Wort `vector` steht in < > der *Typ der Elemente*. Nach dem *Namen* des Feldes kann in den Klammern die *anfängliche Größe* und bei Bedarf der *Anfangswert* der Elemente stehen.

`vector<int> werte;` wäre auch erlaubt gewesen, hätte aber ein leeres Feld erzeugt, das man später vergrößern kann. Dieses nachträgliche Ändern der Größe ist eine der Stärken von `vector`.

> Um `vector` verwenden zu können, muss am Anfang des Quellcodes `#include <vector>` stehen.

Zugriff

Mit `vector` erzeugte Felder lassen sich ähnlich wie C-Felder zugreifen, was den Umstieg vereinfacht.

> Auf die Elemente eines `vector`-Feldes kann man per Index in `[]` zugreifen. Das erste Element hat den Index 0.

Im obigen Beispiel würde `werte[ 0 ]` den Wert des ersten Elements liefern, `werte[ 4 ]` den Wert des letzten Elements.

▶ **Tipp** Für den Zugriff auf das letzte Element ist `werte[ werte.size()-1 ]` eine gute Alternative, da `.size()` zuverlässig die Größe des Feldes liefert.

Verwenden von Schleifen

Quellcode 4.7 zeigt, dass sich `vector`-Felder problemlos mit `for`-Schleifen durchlaufen lassen. Gleiches gilt auch für Range-`for`-Schleifen – das Beispiel in Quellcode 4.4 ließe sich unverändert übernehmen.

Unterschiede gegenüber C-Feldern

C-Felder bringen wesentliche Nachteile mit sich (siehe Abschn. 4.1.4). Die meisten von ihnen kann man mit `vector` überwinden:

1. Der Zuweisungsoperator kann `vector`-Felder im Ganzen zuweisen.
2. Mit `.size()` kann man zu jeder Zeit die Größe des `vector`-Feldes abfragen[2] (siehe Quellcode 4.7).
3. `vector`-Felder lassen sich einfach als Rückgabewert und Parameter von Funktionen nutzen.

> Neben der einfachen Nutzung spricht für `vector` die Möglichkeit, die *Größe* des Feldes zur Laufzeit des Programms ändern zu können.

---

[2]Tatsächlich liefert.size() keinen int-Wert, sondern ein Ergebnis des Datentyps size_t. Dabei handelt es sich um eine Ganzzahl ohne Vorzeichen (siehe Abschn. 7.2.3).

▶ **Tipp** C-Felder sollte man in C++ heutzutage vermeiden. Mit `vector` gibt es eine einfache Alternative, die häufigen Fehlern und Problemen vorbeugt.

Abschn. 7.2 zeigt ausführlicher, wie sich vector verwenden lässt.

4.2 Mit Text arbeiten

4.2.1 Beispiel: Artikelnummer

Die alphanumerischen Artikelnummern eines Unternehmens enthalten am Ende einen Buchstaben. Er drückt aus, welchem Land diese Artikelnummer zugeordnet ist; `D` steht für Deutschland, `U` für die USA und `C` für China. Das Programm in Quellcode 4.8 soll nach dem Eingeben einer Artikelnummer das zugeordnete Land ermitteln und anzeigen.
    Abb. 4.4 zeigt die Ausgaben für unterschiedliche Artikelnummern: `Deutschland` für die Artikelnummer `42-42D`, bei nicht zuordenbaren Ländern `?` und bei leeren Artikelnummern `-`.
    Während die bisherigen Programme nur numerische Eingaben verwendeten, sind hier Folgen von Buchstaben, Ziffern und weiterer Zeichen möglich – sog. *Zeichenketten*.

```cpp
#include <iostream>
#include <string>

using namespace std;

string extractCountryName( string artnr )
// Liefert den deutschen Landesnamen,
// der in der Artikelnummer artnr codiert ist
{
    // Anzahl der Zeichen ermitteln
    int nr_chars = artnr.size();

    // Zu wenige Zeichen
    if( nr_chars < 1 )
        return "-";

    // Land ermitteln
    char country_char = artnr[ nr_chars-1 ];
    switch( country_char )
    {
        case 'd':
        case 'D':
            return "Deutschland";
        case 'u':
        case 'U':
```

```
            return "USA";
        case 'c':
        case 'C':
            return "China";
        default:
            return "?";
    }

    return "";
}

int main()
{
    // Artikelnummer einlesen
    string artnr;
    cout << "Artikelnummer: ";
    getline( cin, artnr );

    // Land anzeigen
    cout << "Zuordnung von " << artnr << ": "
         << extractCountryName( artnr ) << endl;

    return 0;
}
```

Quellcode 4.8 Ermitteln des Landes (artnr1.cpp)

```
> artnr1
Artikelnummer: 42-42D
Zuordnung von 42-42D: Deutschland
> artnr1
Artikelnummer: 42-42
Zuordnung von 42-42: ?
> artnr1
Artikelnummer:
Zuordnung von : -
>
```

Abb. 4.4 Programmausgaben für unterschiedliche Artikelnummern

4.2.2 Einzelne Zeichen (char)

Zeichenketten wie `Hallo Welt!` bestehen aus mehreren Zeichen. Ein solches Zeichen kann ein Klein- oder Großbuchstabe sein, eine Ziffer, ein Satzzeichen oder eines der vielen Zeichen mit weiteren Bedeutungen (z. B. ein Zeilenumbruch).

char-Variablen

> Der Datentyp `char` repräsentiert ein einzelnes Zeichen.[3] Im Quellcode stehen einzelne Zeichen in *einfachen* Anführungszeichen.

Mit `char c = 'a';` deklariert man eine Variable c, die ein einzelnes Zeichen enthält; ihr Anfangswert ist ein kleines a.

In Quellcode 4.8 nutzt man dies, um in der `char`-Variablen `country_char` den Buchstaben zu speichern, hinter dem sich das Land verbirgt, also z. B. `'D'` oder `'d'` für Deutschland.

Escape-Sequenzen als einzelnes Zeichen

Die Zeile `char sep = '\t';` überrascht auf den ersten Blick: Schließlich stehen zwischen den Anführungszeichen doch zwei Zeichen. Tatsächlich ist dies korrekt, denn bei `\t` handelt es sich um eine *Escape-Sequenz* (siehe Abschn. 3.4.4). Sie werden im Quellcode zwar mit zwei Zeichen geschrieben, repräsentieren aber nur ein Zeichen.

Codierung anhand der Zeichentabelle

Unsere heutigen Computer sind Digitalrechner; sie speichern und verarbeiten Daten, die als Binärwerte vorliegen. Jedes Zeichen muss hierfür in einen Binärwert umgewandelt werden – es muss *codiert* werden.

> Die *Zeichencodierung* legt fest, wie die einzelnen Zeichen im Speicher des Computers abgelegt werden.

Zeichentabellen ordnen jedem Buchstaben, jeder Ziffer und jedem sonstigen Zeichen einen festgelegten Binär- bzw. Zahlenwert zu (Abb. 4.5).

Soll beispielsweise der Buchstabe a im Speicher abgelegt werden, findet der Computer in der aktuellen Zeichentabelle den zugeordneten Zahlenwert 97 (oder binär `01100001`).

Die Tabelle erlaubt auch den umgekehrten Weg: Durchsucht man sie beispielsweise nach dem Zahlenwert 90, verbirgt sich dahinter das Zeichen Z.

---

[3] Er kann aber auch eine Ganzzahl von -128 bis +127 repräsentieren.

Dezimal	Binär	Zeichen	Dezimal	Binär	Zeichen	Dezimal	Binär	Zeichen	Dezimal	Binär	Zeichen
0	00000000	NUL	32	00100000	SPACE	64	01000000	@	96	01100000	`
1	00000001	SOH	33	00100001	!	65	01000001	A	97	01100001	a
2	00000010	STX	34	00100010	"	66	01000010	B	98	01100010	b
3	00000011	ETX	35	00100011	#	67	01000011	C	99	01100011	c
4	00000100	EOT	36	00100100	$	68	01000100	D	100	01100100	d
5	00000101	ENQ	37	00100101	%	69	01000101	E	101	01100101	e
6	00000110	ACK	38	00100110	&	70	01000110	F	102	01100110	f
7	00000111	BEL	39	00100111	'	71	01000111	G	103	01100111	g
8	00001000	BS	40	00101000	(	72	01001000	H	104	01101000	h
9	00001001	HT	41	00101001	)	73	01001001	I	105	01101001	i
10	00001010	LF	42	00101010	*	74	01001010	J	106	01101010	j
11	00001011	VT	43	00101011	+	75	01001011	K	107	01101011	k
12	00001100	FF	44	00101100	,	76	01001100	L	108	01101100	l
13	00001101	CR	45	00101101	-	77	01001101	M	109	01101101	m
14	00001110	SO	46	00101110	.	78	01001110	N	110	01101110	n
15	00001111	SI	47	00101111	/	79	01001111	O	111	01101111	o
16	00010000	DEL	48	00110000	0	80	01010000	P	112	01110000	p
17	00010001	DC1	49	00110001	1	81	01010001	Q	113	01110001	q
18	00010010	DC2	50	00110010	2	82	01010010	R	114	01110010	r
19	00010011	DC3	51	00110011	3	83	01010011	S	115	01110011	s
20	00010100	DC4	52	00110100	4	84	01010100	T	116	01110100	t
21	00010101	NAK	53	00110101	5	85	01010101	U	117	01110101	u
22	00010110	SYN	54	00110110	6	86	01010110	V	118	01110110	v
23	00010111	ETB	55	00110111	7	87	01010111	W	119	01110111	w
24	00011000	CAN	56	00111000	8	88	01011000	X	120	01111000	x
25	00011001	EM	57	00111001	9	89	01011001	Y	121	01111001	y
26	00011010	SUB	58	00111010	:	90	01011010	Z	122	01111010	z
27	00011011	ESC	59	00111011	;	91	01011011	[	123	01111011	{
28	00011100	FS	60	00111100	<	92	01011100	\	124	01111100	|
29	00011101	GS	61	00111101	=	93	01011101	]	125	01111101	}
30	00011110	RS	62	00111110	>	94	01011110	^	126	01111110	~
31	00011111	US	63	00111111	?	95	01011111	_	127	01111111	DEL

Abb. 4.5 Auszug der Zeichentabelle Windows-1252 (ANSI)

Die Codierung von Zeichen zu Binärwert erfolgt im Hintergrund, man hat damit normalerweise[4] nichts zu tun.

Gleichheit von Zeichen

Abschn. 3.2.2 zeigt, wie man Zahlen miteinander vergleichen kann. Der Operator == prüft, ob zwei Zahlen gleich sind, während != auf Ungleichheit prüft – dies gilt auch für `char`.

Mit den Operatoren == und != lassen sich zwei Zeichen auf Gleichheit bzw. Ungleichheit prüfen.

---

[4] In Spezialfällen weist man einer char-Variablen gezielt einen Zahlenwert zu, z. B. c=27 (also ohne Anführungszeichen), oder vergleicht sie damit. Damit meint man dann den Zahlenwert aus der Zeichentabelle.

4.2 Mit Text arbeiten

Leicht einzusehen sind Fälle wie `'a' == 'a'` oder `'a' != 'b'`. Schwieriger ist die Frage, ob `'a' == 'A'` ist. Für uns Menschen stehen beide Zeichen für den Buchstaben A, einmal klein- und einmal großgeschrieben. Die Zeichentabelle enthält aber zwei Einträge: Das kleine a mit dem Wert 97 und das große A mit Wert 65 – die beiden Zeichen sind für den Computer daher tatsächlich verschieden.

> Groß- und Kleinschreibung führt zu unterschiedlichen Zeichen in `char`.

Anders ausgedrückt: `'a' == 'A'` ist *nicht erfüllt,* da die beiden Zeichen unterschiedliche Einträge in der Zeichentabelle haben.

Ziffer oder Zahl
Doch wie verhält es sich mit `'7' == 7` – ist das Zeichen 7 dasselbe wie die Zahl 7? In manchen Programmiersprachen wäre das der Fall. C++ ist jedoch eine typisierte Sprache und unterscheidet daher zwischen Zeichen (`char`) und Zahl (`int`, `double` usw.).[5]

> Eine als `char` gespeicherte Ziffer `'7'` ist etwas anderes als die `int`-Zahl 7.

▶ **Tipp** Im Quellcode lässt sich der Unterschied zwischen Zeichen und Zahl gut erkennen: Zeichen stehen in Anführungszeichen, Zahlen nicht.

Größer oder kleiner
Bei Zahlen ist uns sofort klar, dass 2 größer ist als 1, aber kleiner als 3. Bei Zeichen wiederum orientieren wir uns am Alphabet: Wir wissen, dass B nach A kommt, aber vor C. B wäre also größer als A, aber kleiner als C. Auch in der Zeichentabelle sind die Buchstaben alphabetisch angeordnet, dementsprechend ist dem Z ein größerer Zahlenwert zugeordnet als dem A.

> Ein Zeichen ist im Sinne von > größer als ein anderes, wenn ihm in der Zeichentabelle ein *größerer Zahlenwert* zugeordnet ist.

Ein zweiter Blick auf die Zeichentabelle in Abb. 4.5 kann aber überraschen: In ihr stehen zunächst die Ziffern, einige Satzzeichen und Operatoren, danach alle Großbuchstaben und anschließend alle Kleinbuchstaben. Nicht dargestellt sind darin die folgenden Umlaute.

---

[5] Manchmal kommt es jedoch vor, dass man eine char-Variable mit einem Zahlenwert vergleicht; dann ist jedoch der Zahlenwert aus der Zeichentabelle gemeint, z. B. c==27.

Das bedeutet zum Beispiel, dass alle Ziffern kleiner als die Buchstaben sind (also z. B. '4' < 'A'). Verwirrend ist, dass die Großbuchstaben *kleiner* als die Kleinbuchstaben sind, da sie in der Zeichentabelle *vor* ihnen stehen (z. B. 'A' < 'a'). Groß- und Kleinbuchstaben stehen wiederum vor den Umlauten. Dieser Umstand wird uns noch sehr beschäftigen, wenn wir Zeichenketten sortieren.

4.2.3 Zeichenketten (string)

Zeichenketten (engl. Strings) entstehen, wenn man mehrere einzelne Zeichen aneinanderreiht. In Quellcode 4.8 ist die Artikelnummer eine solche Zeichenkette. Aber auch Namen, Dateipfade, URLs oder Freitexte zählen dazu. Eine leere Zeichenkette enthält keine Zeichen.

Doppelte Anführungszeichen
Eine Zeichenkette wie `Hallo Welt!` kann nicht einfach so im Quellcode stehen, sie muss als Zeichenkette gekennzeichnet sein.

> Zeichenketten stehen in *doppelten Anführungszeichen*.

Im Quellcode müsste man die obige Zeichenkette daher als `"Hallo Welt!"` angeben. Das ist nicht neu: Bereits die ersten Bildschirmausgaben in Quellcode 2.1 mussten in doppelten Anführungszeichen stehen – bei diesen Ausgaben handelte es sich ebenfalls um Zeichenketten.

Ein Sonderfall ist die leere Zeichenkette `""`. Bei ihr handelt es sich um eine Zeichenkette, die keine Zeichen enthält.

Voraussetzungen
In Quellcode 4.8 soll die Artikelnummer als Zeichenkette verwendet werden. C++ bietet hierfür viele Möglichkeiten. Um diese zu nutzen, ist eine zusätzliche Präprozessoranweisung notwendig.

> `#include <string>` am Anfang des Quellcodes erlaubt es, mit Zeichenketten zu arbeiten.

Das bereits bekannte `#include <iostream>` bleibt für die Ein- und Ausgabe erhalten, Gleiches gilt für `using namespace std;`, das auch die Nutzung von Zeichenketten vereinfacht.

4.2 Mit Text arbeiten

Anlegen v/on Zeichenketten

Im Gegensatz zu den bisherigen konstanten Zeichenketten (sog. Literale) wie `"Hallo Welt"` benötigen wir jetzt eine Zeichenkette, deren Inhalt sich – wie bei den bisherigen Variablen – leicht verändern lässt.

> Mit `string` und dem gewünschten Namen erzeugt man eine verändliche Zeichenkette, die anfangs leer ist.

Mit `string artnr;` wird demnach eine neue, veränderliche Zeichenkette angelegt, auf deren Inhalt man mit dem Namen `artnr` zugreifen kann. Soll `artnr` anfangs leer sein, ist diese Schreibweise vollkommen ausreichend, da die Zeichenkette automatisch als leer angelegt wird.

Man hätte `artnr` auch mit einem anderen Wert initialisieren können; hierfür weist man ihr direkt einen Wert zu, z. B. `string artnr="12345X";`.

Wir betrachten diese Art von Zeichenketten zunächst vereinfachend als Variable. Streng genommen handelt es sich bei string um eine sog. Klasse. artnr wäre dann ein sog. Objekt. Diese Begriffe erklärt Kap. 5 ausführlich. Für das weitere Verständnis des aktuellen Abschnitts ist das jedoch unwichtig.

Zuweisungsoperator für Zeichenkette

Einmal angelegt, kann man den Inhalt der Zeichenkette immer wieder verändern, egal ob der neue Inhalt länger oder kürzer ist.

> Einer mit `string` angelegten Zeichenkette kann man mit dem Zuweisungsoperator `=` einen Wert *zuweisen*.

Quellcode 4.9 zeigt, dass dabei nicht nur konstante Werte wie `"Hallo"` erlaubt sind, sondern auch die Inhalte anderer Zeichenketten (`s1 = s2;`).

```
string s1;
s1 = "Hallo";
string s2 = "Hallo Welt";
s1 = s2;
```

Quellcode 4.9 Anlegen und Zuweisen von Zeichenketten

Anzahl der Zeichen

Bei Zeichenketten möchte man häufig wissen, wie lang sie sind, das heißt, wie viele Zeichen sie enthalten. Die Zeile `int nr_chars=artnr.size();` erfüllt diese Aufgabe in Quellcode 4.8.[6]

> Hängt man an eine Zeichenkette `.size()` an, erhält man die aktuelle *Länge* der Zeichenkette – die Anzahl der enthaltenen Zeichen.

Ist die Länge 0, wäre die eingegebene Artikelnummer leer. In anderen Anwendungen ließe sich beispielsweise prüfen, ob ein Passwort eine bestimmte Mindestlänge hat.

> In die Berechnung der Länge gehen *alle Zeichen* ein, auch Leerzeichen und Satzzeichen.

Was das für einige Zeichenketten bedeutet, zeigt Tab. 4.2.

Tab. 4.2 Beispiele für die Länge von Zeichenketten

Zeichenkette	Länge
`""`	0
`" "`	1
`"A"`	1
`" A"`	2
`"A "`	2
`"A\n"`	2
`"ABC"`	3
`"A B C"`	5
`"A,B,C."`	6

Zugriff auf einzelne Zeichen

Eine mit `string` erzeugte Zeichenkette kann man sich wie ein Feld vorstellen. Jedes Zeichen hat eine bestimmte Position in der Zeichenkette, seinen *Index*.

> Auf einzelne Zeichen einer Zeichenkette kann man mit `[]` zugreifen. Das erste Zeichen hat dabei den Index 0.

---

[6] Besser wäre size_t nr_chars gewesen, da size() ein Ergebnis des Typs size_t liefert. Mehr dazu folgt in Abschn. 7.2.3.

4.2 Mit Text arbeiten

In Quellcode 4.8 erhält man mit `char country_char=artnr[ nr_chars-1 ];` das letzte Zeichen[7]; in ihm verbirgt sich das Land. Das Ergebnis ist keine Zeichenkette, sondern ein einzelnes Zeichen – also ein `char`.

Man kann einzelne Zeichen nicht nur lesen, sondern sie auch verändern (Abb. 4.6). Beispielsweise lassen sich damit einzelne Zeichen durch andere ersetzen – nicht aber durch Zeichenketten, hierfür benötigt man andere Wege.

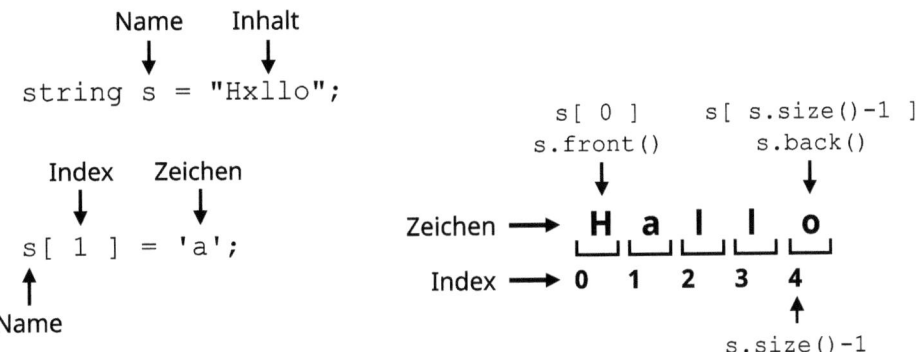

Abb. 4.6 Zugriff auf einzelne Zeichen einer Zeichenkette

Schleifen und Zeichenketten
Wie bei Feldern erlaubt der Zugriff mit `[ ]` das Verarbeiten der Zeichenkette mit Schleifen.

> Mit Schleifen lassen sich Zeichenketten *zeichenweise* durchlaufen.

Möchte man beispielsweise die einzelnen Zeichen einer Zeichenkette nur lesen, könnte man mit der Range-`for`-Schleife aus Quellcode 4.10 arbeiten.

```
string text = "Hallo";
for( char zeichen : text )
{
    cout << zeichen << endl;
}
```

Quellcode 4.10 Zeichen einer Zeichenkette mit Range-for ausgeben

Dieser Ansatz scheitert, wenn man die Zeichen der Zeichenkette verändern möchte. Schreibt man in `for` jedoch `char& zeichen` (also mit dem Referenzoperator `&`) kann man das jeweilige Zeichen der Zeichenkette verändern, aus `Haxxo` wird dann `Hallo` (Quellcode 4.11).

---

[7] Artnr.back() hätte statt artnr[nr_chars-1] ebenfalls das letzte Zeichen geliefert.

```
string text = "Haxxo";
for( char& zeichen : text )
{
    // ersetze jedes x durch 1
    if( zeichen == 'x' )
    {
        zeichen = '1';
    }
}
```

Quellcode 4.11 Zeichen einer Zeichenkette mit Range-for ersetzen

4.2.4 Ein- und Ausgabe von Zeichenketten

Kap. 3 zeigt anhand mehrerer Beispiele, wie man mit `cin` und `cout` die Werte von `int`- oder `double`-Variablen einlesen und ausgeben kann. Vieles davon lässt sich auf die Zeichenkette übertragen.

Ausgabe mit cout

> Zeichenketten lassen sich direkt mit `cout` ausgeben.

In Quellcode 4.8 werden neben konstanten Zeichenketten (z. B. `"Zuordnung von"`) auch die aktuelle Artikelnummer `artnr` oder das mit `extractCountryName` ermittelte Land ausgegeben (Quellcode 4.12).

```
cout << "Zuordnung von " << artnr << ": "
     << extractCountryName( artnr ) << endl;
```

Quellcode 4.12 Ausgabe verschiedener Zeichenketten

▶ **Tipp** Werden Umlaute nicht korrekt ausgegeben, liegt es daran, dass in Quellcode und Konsolenfenster unterschiedliche Zeichentabellen verwendet werden. Das ist also kein Fehler von C++, sondern hängt von den Einstellungen des Betriebssystems ab.

4.2 Mit Text arbeiten

Eingabe mit cin

In Quellcode 4.8 fällt auf, dass die Artikelnummer nicht mit `cin >> artnr;` eingelesen wird. Tatsächlich hätte es aber meistens funktioniert. Warum nur meistens?

Anhand von Quellcode 4.13 und Tab. 4.3 kann man die Gründe erkennen. Die Zeichenkette `name` wird mit `cin` eingelesen und anschließend ausgegeben. Man würde erwarten, dass der eingegebene Name unverändert ausgegeben wird.

```
string name;
cin >> name;
cout << name << endl;
```

Quellcode 4.13 Einlesen einer Zeichenkette mit cin

Tatsächlich passiert etwas Ungewöhnliches: Tab. 4.3 zeigt, dass die Namen `Anna` und `Lena-Maria` korrekt ausgegeben werden. Bei den anderen beiden Namen erscheint nur der erste Teil des Namens. Das ist kein Fehler, es ist das vorgesehene Verhalten.

Tab. 4.3 Vergleich des eingegebenen und ausgegebenen Namens

Eingabe	Ausgabe
Anna	Anna
Lena-Maria	Lena-Maria
Heinz Georg	Heinz
Anna Maria Müller	Anna

> Mit `cin >> s;` wird die Zeichenkette `s` nur bis zum ersten sog. *Whitespace* eingelesen. Whitespaces sind Leerzeichen, Tabulator und Zeilenumbruch.

Insbesondere Leerzeichen treten in vielen Zeichenketten auf, beispielsweise in Namen, Adressen oder Dateinamen. Wird nur bis zu dem nächsten Leerzeichen gelesen, liegt die Zeichenkette unvollständig vor.

> Wenn in einer Zeichenkette Leerzeichen möglich sind, ist das Einlesen mit >> ungeeignet. Eine Alternative ist `getline()`.

Eingabe mit getline()

Aus dem genannten Grund liest Quellcode 4.8 die Artikelnummer nicht mit >> ein, sondern nutzt dafür `getline( cin, artnr );` Leerzeichen in der Artikelnummer werden damit übernommen.

> `getline()` liest alle Zeichen bis zum ersten Zeilenumbruch, also auch Leerzeichen.

Dieses Verhalten macht `getline()` zu einer guten Wahl, um Zeichenketten einzugeben. `getline()` verwendet *nicht* den bei `cin` üblichen >>-Operator, sondern wird als Funktion aufgerufen. Soll die Zeichenkette mit der Tastatur eingegeben werden, ist der erste Parameter `cin`. Der zweite Parameter ist der Name der Zeichenkette.

Hätte man in Quellcode 4.13 den Namen mit `getline( cin, name );` eingelesen, wären auch die Namen mit Leerzeichen korrekt gewesen.

> `getline()` erlaubt nur das Einlesen von Zeichenketten. Datentypen wie `int` oder `double` sind nicht möglich.

▶ **Tipp** `getline()` kann als dritten Parameter ein Zeichen erhalten. Bis zu diesem Zeichen liest es die Zeichenkette ein. Normalerweise ist dieses Zeichen der Zeilenumbruch (\n). `getline( cin, s, ';')` würde hingegen nur bis zum nächsten Semikolon lesen.

4.2.5 Beispiel: Modbus-Nachricht

Modbus ist ein seit vielen Jahren eingesetztes Protokoll, mit dem Maschinen Daten austauschen können. Die Variante Modbus ASCII setzt hierfür Nachrichten ein, die man leicht als Zeichenkette betrachten kann. Abb. 4.7 zeigt den Aufbau einer solchen Nachricht. Jede Nachricht beginnt mit : und endet mit den Zeichen \r und \n. Die ersten beiden Zeichen nach dem Startzeichen enthalten die Adresse des Geräts, für das die Nachricht bestimmt ist (z. B. 07) oder 00, wenn sie als Broadcast an alle gerichtet ist. Danach folgen die zu übermittelnden Daten sowie zwei Zeichen (z. B. F4), anhand derer man prüfen kann, ob die Nachricht fehlerfrei übertragen wurde.

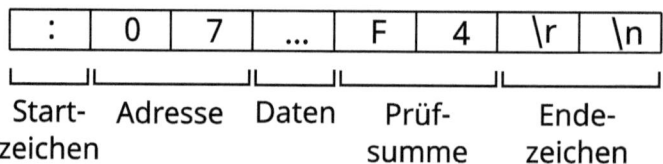

Abb. 4.7 Aufbau einer Modbus-ASCII-Nachricht

4.2 Mit Text arbeiten

Das Programm in Quellcode 4.14 zeigt mit der Funktion `buildModbusMsg()`, wie solche Nachrichten erzeugt werden können.[8] Es kann außerdem mit `isModbusMsg()` prüfen, ob eine Nachricht korrekt aufgebaut ist. `addressFromModbusMsg()` liefert die Adresse, für die eine Nachricht bestimmt ist. Abb. 4.8 zeigt die Ausgabe für eine Testnachricht.

```
#include <iostream>
#include <string>

using namespace std;

string buildModbusMsg( string addr,
                       string data,
                       string checksum )
// Erzeugt eine Modbus-Nachricht aus Adresse addr,
// Daten data und Prüfsumme checksum
{
    if( addr.size() != 2 ||
        data.empty() ||
        checksum.size() != 2  )
    {
        return "";
    }

    string msg = ":" + addr + data + checksum + "\r\n";

    return msg;
}

bool isModbusMsg( string msg )
// Liefert true, wenn Start- und Endezeichen von msg
// korrekt sind und die Nachricht mindestens
// 7 Zeichen lang ist, sonst false
{
    return ( msg.size() > 7 &&
             msg.front() == ':' &&
             msg.substr( msg.size()-2, 2 ) == "\r\n" );
}

string addressFromModbusMsg( string msg )
// Liefert die Adresse, an die die Nachricht msg
// geschickt wird oder einen leeren String,
// wenn das Nachrichtenformat falsch ist
```

---

[8] Die Prüfsumme würde man normalerweise automatisch berechnen; darauf wurde hier verzichtet, um das Beispiel nicht aufwendiger zu machen.

```cpp
{
    // Abbruch bei falschem Format
    if( !isModbusMsg( msg ) )
    {
        return "";
    }

    // Extrahiere die beiden Adresszeichen
    return ( msg.substr( 1, 2 ) );
}

int main()
{
    // Beispielnachricht erzeugen
    string modbusmsg = buildModbusMsg( "01", "0300010002", "FB" );

    cout << "Nachricht: " << modbusmsg << endl;

    // Bei inkorrektem Format abbrechen
    if( !isModbusMsg( modbusmsg ) )
    {
        cout << "Nachrichtenformat ist nicht korrekt." << endl;
        return 0;
    }

    // Adresse anzeigen
    string address = addressFromModbusMsg( modbusmsg );
    if( address == "00" )
    {
        cout << "Broadcast an alle" << endl;
    }
    else
    {
        cout << "Adresse:    " << address << endl;
    }

    return 0;
}
```

Quellcode 4.14 Verarbeiten von Modbus-ASCII-Nachrichten (modbus1.cpp)

```
> modbus1
Nachricht: :010300010002FB

Adresse:    01
>
```

Abb. 4.8 Ausgabe des Modbus-ASCII-Programms

4.2.6 Zeichenketten verbinden

In Quellcode 4.14 könnte `string msg=":"+addr+data+checksum+"\r\n";` für Verwunderung sorgen – lassen sich Zeichenketten addieren?

Konkatenation mit dem +-Operator
Ein + zwischen zwei Zahlen ist uns als Zeichen für die Addition vertraut. Bei Zeichenketten drückt es die *Konkatenation* aus, das Verbinden von Zeichenketten.

> Die Konkatenation zweier Zeichenketten mit + erzeugt eine neue Zeichenkette, in der an den Inhalt der ersten Zeichenkette der Inhalt der zweiten Zeichenkette *angehängt* wird.

Quellcode 4.15 zeigt ein Beispiel hierfür: + verbindet zwei (oder mehr) Zeichenketten, während += dazu dient, an den vorhandenen Inhalt eine andere Zeichenkette *anzuhängen*.

```
string s1 = "ABC";
string s2 = "DEF";

string s3 = s1+s2;    // Ergibt ABCDEF
s3 += "GHI";          // Ergibt ABCDEFGHI
```

Quellcode 4.15 Verbinden von Zeichenketten

Zusammenfügen mehrerer Zeichenketten
In Quellcode 4.14 werden mehrere Zeichenketten miteinander verbunden. Die eingangs gezeigte Anweisung verbindet Doppelpunkt, Adresse, Daten, Prüfsumme und Endezeichen zu der Nachricht `msg`.

> Mehrere Zeichenketten lassen sich in einer Anweisung miteinander verbinden.

Zusammenfügen von Zeichenkette und Zahl
Nicht möglich ist dagegen das Zusammenfügen einer Zeichenkette mit einer Zahl. Auch ein `int`-Wert kann aus mehreren Zeichen bestehen, für den Compiler handelt es sich aber nicht um eine Zeichenkette (Quellcode 4.16).

```
string  s   = "Wert";
int     nr  = 42;

s = s + nr;     // Fehler, da nr keine Zeichenkette
```

Quellcode 4.16 Fehler beim Zusammenfügen von Zeichenkette und Zahl

Umwandlung mit to_string

Möchte man eine Zeichenkette mit einer Zahl zusammenfügen, muss man die Zahl zunächst in eine Zeichenkette umwandeln.

> Die Funktion `to_string()` liefert eine `string`-Zeichenkette der übergebenen Zahl.

`to_string( 42 )` liefert demnach eine Zeichenkette mit den Zeichen 4 und 2. Auf diese Weise lässt sich dann auch die Zeichenkette s mit der `int`-Variable `nr` verbinden (Quellcode 4.17).

```
string  s   = "Wert";
int     nr  = 42;

s = s + to_string( nr );    // Korrekt, ergibt Wert42
```

Quellcode 4.17 Zusammenfügen von Zeichenkette und Zahl mit to_string

4.2.7 Teile von Zeichenketten entnehmen

Die Funktion `addressFromModbusMsg()` in Quellcode 4.14 soll aus der Nachricht die beiden Zeichen für die Adresse entnehmen. Dass sie sich an Position 1 und 2[9] befinden, ist wegen des vorgegebenen Formats bekannt.

substr() statt einzelner Zeichen

Natürlich könnte man direkt mit `msg[ 1 ]` und `msg[ 2 ]` auf die beiden Zeichen zugreifen, um sie anschließend wieder zu einer Zeichenkette zu verbinden. Besser und einfacher ist stattdessen `msg.substr( 1, 2 )`.

---

[9] Da die Zählung bei 0 beginnt, sind damit das zweite und dritte Zeichen gemeint.

4.2 Mit Text arbeiten

> `s.substr( a, b )` liefert aus `s` die `b` Zeichen ab der Position `a` als neue Zeichenkette. In `s` bleiben diese Zeichen aber erhalten.

Kennt man demnach Position und Länge, kann man auf diese Weise bequem Teile aus Zeichenketten kopieren.

Normal- und Sonderfälle
Das Verhalten von `.substr()` in Normal- und Sonderfällen zeigt Quellcode 4.18.

> Gibt man eine Position an, die außerhalb der Zeichenkette liegt, kommt es zum Fehler. Die Anzahl der zu entnehmenden Zeichen darf jedoch über die Grenze hinausgehen.

```cpp
#include <iostream>
#include <string>

using namespace std;

int main()
{
    string s = "Hallo";

    cout << s.substr( 0, 1 ) << endl; // Ergebnis: H
    cout << s.substr( 0, 2 ) << endl; // Ergebnis: Ha
    cout << s.substr( 1, 1 ) << endl; // Ergebnis: a
    cout << s.substr( 1, 2 ) << endl; // Ergebnis: al
    cout << s.substr( 1, 6 ) << endl; // Ergebnis: allo
    cout << s.substr( 4, 1 ) << endl; // Ergebnis: o
    cout << s.substr( 4, 2 ) << endl; // Ergebnis: o
    cout << s.substr( 8, 1 ) << endl; // Fehler: Out of range

    return 0;
}
```

Quellcode 4.18 Beispiele für das Verwenden von .substr()

▶ **Tipp** Bei `.substr()` kommt es hin und wieder zu Missverständnissen, wenn man denkt, der zweite Parameter sei die Endposition. Es ist aber die Anzahl der zu entnehmenden Zeichen.

Ende einer Zeichenkette

Häufig möchte man das *Ende* einer Zeichenkette entnehmen. Beispielsweise prüft `isModbusMsg()` in Quellcode 4.14, ob die letzten beiden Zeichen den vereinbarten Endezeichen entsprechen.

Da man nicht weiß, an welcher Position die letzten beiden Zeichen beginnen, errechnet man diese Position vom Ende ausgehend: Die Länge der Zeichenkette minus die Anzahl der zu entnehmenden Zeichen – also `msg.size()-2` – ergibt die gesuchte Position. Deshalb liefert `msg.substr( msg.size()-2, 2 )` die letzten beiden Zeichen von `msg`.

Das Entnehmen der letzten Zeichen ist darüber hinaus ein gutes Beispiel dafür, wie man wiederkehrende Probleme in Funktionen auslagern kann. Quellcode 4.19 zeigt das anhand einer eigenen Funktion `endstr()`.[10] Hier liefert beispielsweise `endstr( s, 3 )` die Zeichenkette `llo`.

```
#include <iostream>
#include <string>

using namespace std;

string endstr( string s, size_t n )
// Liefert die letzten n Zeichen der
// Zeichenkette s oder s, wenn n größer
// als dessen Länge ist.
{
    if( n >= s.size() )
    {
        return s;
    }
    return s.substr( s.size()-n, n );
}

int main()
{
    string s = "Hallo";

    for( int i = 0; i <= 6; i++ )
    {
        cout << i << ": " << endstr( s, i ) << endl;
    }

    return 0;
}
```

Quellcode 4.19 Ende einer Zeichenkette entnehmen (lastchars.cpp)

---

[10] Den hier verwendeten Datentyp `size_t` kann man sich als `unsigned int` vorstellen, also eine ganze Zahl ohne Vorzeichen.

4.2.8 Zeichenketten vergleichen

Das Modbus-Beispiel in Quellcode 4.14 muss an mehreren Stellen Zeichen oder Zeichenketten miteinander vergleichen. Auch darüber hinaus sind solche Vergleiche häufig anzutreffen. Und doch werfen die Details Fragen auf:

- Wird Groß- und Kleinschreibung bei Vergleichen berücksichtigt?
- Werden Leerzeichen usw. bei Vergleichen berücksichtigt?
- Wann ist eine Zeichenkette „kleiner" oder „größer" als eine andere?

Vergleichen einzelner Zeichen
Wie sich einzelne Zeichen vergleichen lassen, und welche Rolle dabei die Zeichentabelle spielt, beschreibt Abschn. 4.2.2. In Quellcode 4.14 prüft `msg.front()==':'`, ob das erste Zeichen der Nachricht ein Doppelpunkt ist.

Vergleichen von Zeichenketten
Ein etwas anderer Fall liegt vor, wenn `msg.substr( msg.size()-2, 2)=="\r\n"` prüft, ob die Nachricht mit den beiden vorgesehenen Zeichen endet. `address=="00"` ist erfüllt, wenn die Nachricht an die Broadcast-Adresse `00` gerichtet ist. In beiden Fällen werden *Zeichenketten* auf Gleichheit geprüft.

> Zwei Zeichenketten sind im Sinne von == gleich, wenn sie dieselben Zeichen in derselben Reihenfolge enthalten.

Sind zwei Zeichenketten unterschiedlich lang, können sie nicht gleich sein. Den Vergleich zweier gleich langer Zeichenketten kann man sich hingegen wie eine Schleife vorstellen, die Zeichen für Zeichen durchläuft. Sobald die Zeichenketten an einer Position unterschiedliche Zeichen enthalten, sind die Zeichenketten ungleich.

Groß- und Kleinschreibung
Würde man die Zeichenketten `abc` und `aBc` als gleich ansehen? Sie ähneln sich und stimmen im ersten und letzten Zeichen überein. Allerdings steht dem `b` ein `B` gegenüber; sie haben gemäß Abschn. 4.2.2 verschiedene Einträge in der Zeichentabelle. Da es sich somit um unterschiedliche Zeichen handelt, sind auch die beiden Zeichenketten ungleich.

> Die *Groß- und Kleinschreibung* – auch nur einzelner Zeichen – wird bei Vergleichen berücksichtigt.

Leerzeichen und sonstige Zeichen
Leerzeichen, Satzzeichen usw. sind allesamt Teil der Zeichentabelle. Zusätzliche Leerzeichen machen daher aus einer Zeichenkette eine von ihr verschiedene Zeichenkette.

> *Leerzeichen, Satzzeichen usw.* werden bei Vergleichen berücksichtigt, auch wenn sie am Anfang oder Ende stehen.

Größer oder kleiner

> Die Operatoren < und > sowie <= und >= lassen sich auf Zeichenketten anwenden. Diese Art des Vergleichs basiert auf den enthaltenen Zeichen und *nicht* auf der Länge.

Hierfür vergleicht man die beiden Zeichenketten Zeichen für Zeichen, sobald sich die Zeichen unterscheiden, prüft man gemäß Abschn. 4.2.2, welches der beiden Zeichen den kleineren Zahlenwert in der Zeichentabelle hat.

Bei den Zeichenketten Anna und Bob in Abb. 4.9 unterscheidet sich bereits das erste Zeichen. A steht in der Zeichentabelle vor B, daher ist die Zeichenkette Anna „kleiner" als Bob. Im Beispiel von Anna und Andy stimmt das erste Zeichen überein. Daher vergleicht man das zweite Zeichen, das ebenfalls übereinstimmt. Das dritte Zeichen unterscheidet sich, hier steht n vor d in der Zeichentabelle, also ist Anna „größer" als Andy.

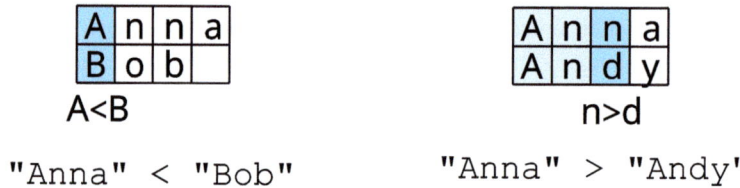

Abb. 4.9 Vergleichen von Zeichenketten

Diese Art von Vergleichen benötigt man vor allem für das Sortieren mehrerer Zeichenketten oder wenn man in einer solchen sortierten Liste besonders schnell eine Zeichenkette finden möchte.

Weitere Möglichkeiten des Vergleichens
Benötigt man bei Vergleichen mehr Flexibilität, kann compare() helfen. Damit lassen sich nur Teile der Zeichenkette für Vergleiche berücksichtigen. Außerdem liefert es als Ergebnis *eine* Zahl, die anzeigt, ob die verglichene Zeichenkette kleiner, größer oder gleich ist. Ähnlich arbeitet der mit dem Standard C++20 eingeführte Operator <=>.

4.2.9 Beispiel: Wetterdienst

Ein Wetterdienst sendet Nachrichten, die unter anderem die gemessene Temperatur enthalten, z. B. `MSG ID: 42 COND: Sonnig TEMP: 23.8 END`. Das folgende Programm soll derartige Nachrichten verarbeiten und jeweils die gemessene Temperatur entnehmen.

Das Problem hierbei: An welcher Position die Temperatur beginnt und endet, unterscheidet sich von Nachricht zu Nachricht, da der Text davor länger oder kürzer sein kann. Man weiß nur, dass die Temperaturen zwischen `TEMP:` und `END` stehen. Diese vereinbarten Texte werden im Folgenden als sog. Tags bezeichnet.

Quellcode 4.20 zeigt, wie sich die Temperatur trotz zunächst unbekannter Position aus der Zeichenkette entnehmen lässt. Abb. 4.10 zeigt die Programmausgabe für korrekte und fehlerhafte Nachrichten.

```cpp
#include <iostream>
#include <string>

using namespace std;

double temperatureFromMsg( string msg )
// Ermittelt aus der Wetternachricht msg
// die enthaltene Temperatur, liefert 0.0
// bei Fehlern
{
    // Tag für die Temperatur
    const string temptag = "TEMP:";

    // Tag für das Nachrichtenende
    const string endtag = "END";

    // Beginn des Temperatur-Tags suchen
    size_t temppos = msg.find( temptag );

    // Tag nicht vorhanden
    if( temppos == string::npos )
    {
        return 0.0;
    }

    // Wert beginnt nach dem Doppelpunkt
    temppos += temptag.size();

    // Beginn des Ende-Tags suchen
    size_t endpos  = msg.find( endtag );

    // Tag nicht vorhanden oder vor Temperatur
    if( endpos == string::npos ||
        endpos <= temppos )
```

```cpp
    {
        return 0.0;
    }
    // Temperatur als Zeichenkette entnehmen
    string tempstr = msg.substr( temppos, endpos - temppos );

    // Konvertiere String in Zahlenwert
    return stod( tempstr );
}
int main()
{
    // Beispielnachrichten verarbeiten
    for( string msg : { "MSG ID: 42 COND: Sonnig TEMP: 23.8 END",
                        "MSG ID: 42 COND: Schneefall TEMP: -2.0 END",
                        "MSG ID: 42 COND: Starker Regen, windig END",
                        "MSG ID: 42 COND: Viel Sonne, sehr windig",
                        "MSG ID: 42 COND: Sehr windig TEMP:END" } )
    {
        cout << "Nachricht: " << msg
             << "\tTemperatur: " << temperatureFromMsg( msg ) << endl;
    }

    return 0;
}
```

Quellcode 4.20 Quellcode für das Auslesen der Temperatur (weather1.cpp)

```
> weather1
Nachricht: MSG ID: 42 COND: Sonnig TEMP: 23.8 END         Temperatur: 23.8
Nachricht: MSG ID: 42 COND: Schneefall TEMP: -2.0 END     Temperatur: -2
Nachricht: MSG ID: 42 COND: Starker Regen, windig END     Temperatur: 0
Nachricht: MSG ID: 42 COND: Viel Sonne, sehr windig       Temperatur: 0
Nachricht: MSG ID: 42 COND: Sehr windig TEMP:END          Temperatur: 0
>
```

Abb. 4.10 Programmausgabe für mehrere Wetternachrichten

4.2.10 Durchsuchen von Zeichenketten

Die Idee von Quellcode 4.20 besteht darin, in den Nachrichten jeweils nach den Zeichenketten TEMP: und END zu suchen, dann die Zeichen zwischen ihnen zu entnehmen und umzuwandeln.

4.2 Mit Text arbeiten

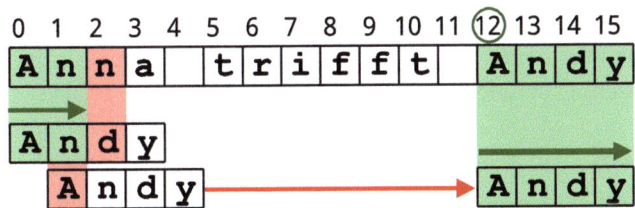

Abb. 4.11 Suchen in Zeichenketten

Lösungsansatz

Für das Suchen verwendet man zwei Zeichenketten: die *zu durchsuchende* Zeichenkette und die *gesuchte* Zeichenkette. Wissen möchte man dabei meist nicht nur, *ob* die gesuchte Zeichenkette enthalten ist, sondern auch *wo* sie sich befindet – also an welcher Position sie in der durchsuchten Zeichenkette beginnt. Einen einfachen Ansatz hierfür zeigt Abb. 4.11.

Die zu durchsuchende Zeichenkette (`Anna trifft Andy`) und die gesuchte Zeichenkette (`Andy`) werden zeichenweise verglichen, stimmen nicht alle Zeichen der gesuchten Zeichenkette überein, wird die gesuchte Zeichenkette schrittweise nach rechts „geschoben" und jeweils erneut verglichen. Bei Position 12 stimmen alle Zeichen der gesuchten Kette mit den entsprechenden Zeichen der durchsuchten Zeichenkette überein – die gesuchte Zeichenkette wurde an Position 12 gefunden. Wäre `Andy` auch nicht an Position 12 gewesen, wäre die Suche erfolglos geblieben.

Suchen mit find()

Das Suchen in Zeichenketten muss man nicht selbst programmieren. Stattdessen bietet `string` eine solche Suche in Form von `find()`.

> `s.find(t)` sucht in der Zeichenkette `s` nach dem ersten Vorkommen der gesuchten Zeichenkette `t`. Wird `t` gefunden, erhält man die Position des ersten Zeichens, andernfalls die Konstante `string::npos`.

Die Position wird als Wert des Datentyps `size_t` geliefert, einer Ganzzahl ohne Vorzeichen. `size_t temppos=msg.find( temptag );` speichert somit die Position des Temperatur-Tags in der Variablen `temppos`.

string::npos

Die Konstante `string::npos` mag auf den ersten Blick ungewöhnlich aussehen, besagt bei der Suche aber lediglich, dass die gesuchte Zeichenkette nicht gefunden wurde. Daher prüft man in Quellcode 4.20 mit der Bedingung `temppos==string::npos`, ob das gesuchte `TEMP:` *nicht* enthalten ist.

▶ **Tipp** `string::npos` ist die größte darstellbare Zahl in `size_t`. Bevor man mit solchen Positionen rechnet, sollte man prüfen, ob die gesuchte Zeichenkette überhaupt gefunden wurde.

Mehrfach suchen
Möchte man nicht nur das erste Vorkommen der gesuchten Zeichenkette erhalten, kann man `.find()` als zweiten Parameter die Position übergeben, *ab* der gesucht werden soll. Sonst wird immer ab Position 0 gesucht, also von Anfang an.

Weitere Möglichkeiten
Sucht man in einer Zeichenkette nach bestimmten Zeichen, sind `find_first_of()` oder `find_last_of()` nützlich; mit ihnen lässt sich nach einem bestimmten Zeichen oder einer nach einer Gruppe von Zeichen suchen. C++-Referenzen wie (en.cppreference.com, 2024) beschreiben diese und weitere Möglichkeiten genauer.

4.2.11 Umwandeln von Zeichenketten

`msg.substr( temppos, endpos - temppos)` entnimmt in Quellcode 4.20 der ursprünglichen Nachricht diejenigen Zeichen, die der Temperatur entsprechen. Das Ergebnis ist demnach zunächst eine *Zeichenkette* und keine Zahl – mit der Zeichenkette könnte man nicht rechnen.

Umwandeln in double-Wert

> Die Funktion `stod()` liefert den in einer `string`-Zeichenkette dargestellten `double`-Wert.

Enthält die Zeichenkette `tempstr` beispielsweise `"23.8"`, liefert `stod( tempstr)` den `double`-Wert `23.8`. Der Aufruf von `stod` ist deshalb wesentlich für Quellcode 4.20, denn nur so wird aus der extrahierten Zeichenkette eine Zahl, mit der man rechnen könnte.

Wie sich Fehler bei der Umwandlung erkennen lassen, zeigt die verbesserte Version des Beispiels in Abschn. 8.1.5.

Umwandeln in int-Wert

> Die Funktion `stoi()` liefert den in einer `string`-Zeichenkette dargestellten `int`-Wert.

4.2 Mit Text arbeiten

Mit `stoi()` lassen sich daher in gleicher Weise auch Ganzzahlen umwandeln. So liefert ein Aufruf von `stoi( "42" )` die Zahl 42.

Andere Zahlsysteme

Im Gegensatz zu `stod()` kann `stoi()` auch Zahlen umwandeln, die in anderen Zahlsystemen vorliegen. Das kann in vielen Anwendungen nützlich sein.

> Der dritte Parameter von `stoi()` steht für das verwendete Zahlsystem.

Gibt man den dritten Parameter nicht an, verwendet `stoi()` das Dezimalsystem (10). Für Hexadezimalwerte übergibt man als dritten Parameter 16, für Binärwerte 2. Benötigt man den zweiten Parameter nicht, übergibt man für ihn `nullptr` (Quellcode 4.21).

```
cout << stoi( "42", nullptr, 10 ) << endl;       // 42 (Dezimal)
cout << stoi( "2A", nullptr, 16 ) << endl;       // 42 (Hexadezimal)
cout << stoi( "00101010", nullptr, 2 ) << endl;  // 42 (Binär)
```

Quellcode 4.21 Umwandeln in verschiedene Zahlsysteme mit stoi

Weitere Möglichkeiten

Neben `stoi()` und `stod()` gibt es noch weitere Funktionen für die Umwandlung in andere Datentypen. Mehr Flexibilität bei der Umwandlung bieten die sog. *Stringstreams*.

Abschn. 6.5 stellt Stringstreams vor.

4.2.12 C-Strings

`string` gibt es in der Programmiersprache C nicht. Hier folgte man einem einfachen Gedanken: Wenn `char` ein einzelnes Zeichen repräsentiert, könnte man ein Feld von `char` für Zeichenketten nutzen. Dies führt auf die heute noch anzutreffenden *C-Strings*. Diese sollte man aber möglichst vermeiden, da sie verschiedene Nachteile mit sich bringen.

Zeichenketten als char-Feld

`char  name[ 20 ];` würde eine Zeichenkette als C-String erzeugen. Man erkennt daran sofort, dass es sich um ein Feld handelt – mit allen Nachteilen (siehe Abschn. 4.1.4).

> C-Strings sind *Felder* und müssen wie diese verwendet werden.

Keine dynamische Länge
Die oben deklarierte Zeichenkette `name` bietet Platz für 20 Zeichen. Eines dieser Zeichen wird (nur) bei C-Strings benötigt, um das Ende der Zeichenkette zu kennzeichnen (sog. *Nullterminierung*). Probleme gibt es aber, wenn ein Name mehr als die verbliebenen 19 Zeichen enthält.

> Im Gegensatz zu `string`-Zeichenketten ist die Größe von C-Strings *begrenzt*.

Probleme bei Zuordnung und Vergleich
Die Inhalte von Variablen muss man häufig zuweisen oder vergleichen, man benötigt sie als Rückgabetyp oder Parameter von Funktionen. Die alltäglichen Aufgaben erweisen sich bei C-Strings als problematisch.

> Da es sich bei C-Strings um Felder handelt, lassen sie sich *nicht* mit dem Operator = zuweisen oder mit dem Operator == vergleichen, stattdessen benötigt man geeignete Funktionen.[11]

Kein +-Operator für C-Strings
Auch das Verbinden von C-Strings ist nicht so intuitiv wie bei `string`.

> Der +-Operator steht für C-Strings nicht zur Verfügung.[12]

Umständlich und unsicher
In C++ hat man die Wahl zwischen Zeichenketten mit `string` und C-Strings. Die offenkundigen Nachteile der C-Strings gehen einher mit bekannten Schwachstellen. Dem steht die einfache und sichere Nutzung von `string` gegenüber.

> C-Strings sollte man in C++ *nicht* verwenden, da sie unsicher sind und problematisch in der Nutzung. `string` bietet klare Vorteile und sollte deshalb möglichst immer verwendet werden.

---

[11] Zuweisungen sind bei C-Strings mit strcpy möglich, Vergleiche mit strcmp.
[12] Stattdessen muss man auf Funktionen wie strcat zurückgreifen.

4.2.13 String-Literale und Konstanten

Konstanten verbessern die Lesbarkeit und Wartbarkeit des Quellcodes, so die Kernaussage von Abschn. 3.4.2. In Quellcode 4.20 enthalten sie die Zeichenketten für die Temperatur- und Ende-Tags, z. B. `const string temptag="TEMP:";`.

String-Literale

Im Quellcode treten oft viele konstante Zeichenketten auf, z. B. `"Temperatur"`. Man nennt sie *String-Literale*. Sie werden in doppelten Anführungszeichen angegeben und lassen sich nicht verändern. Unter Umständen sind sie wenig aussagekräftig, z. B. `"^|\r\n"`.

C-String-Literale

Verbindet man wie in Quellcode 4.22 mit + zwei String-Literale, führt das zu einem Fehler. Die Fehlermeldung verrät, dass der Compiler die beiden String-Literale als `const char [4]` ansieht – also als zwei konstante *C-Strings*. Diese lassen sich *nicht* mit + verbinden (siehe Abschn. 4.2.12).

```
cout << "abc" + "def" << endl;
// Fehler: invalid operands of types 'const char [4]' and
// 'const char [4]' to binary 'operator+'
```

Quellcode 4.22 Fehlerhaftes Verbinden von String-Literalen

> `"..."` ist ein *C-String-Literal* und repräsentiert einen C-String. Hierfür stehen `string`-Operatoren nicht zur Verfügung.

C++-String-Literale

C-String-Literale sind in der Praxis vor allem dann problematisch, wenn an ein konstantes String-Literal eine variable Zeichenkette angehängt werden soll, z. B. `"/home/"` + `filename`. C++ bietet mit einem besonderen String-Literal eine Lösung hierfür.

> `"..."s` ist ein *C++-String-Literal;* es repräsentiert eine `string`-Zeichenkette und unterstützt deren Operatoren.

Ist das erste String-Literal ein C++-String-Literal, lässt es sich mit einem anderen C++-String-Literal verbinden. Gleiches gilt für eine `string`-Zeichenkette oder einen C-String (Quellcode 4.23).

```
// Fall 1 (Zwei C++-String-Literale)
cout << "abc"s + "def"s << endl;      // Ausgabe: abcdef
// Fall 2 (C++-String-Literal und String)
string t = "def";
cout << "abc"s + t << endl;           // Ausgabe: abcdef
// Fall 3 (C++-String-Literal und C-String-Literal
cout << "abc"s + "def" << endl;       // Ausgabe: abcdef
```

Quellcode 4.23 Funktionierendes Verbinden von String-Literalen

Benannte Konstanten

Wird dasselbe String-Literal mehrfach im Quellcode verwendet, kann das Änderungen erschweren. *Benannte* Konstanten sind eine nützliche Alternative.

> `string`-Zeichenketten lassen sich mit `const` als benannte Konstante anlegen.[13]

Erhält die Konstante einen Namen, ist dieser Name oft aussagekräftiger (siehe Abschn. 3.4.2). Außerdem lässt sie sich leichter anpassen, da ihr Wert nur einmal geändert werden muss, auch wenn er mehrmals im Quellcode verwendet wird. Soll beispielsweise künftig der Tag |TEMPC| verwendet werden, müsste man nur die Konstante zu `const string temptag="|TEMPC|";` ändern – der Rest des Programms bleibt unverändert.

4.3 Aufzählungstypen

4.3.1 Beispiel: Fahrtrichtung

Nehmen wir an, ein Fahrzeug kann sich vorwärts, rückwärts, links oder rechts bewegen. Wie könnte man diese Fahrtrichtung als Variable in einem C++-Programm verwenden?

Richtung als Ganzzahl

Da es vier verschiedene Zustände gibt, könnte man die Fahrtrichtung `direction` als Ganzzahl beschreiben. Hierfür müsste man jeder Fahrtrichtung eine Zahl zuordnen – sie also codieren. Mit der Zuordnung vorwärts (0), rückwärts (1), links (2) und rechts (3) ergäbe sich Quellcode 4.24.

---

[13] Teilweise wird auch constexpr verwendet, siehe Abschn. 5.4.2.

4.3 Aufzählungstypen

```
int direction = 0;

...

direction = 2;

...

if( direction == 1 )
{
    ...
}
```

Quellcode 4.24 Fahrtrichtung als Ganzzahl

Leider bringt der Ansatz einige Nachteile mit sich:

- Der Quellcode ist schlecht lesbar, weil im Quellcode nur die Zahlen als sog. *Magic Numbers* (siehe Abschn. 3.4.2) auftauchen – Zahlen, die eine bestimmte Bedeutung haben, die aber nicht ersichtlich ist.
- Der Variablen `direction` lassen sich auch andere Werte zuweisen, z. B. die Zahl 7.
- Bei der Ausgabe erscheint nur der Zahlenwert.

Richtung als Ganzzahl mit Konstanten

Quellcode 4.25 verwendet Konstanten für die Fahrtrichtungen und verbessert hierdurch die Lesbarkeit gegenüber dem ersten Ansatz deutlich.

```
const int FORWARD  = 0;
const int BACKWARD = 1;
const int LEFT     = 2;
const int RIGHT    = 3;

...

int direction = FORWARD;

...

direction = LEFT;

...

if( direction == BACKWARD )
{
    ...
}
```

Quellcode 4.25 Fahrtrichtung mit Konstanten

Leider lassen sich unverändert andere Werte zuweisen und bei der Ausgabe erscheint nur der Zahlenwert. Problematisch kann außerdem sein, dass die Konstanten im gesamten Quellcode gelten, eine weitere Konstante mit dem Namen `LEFT` wäre dann nicht möglich.

Richtung als einzelnes Zeichen
Angesichts der bisher gesehenen Nachteile könnte man auf die Idee kommen, die Richtungen anhand ihres Anfangsbuchstabens zu codieren, also z. B. `'F'` statt `FORWARD`. Zwar könnte man diese Buchstaben ausgeben, allerdings lassen sich weiterhin andere Zeichen zuweisen.

Richtung als Zeichenkette
Würde man die Fahrtrichtung als `string direction` anlegen, ließe sich die aktuelle Fahrtrichtung als Zeichenkette zuweisen, z. B. `direction = "FORWARD"`. Solche Zuweisungen sind aussagekräftig, allerdings könnte man weiterhin auch andere Zeichenketten zuweisen. Hinzu kommt die Gefahr unterschiedlicher Schreibweisen – beispielsweise `"Forward"`.

Im Vergleich zu `int` oder `char` sind Zeichenketten aufwendiger zu verarbeiten; manche Sprachelemente (z. B. `switch-case`-Verzweigungen) lassen sich mit Zeichenketten nicht verwenden.

Was fehlt?
Eigentlich wäre für die Fahrtrichtung ein Datentyp mit vier verschiedenen Werten notwendig, die auch im Quellcode die jeweilige Fahrtrichtung erkennen lassen. Die gezeigten Lösungsansätze würden stattdessen `int`, `char` oder `string` zweckentfremden, um damit Fahrtrichtungen zu codieren.

4.3.2 Aufzählungen mit enum

> Mit dem Schlüsselwort `enum` lassen sich *Aufzählungstypen* definieren. Sie umfassen mehrere benannte Ganzzahlen – die sog. *Enumeratoren*.

`enum Direction { FORWARD, BACKWARD, LEFT, RIGHT };` wäre ein solcher Aufzählungstyp mit vier *Enumeratoren* für die Fahrtrichtung. Anschließend lassen sich Variablen mit dem Datentyp `Direction` anlegen. Das macht die zuvor notwendigen Konstanten überflüssig (Quellcode 4.26).

4.3 Aufzählungstypen

```
enum Direction { FORWARD, BACKWARD, LEFT, RIGHT };

...

Direction direction = FORWARD;

...

direction = LEFT;

...

if( direction == BACKWARD )
{
    ...
}
```

Quellcode 4.26 Fahrtrichtung mit Aufzählungstyp

> Im Gegensatz zu Zeichenketten werden die Enumeratoren *nicht* in Anführungszeichen geschrieben. Sie lassen sich wie Konstanten verwenden.

Semikolon am Ende
In C++ steht nur selten ein Semikolon nach der geschweiften Klammer (siehe Abschn. 2.2.3). `enum` ist eine dieser Ausnahmen.

> Bei `enum` steht nach der schließenden geschweiften Klammer ein Semikolon.

Verbesserte Lesbarkeit
Statt Zahlenwerten verwendet der Quellcode die Enumeratoren mit ihren symbolischen Namen; beispielsweise drückt `LEFT` statt der Zahl 2 die Fahrtrichtung links aus.

> Aufzählungstypen verbessern die *Lesbarkeit* des Quellcodes.

▶ **Tipp** Möchte man ausdrücken, dass `LEFT` aus dem Aufzählungstypen `Direction` gemeint ist, kann man auch `Direction::LEFT` verwenden.

Schutz vor unerlaubten Werten
Versucht man, andere Werte zuzuweisen, z. B. `direction=10` oder `direction=STOP`, meldet der Compiler einen Fehler.

> Aufzählungstypen schützen weitgehend vor der Zuweisung unerlaubter Werte.

Ausgabe von Aufzählungstypen

Quellcode 4.27 zeigt eine alltägliche Situation: Der aktuelle Wert einer Variablen soll ausgegeben werden. Normalerweise würde man erwarten, dass auf dem Bildschirm der Enumerator `LEFT` erscheint. Stattdessen erscheint die Zahl 2.

```
enum Direction { FORWARD, BACKWARD, LEFT, RIGHT };
Direction direction = LEFT;
cout << direction << endl;
```

Quellcode 4.27 Ausgabe bei Aufzählungstypen

> Gibt man Aufzählungstypen aus, erscheint *nicht* der jeweilige Enumerator.

Zugeordnete Werte

Die Erklärung dafür ist einfach: Den einzelnen Enumeratoren von `Direction` entspricht – beginnend bei 0 – ein ganzzahliger Wert. `FORWARD` erhält in Quellcode 4.27 automatisch den Wert 0, `BACKWARD` den Wert 1, `LEFT` den Wert 2 und `RIGHT` den Wert 3.

Quellcode 4.28 zeigt, wie sich die Zahlenwerte auch manuell festlegen lassen. `LEFT` wäre damit statt 2 der Wert 30 zugeordnet.

```
enum Direction { FORWARD  = 10,
                 BACKWARD = 20,
                 LEFT     = 30,
                 RIGHT    = 40 };
```

Quellcode 4.28 Zuweisen von Zahlenwerten bei enum

Namenskonflikte

Treten dieselben Enumeratoren in verschiedenen Aufzählungstypen auf, führt das zu einer Fehlermeldung des Compilers. In Quellcode 4.29 betrifft das `LEFT` und `RIGHT`, die sowohl in `Direction` als auch in `Align` verwendet werden; es kommt zu einem *Namenskonflikt*.

4.3 Aufzählungstypen

```
enum Direction { FORWARD, BACKWARD, LEFT, RIGHT };
enum Align { LEFT, RIGHT, CENTER, JUSTIFY };       // Fehler
```

Quellcode 4.29 Namenskonflikt zwischen zwei Aufzählungstypen

Dieses Problem lässt sich mit den streng typisierten Aufzählungen aus Abschn. 4.3.3 lösen.

4.3.3 Streng typisierte Aufzählungen

Die in Abschn. 4.3.2 gezeigten Aufzählungen nennt man *unscoped enums*. Sie gelten heutzutage aufgrund mancher Nachteile als überholt.

> Streng typisierte Aufzählungen (sog. *scoped enums*) gelten heute als bessere Alternative.

Kleiner Unterschied mit großer Wirkung
Die neue Schreibweise in Quellcode 4.30 ähnelt der bisherigen Schreibweise; statt `enum` verwendet man jedoch `enum class`.

```
enum class Direction { FORWARD, BACKWARD, LEFT, RIGHT };
...
Direction direction = Direction::FORWARD;
...
direction = Direction::LEFT;
...
if( direction == Direction::BACKWARD )
{
    ...
}
```

Quellcode 4.30 Fahrtrichtung als scoped enum

Vergleicht man Quellcode 4.30 mit Quellcode 4.26, fällt ein weiterer Unterschied auf: Bei allen Enumeratoren des Aufzählungstypen ist `Direction::` vorangestellt. Statt `direction=LEFT` muss es `direction=Direction::LEFT` lauten.

> Die einzelnen Enumeratoren einer streng typisierten Aufzählung lassen sich nur mit deren vorangestelltem Namen verwenden.

Schutz vor Namenskonflikten
Jeweils `Direction::` voranstellen zu müssen, scheint ein Mehraufwand zu sein, es schützt jedoch vor den Namenskonflikten klassischer Aufzählungstypen. Jetzt dürfte ein anderer Aufzählungstyp tatsächlich einen gleichnamigen Enumerator enthalten, selbst wenn dieser bereits in einem anderen Aufzählungstyp verwendet wird.

Weitere Unterschiede
Der Versuch, die moderne Fassung mit `cout << direction;` auszugeben, führt auf einen Fehler, denn die Werte einer streng typisierten Aufzählung werden nicht automatisch in einen `int`-Wert umgewandelt. Daneben gibt es weitere Unterschiede, die aber vorrangig für Profis relevant sind.

4.4 Zeiger

4.4.1 Variablen im Arbeitsspeicher

Um Zeiger zu verstehen, muss man sich zunächst die Rolle des Arbeitsspeichers vergegenwärtigen und wie Variablen in ihm abgelegt sind, denn Zeiger verweisen („zeigen") auf Inhalte des Arbeitsspeichers.

Der Arbeitsspeicher als flüchtige Werkbank

> Während man ein Programm ausführt, sind die Werte der verwendeten Variablen im *Arbeitsspeicher* (RAM) des Computers abgelegt.

Das stellt sicher, dass sich Variablenwerte schnell lesen und verändern lassen – der Arbeitsspeicher ist gewissermaßen die Werkbank des Computers. Allerdings sind die Werte der Variablen nur vorübergehend im Arbeitsspeicher. Endet die Ausführung des Programms, können sie überschrieben werden. Spätestens mit dem Ausschalten des Computers verschwinden sie endgültig – der Arbeitsspeicher speichert Daten nur *flüchtig* und nicht dauerhaft.

Zugriff über Adressen

Den Arbeitsspeicher kann man sich vorstellen wie ein langes Regal mit vielen kleinen Fächern, in denen man etwas ablegen kann. Jedes dieser Fächer trägt eine fortlaufende Nummer – die sog. *Speicheradresse*.

> Im Arbeitsspeicher sind Inhalte unter bestimmten Speicheradressen abgelegt, anhand der *Speicheradresse* kann man auf diese Inhalte zugreifen.

Aktuelle Computer sind fast ausnahmslos Digitalrechner. Ihr Arbeitsspeicher enthält Binärwerte. Jeweils 8 Bit sind dabei zu einem Byte zusammengefasst.

> Unter jeder Speicheradresse kann man in einem typischen Arbeitsspeicher auf *ein* Byte zugreifen bzw. unter dieser Adresse ein Byte ablegen.

Speicheradressen und Variablen

Deklariert man eine Variable mit `int i = 5;`, gehören zu ihr – abhängig von ihrem Datentyp – mehrere Bytes. Zusammen repräsentieren diese Bytes den *aktuellen* Wert der Variablen (hier: die Zahl 5). Diese Bytes werden im Arbeitsspeicher zusammenhängend ab einer bestimmten Speicheradresse abgelegt (Abb. 4.12). Nutzt man die Variable `i` nun beispielsweise in einer Berechnung, wird ihr aktueller Wert unter dieser Adresse aus dem Arbeitsspeicher gelesen.

Für uns Menschen ist die Speicheradresse meist bedeutungslos, da wir die Variable anhand ihres Namens verwenden.

> Jede Variable ist im Arbeitsspeicher unter einer bestimmten Adresse abgelegt. Anhand des Variablennamens kann man ohne Kenntnis der Adresse auf die Inhalte zugreifen.

Abb. 4.12 Variablen und ihre Adressen im Arbeitsspeicher

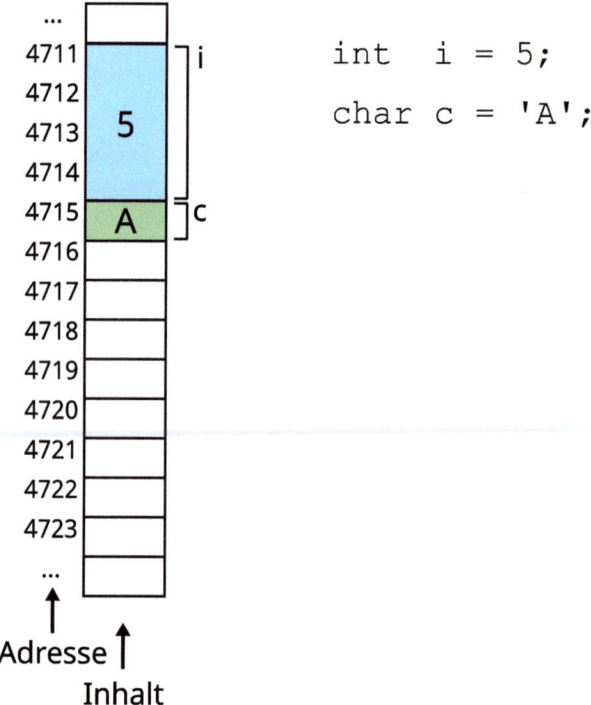

4.4.2 Zeiger als Datentyp

Zeiger gehören zu den Sprachelementen von C++ mit einer langen Geschichte bis weit in die Anfänge der Sprache C. Häufig werden sie als eine der Besonderheiten von C und C++ genannt, da viele andere Sprachen (scheinbar) keine Zeiger kennen.

Ein Datentyp für Speicheradressen

> Zeiger sind Variablen, die als Wert eine *Speicheradresse* enthalten. Sie *verweisen* auf die Inhalte, die unter dieser Adresse gespeichert sind.

Im Grunde speichert ein Zeiger also nur einen ganzzahligen Wert. Da es sich um einen Zeiger handelt, bekommt dieser Wert aber eine besondere Bedeutung – er wird als Speicheradresse einer bestimmten Art von Werten interpretiert.

Ursache von Programmierfehlern
So harmlos Variablen für Speicheradressen erscheinen, sind viele Abstürze oder Fehlverhalten von Programmen auf den falschen Umgang mit Zeigern zurückzuführen.

4.4 Zeiger

> Zeiger bergen ein hohes Risiko für *Programmierfehler*. Viele dieser Fehler erkennt der Compiler nicht; sie treten erst zur Laufzeit auf.

Damals und heute
In der Programmiersprache C konnte man auf Zeiger kaum verzichten, in C++ gibt es für die meisten der damaligen Anwendungsgebiete bessere Lösungen. Insofern ist das mit ihnen einhergehende Risiko von Programmierfehlern unangemessen hoch.

> In C++ haben Zeiger an Bedeutung verloren. Wo sinnvoll möglich, sollte man sie vermeiden.

Warum sollte man sich dennoch mit den Grundlagen von Zeigern beschäftigen? Dieses Wissen hilft, manche Aspekte von C++ besser zu verstehen. Sie erklären zum Beispiel, warum C-Felder so umständlich in der Handhabung sind, oder warum bei manchen Funktionsparametern ein * angegeben ist.

4.4.3 Deklarieren und Verwenden von Zeigern

Zeiger müssen – wie andere Variablen – vor der ersten Verwendung deklariert werden.

> Um einen Zeiger zu *deklarieren*, verwendet man den Datentyp des Speicherinhalts, auf den der Zeiger verweist, gefolgt von *.

`int* ip=nullptr;` deklariert einen Zeiger auf eine `int`-Variable. `ip` enthält damit die Adresse eines `int`-Wertes. Anhand des Zeigers lässt sich anschließend auf den Inhalt zugreifen, der unter dieser Adresse gespeichert ist.

Nullpointer
Der Zeiger `ip` wird in diesem Beispiel mit `nullptr` initialisiert; hierdurch verweist `ip` nirgendwohin.

> Ein Zeiger ohne gültiges Ziel heißt *Nullpointer*. Die Konstante `nullptr` steht hierfür und ersetzt die früher verwendete Adresse 0.

Versucht man auf einen Nullpointer zuzugreifen, kann das Programm abstürzen. In C und C++ ist das ein verbreiteter Fehler.

Speicheradressen ermitteln
Soll ein Zeiger auf eine andere Variable verweisen, benötigt man deren Speicheradresse. Diese Adresse kann man leicht ermitteln.

> Schreibt man den *Adressoperator* & vor einen Variablennamen, erhält man die Speicheradresse dieser Variablen.

Quellcode 4.31 ermittelt mit &i die Adresse der int-Variablen i und weist sie dem Zeiger ip zu; ip verweist danach auf i (Abb. 4.13).

```
int i = 5;
int ip = &i;   // ip verweist auf i
```
Quellcode 4.31 Ermitteln der Adresse einer Variablen

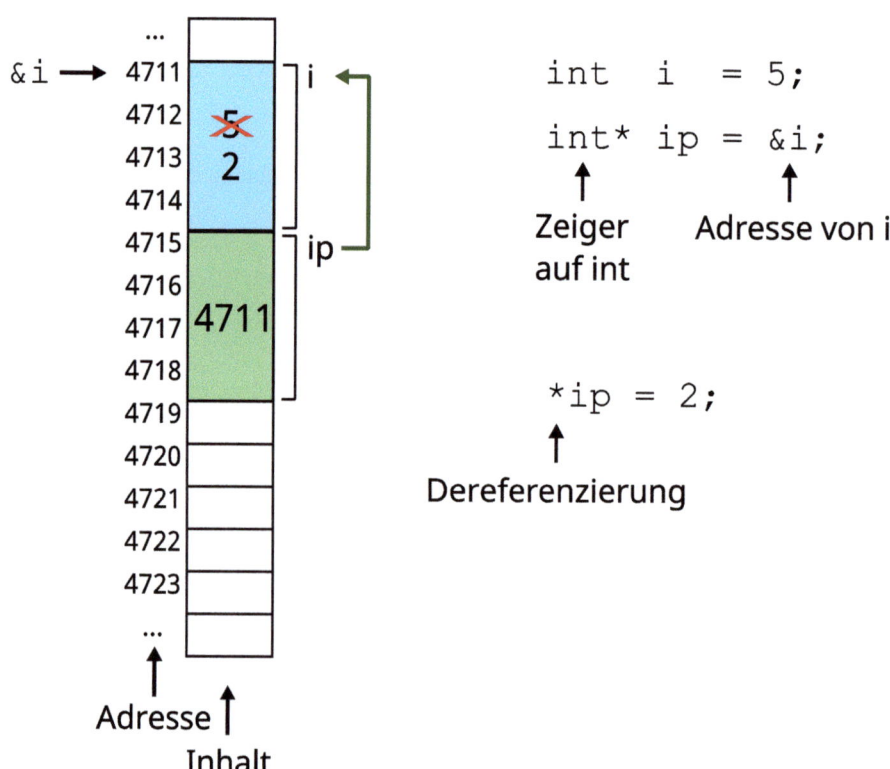

Abb. 4.13 Verändern einer Variablen mit Zeigern

4.4 Zeiger

▶ **Tipp** Das Zeichen & kann in C++ verwirrend sein, da es sehr unterschiedlich verwendet wird: Es ermittelt die *Speicheradresse*. Funktionsparameter macht es zu *Referenzparametern*. Als & drückt es ein *binäres Und* aus und als && ein *logisches Und*.

Zugreifen durch Dereferenzierung
Anhand der in einem Zeiger enthaltenen Speicheradresse kann man auf die Inhalte zugreifen, die unter dieser Adresse gespeichert sind.

> Das Zeichen * vor einem Zeiger *dereferenziert* ihn – Dereferenzierung liefert den unter der Speicheradresse abgelegten Inhalt.

Der Zeiger ip in Quellcode 4.32 verweist auf die Variable i. Mit *ip dereferenziert man den Zeiger und greift so indirekt auf den Inhalt von i zu. *ip=2; ändert daher den Wert von i auf 2.

```
int i = 5;
int ip = &i;    // ip verweist auf i
*ip = 2;        // ändert den Wert von i auf 2
```

Quellcode 4.32 Zugriff durch Dereferenzieren eines Zeigers

Auf den ersten Blick mag das einigermaßen sinnlos erscheinen, schließlich könnte man dasselbe Ergebnis auch mit i=2; erreichen – also ohne Zeiger. Dennoch ist Dereferenzierung in drei Bereichen wichtig:

- Dynamische Speicherverwaltung (Abschn. 4.4.4)
- Call-by-Reference mit Zeigern (Abschn. 4.4.5)
- C-Felder (Abschn. 4.4.6)

Dereferenzierung als Fehlerquelle
Ob man in Quellcode 4.32 ip oder *ip verwendet, macht einen großen Unterschied: ip=2; würde dem Zeiger die *Adresse* 2 zuweisen. Dagegen ändert *ip=2; den *Inhalt*, auf den ip gerade verweist.

> In der Praxis kommt es immer wieder zu Fehlern, weil man einem Zeiger Werte zuweist, *ohne* ihn zu dereferenzieren.

Soll der Zeiger auf eine andere Speicheradresse verweisen, muss man * weglassen. Möchte man den Inhalt ändern, ist das Dereferenzieren mit * notwendig.

Rechnen mit Zeigern
Die in einem Zeiger enthaltene Speicheradresse ist eine Ganzzahl. Es gibt (wenige) Fälle, in denen mit Adressen gerechnet wird. Während ip in Quellcode 4.32 auf die Variable i verweist, würde ip+1 auf die Bytes verweisen, die im Speicher nach der Variablen i liegen. Dieses Vorgehen ist in den meisten Fällen fehleranfällig und sollte daher nur verwendet werden, wenn man genau weiß, was man macht. Tatsächlich spielt dieses Rechnen bei C-Felder eine große Rolle (siehe Abschn. 4.4.6).

4.4.4 Dynamische Speicherverwaltung

Welche Variablen für ein Programm notwendig sind, legt man normalerweise beim Schreiben des Quellcodes fest. Zum Zeitpunkt des Übersetzens ist demnach klar, wie viel Platz sie während des Ausführens im Arbeitsspeicher belegen werden. Manchmal entscheidet sich aber erst während des Ausführens – zur sog. *Laufzeit* – wie viel Speicherplatz notwendig ist. Beispielsweise weiß man bei einer Kundenliste zum Zeitpunkt des Übersetzens nicht, ob sie 50, 5.000 oder 50.000 Adressen enthalten wird.

Speicher reservieren und freigeben
Benötigt ein Programm bei seiner Ausführung zusätzlichen Speicherplatz (z. B. für einen weiteren Kunden), so muss es diesen Speicherplatz für sich reservieren und am Ende wieder freigeben.

> Für das Reservieren von Speicher hat man früher new und für das Freigeben delete verwendet.

Quellcode 4.33 zeigt das Vorgehen anhand eines int-Werts, der dynamisch angelegt wird[14]: new reserviert den Speicherplatz für eine int-Variable. Gelingt dies, enthält der Zeiger ip die *Speicheradresse* des reservierten Speichers. Durch Dereferenzieren von ip lässt sich der reservierte Speicherplatz verwenden. Am Ende muss man den reservierten Speicherplatz mit delete wieder freigeben.

---

[14] Das ist sinnlos, da man eine einzelne int-Variable nicht dynamisch anlegen würde, aber es zeigt die notwendigen Schritte.

4.4 Zeiger

> Man muss den gesamten reservierten Speicherplatz bis zum Ende des Programms freigeben. Dies erfolgt *nicht* automatisch.

```
int* ip = nullptr;
try
{
   ip = new int; // Speicher reservieren
}
catch (const std::bad_alloc& e)
{
     // Fehlerbehandlung
     return 1;
}
*ip = 5;
delete ip;
```

Quellcode 4.33 Dynamische Speicherverwaltung mit new und delete

Moderne Wege
new birgt die Gefahr, dass man delete vergisst und nicht den gesamten Speicherplatz freigibt. Deshalb gibt es heutzutage mit unique_ptr und shared_ptr Alternativen, die zwar im Hintergrund weiterhin new und delete nutzen, deren direkte Verwendung aber überflüssig machen.

> make_unique und make_shared können Fehler bei der dynamischen Speicherverwaltung verhindern.

Vermeiden mit besseren Alternativen
Die dynamische Speicherverwaltung ist nicht besser, sie ist aufwendiger und fehleranfälliger – leider ist sie teilweise unumgänglich. Allerdings bietet C++ verschiedene Möglichkeiten, den direkten Umgang damit zu vermeiden. Ein gutes Beispiel ist vector (siehe Abschn. 4.1.5). Die Größe eines damit erzeugten Feldes lässt sich leicht zur Laufzeit verändern, ohne dass man als Entwickler selbst mit new und delete arbeiten muss. Dass im Hintergrund dennoch Speicher reserviert und freigegeben wird, bleibt uns bei der Nutzung verborgen. Das ist einfacher und sicherer.

> C++ bietet heute viele Möglichkeiten, den Speicherbedarf zur Laufzeit anzupassen, ohne selbst Speicher reservieren oder freigeben zu müssen. Man sollte diese Möglichkeiten vorziehen.

Kap. 7 stellt eine Reihe wiederverwendbarer Container für Daten vor, mit denen sich der direkte Umgang mit dynamischer Speicherverwaltung vermeiden lässt.

4.4.5 Call-by-Reference mit Zeigern

Funktionsparameter werden normalerweise als Wertparameter (Call-by-Value) übergeben – ändert man deren Werte in der Funktion, wirkt sich dies nicht außerhalb der Funktion aus (siehe Abschn. 3.5.7).

Referenzparameter in C++
Sollen sich Änderungen der Parameter auch außerhalb der Funktion auswirken, benötigt man *Call-by-Reference*. Quellcode 3.29 stellte als Lösung hierfür den Referenzoperator & vor, mit dem man Parameter als Referenzparameter kennzeichnet.

> Referenzparameter sollte man mit dem Referenzoperator & festlegen – das ist ein einfacher und robuster Ansatz.

Zeiger als fehleranfällige Alternative
Call-by-Reference ließe sich auch mit Zeigern erreichen; dies war früher ein verbreiteter Weg. Quellcode 4.34 zeigt dies für das Vertauschen zweier `int`-Werte. Der Vergleich mit Quellcode 3.29 lässt schnell erkennen, dass man der Funktion nun die Adressen von Variablen übergeben muss – das ist fehleranfällig. Gleiches gilt für das häufige Dereferenzieren in der Funktion.

> Call-by-Value mit Zeigern ist *fehleranfällig;* viele dieser Fehler erkennt der Compiler nicht. Daher sollte man auf diesen Ansatz möglichst verzichten.

```cpp
#include <iostream>

using namespace std;

void vertausche( int* a, int* b )
// Vertauscht die Werte a und b
{
    int h = *a;
    *a = *b;
    *b = h;
}
```

4.4 Zeiger

```
int main()
{
    // Beispieldaten
    int a = 2;
    int b = 5;
    // Vertauschen
    vertausche( &a, &b );
    // Zeige das Ergebnis
    cout << "a: " << a << endl;
    cout << "b: " << b << endl;

    return 0;
}
```

Quellcode 4.34 Call-by-Reference mit Zeigern (swapintptr.cpp)

Weiterhin im Einsatz
Die Nachteile von Call-by-Reference mit Zeigern sind offensichtlich. Dennoch trifft man sie in C++ immer wieder an. Ein Beispiel hierfür ist die Funktion stoi() aus Abschn. 4.2.11, die eine Zeichenkette in eine Ganzzahl umwandelt. stoi() darf als zweiten Parameter einen Zeiger erhalten. Übergibt man wie in Quellcode 4.35 als zweiten Parameter die Adresse einer Variablen (&pos), enthält pos nach der Umwandlung die Anzahl der umgewandelten Zeichen. Mit einem Nullpointer (nullptr) als Wert des zweiten Parameters erhält man die Anzahl nicht.

> Den Adressoperator bei &pos darf man nicht mit dem Referenzoperator verwechseln.

```
string s = "42 ist die Antwort.";
size_t pos = 0;
int nr = stoi( s, &pos );
cout << "Zahl: " << nr << endl          // Ausgabe: 42
     << "Position: " << pos << endl;    // Ausgabe:  2
```

Quellcode 4.35 stoi mit Anzahl umgewandelter Zeichen

4.4.6 Zeiger und Felder

C-Felder – und damit auch die C-Strings – haben eine Reihe von Nachteilen (siehe Abschn. 4.1.4). Die meisten dieser Nachteile sind die Folge einer bislang unerwähnten Eigenschaft.

> Der Name eines C-Feldes ist ein *Zeiger* auf den Anfang des Feldes.

Adresse oder Inhalt
Welche Auswirkungen diese Eigenschaft von C-Feldern hat, zeigt Quellcode 4.36. s und t sind Zeiger; sie stehen also jeweils für eine *Speicheradresse,* nicht aber für die Inhalte der beiden Felder. Eine Zuweisung wie `s = t;` hätte zum Ziel, dass das Feld s anschließend die Elemente des Feldes t enthalten soll. Tatsächlich versucht man aber, die in s gespeicherte Adresse auf die in t gespeicherte Adresse zu ändern. Ebenso würde man mit `s == t` lediglich die beiden Adressen vergleichen, nicht aber die Inhalte der beiden Felder.

```
int s[3] = {1,2,3};
int t[3] = {4,5,6};

s = t;        // Fehler: Zuweisen von Adressen statt Inhalten

if( s == t )  // Fehler: Vergleichen von Adressen statt Inhalten
  ...
```

Quellcode 4.36 Fehler im Umgang mit C-Feldern

Grenzenlose Felder
Die Elemente eines C-Feldes stehen im Speicher hintereinander. Auf das erste Element des Feldes s in Quellcode 4.37 würde man demnach mit `s[0]` zugreifen, mit `s[1]` auf das zweite Element usw. (Abb. 4.14).

> `s[i]` bedeutet, dass man sich von der Anfangsadresse i Elemente weiterbewegt und diese Adresse dereferenziert, also `*( s + i )`.

4.4 Zeiger

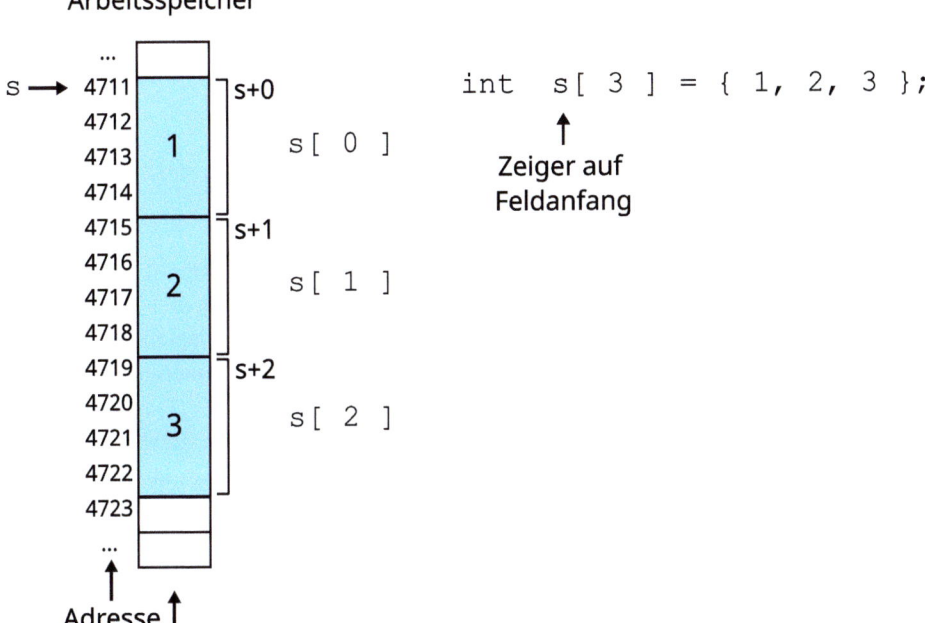

Abb. 4.14 C-Felder im Arbeitsspeicher

Der Indexoperator [ ] ist also nur eine verkürzte Schreibweise – und nimmt leider keine Rücksicht auf die tatsächliche Länge des Feldes. Obwohl das Feld s nur 3 Elemente enthält, bewegt sich s[5] 5 Elemente von der Anfangsadresse des Feldes weiter und greift dort auf etwas zu, das nicht mehr zu s gehört.

> Der Compiler schützt nicht vor unerlaubten Zugriffen auf Inhalte des Feldes.[15]

```
int s[3] = {};

s[ 0 ] = 1;
s[ 1 ] = 2;
s[ 2 ] = 3;

s[ 5 ] = 7;         // Element nicht vorhanden
```

Quellcode 4.37 Zugriff auf vorhandene und nicht vorhandene Feldelemente

---

[15] Erkennen lassen sich solche Fehler durch sog. statische Codeanalyse (siehe Abschn. 9.3).

> Dass C-Felder in Wahrheit Zeiger sind, unterstreicht die Empfehlung, an ihrer Stelle moderne Alternativen wie `vector` zu verwenden.

4.5 Zusammenfassung

Felder enthalten mehrere Elemente desselben Typs. Jedem Element ist ein fortlaufender Indexwert zugeordnet, wobei das erste Element den Index 0 hat. Der in `[]` angegebene Index erlaubt den Zugriff auf das zugehörige Element. Felder lassen sich gut in `for`- bzw. Range-for-Schleifen verwenden – das verhindert unnötige Quellcode-Wiederholungen.

Die traditionellen C-Felder bringen mehrere Nachteile mit sich, daher sollte man heutzutage Felder auf der Basis von `vector` verwenden. Deren Länge lässt sich außerdem zur Laufzeit des Programmes verändern.

Variablen des Datentyps `char` enthalten als Wert ein einzelnes Zeichen. Einzelne Zeichen werden im Quellcode in einfachen Anführungszeichen geschrieben. Groß- und Kleinschreibung wird bei den Zeichen unterschieden. Zeichen sind anhand der verwendeten Zeichentabelle codiert, was auch die Bedeutung von > und < festlegt.

Zeichenketten können aus mehreren Zeichen bestehen; sie eignen sich unter anderem für Namen, Adressen oder URLs. Im Quellcode sind ihre Werte von doppelten Anführungszeichen umschlossen. `string` erlaubt einen einfachen und zeitgemäßen Umgang mit Zeichenketten. Daneben bietet `string` viele Möglichkeiten für das Vergleichen, Durchsuchen und Umwandeln. Die früher verwendeten C-Strings sollte man aufgrund ihrer Nachteile nicht mehr einsetzen. `getline` liest auch Zeichenketten mit Leerzeichen vollständig ein und sollte deshalb für die Eingabe bevorzugt werden.

Aufzählungstypen enthalten Enumeratoren, denen jeweils ein Wert zugeordnet ist. Sie verbessern die Lesbarkeit des Quellcodes. Angelegt werden sie mit `enum`, wobei man traditionelle unscoped enums und die heute üblichen, streng typisierten scoped enums unterscheidet.

Zeiger enthalten als Wert eine Speicheradresse und erlauben durch Dereferenzierung den Zugriff auf diese Speicheradresse. Sie bergen eine Reihe von Fehlern und sollten nur verwendet werden, wenn es keine bessere Alternative gibt. Genutzt werden sie für die dynamische Speicherverwaltung und teilweise für Call-by-Reference. Auch für C-Felder sind sie relevant, da der Name des Feldes einem Zeiger auf seinen Anfang entspricht. C++ bietet zahlreiche moderne Alternativen, durch die man auf Zeiger verzichten kann.

4.6 Aufgaben

4.6.1 Theorie

1. Welche Nachteile bringen C-Felder mit sich?
2. Welche Vorteile bietet `vector` gegenüber C-Feldern?
3. Wie lassen sich Felder initialisieren?
4. Wie verwendet man `for` und Range-`for` in Verbindung mit einem Feld? Wann sollte welche Art von Schleife verwendet werden?
5. Warum ist `'A' < 'a'`?
6. Wozu dient die Zeichentabelle?
7. Weshalb sollte man C-Strings heutzutage nicht mehr verwenden?
8. Was bedeutet das Ergebnis `string::npos` beim Durchsuchen einer Zeichenkette?
9. Wie lässt sich eine Zeichenkette in einen Zahlenwert umwandeln?
10. Weshalb sollte man Zeichenketten mit `getline` einlesen?
11. Was versteht man unter Magic Numbers? Worin liegen ihre Nachteile?
12. Wie können Aufzählungstypen die Qualität des Quellcodes verbessern?
13. Welche Arten von Aufzählungstypen gibt es? Worin unterscheiden sie sich?
14. Wofür werden Zeiger eingesetzt? Welche modernen Alternativen gibt es hierfür?
15. Was versteht man unter dem Dereferenzieren von Zeigern?
16. Welche unterschiedlichen Bedeutungen hat `&` in C++?

4.6.2 Praxis

1. Schreiben Sie ein Programm, das die täglich gemessenen Temperaturen der letzten 7 Tage einliest. Anschließend soll es für jeden Tag die Temperaturdifferenz zu Tag 7 (heute) anzeigen.
2. Für eine Qualitätskontrolle werden ganzzahlige Messwerte zwischen 1 und 10 erfasst. Der Benutzer gibt diese Messwerte nacheinander ein; dies wird mit der Eingabe von 0 beendet. Anschließend soll das Programm ein Histogramm der eingegebenen Werte ausgeben, d. h. wie oft jeder der erlaubten Werte (1–10) eingegeben wurde.
3. Schreiben Sie ein Programm, das einen vollständigen Pfad zu einer Datei einliest. Die Eingabe soll wiederholt werden, solange der Pfad `..` enthält oder der Pfad leer ist.
4. Erzeugen Sie im Quellcode eine Liste mit unsicheren Passwörtern wie `123456`, `password` oder `geheim`. Lassen Sie nun den Benutzer ein Passwort eingeben. Dieses soll als unsicher eingestuft werden, wenn es in der Liste der unsicheren Passwörter enthalten ist oder weniger als 10 Zeichen enthält.[16]

---

[16] Sichere Passwörter müssen noch weitere Anforderungen erfüllen. Als Erweiterung können Sie auch prüfen, ob Groß- und Kleinbuchstaben sowie Ziffern und Sonderzeichen enthalten sind. Hilfreich sind hierfür die regulären Ausdrücke aus Abschn. 8.4.

5. Erstellen Sie ein Programm, das einen 16bit-Binärwert einliest und den zugehörigen Dezimalwert anzeigt. Falls der Wert ungültig ist, soll angezeigt werden, an welcher Stelle der Fehler auftrat.
6. Schreiben Sie ein Programm, das für eine eingegebene Zeichenkette zählt, wie häufig jedes Zeichen darin auftritt. Anschließend soll es die Häufigkeit für alle auftretenden Zeichen ausgeben.

4.7 Weiterführende Literatur

Grundlagen und weiterführende Informationen enthalten (Breymann, 2023) und (Will, 2024); beide zeigen auf, wie modernes C++ Nachteile traditioneller Ansätze umgeht. Grundlagen zu Zeichenketten, Feldern und Zeigern erklärt außerdem (Wolf & Guddat, 2022). Die vielen Möglichkeiten, die z. B. `string` bietet, beschreiben einschlägige Referenzen wie (Grimm & Loudon, 2018) oder (en.cppreference.com, 2024). Algorithmen für Zeichenketten (z. B. Suchen) vertieft (Cormen, et al., 2022). (Müller & Weichert, 2017) erklärt das Prinzip von Zeigern und Referenzen; auch sind Beispiele für Datenstrukturen enthalten, die Zeiger verwenden.

Kap. 7 beschäftigt sich intensiver mit vector und dergleichen.

Literatur

Breymann, U. (2023). *C++ programmieren* (7. Aufl.). Carl Hanser Verlag.
Cormen, T. H., Rivest, R. L., & Stein, C. (2022). *Introduction to Algorithms* (4. Aufl.). The MIT Press.
en.cppreference.com. (2024). https://en.cppreference.com. Zugegriffen: 27. Aug. 2024.
Grimm, R., & Loudon, K. (2018). *C++ – kurz & gut* (3. Aufl.). O'Reilly.
Will, T. (2024). *C++ Das umfassende Handbuch* (3. Aufl.). Rheinwerk Verlag.
Müller. H., & Weichert, F. (2017). *Vorkurs Informatik* (5. Aufl.). Springer Vieweg.
Wolf, J., & Guddat, M. (2022). *Grundkurs C++* (4. Aufl.). Rheinwerk Verlag.

Objektorientierung

Zusammenfassung

Objektorientierung fasst Daten und darauf anzuwendende Operationen zusammen. Die damit einhergehende Abstraktion, die Wiederverwendung und die Kapselung sind wesentlich für die moderne Software-Entwicklung. Klassen dienen dabei als Bauplan für die von ihnen erzeugten Objekte. Richtig angewandt ist diese Art der Programmierung intuitiv und erlaubt es, selbst komplexe Anwendungen effizient zu entwickeln.

5.1 Daten und Operationen

5.1.1 Beispiel: Zähler

Zähler sind einfache, kleine Werkzeuge, die an vielen Stellen zum Einsatz kommen: Zum Beispiel können sie in einem Lager verwendet werden, um anzuzeigen, wie viele Teile sich aktuell an einem bestimmten Platz befinden. Werden Teile geliefert, erhöht man die Anzahl. Entnimmt man Teile, verringert man die Anzahl (Abb. 5.1).

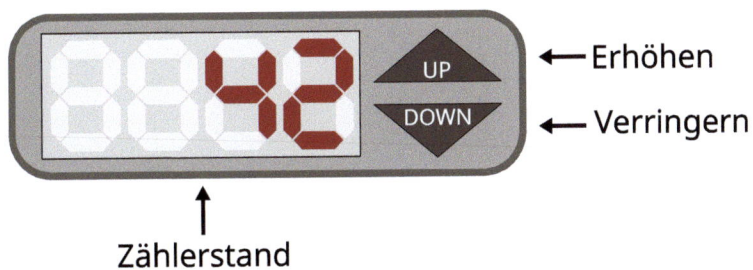

Abb. 5.1 Bild eines Zählers

© Der/die Autor(en), exklusiv lizenziert an Springer-Verlag GmbH, DE, ein Teil von Springer Nature 2025
J. Mielebacher, *Programmieren mit C++ Ein Einstieg in Beispielen,*
https://doi.org/10.1007/978-3-662-71382-2_5

Zwei Aspekte sind für das Verhalten dieses Zählers wesentlich:

- Ein neuer Zähler beginnt meist mit dem Zählerstand 0.
- Der Zählerstand lässt sich nur in Einerschritten erhöhen oder verringern.

Das Programm in Quellcode 5.1 beschreibt, wie ein solcher Zähler funktioniert und erzeugt zwei von ihnen. Dabei nutzt es die sog. *objektorientierte Programmierung*. Das Hauptprogramm zeigt nur, dass der Zähler grundsätzlich funktioniert (Abb. 5.2).

```
#include <iostream>
using namespace std;

// Eine einfache Zählerklasse
class Counter
{
public:
    Counter( int initial = 0 );
    void up();
    void down();
    int value() const;
private:
    int cnt;
};

Counter::Counter( int initial )
// Legt den Zähler mit dem Anfangswert initial an
{
    cnt = initial;
}

void Counter::up()
// Erhöht den Zähler um 1
{
    cnt++;
}

void Counter::down()
// Verringert den Zähler um 1
{
    cnt--;
}

int Counter::value() const
// Liefert den aktuellen Zählerstand
{
    return cnt;
}
```

```
int main()
{
    // Erzeugt einen Zähler mit Anfangswert 0
    Counter c1;

    c1.up();
    c1.up();

    // Erzeugt einen zweiten Zähler mit Anfangswert 10
    Counter c2( 10 );

    c2.up();
    c2.up();
    c1.down();

    cout << "c1: " << c1.value() << endl;
    cout << "c2: " << c2.value() << endl;

    return 0;
}
```

Quellcode 5.1 Objektorientierter Zähler V1 (counter1.cpp)

```
> counter1
c1: 1
c2: 12
>
```

Abb. 5.2 Ausgabe des Zählers V1

5.1.2 Objektorientierte Programmierung

Bei einem Zähler denkt man zunächst an eine einfache Variable; Quellcode 5.1 erscheint im Vergleich dazu aufwendig.

Variable als Zähler
Der Wert einer `int`-Variablen lässt sich mit `++` erhöhen und mit `--` verringern (Quellcode 5.2). Das ist einfach. Allerdings sind auch Änderungen in größeren Schritten möglich, z. B. `cnt+=20;`. In gleicher Weise lässt sich `cnt` zu jeder Zeit ein beliebiger Wert zuweisen.

Möchte man erreichen, dass sich `cnt` nur in Einerschritten verändern lässt, muss man alle an der Entwicklung beteiligten Personen darauf hinweisen und hoffen, dass sie sich an diese Absprache halten. Der Compiler wird Verstöße nicht erkennen.

```
int cnt = 0;
...
cnt++;        // Erhöht den Zähler
cnt--;        // Verringert den Zähler
...
cnt += 20;    // Möglich, aber nicht vorgesehen
```

Quellcode 5.2 Variable als Zähler

Trennung von Daten und Operationen
Das Beispiel in Quellcode 5.2 folgt dem Ansatz der bisherigen Kapitel: Die Daten sind in Variablen abgelegt. Getrennt davon sind Operationen, die diese Daten verarbeiten, zum Beispiel in Form von Funktionen.

> Wegen der Trennung von Daten und Operationen lassen sich Daten auf unerwünschte Weise verändern und nicht ausreichend schützen.

Daten und Operationen unter einem Dach
Die *objektorientierte Programmierung* (OOP) verfolgt einen anderen Ansatz:

> Die objektorientierte Programmierung fasst *Daten* und dazugehörige *Operationen* zusammen.

Diese Herangehensweise ist uns Menschen sehr vertraut: Ein Vogel ist für uns keine Sammlung von Daten, z. B. Größe, Farbe, Position, Geschwindigkeit. Er ist ein Lebewesen, das wir beobachten können und das z. B. fliegen oder zwitschern kann.

Was bedeutet das für den eingangs beschriebenen Zähler? Die auf ihn anwendbaren Operationen sind offenkundig – man kann

- einen neuen Zähler anlegen,
- den aktuellen Zählerstand ablesen,
- den Zählerstand erhöhen und
- den Zählerstand verringern.

Im Hintergrund muss es aber Daten geben, um den aktuellen Zustand des Zählers – den Zählerstand – zu repräsentieren. Ziel ist es demnach, diese Daten mit den benötigten

5.1 Daten und Operationen

Operationen zu verbinden. Die objektorientierte Programmierung verwendet hierfür sog. *Klassen*.

Klassen und Objekte

> *Klassen* fassen Daten (*Attribute*) und zugehörige Operationen (*Methoden*) zusammen, um damit bestimmte Eigenschaften und Verhaltensweisen zu definieren.

Eine Zählerklasse enthält demnach den Zählerstand als Attribut und Methoden für das Anlegen des Zählers sowie für das Ablesen, Erhöhen und Verringern des Zählerstandes.

> *Objekte* sind Instanzen von Klassen. Jedes Objekt besitzt eigene Werte für die Attribute, wodurch der jeweilige *Objektzustand* festgelegt wird.

Zu jeder Klasse kann es demnach mehrere Objekte geben, beispielsweise mehrere Zähler. Sie alle besitzen dieselben Attribute – aber möglicherweise mit unterschiedlichen Werten – und bieten dieselben Methoden. Die Objekte derselben Klasse ähneln sich, da sie demselben Bauplan folgen.

> Klassen sind eine Art *Bauplan* für Objekte. Sie beschreiben einen Ausschnitt der Wirklichkeit.

Variablen und Datentypen weitergedacht

Gehen wir zunächst einen Schritt zurück: Unsere ersten Programme verwendeten Variablen, denen ein bestimmter Datentyp zugeordnet war. Der Datentyp legt für alle Variablen dieses Typs fest, welche Werte erlaubt sind und welche Operationen (z. B. Addition mit dem Operator +) damit möglich sind. Allerdings sind diese Operationen von den Werten getrennt. Die Variable wiederum enthält einen dieser Werte. Auf diese Variablen – aber ggf. auch auf Konstanten, Berechnungsergebnisse usw. – lassen sich die verfügbaren Operationen anwenden.

> Klassen gehen einen Schritt weiter: Sie fassen Daten zusammenzufassen und enthalten die Operationen, die festlegen, ob und wie sich diese Daten ändern lassen.

Man spricht in diesem Zusammenhang auch von Klassen als *abstrakte Datentypen* (ADT),[1] die Daten und Operationen zusammenfassen.

> An die Stelle der Variablen treten die Objekte einer Klasse.

Schnittstelle und Implementierung
Möglich wird dies durch eine Art Miniwelt, die jede Klasse beschreibt: Sie kann für jede Klasse unterschiedliche Attribute umfassen. Die zugehörigen Methoden erlauben es, diese Attribute zu lesen oder zu verändern. Vor allem aber gibt es eine Grenze zwischen dem Inneren der Klasse und ihrer Außenwelt.

> Klassen erlauben es, den Zugriff auf Attribute und Methoden einzuschränken, um so zwischen der für die Außenwelt zugreifbaren *Schnittstelle* und der für die Außenwelt verborgenen *Implementierung* zu unterscheiden.

Bei der Zählerklasse soll sich der Zählerstand nur in Einerschritten verändern lassen. Also würde man der Außenwelt verbieten, den Zählerstand beliebig zu verändern. Stattdessen bietet man der Außenwelt eine Schnittstelle, die lediglich das Ändern in Einerschritten und das Auslesen des Zählerstands erlaubt.

Verbreitet und intuitiv
C++ erlaubt es nicht nur, eigene Klassen zu erstellen, sondern bietet viele fertige Klassen und Objekte. `cin` und `cout` waren die ersten Objekte, mit denen wir zu tun hatten, ohne es zu wissen. Gleiches gilt für die Klassen `string` und `vector`. Mit jeder angelegten `string`-Zeichenkette erzeugt man ein Objekt. Jede Verwendung von `.size()`, `.find()` usw. war ein Methodenaufruf. Das zeigt, wie intuitiv sich Klassen und Objekte verwenden lassen.

> Diese Beispiele zeigen außerdem, dass es für uns vollkommen unbedeutend ist, *wie* die Klassen implementiert sind, solange wir die jeweilige Schnittstelle kennen.

Die Sicht des Benutzers
Benutzer eines Programms erkennen nicht, ob es objektorientiert entwickelt wurde. Aus ihrer Sicht könnte man dasselbe Verhalten mit oder ohne Objektorientierung erreichen.

---

[1] Zumindest dann, wenn sie einige noch darzustellende Anforderungen erfüllen, z. B. die konsequente Trennung von Schnittstelle und Implementierung.

5.1 Daten und Operationen

Ob ein Programm objektorientiert entwickelt wurde, offenbart nur der Blick in den Quellcode. Vorteile hat die Objektorientierung deshalb nicht für die Benutzer, sondern vor allem für die Entwickler.

Insbesondere die Entwicklung umfangreicher Programme profitiert stark von (guter) objektorientierter Programmierung – bewährte Lösungen lassen sich leicht wiederverwenden, Änderungen sich leichter umsetzen und der Quellcode sich besser strukturieren.

5.1.3 Klassen anlegen

Quellcode 5.1 verwendet für den Zähler eine eigene Klasse `Counter`. Sie dient als Bauplan für die damit erzeugten Objekte `c1` und `c2`.

Klassendeklaration

> Für jede eigene Klasse ist eine sog. *Klassendeklaration* notwendig.

Die Klassendeklaration beginnt mit dem Schlüsselwort `class`,[2] danach folgt der gewünschte Name der Klasse. In Quellcode 5.3 würde man hiermit eine Klasse mit dem Namen `Counter` deklarieren.

```
class Counter
{
    ...
};
```

Quellcode 5.3 Grundgerüst einer Klassendeklaration

Inhaltsverzeichnis der Klasse
Die Klassendeklaration ist eine Art Inhaltsverzeichnis der Klasse. Daher gibt man in den geschweiften Klammern an, welche Attribute und Methoden zu der Klasse gehören sollen und wie man darauf zugreifen kann.

> Nach der schließenden geschweiften Klammer der Klassendeklaration muss ein *Semikolon* stehen.

---

[2] Die Klassendeklaration könnte auch mit `struct` erfolgen; im Folgenden wird aber immer `class` verwendet, da dies einige Vorteile bietet.

5.1.4 Attribute

> Die *Attribute* einer Klasse repräsentieren den *Zustand* ihrer Objekte.

In der Klasse `Counter` gibt es nur das Attribut `cnt`; es enthält den aktuellen Zählerstand. Klassen enthalten meist mehr als nur ein Attribut. Auch Objekte können Attribute einer Klasse sein (siehe Abschn. 5.4.3).

Attribute in der Klassendeklaration

> Jedes Attribut wird in der Klassendeklaration mit Datentyp (bzw. Klasse) und Name angelegt.

In der Deklaration von Counter drückt `int cnt;` daher aus, dass diese Klasse ein `int`-Attribut mit dem Namen `cnt` enthalten soll.

```
class Counter
{
    int cnt;
};
```

Quellcode 5.4 Klassendeklaration mit Attribut cnt

Initialisierung von Attributen
Statt `int cnt;` hätte man auch `int cnt=0;` schreiben dürfen; hiermit würde `cnt` beim Anlegen eines Objekts den Wert 0 erhalten. Allerdings gibt es mit dem sog. *Konstruktor* der Klasse eine bessere Lösung (siehe Abschn. 5.1.5).

Objektweise Werte
Zwar besitzen alle Objekte einer Klasse dieselben Attribute, deren Werte sind aber für jedes Objekt separat gespeichert.[3]

> Die Werte der Attribute werden je Objekt gespeichert.

---

[3] Eine Ausnahme bilden Attribute, die mit dem Zusatz static angelegt wurden. Sie enthalten einen gemeinsamen Wert für alle Objekte der Klasse.

5.1 Daten und Operationen

Die beiden Zähler c1 und c2 in Quellcode 5.1 enthalten daher beide ein Attribut `cnt`. Die Werte von `cnt` können sich aber zwischen c1 und c2 unterscheiden. Jeder Zähler besitzt einen *eigenen* Zählerstand – seinen *Objektzustand*.

Verwendbar in allen Methoden
Die Attribute einer Klasse ähneln Variablen und lassen sich wie solche verwenden. Beispielsweise erhöht `cnt++;` den Zählerstand.

> Die Methoden[4] einer Klasse können auf die Attribute dieser Klasse zugreifen; die Attribute werden deshalb *nicht* als Parameter übergeben.

Insbesondere der zweite Teil des Satzes ist wichtig. Der Zählerstand `cnt` ist ein fester Teil der Klasse und lässt sich in `up()` direkt verwenden. Aus diesem Grund benötigt die Methode `void up()` *keinen* Parameter.

5.1.5 Methoden

> Methoden erlauben es, den Zustand von Objekten anhand ihrer Attributwerte auszulesen oder zu verändern.

Methoden repräsentieren die Funktionalität einer Klasse. Sie ähneln Funktionen, gehören aber fest zu einer Klasse.

> Methoden gehören zu Klassen, Funktionen *nicht*.

Methoden in der Klassendeklaration

> Die Deklaration enthält alle Methoden, die zu der Klasse gehören sollen, in Form ihres jeweiligen Kopfes.

Die Deklaration von `Counter` enthält vier verschiedene Methoden (Quellcode 5.5). Für jede Methode ist der Typ des Rückgabewerts, der Name und die Parameterliste angegeben.

---

[4] Ausgenommen sind sog. static-Methoden.

```
class Counter
{
    Counter( int initial = 0 );
    void up();
    void down();
    int value() const;

    int cnt;
};
```

Quellcode 5.5 Noch unvollständige Klassendeklaration von Counter

const für lesende Methoden
Unter den Methoden fällt `int value() const;` auf. `const` wird normalerweise für Konstanten genutzt. Steht es nach der Parameterliste einer Methode, hat `const` jedoch eine andere Bedeutung.

> Eine Methode, nach deren Parameterliste `const` steht, darf den Objektzustand nicht verändern – sie darf die Attributwerte nur *lesen*.

Der Vorteil liegt auf der Hand: `const` hilft dabei, lesende von schreibenden Methoden zu unterscheiden. Fügt man beispielsweise in die mit `const` gekennzeichnete `value()`-Methode die Anweisung `cnt=0;` ein, meldet der Compiler einen Fehler.

> Eine `const`-Methode kann *unterschiedliche* Werte als Rückgabe liefern. `const` schränkt lediglich den Zugriff auf Attribute ein.

▶ **Tipp** `const` ist für lesende Methoden nicht vorgeschrieben, man sollte aber von Anfang an darauf achten, lesende Methoden mit `const` von den schreibenden Methoden zu unterscheiden. Das verbessert die Klassen.

Objektinitialisierung mit Konstruktoren
Noch erstaunlicher ist die Zeile `Counter( int initial=0 );`. Diese Methode heißt wie die Klasse und der Typ des Rückgabewerts scheint zu fehlen.

> Eine Methode, die wie die Klasse heißt, nennt man *Konstruktor*.

5.1 Daten und Operationen

Jede Klasse hat mindestens einen Konstruktor. Legt man ihn nicht selbst an, wird er im Hintergrund automatisch erzeugt.

> Der Konstruktor wird automatisch ausgeführt, wenn ein Objekt der Klasse angelegt wird. Er soll das Objekt in einen definierten *Anfangszustand* versetzen, indem er die Attribute mit bestimmten Werten initialisiert.

Im Fall der Klasse `Counter` muss der Konstruktor demnach das Attribut `cnt` mit dem vorgesehenen Anfangswert (meist 0) initialisieren.

> Der Konstruktor hat *keinen* Rückgabewert, darf jedoch Parameter besitzen.

Der Konstruktor von `Counter` hat daher einen Parameter `initial`. Er ist dazu gedacht, einen Anfangswert für den Zähler festzulegen. Bei einer anderen Klasse würde der Konstruktor andere Parameter verwenden.

> Eine Klasse kann *mehrere* Konstruktoren enthalten, solange sie unterschiedliche Parameterlisten verwenden.

Standardwerte für Parameter
Der Konstruktor von `Counter` verwendet etwas, das auch in anderen Methoden möglich wäre – er legt in der Deklaration mit `int initial=0` den Standardwert 0 für den Parameter `initial` fest.

> Ein Standardwert für Parameter sorgt dafür, dass dem Parameter der Standardwert zugewiesen wird, wenn man keinen Wert für den Parameter übergibt.

Übergibt man beim Anlegen eines `Counter`-Objekts keinen Anfangswert, wird der Zähler wegen des Standardwerts mit dem Anfangswert 0 angelegt. Übergibt man dagegen einen Wert, wird dieser verwendet. Auf diese Weise erzeugt das Hauptprogramm in Quellcode 5.1 den Zähler `c1` mit dem Anfangswert 0 und den Zähler `c2` mit dem Anfangswert 10.

> Solche Standardwerte sind besonders bei Konstruktoren beliebt, lassen sich aber auch bei anderen Methoden und Funktionen einsetzen.

Objektfinalisierung mit dem Destruktor
Heißt eine Methode wie die Klasse, jedoch mit vorangestellter Tilde ~, nennt man sie *Destruktor*. Der Destruktor besitzt keine Parameter und liefert keinen Rückgabewert.

In der Counter-Klasse würde der Destruktor demnach `~Counter();` heißen. In Quellcode 5.1 ist er nicht Teil der Deklaration, da ein eigener Destruktor für diese Klasse nicht nötig ist.[5]

> Die im Destruktor enthaltenen Anweisungen werden automatisch ausgeführt, wenn ein Objekt am Ende seines Gültigkeitsbereichs angelangt ist und zerstört wird.

Definition von Methoden
In der Klassendeklaration von Quellcode 5.1 werden die enthaltenen Methoden als Teil der Klasse angekündigt. Wie diese Methoden arbeiten, bleibt hier noch offen.

> Die in der Deklaration genannten Methoden müssen *definiert* werden, um sie später aufrufen zu können.

Die Methodendefinition erfolgt in Quellcode 5.1 *außerhalb* der Klassendeklaration – die Deklaration kündigt die Methoden an, während die Methodendefinition beschreibt, wie sie funktionieren.

> Die Methodendefinition übernimmt den Methodenkopf der Deklaration. Vor dem Methodennamen steht jedoch der *Klassenname* mit ::.

Quellcode 5.6 zeigt dies für die Klasse `Counter`. Vor jedem Methodennamen steht `Counter::` und in den geschweiften Klammern die Anweisungen der jeweiligen Methode. Die Methodendefinitionen erinnern stark an Funktionen.

Der Konstruktor offenbart jedoch ein tückisches Detail: In der Methodendefinition fehlt der Standardwert des Parameters `initial` – das ist kein Fehler, sondern so vorgeschrieben.

---

[5] Auch hier wird im Hintergrund ein Destruktor erzeugt, wenn man keinen eigenen erstellt hat.

5.1 Daten und Operationen

> In der Klassendeklaration vorhandene Standardwerte von Parametern dürfen bei der Definition *nicht* wiederholt werden.

```
Counter::Counter( int initial )
// Legt den Zähler mit dem Anfangswert initial an
{
    cnt = initial;
}
void Counter::up()
// Erhöht den Zähler um 1
{
    cnt++;
}
void Counter::down()
// Verringert den Zähler um 1
{
    cnt--;
}
int Counter::value() const
// Liefert den aktuellen Zählerstand
{
    return cnt;
}
```

Quellcode 5.6 Methodendefinitionen der Klasse Counter

5.1.6 Festlegen des Zugriffs

Die Klassendeklaration in Quellcode 5.5 würde zu einer bösen Überraschung führen: Nichts aus dieser Klasse würde sich von außerhalb aufrufen lassen. Woran liegt das?

Privatsphäre als Standard
Das beschriebene Verhalten ist typisch für mit `class` deklarierte Klassen. Standardmäßig sind bei diesen Klassen alle Attribute und Methoden nach außen verborgen. C++ bietet jedoch Möglichkeiten, den Zugriff auf die Bestandteile von Klassen festzulegen.

> Mit den *Zugriffsspezifizierern* `public`, `private` und `protected` lässt sich der Zugriff auf Bestandteile einer Klasse festlegen.

Uneingeschränkt zugreifbar mit public

Sollen Methoden oder Attribute von außerhalb der Klasse zugreifbar sein, würde man sie als Teil der Schnittstelle dieser Klasse bezeichnen.

> Klassenbestandteile, die auf `public:` folgen, sind von außerhalb der Klasse zugreifbar.

Quellcode 5.7 zeigt die Verwendung von `public`: Der Konstruktor und alle anderen Methoden stehen nach `public` (aber vor `private`) und sind damit von außen zugreifbar. Das Attribut `cnt` soll sich jedoch nicht beliebig ändern lassen und steht deshalb *nicht* unter `public`.

```
class Counter
{
public:
    Counter( int initial = 0 );
    void up();
    void down();
    int value() const;
private:
    int cnt;
};
```

Quellcode 5.7 Vollständige Deklaration der Klasse Counter

private für maximalen Schutz

Das Gegenstück zu `public` ist `private`. Es verbirgt diese Klassenbestandteile nach außen und schützt sie auf diese Weise. Sie lassen sich damit nur indirekt über andere `public`-Methoden verwenden.

> Klassenbestandteile, die auf `private:` folgen, sind von außerhalb der Klasse *nicht* zugreifbar.

In der Klasse `Counter` gilt das lediglich für das Attribut `cnt`. `private` verhindert unerwünschtes Ändern des Zählerstands. Er lässt sich nur über die `public`-Methoden `up()` und `down()` verändern oder mit `value()` auslesen. `cnt` ist von außerhalb der Klasse nicht direkt verwendbar.

5.1 Daten und Operationen

protected als Zwischenstufe
Zwischen `public` und `private` ist `protected` angesiedelt. Seine Bedeutung ist hier jedoch irrelevant, da es auch den „Kindern" der Klasse den Zugriff erlaubt.

> Klassenbestandteile, die auf `protected:` folgen, sind nur von der Klasse selbst sowie von *abgeleiteten* Klassen zugreifbar. Solange keine Vererbung verwendet wird, ähnelt `protected` weitgehend `private`.

Abgeleitete Klassen und Vererbung beschreibt Abschn. 5.5.

5.1.7 Objekte erzeugen und verwenden

Klassen sind eine Art Bauplan für Objekte (siehe Abschn. 5.1.2). Allerdings kann man im Bauplan eines Hauses nicht wohnen, sondern nur in dem damit errichteten Haus. So verhält es sich auch mit Klassen und Objekten – möchte man eine Klasse verwenden, muss man Objekte dieser Klasse erzeugen.

Erzeugen von Objekten

> Um ein Objekt einer Klasse zu erzeugen, folgt auf den Namen der Klasse der gewünschte Name des Objekts.

Basierend auf der Klasse `Counter` erzeugt demnach `Counter c1;` einen neuen Zähler mit dem Namen `c1`. Da der Konstruktor einen Standardwert für den einzigen Parameter besitzt, wird der Zähler `c1` mit dem entsprechenden Anfangswert 0 angelegt.

> Der Konstruktor wird automatisch beim Anlegen des Objekts ausgeführt; er lässt sich später *nicht* erneut aufrufen.

Parameterwerte für den Konstruktor
Der Konstruktor der Klasse `Counter` erlaubt es, einen Anfangswert festzulegen. Diesen Anfangswert kann man beim Anlegen eines neuen Zählers übergeben.

> Werte für Parameter des Konstruktors werden beim Anlegen des Objekts in Klammern übergeben.

`Counter c2( 10 );` erzeugt daher in Quellcode 5.1 einen Zähler mit dem Anfangswert 10, da dem Konstruktor der Wert 10 übergeben wird.

> Sollen keine Werte an den Konstruktor übergeben werden, darf man die Klammern () *nicht* schreiben. Dies führt zu einem Fehler.

`Counter c1();` wäre demnach *falsch*. Das ist tückisch, da man bei Funktionen, die keine Parameter erhalten, das Klammerpaar schreiben muss.

▶ **Tipp** Das ist einer der Gründe, weshalb zusätzlich die { }-Schreibweise eingeführt wurde, um Variablen zu initialisieren oder Parameter für den Konstruktor zu übergeben. Demnach wäre `Counter c1{};` ebenso erlaubt wie `Counter c2{ 10 };`.

Aufrufen von Methoden
Der Konstruktor einer Klasse wird stets automatisch ausgeführt, mit ihm beginnt die Lebenszeit des Objekts. Die übrigen Methoden lassen sich anschließend aufrufen, um die Attribute des betreffenden Objekts zu verändern oder auszulesen (Abb. 5.3).

> Methoden ruft man für ein Objekt auf, indem man an den Objektnamen mit *Punkt* getrennt, den Methodennamen und in Klammern die Parameterwerte anschließt.

Die Methode `up()` der Klasse `Counter` ruft man für das Objekt `c1` mit `c1.up()` auf und erhöht so den Zählerstand – das zeigt auch das in Abb. 5.3 illustrierte Hauptprogramm von Quellcode 5.1.

> Während der Lebenszeit eines Objekts müssen nicht alle Methoden aufgerufen werden; die Methoden der Klasse stellen nur die *verfügbare* Funktionalität dar.

5.2 Mit Schutz zu mehr Verlässlichkeit

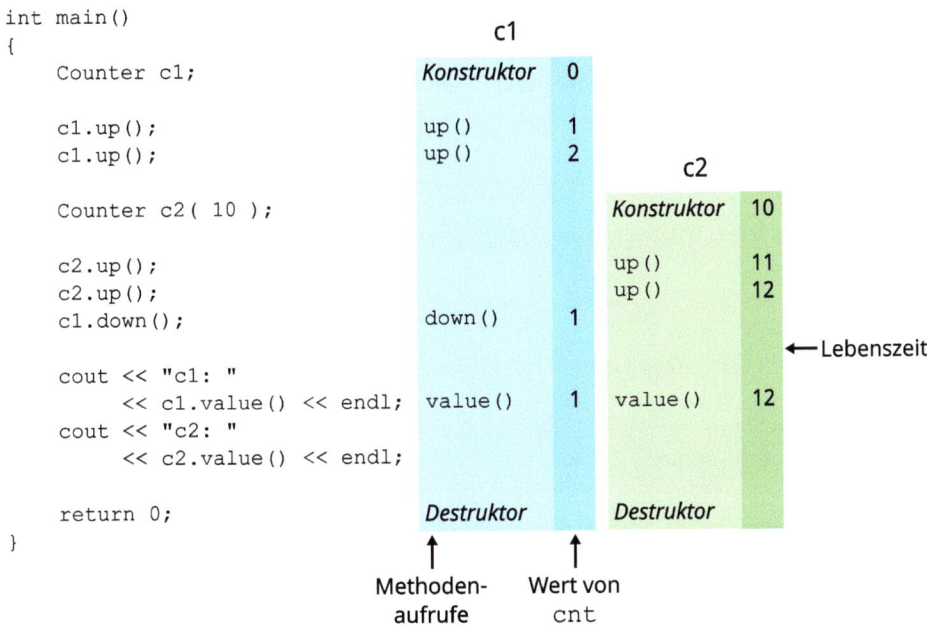

```
int main()
{
    Counter c1;

    c1.up();
    c1.up();

    Counter c2( 10 );

    c2.up();
    c2.up();
    c1.down();

    cout << "c1: "
         << c1.value() << endl;
    cout << "c2: "
         << c2.value() << endl;

    return 0;
}
```

Abb. 5.3 Lebenszeiten von Objekten der Klasse Counter

Das Beispiel string

All dies gilt nicht nur für eigene Klassen, sondern auch für vorgegebene Klassen wie string. Jede damit erzeugte Zeichenkette ist ein Objekt – so auch name in Quellcode 5.8. name.size() ruft daher die Methode size() für das Objekt name auf und ermittelt so die Anzahl der in name enthaltenen Zeichen (siehe Abschn. 4.2.3).

```
string name;
getline( cin, name );
cout << "Anzahl der Zeichen:" << name.size() << endl;
```

Quellcode 5.8 Methodenaufruf am Beispiel eines string-Objekts

5.2 Mit Schutz zu mehr Verlässlichkeit

5.2.1 Beispiel: Zähler ohne negative Werte

Die erste Version der Klasse Counter hatte einen wichtigen Nachteil: Der Zählerstand konnte negativ werden. Natürlich hätte man dies mit dem Typ unsigned int für das Attribut cnt umgehen können.[6]

---

[6] Ein cnt-- bei einem Zählerstand von 0 hätte dann jedoch unangenehme Überraschungen verursacht.

Quellcode 5.9 zeigt einen anderen Weg: Die zugreifbaren Methoden schützen den Zählerstand vor unerlaubten Werten; sie verhindern, dass der Zählerstand negative Werte annimmt. Abb. 5.4 zeigt, dass statt -1 und -2 jeweils 0 als Zählerstand ausgegeben wird.

```cpp
#include <iostream>
using namespace std;

// Eine einfache Zählerklasse (Zählerstand >= 0)
class Counter
{
public:
    Counter( int initial = 0 );
    void up();
    void down();
    int value() const;
private:
    int cnt;
};

Counter::Counter( int initial )
// Legt den Zähler mit dem Anfangswert initial an
{
    cnt = ( initial > 0 ) ? initial: 0;
}

void Counter::up()
// Erhöht den Zähler um 1
{
    cnt++;
}

void Counter::down()
// Verringert den Zähler um 1
{
    if( cnt > 0 )
    {
        cnt--;
    }
}

int Counter::value() const
// Liefert den aktuellen Zählerstand
{
    return cnt;
}

int main()
{
    // Erzeugt einen Zähler mit Anfangswert 1
```

5.2 Mit Schutz zu mehr Verlässlichkeit

```
    Counter c1( 1 );
    c1.down();
    c1.down();

    // Erzeugt einen zweiten Zähler mit negativem Anfangswert
    Counter c2( -2 );

    cout << "c1: " << c1.value() << endl;
    cout << "c2: " << c2.value() << endl;

    return 0;
}
```

Quellcode 5.9 Objektorientierter Zähler V2 (counter2.cpp)

```
> counter2
c1: 0
c2: 0
>
```

Abb. 5.4 Ausgabe des Zählers V2

5.2.2 Schützen der Attribute

Gewöhnliche Variablen lassen sich nahezu beliebig verändern. Klassen erlauben es, die Attribute vor unerwünschten Zugriffen zu schützen. Doch warum sollte man bewusst diese Freiheiten des Zugriffs einschränken?

Schutz vor wiederholten Sonderfällen
In einer realen Anwendung stünde die Klasse `Counter` nicht allein – man würde die Zählerstände für verschiedene Zwecke nutzen. In all diesen Fällen könnte eine Prüfung wie in Quellcode 5.10 notwendig sein, um unerwünschte negative Zählerstände zu erkennen.

```
Counter bestand;
...
if( bestand.value() > 0 )
{
    bestand.down();
}
else
{
    // Fehler behandeln
}
```

Quellcode 5.10 Prüfen auf negativen Zählerstand

Kann man sich jedoch darauf verlassen, dass der Zählerstand nie negativ werden kann, wären diese Prüfungen überflüssig – das würde den Quellcode vereinfachen.

> Eine gut entworfene Klasse schützt ihre Attribute selbst. Das wiederholte Erkennen unerwünschter Werte außerhalb der Klasse *entfällt*.

Schutzbedarf klären
Der Schutzbedarf der Attribute lässt sich durch drei Fragen klären:

1. Soll es möglich sein, den Wert des Attributs von außerhalb der Klasse zu lesen?
2. Soll es möglich sein, den Wert des Attributs von außerhalb der Klasse zu verändern?
3. Gibt es Einschränkungen, welche Werte das Attribut annehmen darf?

Bezogen auf den Zählerstand in Quellcode 5.9 ist offensichtlich, dass er von außerhalb gelesen wird. Änderungen sollen von außerhalb möglich sein, jedoch nur das Erhöhen oder Verringern in Einerschritten.

Soll der Zählerstand stets größer oder gleich 0 sein, ist das eine wichtige Einschränkung seiner Werte – negative Werte sind nicht erlaubt.

Die Voraussetzung: private-Attribute
Attribute lassen sich nur dann schützen, wenn von außerhalb der Klasse kein direkter Zugriff möglich ist.

> Der Schutz der Attribute setzt voraus, dass diese als `private` eingestuft sind.

Quellcode 5.9 verbirgt deshalb den zu schützenden Zählerstand `cnt` hinter `private`. Ohne geeignete Methoden ist `cnt` von außen nicht mehr zugreifbar.

▶ **Tipp** Ein Attribut, dessen Werte keinen Einschränkungen unterliegen, und das uneingeschränkt gelesen oder verändert werden kann, könnte auch `public` sein. Meist verzichtet man jedoch hierauf.

Lesenden Zugriff ermöglichen

> Soll sich der Wert eines Attributs von außen lesen lassen, benötigt man eine geeignete Methode.[7] Da sie den Wert der Attribute nicht ändert, ist sie in der Regel `const`.

---

[7] Diese Methoden werden auch als *Getter* bezeichnet.

5.2 Mit Schutz zu mehr Verlässlichkeit

In der Klasse `Counter` ermöglicht die Methode `value()` den lesenden Zugriff auf den sonst geschützten Zählerstand. Sie besteht hierzu nur aus `return cnt;`.

Änderungen ermöglichen

> Ist das Ändern der Attributwerte von außen notwendig, benötigt man geeignete Methoden.[8]

In `Counter` sind das neben dem Konstruktor die bereits vorgestellten Methoden `up()` und `down()`. Sie erlauben keine beliebigen Änderungen des Zählerstandes, sondern schränken dies wie gewünscht ein.

Schützen von Wertebereichen

> Alle Methoden, die das zu schützende Attribut verändern, müssen die einzuhaltenden Wertebereiche prüfen.

Ein gutes Beispiel hierfür ist die Methode `down()` in `Counter` (Quellcode 5.11). Sie verringert den Zählerstand nur, wenn er größer als 0 ist. Bei einem Zählerstand von 0 würde `down()` den Zählerstand nicht verändern.

```
void Counter::down()
// Verringert den Zähler um 1
{
    if( cnt > 0 )
    {
        cnt--;
    }
}
```

Quellcode 5.11 Methode down() mit Schutz vor negativen Werten

---

[8] Im Gegensatz zu den Gettern nennt man diese Methoden *Setter.*

Weitere Beispiele

Für den Schutz von Attributen gibt es viele weitere Beispiele:

- Längen, Gewichte, Altersangaben oder Flächen, die nur positiv sein dürfen
- Fehlercodes, die nur gelesen, aber nicht verändert werden dürfen
- Attribute, deren erlaubte Wertebereiche von anderen Attributen abhängen
- Zeichenketten, die in einem bestimmten Format vorliegen müssen
- Feldindizes, die nur erlaubte Werte annehmen dürfen

> Das Vorgehen ist in all diesen Fällen dasselbe: Schutzbedarf klären, Attribut(e) mit `private` verbergen und geeignete Methoden hinzufügen.

5.2.3 Schnittstelle und Implementierung

Ein wesentliches Merkmal von Klassen ist die Möglichkeit, zwischen Schnittstelle und Implementierung zu unterscheiden (siehe Abschn. 5.1.2).

Information Hiding

> Das Verbergen der internen Details einer Klasse nennt man *Information Hiding*.

Information Hiding ist wesentlich für die Objektorientierung. Klassen sollen so gestaltet sein, dass sie ihr Inneres vor der Außenwelt hinter einer Schnittstelle verbergen – diese Klassen sind *gekapselt*. Der Schlüssel hierzu sind die Zugriffsspezifizierer `public`, `private` und `protected`.

Schnittstelle zur Außenwelt

> Als *Schnittstelle* einer Klasse bezeichnet man die Köpfe der als `public` eingestuften Methoden sowie etwaige `public`-Attribute.

Die Schnittstelle der Klasse `Counter` in Quellcode 5.9 legt fest, dass man den aktuellen Zählerstand mit `value()` lesen, ihn aber nur über `up()` und `down()` verändern kann – ein direkter Zugriff ist nicht möglich.

> ▶ **Tipp** Gute Klassen besitzen eine schlanke Schnittstelle. Als `public` sollte nur eingestuft werden, was wirklich von außen zugreifbar sein *muss*. Bei kleinen Klassen kann ein erster Ansatz sein, die Methoden als `public` einzustufen und die Attribute als `private`.

5.2 Mit Schutz zu mehr Verlässlichkeit

Implementierung der Klasse

> Die *Implementierung* einer Klasse ist deren verborgener Teil, der beschreibt, *wie* die Schnittstelle das vorgesehene Verhalten bereitstellt.

Die Implementierung umfasst daher zweierlei:

1. Die Methodendefinitionen der `public`-Methoden beschreiben, *wie* diese arbeiten sollen.
2. Die als `private` eingestuften Methoden und Attribute ermöglichen im Hintergrund das angestrebte Verhalten.

Für die Klasse `Counter` bedeutet das:

1. Die in `up()` und `down()` enthaltenen Anweisungen sind entscheidend für das Verhalten – sie beschränken Änderungen auf Einerschritte und schließen in Quellcode 5.9 sogar negative Zählerstände aus.
2. Der für das Verhalten wesentliche, aktuelle Zählerstand ist im Hintergrund – also `private` – in `cnt` gespeichert.

Änderung der Implementierung ohne Änderung der Schnittstelle

> Das Verhalten einer Klasse im Hinblick auf eine bestimmte Schnittstelle lässt sich meist auf unterschiedlichen Wegen erreichen.

In `Counter` könnte man beispielsweise den Datentyp von `cnt` zu `unsigned int`, `long` oder `double` ändern. Solange die Schnittstelle unverändert bleibt, bemerkt die Außenwelt von dieser Änderung *nichts*.

Unbemerkt bleibt auch, wenn man in `up()` das Erhöhen mit `cnt++` durch `cnt+=1` oder `cnt=cnt+1` ersetzt. In allen drei Fällen wird der Zählerstand, wie von der Schnittstelle vorgesehen, um eins erhöht.

Vorteil für die Wartbarkeit
Die Implementierung ändern zu können, während die Schnittstelle unverändert bleibt, hat einen entscheidenden Vorteil: Andere Teile des Programms, die diese Klasse verwenden, müssen nicht angepasst werden, solange die Schnittstelle unverändert bleibt.

> Eine klare Trennung in Schnittstelle und Implementierung verbessert die *Wartbarkeit* des Quellcodes, weil sich Änderungen stärker auf die Klasse selbst begrenzen lassen.

Weitere Beispiele
Auch in den vorgegebenen Klassen kann man gute Beispiele für die Trennung von Schnittstelle und Implementierung finden:

- Bei einem `vector` (siehe Abschn. 4.1.5) ist für uns entscheidend, dass es sich um ein Feld handelt und dass sich seine Größe zur Laufzeit ändern lässt (Schnittstelle). Wie dies im Hintergrund umgesetzt wurde (Implementierung), ist für uns normalerweise unwichtig.
- `find()` (siehe Abschn. 4.2.10) durchsucht eine `string`-Zeichenkette nach einer Zeichenkette (Schnittstelle). Für solche Suchen gibt es viele verschiedene Algorithmen (Implementierung). Welcher davon verwendet wird, kann lediglich Auswirkungen auf die Geschwindigkeit haben.

5.3 Konzepte statt Implementierung

5.3.1 Beispiel: LED-Klasse

In Embedded Systems dienen oft LEDs als einfache Anzeige von Systemzuständen – zum Beispiel, ob das Gerät betriebsbereit ist, oder ob Fehler aufgetreten sind. Auch diese LEDs werden durch Programme angesteuert.

Quellcode 5.12 verwendet hierfür eine einfache Klasse, die eine solche LED repräsentiert. Der Fokus dieses Beispiels liegt auf der Klasse; das Hauptprogramm dient nur einem oberflächlichen Test samt Bildschirmausgabe (Abb. 5.5).

```cpp
#include <iostream>
using namespace std;

// Eine einfache LED-Klasse
class Led
{
public:
    Led();
    void turnOn();
    void turnOff();
    void toggle();
    bool isOn() const;
private:
    bool ison;
};
```

```cpp
Led::Led()
// Erzeugt eine neue LED, die anfangs aus ist
{
    turnOff();
}
void Led::turnOn()
// Schaltet die LED an
{
    ison = true;
}
void Led::turnOff()
// Schaltet die LED aus
{
    ison = false;
}
void Led::toggle()
// Wechselt den Zustand der LED
{
    ison = !ison;
}
bool Led::isOn() const
// Liefert true, wenn die LED an ist
{
    return ison;
}
int main()
{
    Led led1;
    led1.turnOn();
    if( led1.isOn() )
    {
        cout << "Die LED ist an." << endl;
    }
    else
    {
        cout << "Die LED ist aus." << endl;
    }

    return 0;
}
```

Quellcode 5.12 Eine einfache LED-Klasse (led1.cpp)

```
> led1
Die LED ist an.
>
```

Abb. 5.5 Ausgabe des LED-Beispiels

5.3.2 Abstraktion

Wie eine LED als elektronisches Bauteil aussieht, ist uns im Allgemeinen vertraut – wir haben sie bereits in vielen verschiedenen Größen, Formen und Farben gesehen. Doch wie lässt sie sich in Programme „einbauen"? Der Schlüssel hierzu ist *Abstraktion*.

> Abstraktion reduziert im Hinblick auf einen bestimmten Zweck detaillierte Eigenschaften und komplexe Implementierungsdetails auf ein einfacheres, verallgemeinertes Konzept.

Abstraktion am Beispiel der LED
Form, Material und Abmessungen der LED sind wichtig, wenn man sie als Bauteil betrachtet, ebenso ihre elektrischen Eigenschaften. Geht es aber in einer Software nur darum, die LED an- oder auszuschalten, sind all diese Details bedeutungslos. Eine zu diesem Zweck abstrahierte LED kann an oder aus sein; sie lässt sich an- oder ausschalten.

> Das Konzept umfasst damit vor allem das Verhalten sowie mögliche Zustände.

Das in Quellcode 5.12 verwendete Konzept einer LED basiert auf den beiden Zuständen „an" und „aus"; sein Verhalten umfasst das An-, Aus- und Umschalten.

Fokus auf das Wesentliche
Dieses Konzept einer abstrahierten LED bringt einen weiteren Vorteil mit sich: Es ist reduziert auf das Wesentliche. Man könnte sich noch viele weitere Eigenschaften oder Funktionalitäten vorstellen; für den vorgesehenen Zweck wären sie überflüssig und würden die Klasse unnötig verkomplizieren.

> Abstraktion zwingt zum Fokus auf das Wesentliche. Gute Klassen beschränken sich auf die wesentlichen Eigenschaften und Funktionalitäten.

5.3 Konzepte statt Implementierung

Denken in Konzepten

An dieser Stelle könnte man entgegnen, dass eine derart abstrahierte LED nur noch eine `bool`-Variable ist. Eine `bool`-Variable enthält einen Wahrheitswert – sie ist keine LED, sondern eine Variable. Das Denken in Variablen und Datentypen oder auch in Kontrollstrukturen usw. ist ein typischer Fehler bei der Programmierung: Oft denkt man zu schnell in der Welt der Implementierung.

> Bei der Objektorientierung sollte man zunächst in *Konzepten* denken und nicht in Implementierungen.

Dieser Empfehlung folgend betrachten wir die LED in Quellcode 5.12 als etwas, das an oder aus sein kann und dessen Zustand wir ändern können – nicht aber als `bool`-Variable.

Vom Abstrakten zur Implementierung

> Erst wenn man eine klare Vorstellung von dem benötigten Konzept hat, wendet man sich dessen Implementierung zu.

Dabei liegt auf der Hand, dass sich die beiden möglichen Zustände der LED durch eine `bool`-Variable repräsentieren lassen. Die Klasse `Led` verwendet hierfür das `bool`-Attribut `ison`. Entsprechend der Empfehlungen des Abschn. 5.2 ist das Attribut `ison` durch `private` geschützt und lässt sich nur über die vorgesehenen `public`-Methoden zugreifen.

Die Methode `isOn()` liefert den aktuellen Zustand. `turnOn()`, `turnOff()` und `toggle()` setzen das vorgesehene Verhalten der LED um.

5.3.3 Wiederverwendbarkeit

Die in Quellcode 5.12 erstellte Klasse `Led` ließe sich auch in vielen anderen Programmen wiederverwenden – immer dann, wenn man eine oder mehrere LEDs durch Software repräsentieren möchte. Das Wiederverwenden bewährter Klassen verringert in diesen Programmen den Entwicklungsaufwand.

> Ein wichtiges Ziel der objektorientierten Programmierung ist die *Wiederverwendbarkeit* der erstellten Klassen.

Allerdings können bereits kleine Fehler die Wiederverwendbarkeit einer Klasse gravierend einschränken. Die folgenden Empfehlungen verbessern nicht nur die Wiederverwendbarkeit, sondern auch insgesamt die Qualität der Klasse.

Verzicht auf Benutzerinteraktion

Die bisherigen Klassen verbindet eine Gemeinsamkeit: Keine von ihnen verwendet `cin` oder `cout` in ihren Methoden. In Quellcode 5.12 liefert die Methode `isOn()` der LED-Klasse lediglich `true` oder `false` als Rückgabewert. Wäre der Ansatz aus Quellcode 5.13 nicht einfacher? Der Benutzer würde keinen Unterschied feststellen, zumindest in vielen Fällen.

Wird diese `isOn()`-Methode jedoch in einem englischsprachigen Programm aufgerufen oder in einem Programm mit grafischer Bedienoberfläche, führt dies zu Problemen – die Wiederverwendbarkeit ist eingeschränkt.

```
void isOn()
{
    if( ison )
    {
        cout << "Die LED ist an." << endl;
    }
    else
    {
        cout << "Die LED ist aus." << endl;
    }
}
```

Quellcode 5.13 isOn()-Methode mit cout

Solange eine Klasse nicht gezielt für die Benutzerinteraktion verwendet wird, können `cin` und `cout` die Wiederverwendbarkeit der Klasse stark einschränken.

> Methoden sollten daher auf Benutzerinteraktion mit `cin` und `cout` verzichten. Stattdessen tauschen sie Daten mit der Außenwelt über Parameter und Rückgabewerte aus.

Eindeutige Zuständigkeiten

Die Klasse `Led` repräsentiert eine LED – weder übernimmt sie deren grafische Darstellung noch speichert sie deren Zustand in einer Datenbank. Die Klasse hat genau eine Aufgabe, man könnte sie nicht sinnvoll in mehrere Klassen unterteilen.

> Eine Klasse sollte *genau eine* Zuständigkeit haben. Vermischt sie mehrere von ihnen, schränkt das die Wiederverwendbarkeit ein.

Gute Kapselung

Gute Kapselung bedeutet, die Schnittstelle einer Klasse schlank zu halten und die Implementierung konsequent zu verbergen. Dieses Vorgehen verringert Abhängigkeiten zwischen der Implementierung der Klasse und der Außenwelt. Die Klasse Led hängt nicht davon ab, dass sie zusammen mit anderen Klassen verwendet wird, ihre Objekte verhalten sich losgelöst von anderen Objekten – die Fachsprache nennt dies *lose gekoppelt*.

> Gute *Kapselung* verbessert die Wiederverwendbarkeit von Klassen.

5.3.4 Beispiel: Punkt-Klasse

In vielen Anwendungen treten Positionsangaben auf, beispielsweise in Form einer x- und einer y-Koordinaten. Ein reduziertes Beispiel hierfür zeigt Quellcode 5.14. Die dist()-Funktion berechnet die Distanz zweier Punkte. Das Hauptprogramm übergibt die Koordinaten für zwei Punkte in Form von vier Einzelwerten.

```cpp
#include <cmath>
#include <iostream>

using namespace std;

double dist( double x1, double y1, double x2, double y2 )
// Berechnet die Distanz zwischen den Punkten (x1|y1) und (x2|y2)
{
    return sqrt( ( x1 - x2 ) * ( x1 - x2 ) + ( y1 - y2 ) * ( y1 - y2 ) );
}

int main()
{
    double p_x = 0.0;
    double p_y = 0.0;

    double q_x = 4.0;
    double q_y = 3.0;

    cout << "Distanz zwischen P und Q: "
         << dist( p_x, p_y, q_x, q_y ) << endl;

    return 0;
}
```

Quellcode 5.14 Berechnen der Distanz zweier Punkte (point0.cpp)

```
> point0
Distanz zwischen P und Q: 5
>
```

Abb. 5.6 Ausgabe der Distanzberechnung

Eine objektorientierte Lösung hierfür zeigt Quellcode 5.15 mit der bewusst einfach gehaltenen Klasse `Point`; sie beschränkt sich in diesem Beispiel auf den Konstruktor und die Methode `distTo`, um die Entfernung zu einem anderen Punkt zu berechnen. Das Hauptprogramm demonstriert die Verwendung. Die Programmausgabe in Abb. 5.7 entspricht der Ausgabe des vorherigen Programms (Abb. 5.6); aus Sicht der Benutzer gibt es somit keine Unterschiede.

```cpp
#include <cmath>
#include <iostream>
using namespace std;
class Point
{
public:
    Point( double nx = 0.0, double ny = 0.0 );
    double distTo( const Point& p ) const;

    double x;
    double y;
};
Point::Point( double nx, double ny )
// Erzeugt einen Punkt mit den Koordination (nx|ny)
{
    x = nx;
    y = ny;
}
double Point::distTo( const Point& p ) const
// Berechnet die Entfernung zu dem Punkt p
{
    return sqrt( ( x - p.x ) * ( x - p.x ) + ( y - p.y ) * ( y - p.y ) );
}
int main()
{
    Point p;
    Point q( 4.0, 3.0 );
    cout << "Distanz zwischen P und Q: " << p.distTo( q ) << endl;

    return 0;
}
```

Quellcode 5.15 Klasse Point (point1.cpp)

```
> point1
Distanz zwischen P und Q: 5
>
```

Abb. 5.7 Ausgabe des Point-Beispiels

Ist nun Quellcode 5.14 oder Quellcode 5.15 die bessere Lösung? Quellcode 5.14 ist kürzer und wirkt hierdurch einfacher. Der objektorientierte Ansatz in Quellcode 5.15 macht das Hauptprogramm intuitiver: An die Stelle der vier einzelnen Variablen treten zwei Punkte, und die Distanzberechnung mit `p.distTo( q )` ist aussagekräftiger.

5.3.5 Hinweise auf Klassen

Denkt man gemäß Abschn. 5.3.2 in Konzepten, ist der objektorientierte Ansatz in Quellcode 5.15 naheliegend. Verfügt man über wenige Erfahrung mit OOP, erkennt man mitunter schwer, welche Klassen und Objekte notwendig sind. Der Quellcode kann in solchen Fällen Hinweise liefern.

Gemeinsame Namensbestandteile
In Quellcode 5.14 fallen die Variablennamen `p_x` und `p_y` sowie `q_x` und `q_y` auf. Das gemeinsame Präfix drückt aus, dass x und y jeweils zu p bzw. q gehören.

> *Gemeinsame Namensbestandteile* von Variablen können ein Hinweis darauf sein, dass die Werte gemeinsam verwendet werden – sie könnten Attribute einer Klasse sein.

Es liegt daher nahe, x und y in einer Klasse zusammenzufassen. Hierbei ist offensichtlich, dass es sich um eine Position bzw. einen Punkt handelt. Das führt in Quellcode 5.15 zu der Klasse `Point`.

Gemeinsame Parameter
In Quellcode 5.14 weisen auch die `dist`-Parameter x1 und y1 sowie x2 und y2 auf eine fehlende Klasse hin. Die Indizes 1 und 2 zeigen an, dass `dist()` eigentlich nur zwei Parameter erhalten soll, die jeweils aus x und y bestehen.

> Werden bestimmte Parameter gemeinsam verwendet, kann das darauf hinweisen, dass sie zusammengehören – sie könnten Attribute einer Klasse sein.

Auch hier ist das ein Hinweis auf eine Klasse `Point`. Die Funktion `dist()` könnte in diesem Fall zwei `Point`-Objekte als Parameter erhalten. Das ist zugleich intuitiv, da `dist()` die Distanz zweier Punkte berechnen soll.

Ähnlichkeiten von Funktionen

Die Funktionen in Quellcode 5.16 besitzen zwei wichtige Gemeinsamkeiten:

1. Sie enden alle auf `_point` und drücken hierdurch Zusammengehörigkeit aus.
2. Sie stimmen in den ersten beiden Parametern überein und benötigen offenbar immer dieselben Daten.

Beides weist darauf hin, dass hier keine eigenständigen Funktionen gemeint sind, sondern Methoden einer Klasse. Die wiederkehrenden Parameter entsprechen den Attributen dieser Klasse. Überführt man die Funktionen in Methoden dieser Klasse, wären diese wiederkehrenden Parameter überflüssig.

> *Gemeinsame Namensbestandteile* und *übereinstimmende Parameter* von Funktionen können ein Hinweis darauf sein, dass es sich um Methoden einer Klasse handelt.

```
void init_point( double& x, double& y )
{
    x = 0.0;
    y = 0.0;
}
void set_point( double& x, double& y, double nx, double ny )
{
    x = nx;
    y = ny;
}
void move_point( double& x, double& y, double dx, double dy )
{
    x += dx;
    y += dy;
}
```

Quellcode 5.16 Funktionen als mögliche Kandidaten für Methoden

5.3.6 Objekte als Parameter

In Quellcode 5.15 erhält die Methode `distTo()` als Parameter ein `Point`-Objekt, da sie die Distanz zu diesem anderen Punkt berechnen soll.

Intuitive Aufrufe mit Objekten

> Objekte lassen sich als Parameter von Funktionen und Methoden nutzen; sie kombinieren oft mehrere Parameter, die sonst als Einzelwerte übergeben werden müssten.

Am Beispiel von `distTo()` kann man gut erkennen, dass Aufrufe mit Objekten als Parametern intuitiv sind – das unterscheidet sie von langen Parameterlisten mit vielen einzelnen Werten.

▶ **Tipp** Objekte können darüber hinaus Parameterlisten und Rückgabewerte vereinfachen, da sie mehrere zusammengehörige Werte bündeln.

Objekte als Wertparameter

> Objekte lassen sich an Funktionen oder Methoden als *Wertparameter* übergeben (Call-by-Value).

Objekte als Wertparameter zu übergeben, ähnelt dem aus Abschn. 3.5.2 bekannten Vorgehen. Die Parameterliste von `distTo()` würde sich damit zu `Point p` vereinfachen (Quellcode 5.17).

```
double Point::distTo( Point p ) const
// Berechnet die Entfernung zu dem Punkt p
{
   return sqrt( ( x - p.x ) * ( x - p.x ) + ( y - p.y ) * ( y - p.y ) );
}
```
Quellcode 5.17 distTo() mit Wertparameter

Dieser Ansatz ist einfach, birgt aber einen Nachteil: Bei Werteparametern wird stets eine *lokale Kopie* erzeugt (siehe Abschn. 3.5.7). Für ein Objekt bedeutet dies, dass der Konstruktor aufgerufen wird und – je nach Größe des Objekts – viele Daten kopiert werden müssen. Das *kann* unnötigen Aufwand verursachen.

> Wegen der notwendigen lokalen Kopie kann es ineffizient sein, Objekte als Wertparameter zu übergeben.

Objekte als Referenzparameter

> Objekte lassen sich an Funktionen oder Methoden als *Referenzparameter* übergeben (Call-by-Reference); hierdurch lässt sich das übergebene Objekt verändern.

Soll ein Objekt als Referenz übergeben werden, steht nach dem Klassennamen der Referenzoperator & (siehe Abschn. 3.5.7), also z. B. `Point&  p` wie in Quellcode 5.18. Hierdurch wird *keine* lokale Kopie erzeugt, allerdings ließe sich p in `distTo()` verändern; für eine Distanzberechnung wäre das unerwünscht.

```
double Point::distTo( Point& p ) const
// Berechnet die Entfernung zu dem Punkt p
{
   return sqrt( ( x - p.x ) * ( x - p.x ) + ( y - p.y ) * ( y - p.y ) );
}
```

Quellcode 5.18 distTo() mit Referenzparameter

Die const-Referenz als geeignete Mischform

> Sollen Objekte nicht verändert werden, übergibt man sie meist als `const`-*Referenz*. Hierdurch wird *keine* lokale Kopie erzeugt.

Die `const`-Referenz ist damit eine Mischform aus Wert- und Referenzparameter:

- Sie verhindert Änderungen an dem übergebenen Objekt.
- Sie ist effizient, weil sie auf die lokale Kopie verzichtet.

In der Parameterliste würde man dies als `const  Point&  p` schreiben (Quellcode 5.19). Am Aufruf der Methode muss man nichts weiter ändern (siehe Quellcode 5.15).

```
double Point::distTo( const Point& p ) const
// Berechnet die Entfernung zu dem Punkt p
{
   return sqrt( ( x - p.x ) * ( x - p.x ) + ( y - p.y ) * ( y - p.y ) );
}
```

Quellcode 5.19 distTo() mit const-Referenz

`const`-Referenzen setzen jedoch voraus, dass für die Methoden der übergebenen Klasse `const` angegeben ist, wenn diese nur lesend auf die Attribute zugreifen (siehe Abschn. 5.1.5).

> Von mit `const`-Referenz übergebenen Objekten können nur die `const`-Methoden aufgerufen werden. Die Attribute dieser Objekte lassen sich dann nicht verändern.

Versucht man dennoch, andere Methoden des übergebenen Objekts aufzurufen oder dessen Attribute zu verändern, erzeugt der Compiler eine Fehlermeldung – das schützt vor unabsichtlichen Änderungen.

▶ **Tipp** `const`-Referenzen sind der empfohlene Weg, um Objekte als eine Art Wertparameter – also schreibgeschützt – zu übergeben.

5.4 Von kleinen zu großen Klassen

5.4.1 Beispiel: Motor und Antrieb

Einfache mobile Roboter verwenden das in Abb. 5.8 gezeigte Antriebskonzept: ein Motor auf der linken Seite und ein Motor auf der rechten Seite. Drehen sich beide Motoren in derselben Geschwindigkeit und Richtung, bewegt sich das Fahrzeug geradeaus. Drehen sie sich in entgegengesetzte Richtung, dreht sich das Fahrzeug. Dieses Prinzip nutzen auch Kettenfahrzeuge.

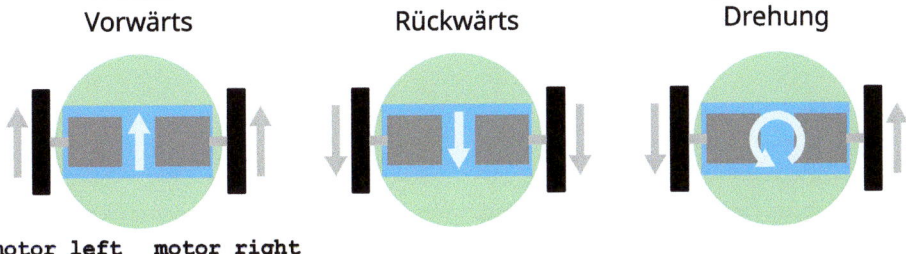

Abb. 5.8 Prinzip des Roboterantriebs

Quellcode 5.20 verwendet die Klassen `Motor` und `Drive`, um den Antrieb eines solches Roboters zu steuern. Das Hauptprogramm ist bedeutungslos, Ausgaben entstehen nicht.

`Motor` repräsentiert einen einzelnen Motor, dessen Geschwindigkeit sich mit `setSpeed()` festlegen lässt.[9] Die Drehrichtung hängt vom Vorzeichen der übergegebenen Geschwindigkeit ab.

Ein Antrieb besteht aus zwei Motoren; daher enthält die Klasse `Drive` als Attribute die beiden `Motor`-Objekte `motor_left` und `motor_right`. Die `Drive`-Methoden `start()`, `stop()`, `turnLeft()` und `turnRight()` steuern die Motoren je nach gewünschter Bewegung an. Nach außen sind die Motoren damit nicht direkt ansteuerbar.

```cpp
#include <iostream>
#include <algorithm>

using namespace std;

// Repräsentiert einen Motor
class Motor
{
public:
    // Maximalgeschwindigkeit
    static constexpr int maxSpeed = 100;
    Motor( int value = 0 );
    void setSpeed( int value );
    int getSpeed() const;
private:
    // Aktuelle Geschwindigkeit
    int speed;
};

Motor::Motor( int value )
// Erzeugt einen Motor mit der Anfangsgeschwindigkeit value
{
    setSpeed( value );
}

void Motor::setSpeed( int value )
// Ändert die Geschwindigkeit auf value,
// ein negativer Wert bedeutet rückwärts
{
    speed = clamp( value, -maxSpeed, maxSpeed );
}

int Motor::getSpeed() const
```

---

[9] Die Funktion clamp begrenzt den übergebenen Wert auf eine untere und eine obere Grenze; hierdurch liegt speed stets zwischen -maxSpeed und maxSpeed.

5.4 Von kleinen zu großen Klassen

```cpp
// Liefert die aktuelle Geschwindigkeit
{
    return speed;
}

// Repräsentiert einen Antrieb mit zwei Motoren
class Drive
{
public:
    Drive();
    void start( int speed );
    void stop();
    void turnLeft( int speed );
    void turnRight( int speed );
private:
    // Linker Motor
    Motor motor_left;
    // Rechter Motor
    Motor motor_right;
};

Drive::Drive()
// Erzeugt den Antrieb im Stillstand
    : motor_left( 0 ), motor_right( 0 )
{
}

void Drive::start( int speed )
// Fährt geradeaus mit Geschwindigkeit speed
// oder rückwärts mit negativer Geschwindigkeit
{
    motor_left.setSpeed( speed );
    motor_right.setSpeed( speed );
}

void Drive::stop()
// Stoppt das Fahrzeug
{
    motor_left.setSpeed( 0 );
    motor_right.setSpeed( 0 );
}

void Drive::turnLeft( int speed )
// Dreht das Fahrzeug nach links mit Geschwindigkeit speed
{
    motor_left.setSpeed( -speed );
    motor_right.setSpeed( speed );
```

```
}
void Drive::turnRight( int speed )
// Dreht das Fahrzeug nach rechts mit Geschwindigkeit speed
{
    motor_left.setSpeed( speed );
    motor_right.setSpeed( -speed );
}
int main()
{
    Drive maindrive;

    maindrive.start( 50 );
    maindrive.turnLeft( 10 );
    maindrive.stop();

    return 0;
}
```

Quellcode 5.20 Motor- und Drive-Klasse (drive1.cpp)

5.4.2 Konstanten in Klassen

Konstanten verbessern die Lesbarkeit und die Wartbarkeit des Quellcodes. Die in Abschn. 3.4.2 vorgestellten Konstanten gelten für den gesamten Quellcode. Quellcode 5.20 verwendet einen anderen Ansatz: Die Konstante `maxSpeed` ist Bestandteil der Klasse.

> Die Deklaration einer Klasse kann auch *Konstanten* enthalten.

Eine Konstante für alle Objekte
`maxSpeed` wird in der Deklaration mit `static constexpr int maxSpeed=100;` erzeugt.

> Das Wort `static` drückt hierbei aus, dass alle Objekte der Klasse dieselbe Konstante verwenden. Sie lässt sich auch ohne erzeugtes Objekt verwenden.

Während bei Attributen ohne `static` jedes Objekt eigene Werte der Attribute enthält, gibt es mit `static` einen gemeinsamen Wert für alle Objekte. Für Konstanten ist das naheliegend, bei gewöhnlichen Attributen sollte man dies in den meisten Fällen vermeiden.

5.4 Von kleinen zu großen Klassen

Zugriff auf die Konstante
Innerhalb der Klasse lässt sich `maxSpeed` wie andere Attribute verwenden. Da `maxSpeed` als `public` eingestuft ist, sind auch Zugriffe von außerhalb möglich.

> Auf `static`-Bestandteile der Klasse greift man von außerhalb der Klasse mit dem Klassennamen und `::` zu.

Benötigt man im Hauptprogramm von Quellcode 5.20 oder in der Klasse `Drive` die Maximalgeschwindigkeit der Motoren, könnte man `Motor::maxSpeed` verwenden – ein Objekt der Klasse `Motor` ist dafür nicht notwendig.

string::npos als weiteres Beispiel
Auch die Klasse `string` enthält mit `npos` eine `static`-Konstante. Bei der Suche nach einer Zeichenkette bedeutet `string::npos`, dass sie nicht enthalten ist (siehe Abschn. 4.2.10).

const oder constexpr
Während die bisherigen Konstanten mit `const` deklariert wurden, kommt bei `maxSpeed` die moderne Alternative `constexpr` zum Einsatz.

> Der Wert einer mit `constexpr` erzeugten Konstante muss bei der Übersetzung bekannt sein.

Bei `const` kann der Wert einer Konstanten erst zur Laufzeit ermittelt werden, lässt sich dann aber – wie bei `constexpr` – nicht mehr ändern. Für `maxSpeed` würde das keinen Unterschied machen; ihr Wert 100 steht ohnehin bereits bei der Übersetzung fest. Der Grund für `constexpr` ist in diesem Fall ein anderer.

> `constexpr` vereinfacht das Deklarieren von Konstanten in Klassen.

5.4.3 Objekte als Attribute

Die Klasse `Drive` enthält zwei Objekte der Klasse `Motor` als Attribute. Das ist ein wichtiger Unterschied zu den bisherigen Klassen, deren Attribute sog. *primitive Datentypen* wie `int`, `double` oder `bool` verwenden.

Objekte als Attribute von Klassen zu verwenden, führt von einfachen zu komplexeren Klassen.

Part-of-Beziehung
Der Antrieb besteht aus zwei Motoren – anders ausgedrückt: Die Motoren sind Teil des Antriebs. Solchen *Part-of-Beziehungen* begegnet man häufig, beispielsweise gehören zu einem Haus mehrere Räume, ein Buch hat mehrere Seiten und der Antrieb aus Abschn. 5.4.1 gehört zu einem Roboter.

> Dient ein Objekt der Klasse A als Attribut einer Klasse B, beschreibt das eine Part-of-Beziehung zwischen A und B.

Verwenden der Objekte
Quellcode 5.20 zeigt, dass sich die beiden `Motor`-Objekte wie gewöhnliche Attribute verwenden lassen, beispielsweise ruft die `stop()`-Methode der Klasse `Drive` die `setSpeed()`-Methode der beiden `Motor`-Objekte auf.

Parameter für den Konstruktor
Der Konstruktor der `Drive`-Klasse sorgt dafür, dass die beiden `Motor`-Objekte erzeugt werden. Soll der jeweilige `Motor`-Konstruktor Parameter erhalten, steht man vor einem Problem: Der Konstruktor lässt sich nicht direkt aufrufen. C++ bietet aber für solche Fälle eine Lösung.

> Parameter für die jeweiligen Konstruktoren der Attribute darf man nach : übergeben. Hierfür gibt man den Attributnamen an und in Klammern die gewünschten Parameter.

Quellcode 5.21 zeigt das für den Konstruktor der Klasse `Drive`. Noch *vor* der öffnenden geschweiften Klammer stehen nach dem Doppelpunkt die zu initialisierenden Attribute `motor_left` und `motor_right`. Beide werden mit dem Anfangswert 0 erzeugt.

```
Drive::Drive()
// Erzeugt den Antrieb im Stillstand
    : motor_left( 0 ), motor_right( 0 )
{
}
```

Quellcode 5.21 Definition des Konstruktors der Klasse Drive

Diese Schreibweise lässt sich nicht nur auf Objekte anwenden, sondern bei beliebigen Attributen. Den Konstruktor der Klasse Led könnte man beispielsweise wie in Quellcode 5.22 umschreiben.

```
Led::Led()
    : ison( false )
{
}
```

Quellcode 5.22 Alternative Definition des Konstruktors der Klasse Led

5.5 Erweiterung durch Vererbung

5.5.1 Beispiel: Grundlage einer Signal-Klasse

Signale, die man in Programmen verarbeitet, bestehen meist aus einer Folge von Messwerten. Die Anzahl dieser Werte kann von Signal zu Signal variieren. Auch können während der Verarbeitung weitere Messwerte hinzukommen. Ein C-Feld ist aus diesen Gründen ungeeignet. vector-Felder eignen sich gut, da sie sich leicht verwenden und zur Laufzeit vergrößern oder verkleinern lassen (siehe Abschn. 4.1.5). Da es sich bei den Messwerten meist um Dezimalwerte handelt, würde man die Klasse vector<double> verwenden.

Signale zu verarbeiten, bringt häufig mit sich, auf benachbarte Werte zuzugreifen. In solchen Fällen muss man jedoch verhindern, auf nicht vorhandene Elemente des Feldes zuzugreifen. Diese Sonderfälle können den Quellcode schwer verständlich machen.

Quellcode 5.23 umgeht diese Sonderfälle durch einen besonderen Lösungsansatz: Die Klasse Signal übernimmt das Verhalten und die Eigenschaften von vector<double>. Zusätzlich enthält sie zwei Methoden get() und set(), um Werte des Feldes zu lesen bzw. zu verändern. Als Index akzeptieren beide Methoden auch nicht erlaubte Indizes, was bei [] zu Fehlern führen würde. get() liefert in solchen Fällen den Wert des nächstliegenden Feldelements, z. B. den ersten Wert des Feldes, wenn man auf die Position -5 zugreift. set() wiederum ignoriert Zugriffe auf nicht vorhandene Elemente des Feldes.

Wie wirkungsvoll Signal den Zugriff auf einzelne Werte absichert, zeigt die Ausgabe des Hauptprogramms (Abb. 5.9): sig.set(-1, 2.0); und sig.set(5, -1.0); werden ignoriert; die Zugriffe auf nicht erlaubte Indizes führen zu den nächstliegenden Elementen des Feldes.

```cpp
#include <iostream>
#include <vector>
#include <algorithm>

using namespace std;

// Grundlage einer Signal-Klasse auf der Basis von vector
class Signal: public vector<double>
{
public:
    Signal( size_t nrvals = 0, double initval = 0.0 );
    double get( int pos ) const;
    void set( int pos, double val );
};

Signal::Signal( size_t nrvals, double initval )
    : vector<double>( nrvals, initval )
// Erzeugt ein Signal mit nrvals Werten,
// die mit initval initialisiert sind
{
}

double Signal::get( int pos ) const
// Liefert den Wert an der Stelle pos oder
// den nächstliegenden Wert, wenn der Wert nicht existiert
{
    // Feld ist leer
    if( size() == 0 )
    {
        return 0.0;
    }

    return (*this)[ clamp<int>( pos, 0, size()-1 ) ];
}

void Signal::set( int pos, double val )
// Ändert den Wert an der Stelle pos auf den Wert value,
// existiert das zu ändernde Element nicht, geschieht nichts
{
    // Nicht vorhandene Elemente ignorieren
    if( pos < 0 ||
        pos >= size() )
    {
        return;
    }

    (*this)[ pos ] = val;
```

5.5 Erweiterung durch Vererbung

```
}

int main()
{
    Signal sig( 3, 10.0 );

    // Beispielhafte Änderungen
    sig.set( -1, 2.0 );
    sig.set( 0, 0.0 );
    sig.set( 2, 2.0 );
    sig.set( 5, -1.0 );

    // Werte anzeigen
    cout << "i\tsig[i]" << endl;
    for( int i = -2; i <= 4; i++ )
    {
        cout << i << '\t' << sig.get( i ) << endl;
    }

    return 0;
}
```

Quellcode 5.23 Von vector<double> abgeleitete Signal-Klasse (signal1.cpp)

```
> signal1
i       sig[i]
-2      0
-1      0
0       0
1       10
2       2
3       2
4       2
>
```

Abb. 5.9 Ausgabe des Signalbeispiels

5.5.2 Vererbung

Die Deklaration der Klasse `Signal` beginnt mit `class Signal : public vector<double>`. Der Doppelpunkt nach dem Klassennamen drückt aus, dass `Signal` von der Klasse `vector<double>` *erben* soll.

> *Vererbung* ist ein wichtiges Prinzip der Objektorientierung. Die abgeleitete Klasse übernimmt die Attribute und Methoden der Basisklasse.

Die abgeleitete Klasse `Signal` besitzt somit zunächst dieselben Methoden und Attribute wie ihre Basisklasse `vector<double>`.

Weitere Methoden und Attribute

> Die abgeleitete Klasse kann weitere Methoden und Attribute *hinzufügen*.

Beispielsweise ergänzt `Signal` die von `vector<double>` übernommenen Methoden um die beiden Methoden `set()` und `get()`.

Löschen von geerbten Methoden

> In der abgeleiteten Klasse kann man das Übernehmen von Methoden der Basisklasse mit `= delete;` verhindern.

Dieses Löschen ist eher etwas für Sonderfälle, schließlich setzt man die Vererbung gerade deshalb ein, weil man die Funktionalität der Basisklasse übernehmen möchte.

Art der Vererbung

Vor dem Namen der Basisklasse kann man bei der Vererbung mit `public`, `protected` oder `private` die Art der Vererbung angeben. Bei `Signal` ist dies `public`.

> Die Art der Vererbung legt fest, wie Methoden der Basisklasse in der abgeleiteten Klasse zugreifbar sind.

Tab. 5.1 zeigt, wie sich die Art der Vererbung auf die abgeleitete Klasse auswirkt. Eine `public`-Vererbung verändert die Zugreifbarkeit von Bestandteilen der Basisklasse im Wesentlichen nicht. Die `protected`-Vererbung schränkt nur `public` ein. Und eine `private`-Vererbung verhindert jeglichen Zugriff auf Bestandteile der Basisklasse.

5.5 Erweiterung durch Vererbung

Tab. 5.1 Zugreifbarkeit bei der Vererbung

Zugriff in der Basisklasse	Art der Vererbung	Zugriff in der abgeleiteten Klasse	Zugriff von außerhalb der abgeleiteten Klasse
public	public	public	public
public	protected	protected	protected
public	private	private	nicht zugreifbar
protected	public	protected	nicht zugreifbar
protected	protected	protected	nicht zugreifbar
protected	private	private	nicht zugreifbar
private	public	nicht zugreifbar	nicht zugreifbar
private	protected	nicht zugreifbar	nicht zugreifbar
private	private	nicht zugreifbar	nicht zugreifbar

Durch eine Vererbung mit `class Signal : private vector<double>` wäre die Basisklassenmethode `size()` weder innerhalb noch außerhalb der Klasse `Signal` zugreifbar.

Zugriff auf Methoden der Basisklasse

Je nach Art der Vererbung sind die Methoden und Attribute der Basisklasse auch in der abgeleiteten Klasse zugreifbar.

Beispielsweise verwenden die `Signal`-Methoden in Quellcode 5.23 die Methode `size()` aus `vector<double>`. Sie wird wie jede andere Methode aufgerufen.

Überschreiben von Methoden

> Die abgeleitete Klasse kann Methoden der Basisklasse *überschreiben*.

Wollte man zum Beispiel die Methode `size()` von `vector<double>` in `Signal` so überschreiben, dass sie als Ergebnis `int` liefert, könnte man wie in Quellcode 5.24 vorgehen.

```
int Signal::size() const
// Liefert die Größe des Signals als int-Wert
{
    return vector<double>::size();
}
```

Quellcode 5.24 Überschreiben der Methode size()

Würde man in der neuen `size()`-Methode aber lediglich `return size();` verwenden, würde das Programm abstürzen. Der Compiler erkennt in diesem Fall nicht, ob `size()` aus `Signal` oder aus `vector<double>` gemeint ist – er verwendet `size()` aus `Signal`, welches sich dann viele Male selbst aufruft.[10] Man muss den Namenskonflikt auflösen, um diesen Fehler zu verhindern, hier durch das Voranstellen von `vector<double>::`.

> Sind die Namen von Methoden zwischen Basisklasse und abgeleiteter Klasse nicht eindeutig, kann man den *Klassennamen* mit `::` voranstellen.

Parameter für den Konstruktor der Basisklasse
Der Konstruktor der Klasse `Signal` besitzt zwei Parameter – `nrvals` gibt die Zahl der Elemente in diesem Feld an und `initval` deren anfänglichen Wert. Beide Parameter unterstützt auch `vector<double>` (siehe Abschn. 4.1.5). Die Parameter des Konstruktors von `Signal` müssen deshalb an den Konstruktor von `vector<double>` weitergegeben werden.

> Bei der Definition des Konstruktors der abgeleiteten Klasse lassen sich Parameter an den Konstruktor der Basisklasse weitergeben.

Möglich macht dies die in Abschn. 5.4.3 gezeigte Doppelpunktschreibweise. Quellcode 5.25 zeigt, wie sich auf diese Weise die Werte von `nrvals` und `initval` an den Konstruktor von `vector<double>` übergeben lassen.

```
Signal::Signal( size_t nrvals, double initval )
// Erzeugt ein leeres Signal
    : vector<double>( nrvals, initval )
{
}
```

Quellcode 5.25 Weiterreichen von Parametern an den Konstruktor der Basisklasse

Wiederverwendung durch Vererbung
Doch warum sollte man Vererbung einsetzen? `Signal` und `vector<double>` besitzen durch die Vererbung viele Gemeinsamkeiten. `Signal` kann die Methoden und Attribute von `vector<double>` wiederverwenden. Das vereinfacht die Entwicklung von `Signal` deutlich, Gleiches gilt für ihre Wartung.

---

[10] Das ist ein Fall von sog. Rekursion.

5.5 Erweiterung durch Vererbung

> Vererbung kann die Entwicklung und Wartung der abgeleiteten Klassen durch *Wiederverwendung* der Basisklassen vereinfachen.

Is-a-Beziehung mit Spezialisierung
Außerdem dient Vererbung dazu, eine besondere Beziehung zwischen Basisklasse und abgeleiteter Klasse zu beschreiben. `Signal` ist weiterhin ein `vector<double>`, jedoch eine Spezialisierung, da `Signal` außerdem den Zugriff absichert.

> Vererbung beschreibt eine *Is-a-Beziehung*. Die abgeleitete Klasse ist eine *Spezialisierung* der Basisklasse.

Is-a-Beziehungen trifft man häufig an:

- Obstbäume, Nadelbäume usw. sind Bäume.
- Vögel, Insekten usw. sind Tiere.
- Temperatursensoren, Beschleunigungssensoren usw. sind Sensoren.

Beispielsweise könnte man eine allgemeine Klasse `Sensor` anlegen und davon die spezialisierten Klassen `Temperatursensor`, `Beschleunigungssensor` usw. erben lassen.

▶ **Tipp** Wiederverwendung und Spezialisierung sind wichtige Argumente für Vererbung. Zu häufiger Einsatz kann jedoch zu schwer verständlichem Quellcode führen.

Mehrfachvererbung
Hier nicht betrachtet wird eine besondere Art der Vererbung in C++, die sog. *Mehrfachvererbung*. Dabei erbt die abgeleitete Klasse nicht nur von einer, sondern von *mehreren* Basisklassen. Dies kann zu Mehrdeutigkeiten und schwer verständlichem Quellcode führen, weshalb viele Programmiersprachen keine Mehrfachvererbung erlauben.

5.5.3 Der Zeiger this

Ein Detail von Quellcode 5.23 ist das Schlüsselwort `this`, zum Beispiel in `(*this)[pos]`.

> `this` ist ein *Zeiger*, der in Methoden auf das aktuelle Objekt verweist.

Als ein Zeiger enthält `this` demnach die Speicheradresse des aktuellen Objekts (siehe Abschn. 4.4).

Notwendig in Sonderfällen
Notwendig ist `this`, wenn man in einer Methode das aktuelle Objekt benötigt, z. B. in Ausdrücken mit Operatoren. Hilfreich kann `this` sein, um bei Namenskonflikten auszudrücken, dass man ein Attribut oder eine Methode der Klasse meint.

> In C++ muss man `this` *nicht* verwenden, um auf Attribute oder Methoden zuzugreifen.

Das ist ein wichtiger Unterschied zu anderen Programmiersprachen, die `this` teilweise immer verlangen, wenn man auf Attribute oder Methode zugreift.

Besonderheiten der Syntax
Normalerweise greift man auf Methoden und Attribute zu, indem man den Objektnamen mit einem *Punkt* voranstellt. Bei `this` greift man jedoch nicht direkt auf das Objekt zu, sondern über einen Zeiger.

> Greift man über einen *Zeiger* auf Attribute oder Methoden eines Objekts zu, verwendet man statt des Punktes die Schreibweise `->`.

Aus diesem Grund verwendet man `this->size()` und nicht `this.size()`. Innerhalb einer Methode von `Signal` würde aber auch ein einfacher Aufruf von `size()` ohne vorangestelltes `this->` die Zahl der Elemente liefern.

Dereferenzierung bei Bedarf

> Die Dereferenzierung mit `*this` liefert das aktuelle Objekt, während `this` lediglich dessen Adresse enthält.

Statt `this->size()` hätte man demnach auch `(*this).size()` schreiben können. Quellcode 5.23 verwendet das Dereferenzieren von `this` vor allem, um den Indexoperator `[]` der Basisklasse nutzen zu können. Bei `(*this)[ pos ]` liefert `(*this)` zunächst das aktuelle Objekt (und nicht dessen Adresse), um dann auf dessen Element mit dem Index `pos` zuzugreifen.

5.6 Aufteilen des Quellcodes

5.6.1 Beispiel: Klasse Circle mit aufgeteiltem Quellcode

Die Klasse `Circle` repräsentiert einen Kreis und kann dessen Fläche, Umfang und Durchmesser berechnen. Als Beispiel zeigt diese Klasse aber vor allem die Aufteilung des Quellcodes in mehrere Dateien. Hierdurch liegt die Klasse in den Dateien `circle.h` (Quellcode 5.26) und `circle.cpp` (Quellcode 5.27) vor, das Hauptprogramm in `main.cpp` (Quellcode 5.28). Das Hauptprogramm dient nur einem kurzen Test der Klasse (Abb. 5.10).

```
#ifndef CIRCLE_H
#define CIRCLE_H

class Circle
{
public:
    Circle( double nradius = 0.0 );
    // Erzeugt einen Kreis mit Radius nradius

    double Area() const;
    // Berechnet die Fläche des Kreises

    double Perimeter() const;
    // Liefert den Umfang des Kreises

    double Diameter() const;
    // Liefert den Durchmesser des Kreises

    static constexpr double PI = 3.14159265358979323846;
protected:
    double radius;
};

#endif
```

Quellcode 5.26 Header-Datei der Klasse Circle (circle.h)

```cpp
#include "circle.h"

Circle::Circle( double nradius )
        : radius( nradius )
{
}

double Circle::Area() const
{
    return PI * radius * radius;
}

double Circle::Perimeter() const
{
    return 2.0 * PI * radius;
}

double Circle::Diameter() const
{
    return 2.0 * radius;
}
```

Quellcode 5.27 Methodendefinitionen der Klasse Circle (circle.cpp)

```cpp
#include <iostream>
#include "circle.h"

using namespace std;

int main()
{
    Circle circ( 3.0 );

    cout << "Flaeche: " << circ.Area() << endl;
    cout << "Umfang: " << circ.Perimeter() << endl;
    cout << "Durchmesser: " << circ.Diameter() << endl;

    return 0;
}
```

Quellcode 5.28 Hauptprogramm zur Anwendung der Klasse Circle (main.cpp)

```
> circle
Flaeche:        28.2743
Umfang:         18.8496
Durchmesser:    6
>
```

Abb. 5.10 Ausgabe des Kreis-Beispiels

5.6.2 Vorteile der Quellcodeaufteilung

Das Kreis-Beispiel ist klein; seinen Quellcode in mehrere Dateien aufzuteilen wirkt eher umständlich. Normale C++-Programme umfassen jedoch meist tausende Zeilen Code.

Eine Datei und viele Nachteile
Derart umfangreichen Quellcode in *einer* Datei zu speichern, kann zu mehreren Problemen führen:

- Die Datei ist unübersichtlich.
- Die Datei lässt sich schlecht gemeinsam bearbeiten.
- Änderungen lassen sich schwer nachverfolgen und rückgängig machen.
- Teile des Quellcodes lassen sich nicht einfach weitergeben.
- Mit zunehmender Länge des Quellcodes dauert das Übersetzen des Codes immer länger.

> Mit zunehmendem Umfang des Quellcodes bringt es viele Nachteile mit sich, den Quellcode in einer einzelnen Datei zu speichern.

Aufteilung als Ausweg
Teilt man den Quellcode *sinnvoll* in mehrere Dateien auf, lassen sich die beschriebenen Probleme lösen:

- Zwar gibt es mehrere Dateien, sie enthalten aber jeweils weniger Quellcode und sind hierdurch übersichtlicher.
- Die einzelnen Dateien lassen sich gut von verschiedenen Personen bearbeiten.
- Änderungen lassen sich je Datei nachverfolgen und bei Bedarf rückgängig machen.
- Einzelne Dateien, z. B. die Schnittstellen von Klassen, können leicht weitergegeben werden.
- Das Übersetzen lässt sich beschleunigen, wenn nur geänderte Dateien neu übersetzt werden müssen und nicht der gesamte Quellcode.

> Das Aufteilen des Quellcodes führt zwar zu mehr Dateien, vereinfacht die Entwicklung aber auf vielfältige Weise – deshalb ist es üblich, den Quellcode aufzuteilen.

5.6.3 Präprozessoranweisungen

Präprozessoranweisungen beginnen mit einer Raute # und enden ohne Semikolon (siehe Abschn. 2.2.3). Besonders oft trifft man auf `#include`, das bestimmte Befehle oder Klassen im Quellcode verfügbar macht – es gibt jedoch viele weitere Präprozessoranweisungen. Mehrere von ihnen sind wichtig für die Quellcode-Aufteilung.

Dateiinhalte laden mit #include

Die Datei `main.cpp` (Quellcode 5.28) liefert weitere Beispiele für den Einsatz von `#include`. `#include <iostream>` macht die Ein- und Ausgabebefehle verfügbar (siehe Abschn. 2.2.4), `#include "circle.h"` wiederum die in `circle.h` enthaltene Deklaration von `Circle` (Quellcode 5.29). Die tatsächliche Bedeutung von `#include` ist in beiden Fällen einfach:

> Der Präprozessor ersetzt die `#include`-Anweisung durch den *Inhalt* der angegebenen Datei.

```
#include <iostream>
#include "circle.h"
```

Quellcode 5.29 #include-Anweisungen der main.cpp

`iostream` ist demnach ebenso eine Datei wie `circle.h`. Hat der Präprozessor seine Arbeit erledigt, stehen am Anfang der `main.cpp` die Inhalte der Dateien `iostream` und `circle.h`.

Die Frage des Speicherortes

Doch warum steht `iostream` nach `#include` in spitzen Klammern < > und `circle.h` in Anführungszeichen " "? Der Grund hierfür ist einfach: Die unterschiedliche Schreibweise drückt aus, *wo* die Dateien gesucht werden.

> Werden Dateien mit `#include` aus dem aktuellen Verzeichnis eingebunden, schreibt man sie in *doppelte Anführungszeichen*. Sind sie im Systemverzeichnis gespeichert, verwendet man *spitze Klammern*.

Dateien wie `iostream`, `string`, `vector` usw. liegen nach der Installation des Compilers in einem besonderen Ordner vor, dem Systemverzeichnis. Da für alle C++-Programme dieselben Dateien verwendet werden, ist das durchaus sinnvoll.

5.6 Aufteilen des Quellcodes

Projektspezifische Dateien sind in dem Ordner (oder einem Unterordner davon) abgelegt, in dem sich auch der restliche Quellcode des Projekts befindet. Deshalb stehen projektspezifische Dateien bei `#include` in Anführungszeichen.

Ein Wächter für #include

Betrachtet man die sog. *Header-Datei* `circle.h` näher, fallen schnell die Präprozessoranweisungen am Anfang und Ende der Datei auf (Quellcode 5.30). Sie umschließen den gesamten Inhalt der Datei.

```
#ifndef CIRCLE_H
#define CIRCLE_H

...

#endif
```

Quellcode 5.30 #include-Wächter in circle.h

> Die Kombination aus `#ifndef` und `#define` ist ein sog. *Header-Guard* und verhindert, dass der Inhalt einer Datei mehrfach in eine andere Datei eingebunden wird.

Um das zu verstehen, betrachten wir Quellcode 5.31:

```
#include "circle.h"
#include "circle.h"
```

Quellcode 5.31 Doppeltes Einbinden von circle.h

Ohne Header-Guard würden die `#include`-Anweisungen jeweils durch die Deklaration von `Circle` aus `circle.h` ersetzt werden – im Quellcode stünde dieselbe Deklaration zweimal. Das würde der Compiler als Fehler ansehen. *Mit* Header-Guard geschieht Folgendes:

1. Das erste `#include` wird verarbeitet und der Inhalt von `circle.h` geladen.
2. `#ifndef` prüft, ob zuvor mit `#define` das Symbol `CIRCLE_H` vermerkt wurde. Das ist nicht der Fall, also wird der nachfolgende Quellcode übernommen.
3. `#define` vermerkt nun das Symbol `CIRCLE_H` und kennzeichnet damit `circle.h` als eingebunden.
4. Das zweite `#include` wird verarbeitet und der Inhalt von `circle.h` erneut geladen.

5. `#ifndef` prüft erneut, ob das Symbol `CIRCLE_H` vermerkt wurde. Das ist der Fall, also wird der nachfolgende Quellcode bis `#endif` übersprungen – `circle.h` wird also *nicht* erneut eingebunden.

> Das Symbol nach `#define` muss eindeutig für die betreffende Datei sein. Meist verwendet man den Dateinamen in Großbuchstaben mit Unterstrich vor der Dateiendung (z. B. `CIRCLE_H`).

▶ **Tipp** Header-Guards sind nicht verpflichtend, man sollte sich aber angewöhnen, sie in jede Datei einzufügen, die mit `#include` eingebunden wird.

5.6.4 Prinzip der Quellcodeaufteilung

Das Beispiel aus Abschn. 5.6.1 verwendet drei verschiedene Dateien – zwei für die Klasse `Circle` und eine für das Hauptprogramm. Das zugrundeliegende Prinzip der Aufteilung ist einfach.

Deklaration in der Header-Datei

> Für *jede* Klasse verwendet man eine sog. *Header-Datei* mit der Dateiendung `.h`. Sie enthält die *Deklaration der Klasse* und einen Header-Guard.

Die Datei `circle.h` (Quellcode 5.26) ist eine solche Header-Datei für die Klasse `Circle`. Sie dient als eine Art Inhaltsverzeichnis der jeweiligen Klasse.

Eine Header-Datei enthält außer Klassendeklarationen meist nur Konstanten, Typdefinitionen (z. B. `enum`) oder die Köpfe von Funktionen. Sie kann `#include`-Anweisungen enthalten, wenn diese für die Inhalte der Header-Datei wichtig sind, beispielsweise wenn man `string` verwendet. Der Header-Guard umschließt all dies Inhalte.

> Die Header-Datei wird üblicherweise von anderen Dateien des Quellcodes mit `#include` eingebunden, wenn die jeweilige Klasse verwendet werden soll.

`main.cpp` (Quellcode 5.28) verwendet die Klasse `Circle`. Damit sich `main.cpp` übersetzen lässt, muss sie die Deklaration von `Circle` enthalten. Aus diesem Grund bindet sie deren Header-Datei mit `#include "circle.h"` ein. Gleiches gilt für `circle.cpp` (Quellcode 5.27).

5.6 Aufteilen des Quellcodes

Methodendefinition

> Für *jede* Klasse erstellt man eine *Quellcodedatei* mit der Dateiendung `.cpp`. Sie enthält alle *Methodendefinitionen der Klasse*.

Die Methodendefinitionen der Klasse `Circle` befinden sich in der gleichnamigen `circle.cpp` (Quellcode 5.27). Sie bindet die zugehörige Deklaration per `#include` ein. Sie kann weitere `#include`-Anweisungen enthalten, wenn diese für die Definitionen notwendig sind.

Zwei Dateien je Klasse

> Für *jede* Klasse erstellt man eine *Header-Datei* (`.h`) und eine *Quellcodedatei* (`.cpp`). Der jeweilige Dateiname lässt die enthaltene Klasse eindeutig erkennen.

Eine zusätzliche Klasse `Tube` würde daher zu zwei weiteren Dateien führen: `tube.h` und `tube.cpp`. In der Praxis kann Quellcode viele Klassen enthalten. Dementsprechend ist es nicht ungewöhnlich, wenn der Quellcode mehr als hundert Dateien umfasst.

Hauptprogramm

> Das *Hauptprogramm* befindet sich in einer eigenen Quellcodedatei mit der Endung `.cpp`.

Die Datei `main.cpp` (Quellcode 5.28) enthält das Hauptprogramm, das die Klasse `Circle` erprobt. Deshalb bindet sie deren Header-Datei mit `#include "circle.h"` ein. Sie könnte auch zusätzliche Funktionen enthalten, die das Hauptprogramm verwendet.

> Mit `#include` bindet man stets nur die Header-Datei ein, *nie* die Quellcodedatei.

Falsch wäre demnach `#include "circle.cpp"`. Es würde zwar den Inhalt der Datei einbinden, allerdings würde man hierdurch den Übersetzungsprozess unnötig verlängern.

Aufteilung ohne Klassen

Oft benötigt man eine Reihe von Hilfsfunktionen an verschiedenen Stellen des Quellcodes. Auch in diesem Fall lässt sich die Quellcode-Aufteilung nutzen.

> Für eine Gruppe von *Funktionen* kann man eine Header-Datei samt Header-Guard erstellen; sie enthält lediglich die Funktionsköpfe. Eine zugehörige Quellcodedatei enthält die vollständigen Funktionen.

Als Beispiel hierfür dienen zwei Hilfsfunktionen, für die eine Header-Datei `utils.h` (Quellcode 5.32) und eine Quellcodedatei `utils.cpp` (Quellcode 5.33) erstellt wird. Nach Einbinden des Headers mit `#include "utils.h"` lassen sich die Funktionen aufrufen.

```
#ifndef UTILS_H
#define UTILS_H
bool between( double val, double lower, double upper );
// Liefert true, wenn lower <= val <= upper ist

double sqr( double val );
// Liefert das Quadrat von val

#endif
```

Quellcode 5.32 Header-Datei für Hilfsfunktionen (utils.h)

```
#include "utils.h"
bool between( double val, double lower, double upper )
{
    return val >= lower && val <= upper;
}
double sqr( double val )
{
    return val*val;
}
```

Quellcode 5.33 Vollständige Hilfsfunktionen (utils.cpp)

5.6.5 Übersetzungsprozess bei aufgeteiltem Quellcode

C++-Quellcode wird durch Präprozessor, Compiler und Linker zu einem ausführbaren Programm übersetzt. Dieser in Abschn. 2.3.2 für einzelne Dateien vorgestellte Prozess gilt in ähnlicher Weise auch für mehrere Dateien. Abb. 5.11 zeigt, wie das Kreis-Beispiel aus Abschn. 5.6.1 übersetzt wird.

Kompilieren der Quellcodedateien

Weder `circle.cpp` noch `main.cpp` würden sich einzeln in ein ausführbares Programm übersetzen lassen. Daher verarbeitet zunächst der Präprozessor `circle.cpp` und bindet die Inhalte der `circle.h` ein. Anschließend übersetzt der Compiler den Quellcode und erzeugt den Objekt-Code `circle.o`. Anschließend wird dies für `main.cpp` wiederholt.

Erzeugen des ausführbaren Programms

Die so erzeugten Dateien mit dem Objekt-Code (.o) führt der Linker zusammen und nutzt die Bibliotheken, um daraus ausführbare Maschinenanweisungen zu erzeugen (siehe Abschn. 2.3.2). So entsteht am Ende *ein* ausführbares Programm.

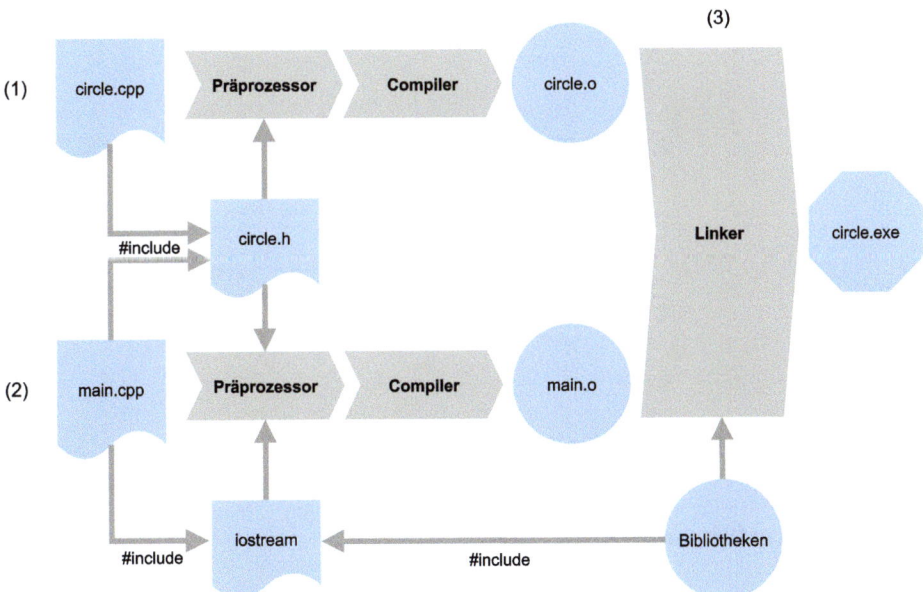

Abb. 5.11 Übersetzungsprozess bei aufgeteiltem Quellcode

Koordination notwendig

> Der Übersetzungsprozess bei Quellcodeaufteilung erfordert eine Koordination durch ein *Projekt* oder ein sog. *makefile*.

Ohne ein Projekt bzw. makefile müsste man die genannten Teilschritte manuell ausführen. Das ist im Alltag nicht zweckmäßig. Integrierte Entwicklungsumgebungen (IDE) erlauben es, die notwendigen Quellcodedateien zu Projekten zusammenzufassen. Anschließend lässt sich dieses Projekt dann übersetzen, wodurch die notwendigen Teilschritte automatisch ausgeführt werden. Abb. 5.12 zeigt die Übersetzung in Code::Blocks.

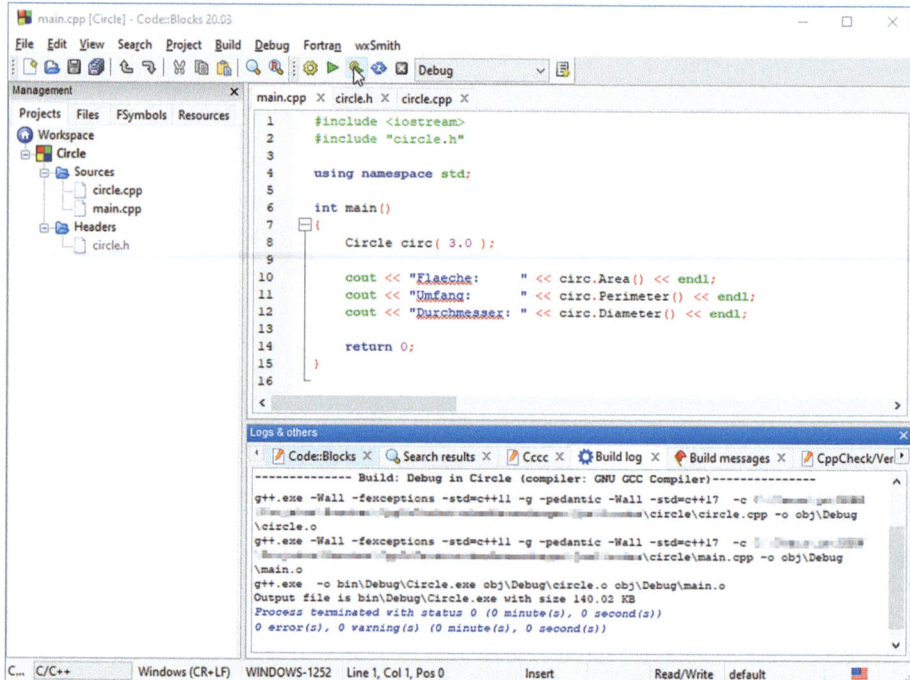

Abb. 5.12 Übersetzen eines Projekts in Code::Blocks

5.7 Weiterführende Konzepte

5.7.1 Entwurfsmuster

Entwurfsmuster (Design Pattern) sind bewährte Lösungen für wiederkehrende Probleme der Software-Entwicklung (Gamma, et al., 1994).

Entwurfsmuster sind keine Besonderheit von C++, vielmehr sind es abstrakte Lösungsansätze, die sich in unterschiedlichen Programmiersprachen umsetzen lassen. Beispiele für Entwurfsmuster sind:

5.7 Weiterführende Konzepte

- Singleton, um nur ein Objekt einer Klasse erzeugen zu können
- Observer, um unterschiedliche Teile einer Software über Änderungen zu informieren
- Adapter, um die Schnittstelle einer Klasse so zu einer anderen Schnittstelle kompatibel zu machen
- Factory, um verschiedene Objekte flexibel erstellen zu können

Entwurfsmuster basieren meist auf Objektorientierung. Insofern ist es naheliegend, sich mit ihnen zu beschäftigen, wenn man die objektorientierte Programmierung vertieft.

▶ **Tipp** In der professionellen Software-Entwicklung wird heute verlangt, dass man die wichtigsten Entwurfsmuster kennt und sie gezielt einsetzen kann.

5.7.2 Operatoren für eigene Klassen

> In C++ lassen sich Operatoren *überladen*, um sie mit eigenen Klassen verwenden zu können.

Beispiele hierfür sind arithmetische Operatoren wie +, -, * und /, Vergleichsoperatoren oder der Zuweisungsoperator. Das Überladen ähnelt dem Anlegen weiterer Methoden, wobei das Schlüsselwort `operator` verwendet wird. Als Beispiel dient die Klasse `Counter` (Quellcode 5.9): Überlädt man den Operator == für `Counter`-Objekte, kann man zwei solche Objekte mit Bedingungen wie `c1 == c2` auf Gleichheit prüfen.

Für das Überladen nimmt man die gewünschten Operatoren in die Klassendeklaration auf (Quellcode 5.34).

```cpp
class Counter
{
public:
    Counter( int initial = 0 );
    void up();
    void down();
    int value() const;

    bool operator==( const Counter& other ) const;
private:
    int cnt;
};
```

Quellcode 5.34 Deklaration von Counter mit überladenem Operator (counter3.cpp)

Anschließend lassen sich diese Operatoren wie Methoden definieren. Quellcode 5.35 zeigt dies für den Operator == zwischen zwei `Counter`-Objekten. Der Operator liefert `true`, wenn die beiden Zählerstände übereinstimmen.

```
bool Counter::operator==( const Counter& other ) const
// Prüft, ob der Zähler other denselben Zählerstand hat
{
    return ( cnt == other.cnt );
}
```

Quellcode 5.35 Überladen des Operators == (counter3.cpp)

▶ **Tipp** Das Überladen von Operatoren kann den Quellcode intuitiver machen, wenn die Bedeutung der Operatoren zu den jeweiligen Klassen passt (z. B. + für das Zusammenfügen zweier Listen).

Abschn. 6.6 *zeigt, wie sich die Operatoren >> und << für die Ein- bzw. Ausgabe überladen lassen.*

5.7.3 Inline-Definition von Methoden

Normalerweise trennt man – wie in Abschn. 5.1.5 beschrieben – die Klassendeklaration und die Methodendefinition. Ein Grund hierfür ist die bessere Trennung von Schnittstelle und Implementierung. Es gibt jedoch Fälle, in denen man hiervon abweicht.

Methoden inline definieren

> Methoden *inline* zu definieren, bedeutet, die Methoden vollständig *innerhalb* der Klassendeklaration zu definieren.

Als Beispiel dient hierfür die Klasse `Counter` aus Quellcode 5.1: In Quellcode 5.36 sind die Methoden der Klasse inline definiert.[11] Objekte dieser Klasse lassen sich unverändert erzeugen und nutzen.

---

[11] C++ kennt auch das Schlüsselwort inline; eine in der Deklaration definierte Methode wird aber implizit als inline angenommen.

5.7 Weiterführende Konzepte

```cpp
// Eine einfache Zählerklasse
class Counter
{
public:
    // Legt den Zähler mit dem Anfangswert initial an
    Counter( int initial = 0 )
        : cnt( initial )
    {}

    // Erhöht den Zähler um 1
    void up()
    {
        cnt++;
    }

    // Verringert den Zähler um 1
    void down()
    {
        cnt--;
    }

    // Liefert den aktuellen Zählerstand
    int value() const
    {
        return cnt;
    }
private:
    int cnt;
};
```

Quellcode 5.36 Klasse Counter mit Inline-Definition (counter1inl.cpp)

Vor- und Nachteile
In anderen Programmiersprachen ist die Inline-Definition der Standard; in C++ ist sie eine mögliche Schreibweise. Ihr größter Nachteil ist das Vermischen von Schnittstelle (Deklaration) und Details der Implementierung (Methodendefinition).

> Die Inline-Definition *kann* vor allem bei sehr kurzen Methoden oder besonders kleinen Klassen zu mehr *Übersichtlichkeit* und *Performance*-Vorteilen führen.

Inline als Ausnahme
Im Alltag ist die Situation schwieriger: Gewinnt man *tatsächlich* Performance? Gewinnt man *tatsächlich* Übersichtlichkeit? Im ersten Fall hängt dies von vielen anderen Faktoren ab – von dem verwendeten Compiler und seinen Einstellungen, von der Häufigkeit der

Aufrufe usw. Der Effekt ließe sich aber bei Bedarf messen. Die Frage nach der Übersichtlichkeit ist eher subjektiv. In jedem Fall lernt man mit der Zeit, wann Inline-Definitionen sinnvoll sind und wann nicht.

▶ **Tipp** Es gibt gute Gründe, Deklaration und Methodendefinition sauber zu trennen. Inline-Definitionen sollten daher die Ausnahme sein.

Inline-Definition wird vor allem für Klassentemplates benötigt; Abschn. 8.3 stellt vor, was Templates sind und wofür sie eingesetzt werden.

5.7.4 Statische Methoden

Die Methoden einer Klasse lassen sich normalerweise nur für Objekte dieser Klasse aufrufen – anders ausgedrückt: Solche Methoden setzen voraus, dass ein Objekt der Klasse erzeugt wurde. In manchen Fällen lässt sich das nicht erfüllen.

static-Methoden
Statische Methoden werden – wie Konstanten einer Klasse (siehe Abschn. 5.4.2) – mit `static` angelegt. `static` verändert das Wesen dieser Methode grundlegend.

> Methoden mit vorangestelltem `static` lassen sich *ohne* Erstellen eines Objekts der Klasse aufrufen.

In Quellcode 5.37 enthält die Klasse `Test` die statische Methode `run()`. Wie man sieht, benötigt man kein Objekt der Klasse `Test`, um `run()` aufzurufen.

> Statische Methoden werden aufgerufen, indem man ihrem Namen den Klassennamen und `::` voranstellt.

`Test::run()` ruft daher die statische `run()`-Methode auf. Der sonst übliche Punkt ist hier *nicht* erlaubt, da sich der Methodenaufruf auf die Klasse und nicht auf das Objekt bezieht.

```
class Test
{
public:
    static void run()
    {
```

```
        ...
    }
};

int main()
{
    Test::run();

    return 0;
}
```

Quellcode 5.37 Aufrufen einer statischen Methode

Einschränkungen statischer Methoden
`static`-Methoden unterliegen einer Reihe von Einschränkungen, da sie ohne Objekt der Klasse verwendet werden.

> `static`-Methoden dürfen den `this`-Zeiger *nicht* verwenden.

`this` ist ein Zeiger auf das aktuelle Objekt (siehe Abschn. 5.5.3). Da sich `static`-Methoden jedoch auf die *Klasse* und nicht auf ein Objekt beziehen, steht `this` darin nicht zur Verfügung. Aus demselben Grund können `static`-Methoden *nicht* auf gewöhnliche, d. h. nicht-`static`–Attribute oder Methoden zugreifen.

> `static`-Methoden dürfen *ausschließlich* auf `static`-Bestandteile der Klasse zugreifen, nicht aber auf gewöhnliche Methoden und Attribute.

Warum keine Funktion?
Aufgrund dieser Einschränkungen ähneln statische Methoden stark Funktionen. Sie lassen sich unabhängig von einem Objekt verwenden, greifen deshalb auch nicht auf dessen Zustand zu. Warum verwendet man dennoch statische Methoden? Tatsächlich verwenden wichtige C++-Klassen wie `string` oder `vector` keine statischen Methoden. Sie nutzen stattdessen freie Funktionen wie `stoi()`.

> Ein Grund für statische Methoden kann die Bindung an eine Klasse sein.

In Quellcode 5.37 hätte man die Methode `run()` problemlos als Funktion anlegen können. Das Anlegen als statische Methode drückt demnach aus, dass `run()` zu `Test` gehört und dass sie mit dem Rest der Klasse zusammenhängt.

Empfehlungen
Statische Methoden sind in manchen Fällen sinnvoll, allerdings unterwandern sie wichtige Prinzipien der Objektorientierung. Eine Klasse aus mehreren `static`-Methoden ist daher keine Klasse im engeren Sinn, sondern bündelt lediglich Funktionen. Darüber hinaus lassen sich Funktionen oder Klassen einfacher und besser mit sog. *Namespaces* bündeln – diesen Ansatz verfolgt die C++-Standardbibliothek (siehe Kap. 7).

> `static`-Methoden sollte man nur in begründeten Fällen einsetzen, da sie ansonsten dem Sinn der Objektorientierung entgegenstehen.

5.7.5 Polymorphie

Vererbung beschreibt eine Is-a-Beziehung. Beispielsweise könnte `Animal` eine Basisklasse der abgeleiteten Klassen `Fish`, `Bird` und `Cow` sein. Diese Vererbung geht davon aus, dass es Gemeinsamkeiten zwischen Tieren, Fischen, Vögeln und Kühen gibt. Zum Beispiel können sie sich bewegen, allerdings bewegen sich Fische, Vögel und Kühe unterschiedlich. Die „Implementierung" der bewegen-„Methode" hängt demnach davon ab, ob sich ein Objekt der Klasse `Fish`, `Bird` oder `Cow` bewegt. In der Objektorientierung nennt man dies *Polymorphie*.

> Bei Polymorphie verwenden mehrere Klassen dieselbe Schnittstelle, definieren diese Methoden jedoch unterschiedlich. Abhängig davon, zu welcher Klasse ein Objekt gehört, wird dieselbe Methode auf unterschiedliche Weise ausgeführt.

Die `Animal`-Klasse könnte eine Methode `moveTo()` besitzen, die nicht implementiert wird. Die von `Animal` abgeleiteten Klassen `Fish`, `Bird` oder `Cow` könnten `moveTo()` nun auf ihre Weise implementieren – `moveTo()` ist in diesem Fall eine sog. *virtuelle Methode*.

> Polymorphie basiert auf virtuellen Methoden. Sie werden mit dem Zusatz `virtual` deklariert.

5.7 Weiterführende Konzepte

Anschließend könnte man Objekte dieser Klassen anlegen und ihre Speicheradressen in einem Feld ablegen. Ruft man dann z. B. in einer Schleife für jedes dieser Objekte `moveTo()` auf, bewegt sich jedes Tier auf seine Art.

Abstrakte Klassen
Um das zu erreichen, geht man wie folgt vor: Die `moveTo()`-Methode ist in `Animal` nicht definiert – sie wird in der Deklaration mit `= 0;` gekennzeichnet, um auszudrücken, dass es in der Klasse keine Implementierung für `moveTo()` geben wird – dies nennt man *rein virtuell*.

> Enthält eine Klasse mindestens eine rein virtuelle Methode, bezeichnet man sie als *abstrakte Klasse*.

`Animal` ist wegen der rein virtuellen `moveTo()`-Methode eine abstrakte Klasse. Sie hat die Aufgabe, eine einheitliche Schnittstelle für die von ihr abgeleiteten Klassen festzulegen. Jede dieser Klassen muss `moveTo()` enthalten und implementieren, so kann sich jedes Tier auf seine eigene Weise bewegen.

> Abstrakte Klassen vereinheitlichen den Aufbau der von ihr abgeleiteten Klassen.

5.7.6 Notwendigkeiten und Automatismen

Spielen Kinder gemeinsam, ist das Zimmer im Allgemeinen nach dem Spielen unordentlicher als zuvor; Spielzeuge wurden auf dem Zimmerboden verteilt, sodass dieses Zimmer für andere Zwecke schwer nutzbar ist. So verhält es sich auch mit Objekten: Über ihre Lebenszeit legen sie Daten im Speicher an, verwenden Dateien, bauen Netzwerkverbindungen auf usw. Das folgt meist einer gewissen Ordnung, dennoch ist es wichtig, all dies am Ende wieder *aufzuräumen*. Diese Aufgabe übernimmt in Objekten der Destruktor. Er wird am Ende der Lebenszeit eines Objekts automatisch ausgeführt und soll die verwendeten Ressourcen wieder freigeben – zweifelsohne eine wichtige Aufgabe.

Notwendigkeit eines Destruktors
Umso mehr mag es überraschen, dass in den bisherigen Klassen kein eigener Destruktor angelegt ist. Der Grund hierfür ist einfach: Ein eigener Destruktor war nicht notwendig.

> Notwendig ist ein Destruktor, wenn dynamisch reservierter Speicher (siehe Abschn. 4.4.4) oder andere Ressourcen *aktiv* freigegeben werden müssen.[12]

Die Klassen `Counter` und `Led` verwenden als Attribute lediglich `int`- bzw. `bool`-Werte. Solche statisch erzeugten Attribute werden automatisch mit dem Objekt beseitigt.

> Wenn ein eigener Destruktor nicht notwendig ist, sollte man ihn auch *nicht* anlegen. Der Compiler erzeugt dann im Hintergrund automatisch einen Destruktor.

Diese Empfehlung ergibt sich aus den C++Core Guidelines (Stroustrup, 2024); die enthaltene Regel C.20 ist auch unter dem Namen *Rule of Zero* bekannt – diese geht aber über den Destruktor hinaus.

Rule of Five

> Das Vorhandensein eines eigenen Destruktors kann ein Hinweis sein, dass auch weitere Methoden und Operatoren selbst definiert werden sollten.

Diese Empfehlung führt auf die Regel C.21 der C++ Core Guidelines (Stroustrup, 2024); sie ist bekannt als *Rule of Five*. Sie bezieht sich auf Klassen, in denen man das Kopieren, Verschieben oder Zerstören selbst beschreiben muss – in solchen Klassen sollten demnach fünf Bestandteile angelegt werden:

- Kopierkonstruktor (erzeugt ein Objekt als Kopie eines anderen Objekts)
- Kopierzuweisungsoperator (kopiert ein Objekt durch Zuweisung)
- Move-Konstruktor (erzeugt ein Objekt durch Verschieben der Attributwerte eines anderen Objekts)
- Move-Zuweisungsoperator (verschiebt die Attributwerte eines anderen Objekts durch Zuweisung)
- Destruktor (gibt belegte Ressourcen frei)

---

[12] Bei der Klasse Signal kümmert sich darum der Destruktor von vector<double>.

5.7 Weiterführende Konzepte

Die Klasse `string` erfüllt die Rule of Five, Beispiele hierfür zeigt Quellcode 5.38.[13]

```
string s1 = "abc";      // Kopierkonstruktor, da C-String-Literal
string s2 = s1;         // Kopierkonstruktor
string s3 = s1 + s2;    // Move-Konstruktor, da s1+2 temporär ist

s1 = s3;                // Kopier-Zuweisungsoperator
s2 = s1+s3;             // Move-Zuweisungsoperator, da s1+s3 temporär ist
```

Quellcode 5.38 Konstruktoraufrufe und Zuweisungen bei string

Flache Kopien

> Der Compiler erzeugt automatisch im Hintergrund die notwendigen Konstruktoren und Zuweisungsoperatoren. Sie reichen für die meisten Klassen aus.

Aus diesem Grund wäre Quellcode 5.39 möglich, obwohl in der Klasse Led kein eigener Kopierkonstruktor erstellt wurde. Der automatisch erzeugte Kopierkonstruktor kopiert die Werte aller Attribute, was für diese Klasse vollkommen ausreicht (sog. *flache Kopie*).

```
Led led1;
led1.turnOn();
Led led2 = led1;    // Automatisch erzeugter Kopierkonstruktor
```

Quellcode 5.39 Erzeugen eines Led-Objekts als Kopie (led2.cpp)

Tiefe Kopien

Verwalten Klassen jedoch aufwendigere Datenstrukturen, kann eine solche flache Kopie zu Fehlern führen. Stattdessen benötigt man eine *tiefe Kopie*, die tatsächlich die gesamte Datenstruktur kopiert – das sind eben jene Klassen, für die man die Rule of Five anwenden sollte.

Empfehlungen für die Praxis

Möchte man eigene Klassen in Verbindung mit vorhandenen C++-Klassen verwenden (z. B. vector), sollte man zunächst prüfen, ob die Rule of Zero oder die Rule of Five zu erfüllen ist. Daneben gibt es eine Reihe weiterer Empfehlungen:

---

[13] Seit C++ 17 sind die hier gezeigten Aufrufe von Kopier- oder Move-Konstruktor nicht zwingend, da hier weitere Optimierungen stattfinden.

- Jede Klasse sollte *mindestens einen Konstruktor* besitzen.
- In jeder Klasse sollte es einen *Standardkonstruktor* geben, der keine Parameter benötigt.
- Konstruktoren müssen *alle* Attribute initialisieren (siehe Abschn. 5.1.5).
- Soll sich die *Gleichheit* von Objekten prüfen lassen (z. B. bei Suchen), müssen die Operatoren == bzw. != überladen werden (siehe Abschn. 5.7.2).
- Lassen sich die Objekte einer Klasse ordnen, sollten auch die Operatoren < und > überladen werden.
- Erwartet man bestimmte *Operatoren* (z. B. +) für Objekte der Klasse, sollten diese Operatoren überladen werden. Gleiches gilt für die Ein- und Ausgabe.

▶ **Tipp** Diese Empfehlungen sind besonders in Verbindung mit den Containerklassen der C++-Standardbibliothek (Kap. 7) wichtig.

5.8 Zusammenfassung

Objektorientierte Programmierung (OOP) ist heutzutage weit verbreitet. Ihr Ziel ist es, Daten und darauf anzuwendende Operationen zu vereinen. Hierfür verwendet sie Klassen, die aus Attributen und Methoden bestehen. Attribute ähneln Variablen, während Methoden Funktionen ähneln – beide sind jedoch Bestandteil einer Klasse. Klassen bilden den Bauplan für die von ihnen erzeugten Objekte. Der Zustand eines Objekts ist in den Attributen gespeichert; mit Methoden lässt sich dieser Zustand verändern oder auslesen.

Für jede Klasse lässt sich zwischen der für die Außenwelt der Klasse zugreifbaren Schnittstelle und ihrer für die Außenwelt verborgenen Implementierung unterscheiden. Die internen Details der Klasse lassen sich auf diese Weise verbergen und leichter ändern (Information Hiding).

Jede Klasse benötigt Klassendeklaration und Methodendefinition. Die Klassendeklaration beginnt mit `class` und legt den Klassennamen fest; sie beschreibt, welche Attribute und Methoden zu der Klasse gehören. Methoden, die als `const` gekennzeichnet sind, dürfen nur lesend auf Attribute zugreifen. Besondere Methoden sind die Konstruktoren, die beim Anlegen eines Objekts automatisch ausgeführt werden und die Attribute initialisieren. Der Destruktor wird automatisch beim Zerstören eines Objekts aufgerufen.

Konstruktor und Destruktor erzeugt der Compiler automatisch, wenn sie nicht vorhanden sind. Gleiches gilt für den Zuweisungsoperator. Dieser sowie viele andere Operatoren lassen sich für eigene Klassen überladen.

Mit `static` gekennzeichnete Bestandteile lassen sich ohne Objekt verwenden. Für Konstanten ist das sinnvoll; statische Methoden und Attribute sollte man aber nur in begründeten Fällen verwenden.

In der Klassendeklaration lässt sich mit den Zugriffsspezifizierern `public`, `protected` und `private` festlegen, inwieweit Attribute und Methoden zugreifbar sind. Die Klassendeklaration enthält nur den Kopf jeder Methode. Welche Anweisungen zu einer Methode gehören, legt die Methodendefinition fest – sie kann auch inline erfolgen. Zu jeder Klasse können außerdem Operatoren überladen werden.

Objekte lassen sich als Parameter übergeben. Als Wertparameter wird eine lokale Kopie von ihnen erzeugt; Änderungen dieser Kopie wirken sich außerhalb nicht aus. Als Referenz übergebene Objekte führen zu keiner Kopie und lassen sich verändern. Soll diese Änderung nicht möglich sein, verhindert eine `const`-Referenz die lokale Kopie und Änderungen.

Objektorientierte Programmierung verbessert die Qualität des Codes durch Kapselung; sie reduziert Sonderfälle im Code und verbessert die Wiederverwendbarkeit. Hierfür ist es wichtig, dass sich jede Klasse auf eine Aufgabe fokussiert und möglichst auf Benutzerinteraktion verzichtet.

In der Objektorientierung lassen sich unterschiedliche Beziehungen zwischen Klassen abbilden: Objekte als Attribute zu verwenden, führt zu einer Part-of-Beziehung. Vererbung von einer Basisklasse auf eine abgeleitete Klasse beschreibt eine Is-a-Beziehung. Die abgeleitete Klasse übernimmt Attribute und Methoden der Basisklasse; sie passt Eigenschaften und Verhalten im Sinne einer Spezialisierung an. Vererbung kann auch für Polymorphie genutzt werden.

Den gesamten Quellcode in einer Datei zu speichern, bringt eine Reihe von Nachteilen mit sich. Daher teilt man den Quellcode auf. Für jede Klasse wird die Klassendeklaration in einer Header-Datei (.h) mit Header-Guard gespeichert. Die zugehörigen Methodendefinitionen befinden sich in einer Quellcodedatei (.cpp). Eine weitere Datei enthält das Hauptprogramm.

5.9 Aufgaben

5.9.1 Theorie

1. Weshalb ist die OOP in der Software-Entwicklung heutzutage weit verbreitet?
2. Worin unterscheiden sich Klasse und Objekt?
3. Welche Bestandteile gehören zu einer Klasse?
4. Was versteht man unter Konstruktor und Destruktor? Welche Unterschiede gibt es zwischen ihnen?
5. Was bedeuten `public`, `protected` und `private` in einer Klassendeklaration? Was bedeuten sie bei der Vererbung?

6. Was hat es zur Folge, wenn am Ende des Methodenkopfes das Wort `const` steht?
7. Was hat es zur Folge, wenn Attribute oder Methoden als `static` gekennzeichnet sind?
8. Wie lässt sich die Schnittstelle einer Klasse von der Implementierung trennen? Warum ist das wichtig?
9. Auf welche Arten lassen sich Objekte als Parameter übergeben? Worin liegen die Unterschiede?
10. Was versteht man unter Part-of- und Is-a-Beziehung? Wie lassen sie sich in C++ umsetzen?
11. Was versteht man unter flacher und was unter tiefer Kopie? Was bedeutet das für Klassen in C++?

5.9.2 Praxis

1. Entwickeln Sie eine Klasse `KelvinTemp` (ein Temperaturwert in Kelvin), die Methoden zur Umrechnung in Celsius und Fahrenheit besitzt sowie zur Änderung des Temperaturwertes.
2. Entwickeln Sie eine Klasse `Rechteck` (eine rechteckige Fläche, beschrieben durch Länge und Breite), mit der sich die Rechteckfläche berechnen lässt sowie das Verhältnis von Länge zu Breite. Die Methode `IstQuadrat` soll `true` liefern, wenn Länge und Breite gleich sind.
3. Entwickeln Sie eine Klasse `Summierer`, die dazu dient, reelle Werte aufzusummieren. Hierzu lassen sich Werte hinzufügen sowie die aktuelle Summe und Anzahl der bisher hinzugefügten Werte abrufen. Außerdem soll sich der Summierer zurücksetzen lassen (d. h. Summe 0, Anzahl 0).
4. Entwickeln Sie eine Klasse `Intervall`, die ein durch die Dezimalwerte a und b begrenztes Intervall [a;b] repräsentiert. Sie soll die Breite des Intervalls liefern können (b-a) und prüfen, ob ein Wert c im Intervall liegt. Sehen Sie außerdem eine Prüfung vor, ob sich das Intervall mit einem übergebenen Intervall überlappt.
5. Entwickeln Sie eine Klasse `Gerade`. Eine Gerade soll sich auf drei Arten erzeugen lassen:
   a) Angabe von Steigung und y-Achsenabschnitt
   b) Angabe eines Punktes und der Steigung
   c) Angabe zweier Punkte
   Sehen Sie Methoden vor, um die Steigung, den y-Achsenabschnitt und den Winkel zwischen Gerade und x-Achse zu ermitteln. Eine weitere Methode liefert eine orthogonale Gerade durch einen gegebenen Punkt.
6. Entwickeln Sie eine Klasse, die linear zwischen zwei gegebenen Punkten einer Funktion interpoliert. Die Klasse wird mit den Punkten P(x1|y1=f(x1)) und Q(x2|y2=f(x2)) initialisiert; danach kann man mit einer geeigneten Methode den zu einem gegebenen x-Wert gehörenden, linear interpolierten y-Wert ermitteln.

5.10 Weiterführende Literatur

Die meisten C++-Lehrbücher führen in das Thema Objektorientierung ein, zum Beispiel (Breymann, 2023), (Will, 2024) oder (Wolf & Guddat, 2022). Vertieft wird dies u. a. in (Stroustrup, 2014) oder (Stroustrup, 2015). Das Denken in Klassen und Beziehungen ist neben anderen Prinzipien der Informatik gut in (Spraul, 2013) beschrieben.

Weitergehende Empfehlungen – nicht nur zu Klassen – bieten unter anderem (Stroustrup, 2024) oder (Meyers, 2014); auch werden hier wichtige Konzepte wie Rvalue und Move-Semantik vertieft erläutert.

Für Entwurfsmuster ist (Gamma, et al., 1994) eines der Standardwerke. Eine leicht verständliche Einführung, allerdings nicht mit C++-Beispielen, ist (Freeman & Robson, 2021).

Literatur

Breymann, U. (2023). *C++ Programmieren* (7. Aufl.). Carl Hanser.
Freeman, E., & Robson, E. (2021). *Entwurfsmuster von Kopf bis Fuß* (2. Aufl.). O'Reilly.
Gamma, E., Helm, R., Johnson, R., & Vlissides, J. (1994). *Design Patterns: Elements of Reusable Object-Oriented Software* (1st Aufl.). Addison-Wesley.
Meyers, S. (2014). *Effective Modern C++* (1. Aufl.). O'Reilly.
Spraul, V. Anton. (2013). *Think Like a Programmer* (1. Aufl.). mitp.
Stroustrup, B. (2014). *A Tour of C++* (1. Aufl.). Pearson
Stroustrup, B. (2015). *Die C++-Programmiersprache: Aktuell zu C++11* (1. Aufl.). Carl Hanser.
Stroustrup, B. (2024). *C++ Core Guidelines*. https://isocpp.github.io/CppCoreGuidelines/CppCoreGuidelines. Zugegriffen: 1. Sept. 2024.
Will, T. (2024). *C++ Das umfassende Handbuch* (3. Aufl.). Rheinwerk.
Wolf, J., Guddat, M. (2022). *Grundkurs C++* (4. Aufl.). Rheinwerk.

Ein- und Ausgabe

Zusammenfassung

Die Ein- und Ausgabe basiert in C++ auf Streams; sie sind universell und erweiterbar. Hierdurch ist es unwichtig, ob Ausgaben auf dem Bildschirm, in Dateien oder in Zeichenketten erfolgen, Gleiches gilt für Eingaben. Auch eigene Klassen lassen sich mit C++-Streams nutzen.

6.1 Ein- und Ausgabe im Betriebssystem

Die bisherigen Beispiele sind allesamt Konsolenanwendungen; sie verwenden eine rein textbasierte Ein- und Ausgabe statt grafischer Oberflächen mit Fenstern, Eingabefeldern usw. Auch im Folgenden soll es vorrangig um solche Konsolenanwendungen gehen.

6.1.1 Das Betriebssystem als Dienstleister

Eines übersieht man bei dem Fokus auf Programmierung leicht: Ohne das *Betriebssystem* wäre auch eine Konsolenanwendung nutzlos. Das Betriebssystem steht zwischen der Hardware des Computers und den von uns erstellten Programmen.[1] Das Betriebssystem erfüllt dabei viele verschiedene Aufgaben. Drei von ihnen sind für Konsolenprogramme besonders wichtig:

---

[1] Zumindest wenn man von denjenigen Systemen absieht, die ohne Betriebssystem im engeren Sinn arbeiten, zum Beispiel einige Embedded Systems.

- Es ermöglicht es, das erstellte Programm als sog. *Prozess* auszuführen.
- Es verwaltet die *Hardware* des Computers (z. B. Festplatte, Grafikkarte usw.) und stellt sie den Prozessen zur Verfügung.
- Es enthält ein sog. *Terminal*, in dem sich Konsolenanwendungen ausführen lassen.

> Das *Betriebssystem* übernimmt verschiedene Aufgaben. Für diese Aufgaben müssen Programme nicht selbst Lösungen finden.

6.1.2 Immer wieder Abstraktion

Programme müssen dank des Betriebssystems nicht selbst Grafikkarte und Bildschirm ansteuern, um aus einzelnen Bildpunkten Zeichen darzustellen. Ebenso wenig muss man jeden Tastendruck der Tastatur erkennen und daraus ablesen, welches Zeichen eingegeben wurde. Das Betriebssystem übernimmt diese vielen kleinen Schritte für jedes auszuführende Programm und abstrahiert die Ein- und Ausgabe.

> Das Betriebssystem stellt sog. *Systemaufrufe* für die Ein- und Ausgabe zur Verfügung.

Ein `cout << "Hallo Welt" << endl;` im C++-Quellcode führt im Hintergrund dazu, dass ein solcher Systemaufruf des Betriebssystems für die Ausgabe von `Hallo Welt` genutzt wird. Dieser Systemaufruf wäre aber auch verwendet worden, hätte man in einer anderen Programmiersprache eine solche Ausgabe erzeugt.

6.1.3 Standard-Datenströme

Verbreitete Betriebssysteme bieten darüber hinaus vordefinierte Wege an, über die Anwendungen Ein- und Ausgaben veranlassen können, die sog. *Standard-Datenströme*.

> Die verbreiteten Betriebssysteme bieten meist drei Standard-Datenströme an: Die *Standard-Eingabe* (`stdin`), die *Standard-Ausgabe* (`stdout`) und die *Standard-Fehlerausgabe* (`stderr`).

Die Standard-Eingabe ist für die Eingabe vorgesehen und üblicherweise mit der Tastatur verbunden. Die Standard-Ausgabe dient normalerweise dazu, Text im Terminal auszugeben – wie im obigen Beispiel den Text `Hallo Welt`. Die Standard-Fehlerausgabe soll Fehlermeldungen ausgeben, je nach Betriebssystem erscheinen sie im Terminal oder werden in Dateien gespeichert.

6.1.4 Umlenken von Standard-Datenströmen

Die Standard-Datenströme abstrahieren die Ein- und Ausgabe. So kann sich jede Konsolenanwendung auf vorgegebene Wege verlassen, Daten einzulesen oder auszugeben. In der Praxis sind die Standard-Datenströme aus einem weiteren Grund wichtig:

> Das Betriebssystem erlaubt es, die Standard-Datenströme *umzuleiten* oder Daten von einem Prozess zum anderen weiterzugeben.

Die Schritte hierfür hängen von dem jeweiligen Betriebssystem ab. Beispielsweise würde ein Befehl wie `ls > inhalt.txt` in einem Linux-Terminal den aktuellen Inhalt eines Ordners mit `ls` ermitteln und in der Datei `inhalt.txt` speichern.

6.1.5 Hüter der Datenträger

Auch wenn es um die Ein- und Ausgabe mit Dateien geht, ist das Betriebssystem wesentlich:

- Es verwaltet die vorhandenen *Datenträger*.
- Es stellt auf den Datenträgern das sog. *Dateisystem* zur Verfügung, um deren Inhalte zu organisieren.
- Es sorgt dafür, dass sich Daten von den Datenträgern *lesen* bzw. darauf *speichern* lassen.

> Das Betriebssystem erlaubt das Verwenden von Dateien und Verzeichnissen auf Datenträgern.

6.1.6 Keine Ein- und Ausgabe ohne das Betriebssystem

Diese Einblicke in die Arbeit des Betriebssystems zeigen, dass für die Ein- und Ausgabe nicht C++ entscheidend ist, sondern das Betriebssystem. Das ist gut, weil C++ die bestehenden Möglichkeiten nutzen kann. Der Nachteil liegt in den Unterschieden der Betriebssysteme.

> Derselbe C++-Quellcode kann unter einem anderen Betriebssystem zu einem abweichenden Verhalten führen.

6.2 Streams in C++

6.2.1 Ein besonderer Ansatz

Die Ein- und Ausgabe mit Streams ist eine Besonderheit von C++. Diese Art der Ein- und Ausgabe unterscheidet sich stark von den sonst üblichen Ein- und Ausgabefunktionen anderer Programmiersprachen. Stärken der C++-Streams sind ihre einheitliche Verwendung und die Möglichkeit, sie für eigene Zwecke zu erweitern.

Streams

> Ein *Stream* ist ein Strom von Zeichen. Die Zeichen fließen nacheinander entweder von dem Programm zu einem Ziel (*Ausgabe-Stream*) oder von einer Quelle zu dem Programm (*Eingabe-Stream*).

Bereits das Hallo-Welt-Programm (Quellcode 2.1) ist ein Beispiel für die Ausgabe mit Streams. `cout << "Hallo Welt" << endl;` nutzt `cout` als Stream für die Ausgabe (meist) auf dem Bildschirm.

> Typisch für Streams in C++ sind die sog. *Shift-Operatoren* `<<` und `>>`.

Die Shift-Operatoren lassen auch visuell die „Flussrichtung" des Streams erkennen; zum Beispiel drückt `cin >> i;` intuitiv aus, dass Daten von `cin` nach `i` fließen. Solange die Shift-Operatoren den jeweiligen Datentyp bzw. die jeweilige Klasse unterstützen, lassen sich auf diese Weise nahezu beliebige Werte ein- und ausgeben.

Teil der C++-Standardbibliothek

> Streams sind Teil der *C++-Standardbibliothek*. Um sie zu verwenden, muss man jeweils `std::` voranstellen oder `using namespace std;` nutzen.

Daneben gibt es eine Reihe von Header-Dateien, durch die sich die einzelnen Stream-Klassen verwenden lassen. Zum Beispiel ist `iostream` notwendig, um `cin` oder `cout` zu verwenden.

Arten von Streams
Die C++-Standardbibliothek enthält drei Arten von Streams:

1. Streams für die Ein- und Ausgabe in der *Konsole*, also Bildschirm und Tastatur
2. Streams für das Lesen aus *Dateien* und für das Schreiben in Dateien
3. Streams für das Lesen aus *Zeichenketten* und für das Schreiben in Zeichenketten

Streams als Objekte

> Die Ein- und Ausgabe in C++ nutzt intensiv *objektorientierte Programmierung*.

Jeder Stream ist ein Objekt einer Stream-Klasse, so zum Beispiel `cin` und `cout`, die automatisch mit dem Einbinden von `iostream` angelegt werden.

Die Stream-Klassen abstrahieren die Ein- und Ausgabe. Sie verbergen ihre Implementierung hinter einer einfach zu verwendenden, einheitlichen Schnittstelle (siehe Abschn. 5.1).

Einheitlichkeit durch gemeinsame Basisklassen
Streams lassen sich weitgehend einheitlich verwenden. Beispielsweise kann man auf die gleiche Weise Inhalte auf dem Bildschirm anzeigen oder in eine Datei schreiben. Möglich machen das gemeinsame Basisklassen, von denen die Stream-Klassen erben.

> Die Stream-Klassen erben von speziellen Basisklassen und besitzen hierdurch viele *Gemeinsamkeiten*.

Die für die Ausgabe verwendeten Stream-Klassen erben von der Basisklasse `basic_ostream`. Stream-Klassen für die Eingabe erben wiederum von `basic_istream`. Hierdurch ähneln sich jeweils alle Ausgabe-Streams und alle Eingabe-Streams.

Selbst zwischen Streams für die Ein- und Ausgabe gibt es Gemeinsamkeiten. Deshalb erben die Basisklassen `basic_ostream` und `basis_istream` von der Klasse `basic_ios`, die grundlegende Eigenschaften und Funktionalitäten aller Streams beschreibt.

Erweiterbar für eigene Zwecke

> Wegen ihres objektorientierten Ansatzes lässt sich die Ein- und Ausgabe mit Streams leicht für eigene Klassen *erweitern*.

Neben `int`, `double`, `string` usw. lassen sich mit geringem Aufwand auch die Objekte eigener Klassen durch Streams ein- oder ausgeben.

Abschn. 6.6 *erklärt, wie man eigene Klassen für die Ein- und Ausgabe mit Streams anpassen kann.*

6.2.2 Die Rolle der Shift-Operatoren

Visuell erkennt man die Ein- und Ausgabe mit Streams vor allen an der regen Nutzung der *Shift-Operatoren* << und >>.

Zwischen Werten und Zeichen

Die Operatoren << und >> verbinden bei der Ein- und Ausgabe zwei Welten – Werte und Zeichen. Werte sind die Inhalte von Variablen oder Konstanten, aber auch die Rückgabewerte von Funktionen oder die Ergebnisse von Berechnungen. Ihnen ist ein Datentyp zugeordnet. Sie können zu primitiven Datentypen wie `int` oder `double` gehören, können aber auch Objekte von Klassen sein.

> Streams arbeiten *zeichenorientiert*. Bei der Ein- und Ausgabe wird daher eine Folge von Zeichen in Werte umgewandelt und umgekehrt.

Von Werten zu Zeichen mit <<

> Der *Left-Shift-Operator* << wandelt den auf seiner rechten Seite stehenden Wert in Zeichen um und schreibt diese nacheinander in den Ausgabe-Stream.

Der Operator << „schiebt" also nicht nur Werte in einen Stream, sondern wandelt sie zuvor in einzelne Zeichen um. Demnach bewirkt `cout << 42;` dass der *Wert* 42 in die *Zeichen* 4 und 2 umgewandelt wird, die dann durch den Stream `cout` ausgegeben werden.

Mehrere Ausgaben in einer Anweisung

> Innerhalb einer Anweisung lassen sich mehrere Werte nacheinander ausgeben.

Beispielsweise würde `cout << x << '\t' << y << endl;` die Werte von x und y mit einem Tabulator (`'\t'`) getrennt anzeigen und danach den Cursor an den Anfang der nächsten Zeile bewegen (`endl`).

Von Zeichen zu Werten mit >>

> Der *Right-Shift-Operator* >> liest ein oder mehrere Zeichen aus dem Eingabe-Stream und wandelt sie in einen Wert für die auf der rechten Seite angegebene Variable um.

6.2 Streams in C++

`cin >> i;` liest demnach die nacheinander auf der Tastatur eingegebenen Zeichen und versucht, sie in einen Wert umzuwandeln, der dem Datentyp von `i` entspricht.

Whitespaces

Das Einlesen mit dem Operator >> basiert darauf, dass die Werte voneinander getrennt sind. Als Trennzeichen dienen die sog. *Whitespaces*.

> Der Operator >> liest Werte bis zum nächsten Whitespace ein; hierzu zählen *Leerzeichen*, *Tabulator* und *Zeilenumbruch*.

„Einlesen" bedeutet dabei, dass die Zeichen bis zum nächsten Whitespace zusammen verarbeitet und in einen Wert umgewandelt werden. In Abb. 6.1 würden demnach die Zeichen 1 und 2 gelesen, bevor ein Whitespace auftritt. Da `i` ein `int`-Wert ist, werden die beiden Zeichen zusammen in die Ganzzahl 12 umgewandelt.

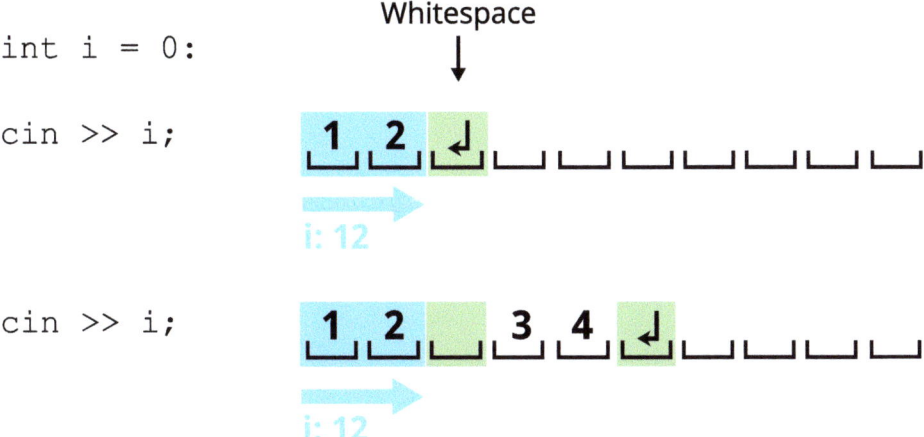

Abb. 6.1 Wirkung von Whitespaces bei der Eingabe

> Das Lesen bis zum nächsten Whitespace ist der Grund, weshalb Abschn. 4.2.4 `getline()` für die Eingabe von `string`-Objekten empfiehlt.

Mehrere Eingaben in einer Anweisung

> Innerhalb einer Anweisung lassen sich mehrere Werte nacheinander einlesen, wenn diese mit *Whitespaces* getrennt sind.

cin >> x >> y; würde zunächst den Wert von x einlesen und danach den Wert von y, solange die beiden Werte mit einem Whitespace getrennt sind (Abb. 6.2).

```
int x = 0;
int y = 0;

cin >> x >> y;
```

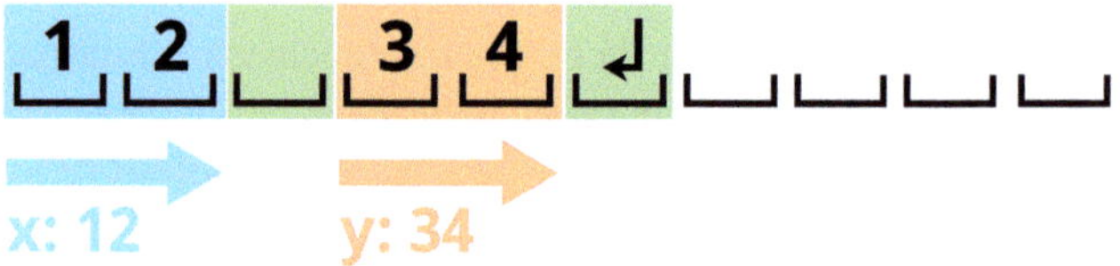

Abb. 6.2 Mehrere Eingaben in einer Anweisung

Unterstützung vieler Datentypen und Klassen

> Die Operatoren << und >> eignen sich für Werte unterschiedlicher primitiver Datentypen (`int`, `double` usw.) sowie für Objekte vieler Standard-Klassen (z. B. `string`).

Die C++-Standardbibliothek hat somit für unterschiedlichste Datentypen und Klassen bereits beantwortet, wie sich deren Werte ein- und ausgeben lassen. Das vereinfacht die Nutzung enorm, zumal dies für alle Arten von Streams gilt.

> Der Operator << lässt sich mit allen Ausgabe-Streams verwenden, der Operator >> mit allen Eingabe-Streams.

getline() für das Einlesen von Strings

Dass >> nur jeweils bis zum nächsten Whitespace liest, kann besonders bei der Eingabe von Zeichenketten zum Problem werden. Die in Abschn. 4.2.4 vorgestellte Funktion `getline()` umgeht dieses Problem und ist für Zeichenketten eine wichtige Alternative zu >>.

> Die Funktion `getline()` liest eine `string`-Zeichenkette aus einem Eingabe-Stream; die Zeichenkette kann auch Leerzeichen enthalten. Als Trennzeichen dient standardmäßig der *Zeilenumbruch*.

6.2.3 Puffer bei der Ein- und Ausgabe

Arbeiten zwei Komponenten in einem Computer unterschiedlich schnell, gleicht man diese Unterschiede meist mit einem sog. *Puffer* auf der Basis von Warteschlangen aus. Solche Puffer sind wichtig für die Ein- und Ausgabe.

First In – First Out
Im Alltag kennt man Warteschlangen von der Kasse des Supermarktes: Wollen viele Personen zur selben Zeit bezahlen, warten diese Personen in der Reihenfolge ihres Eintreffens. Die Person, die zuerst an der Kasse war, wird zuerst bedient, danach die zweite Person usw. Diese Warteschlange arbeitet nach dem Prinzip First In – First Out (*FIFO*).

Ausgabepuffer
Das Prinzip lässt sich auf die Ausgabe übertragen: Es wäre aufwendig, jedes Zeichen einzeln auszugeben. Effizienter ist ein Puffer, der zunächst mehrere Zeichen sammelt, um sie anschließend gemeinsam auszugeben.

> Der *Ausgabepuffer* verwendet eine FIFO-Warteschlange, um die Effizienz der Ausgabe zu verbessern.

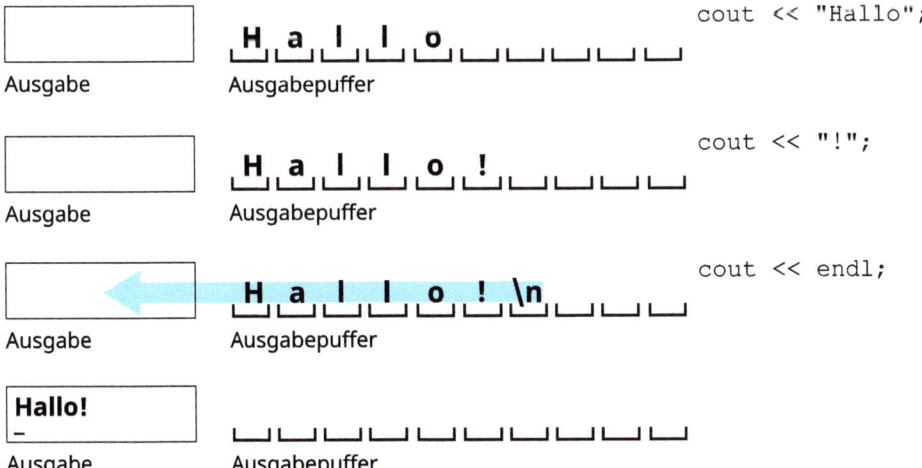

Abb. 6.3 FIFO-Verhalten des Ausgabepuffers

Im Ausgabepuffer werden die auszugebenden Zeichen nacheinander eingereiht (Abb. 6.3). Ihn zu leeren, bedeutet, diese „wartenden" Zeichen auszugeben. Das Leeren erfolgt automatisch, und zwar spätestens dann, wenn der Puffer voll ist. Die Pufferung kann also zu einer kleinen Verzögerung zwischen dem Schreiben in den Ausgabe-Stream und der tatsächlichen Ausgabe führen. Ist das nicht gewünscht, lässt sich der Ausgabepuffer auch gezielt leeren.

Leeren des Ausgabepuffers

Normalerweise muss man sich *nicht* um das Leeren des Ausgabepuffers kümmern.

Gezielt leeren lässt sich der Ausgabepuffer mit `flush`, das sich wie `endl` in den Stream schieben lässt. Und doch ist es meist überflüssig, da auch `endl` den Ausgabepuffer leert.

`endl` erzeugt einen Zeilenumbruch mit \n *und* leert den Ausgabepuffer mit `flush`.

Jedes `endl` sorgt demnach dafür, dass zugleich der Ausgabepuffer geleert wird (Abb. 6.3). Das Ausgeben von `flush` würde dagegen nur den Puffer leeren, aber keinen Zeilenumbruch erzeugen.

▶ **Tipp** Werden besonders viele Ausgaben erzeugt, kann `endl` die Ausgabe verlangsamen. Nutzt man in solchen Fällen für den Zeilenumbruch \n statt `endl`, umgeht man das häufige Leeren des Puffers.

Eingabepuffer
Auch Eingaben werden gepuffert. Besonders deutlich wird das bei Eingaben mit der Tastatur: Für die Zahl 1989 müsste man nacheinander die Tasten 1, 9, 8 und 9 sowie die *Eingabetaste* (Enter/Return) drücken. Das Betriebssystem erkennt dabei jeden Tastendruck[2] und schreibt das entsprechende Zeichen in den Eingabepuffer. Mit dem Drücken der Eingabetaste signalisiert der Benutzer, dass die eingegebenen Zeichen verarbeitet werden sollen.

Der *Eingabepuffer* speichert alle eingegebenen Zeichen, bis sie verarbeitet werden.

In Quellcode 6.1 entnimmt `cin >> i;` daher Zeichen aus dem Eingabepuffer und verarbeitet sie, indem die Zeichen zusammengefasst, umgewandelt und in der Variablen `i` ablegt werden.

---

[2] In etwas anderer Form betrifft dies auch das Einlesen aus Dateien (Abschn. 6.5).

6.2 Streams in C++

```
int i = 0;

cin >> i;
```

Quellcode 6.1 Einlesen eines int-Wertes

Gültige Eingaben

Die Eingabe `1989` wäre in Quellcode 6.1 gültig, da sich die eingegebenen Zeichen gemeinsam in einen `int`-Wert umwandeln lassen.

> Jede *erfolgreiche* Eingabeoperation entnimmt Zeichen aus dem Eingabepuffer und leert ihn kontinuierlich.

Doch wie verhält es sich mit einer Eingabe wie `1989X`? `cin >> i;` arbeitet sich so weit wie möglich durch den Eingabepuffer. Die Variable `i` würde nach der Eingabe den Wert `1989` enthalten, obwohl danach ein `X` folgt – dieses verbleibt im Eingabepuffer.

> Beim Einlesen werden die Zeichen bis zum nächsten Whitespace entnommen *oder* bis zum nächsten Zeichen, das sich nicht in den benötigten Datentyp umwandeln lässt.

Fehler bei der Eingabe

Ein Fehler würde dagegen auftreten, wenn Quellcode 6.1 die Eingabe `X1989` verarbeiten müsste. `cin >> i;` stößt sofort auf das Zeichen x, das für `int`-Werte nicht erlaubt ist.

> Lässt sich eine Eingabe nicht verarbeiten, *verbleiben* diese Zeichen im Eingabepuffer. Der Stream signalisiert diesen Fehler.

Abschn. 6.2.5 *zeigt, wie sich solche Fehler erkennen lassen.*

Quellcode 6.2 zeigt, was dieses Verhalten zur Folge haben kann: Die Schleife soll die Eingabe der Variablen `wert` wiederholen, bis eine positive Ganzzahl eingegeben wurde.

```cpp
#include <iostream>

using namespace std;

int main()
{
    int wert = 0;

    do
    {
        cout << "Wert: ";
        cin >> wert;
    }
    while( wert <= 0 );

    return 0;
}
```

Quellcode 6.2 Schleife zur Eingabe positiver Werte (input1.cpp)

Gibt man -1 ein, wird die Eingabe wiederholt. Die Eingabe von X sorgt jedoch dafür, dass die Ausgabe `Wert:` über den Bildschirm flimmert – die Eingabe wird endlos wiederholt (Abb. 6.4). Dasselbe wäre auch für andere Eingaben geschehen, die sich nicht in eine Ganzzahl umwandeln lassen.

▶ **Tipp** In solchen Fällen kann man versuchen, das Programm mit der Tastenkombination Strg+C zu unterbrechen. Hilft das nicht, muss man das Terminal-Fenster schließen.

```
> input1
Wert: -1
Wert: X
Wert: Wert: Wert: Wert: Wert: Wert: Wert: Wert: Wert: Wert: Wert:
Wert: Wert: Wert: Wert: Wert: Wert: Wert: Wert: Wert: Wert: Wert:
Wert: Wert: Wert: Wert: Wert: Wert: Wert: Wert: Wert: Wert: Wert:
Wert: Wert: Wert: Wert: Wert: Wert: Wert: Wert: Wert: Wert: Wert:
```

Abb. 6.4 Endlosschleife bei Falscheingabe

Zeichen ignorieren

Bei solchen Fehlern, aber auch in anderen Fällen, kann es notwendig sein, Zeichen im Eingabepuffer zu ignorieren.

> Die Methode `ignore()` eines Eingabe-Streams überspringt die nächsten Zeichen im Eingabepuffer.

Abb. 6.5 zeigt, wie sich mit `cin.ignore( 1)` ein einzelnes, fehlerhaftes Zeichen ignorieren lässt. Das ist zugleich ein recht theoretisches Beispiel, da man im Allgemeinen nicht weiß, wie viele fehlerhafte Zeichen ignoriert werden müssen.

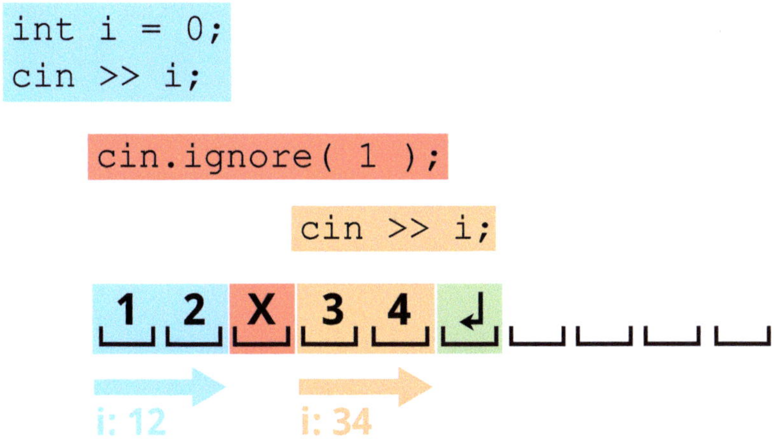

Abb. 6.5 Ignorieren von Zeichen mit ignore()

Die Methode `ignore()` erlaubt zwei Parameter – die Anzahl der zu ignorierenden Zeichen und ein Stoppzeichen. Es ignoriert die Zeichen bis zu diesem Stoppzeichen, maximal aber bis zur gewählten Anzahl der Zeichen. `cin.ignore( 100, '\n')` überspringt daher höchstens die nächsten 100 Zeichen des Eingabepuffers, in jedem Fall aber nur bis zu dem nächsten gewählten Stoppzeichen \n (d. h. bis zum Drücken der Eingabetaste).

> All dies gilt nicht nur für `cin`, sondern für alle Eingabe-Streams.

6.2.4 Einstellungen und Formate

Das Verhalten von Ein- und Ausgabe-Streams lässt sich anpassen:

- Werden Zahlen im Dezimal-, Oktal- oder Hexadezimalsystem eingegeben?
- Werden Whitespaces bei der Eingabe übernommen oder ignoriert?

- Wie werden Ausgaben ausgerichtet?
- Wie werden Zahlen ausgegeben?

> Gespeichert sind solche Einstellungen in sog. *Flags*, die zu jedem Stream gehören.

Flags

> Flags sind in der Informatik einzelne oder wenige Bits, die eine bestimmte Einstellung oder einen Zustand repräsentieren.

Flags gibt es nicht nur in Streams, sondern auch in vielen anderen Bereichen. Die Ein- und Ausgabe-Streams von C++ lassen sich durch Flags einstellen. Flags zeigen aber auch Fehler bei der Ein- und Ausgabe an (Abschn. 6.2.5).

Einstellen mit Methoden

> Flags, die das *Verhalten* von Ein- und Ausgabe-Streams festlegen, lassen sich durch Methoden dieser Streams anpassen und auslesen.

Beispiele sind die Methoden `setf()`, `flags()`, `width()` oder `precision()`. Quellcode 6.3 zeigt dies am Beispiel der Methode `precision()`: `cout.precision()` liefert die Anzahl der Stellen, mit der Gleitkommazahlen auf `cout` angezeigt werden. Mit einem übergebenen Wert legt man diese Zahl fest. `cout.precision( 4 );` sorgt somit dafür, dass Gleitkommazahlen auf `cout` mit 4 Stellen Genauigkeit angezeigt werden.

```
double wert = 12.3456789;

// Standardgenauigkeit
cout << "Genauigkeit: " << cout.precision() << endl; // Ausgabe: 6
cout << wert << endl;    // Ausgabe: 12.3457

// Angepasste Genauigkeit
cout.precision( 4 );

cout << "Genauigkeit: " << cout.precision() << endl; // Ausgabe: 4
cout << wert << endl;    // Ausgabe: 12.35
```

Quellcode 6.3 Stream-Einstellungen durch Methoden ändern (formatmethod.cpp)

6.2 Streams in C++

Stream-Manipulatoren

> Das Verhalten von Ein- und Ausgabe-Streams lässt sich auch durch *Stream-Manipulatoren* anpassen, die in den Stream gegeben werden.

Für das Ändern von Einstellungen sind Stream-Manipulatoren demnach eine Alternative zu Methodenaufrufen. Einstellungen lassen sich mit ihnen nicht auslesen.

Ein Beispiel ist der Manipulator `setprecision()`, der wie im vorherigen Beispiel die Genauigkeit bei der Ausgabe von Gleitkommazahlen festlegt. Quellcode 6.4 zeigt, wie `setprecision( 4 )` die Anzahl der auf `cout` angezeigten Stellen auf 4 festlegt.

```
double wert = 12.3456789;

// Standardgenauigkeit
cout << wert << endl;                       // Ausgabe: 12.3457

// Angepasste Genauigkeit
cout << setprecision( 4 ) << wert << endl;  // Ausgabe: 12.35
```

Quellcode 6.4 Stream-Einstellungen durch Manipulatoren ändern (formatmanip.cpp)

Weitere Stream-Manipulatoren sind unter anderem `dec`, `hex`, `fixed` oder `setw`. Viele Stream-Manipulatoren stehen durch `iostream` zur Verfügung, nicht aber die Stream-Manipulatoren mit Parametern.

> Stream-Manipulatoren *mit Parametern* erfordern `#include <iomanip>`.

Ein weiterer Stream-Manipulator ist in den meisten bisherigen Beispielen enthalten: `endl` ändert zwar keine Einstellungen, fügt jedoch einen Zeilenwechsel in den Ausgabepuffer ein und leert ihn anschließend.

Abschn. 6.3.4 zeigt, wie sich mit Stream-Manipulatoren die Ausgabe formatieren lässt.

6.2.5 Fehler und Überwachung

Bei der Ein- und Ausgabe können Fehler auftreten, zum Beispiel, wenn sich eine Datei nicht zum Lesen öffnen lässt oder wenn der Benutzer – wie in Quellcode 6.2 – einen Wert eingibt, der sich nicht in den Datentyp der Variablen umwandeln lässt. Abhängig von der Schwere dieser Fehler kann es wichtig sein, sie rechtzeitig zu erkennen.

Fehlerflags

> In Streams gibt es *Flags*, die anzeigen, ob Fehler bei der Ein- und Ausgabe aufgetreten sind und inwieweit die Streams verwendbar sind.

Tab. 6.1 zeigt die Bedeutung der Flags `failbit`, `badbit` und `eofbit`. Ist eines von ihnen gesetzt (`true`), liegt ein Fehler des Streams vor.

Tab. 6.1 Fehlerflags von Ein- und Ausgabe-Streams

Flag	Bedeutung	Beispiel
`failbit`	*Behebbarer* Fehler aufgetreten	Eingegebener Wert lässt sich nicht in Datentyp der Variablen umwandeln
`badbit`	*Nicht behebbarer* Fehler aufgetreten, Stream nicht verwendbar	Lesen aus nicht geöffneter Datei
`eofbit`	*Ende* eines Eingabe-Streams ist erreicht	Lesen am Ende einer Datei

Überwachen mit Methoden

> Jeder Stream enthält die Methoden `fail()`, `bad()` und `eof()`, um den aktuellen Wert der Fehlerflags zu erhalten.

Jede dieser Methoden liefert einen Wahrheitswert. Ist dieser Wert `true`, liegt der jeweilige Fehler vor. Auf diese Weise lässt sich zum Beispiel prüfen, ob die letzte Eingabe wegen eines unerlaubten Wertes misslungen ist (Quellcode 6.5).

```
int wert = 0;

cin >> wert;

if( cin.fail() )
{
    cout << "Unerlaubter Wert wurde eingegeben." << endl;
}
```

Quellcode 6.5 Überprüfen der Eingabe mit der Methode fail()

Alle Streams lassen sich außerdem leicht darauf prüfen, ob sie aktuell frei von Fehlern sind.

6.2 Streams in C++

> Die Methode `good()` liefert `true`, wenn keines der Fehlerflags gesetzt ist.

Streams als Wahrheitswert
Der Zustand von Streams lässt sich nicht nur mit Methoden prüfen. Eine weitere Möglichkeit besteht darin, den Stream als Wahrheitswert zu interpretieren.

> Streams lassen sich als *Wahrheitswert* interpretieren. Der Wert ist `true`, wenn weder `failbit` noch `badbit` gesetzt sind, sonst `false`.

Nützlich ist dies in Verbindung mit Dateien (siehe Abschn. 6.4) und immer dann, wenn gelesen werden soll, solange dies möglich ist. Letzteres zeigt Quellcode 6.6: Solange Dezimalwerte eingegeben werden, ist `cin` fehlerfrei und wird in der Bedingung von `while` als `true` interpretiert. Die Eingabe eines nicht erlaubten Wertes wie X führt dazu, dass in `cin` das `failbit`-Flag gesetzt wird – `cin` wird dann als `false` interpretiert, und die Schleife bricht ab.

```
double wert  = 0.0;
double summe = 0.0;
// Wert aufsummieren, solange das Einlesen gelingt
while( cin >> wert )
{
    summe += wert;
}
```

Quellcode 6.6 Einlesen als Schleifenbedingung

Dasselbe Prinzip gilt, wenn man mit `getline()` Zeichenketten aus einem Stream liest (siehe Abschn. 4.2.4). Das ist besonders in Verbindung mit den in Abschn. 6.4.4 vorgestellten Datei-Streams nützlich (Quellcode 6.7).

```
string zeile;
// Zeilenweise aus Datei-Stream lesen
while( getline( datei, zeile ) )
{
    ...
}
```

Quellcode 6.7 getline() als Schleifenbedingung

Keine Ein- und Ausgaben im Fehlerzustand
Die Fehlerflags ermöglichen das Überwachen eines Streams; sie haben aber auch Auswirkungen auf sein Verhalten.

> Ist eines der Fehlerflags in einem Stream gesetzt, erlaubt dieser Stream keine weiteren Ein- und Ausgaben.

In Quellcode 6.8 tritt dieser Fall ein, wenn bei dem ersten `cin >> wert;` ein nicht erlaubter Wert eingegeben wird. `cin` befindet sich danach im Fehlerzustand. Aus diesem Grund scheitert die zweite Eingabe.

```
int wert = 0;

cin >> wert; // Eingabe X

cin >> wert; // Fehler, cin befindet sich im Fehlerzustand
```

Quellcode 6.8 Stream blockiert nach Eingabefehler

Zurücksetzen von Fehlern
Befindet sich ein Stream im Fehlerzustand, ist es notwendig, seine Fehlerflags zu löschen, d. h. sie auf `false` zu setzen.

> Die Methode `clear()` löscht die Fehlerflags eines Streams.

Nach einem Eingabefehler auf `cin` könnte man den Fehlerzustand mit `cin.clear()` löschen. Hierdurch werden jedoch nur die Fehlerflags gelöscht. Die Zeichen, die den Fehler verursacht haben, verbleiben im Eingabepuffer und würden denselben Fehler erneut auslösen.

> `clear()` wird häufig mit `ignore()` kombiniert, um nach dem Löschen der Fehlerflags die Zeichen zu ignorieren, die den Fehler verursacht haben.

Quellcode 6.9 zeigt, wie sich ein mit `cin.fail()` erkannter Eingabefehler behandeln lässt: `cin.clear()` löscht zunächst die Fehlerflags, und `cin.ignore( 1000, '\n')` löscht anschließend die problematischen Zeichen aus dem Eingabepuffer.

6.2 Streams in C++

```cpp
#include <iostream>

using namespace std;

int main()
{
    int wert = 0.0;

    do
    {
        cout << "Wert: ";
        cin >> wert;

        // Bei Eingabefehler ...
        if( cin.fail() )
        {
            cin.clear();              // Fehlerflags löschen und
            cin.ignore( 1000, '\n' ); // fehlerhafte Zeichen ignorieren
        }
    }
    while( wert <= 0 );

    return 0;
}
```

Quellcode 6.9 Robustes Einlesen positiver Werte (input2.cpp)

Abb. 6.6 zeigt, dass die Schleife – im Gegensatz zu Quellcode 6.2 – bei unerlaubten Werten nicht mehr zu einer Endlosschleife führt.

```
> input2
Wert: -1
Wert: X
Wert: 1
>
```

Abb. 6.6 Behandlung unerlaubter Eingaben

6.3 Ein- und Ausgabe in der Konsole

6.3.1 Eingaben in der Konsole

Die C++-Standardbibliothek stellt mit `cin` einen Eingabe-Stream für die Konsole zur Verfügung. Hiermit können Benutzer Werte über die Tastatur eingeben, wie die bisherigen Beispiele auf unterschiedliche Weise zeigen.

Standard-Stream für die Eingabe

> `cin` ist ein Standard-Stream für die Eingabe in der Konsole und repräsentiert die *Standard-Eingabe* (`stdin`).

`cin` wird automatisch mit dem Einbinden von `iostream` angelegt. Es ist ein Objekt der Klasse `istream`, die Basisklasse aller Eingabe-Streams ist. `cin` lässt sich daher gemäß Abschn. 6.2 wie alle Eingabe-Streams mit dem Operator >> oder `getline()` verwenden. Die Eingaben sind gepuffert; Fehler bei der Eingabe lassen sich durch Fehlerflags erkennen.

Einlesen von der Tastatur

> Die Standard-Eingabe `stdin` des Betriebssystems ist üblicherweise mit der Tastatur verbunden, daher dient `cin` dem Einlesen von Tastatureingaben.

Die Standard-Eingabe lässt sich umleiten, beispielsweise, um Eingaben aus einer Datei zu lesen (Abschn. 6.1). Dies erfolgt beim Aufrufen des Programms und nicht im Quellcode.

6.3.2 Ausgaben in der Konsole

Das aus den bisherigen Beispielen bekannte `cout` erlaubt Ausgaben in der Konsole. Daneben stellt die C++-Standardbibliothek zwei weitere Streams für Ausgaben zur Verfügung.

Standard-Streams in der Konsole

> In der Konsole erlauben `cout`, `cerr` und `clog` Ausgaben für unterschiedliche Zwecke.

6.3 Ein- und Ausgabe in der Konsole

Alle drei Objekte werden automatisch mit dem Einbinden von `iostream` angelegt. `cout` ist mit dem Standard-Datenstrom `stdout` des Betriebssystems verbunden; `cerr` und `clog` sind mit `stderr` verbunden (Tab. 6.2).

Tab. 6.2 C++-Standard-Streams für die Ausgabe

Ausgabe-Stream in C++	Standard-Datenstrom des Betriebssystems	Verwendung
cout	stdout	Gewöhnliche Ausgaben
cerr	stderr	Fehlermeldungen
clog	stderr	Verlaufsmeldungen

Die Ausgabe-Streams `cout`, `cerr` und `clog` erben von der Basisklasse `ostream`. Sie lassen sich daher wie alle Ausgabe-Streams verwenden und nutzen den Operator <<. Die Ausgaben sind teilweise gepuffert. Durch Methoden und Stream-Manipulatoren lässt sich ihr Verhalten und damit die Ausgabe beeinflussen. Der Zustand der Streams lässt sich ebenfalls anhand von Abschn. 6.2 erkennen.

Gezieltes Steuern von Ausgaben
Und doch gibt es einen wichtigen Unterschied zwischen den drei Standard-Streams, denn sie sind mit unterschiedlichen Standard-Datenströmen des Betriebssystems verbunden.

```
cout << "Normale Ausgabe" << endl;
cerr << "Fehlermeldung" << endl;
clog << "Log-Meldung" << endl;
```

Quellcode 6.10 Ausgaben mit den Standard-Streams

Normalerweise werden alle Ausgaben von Quellcode 6.10 auf dem Bildschirm angezeigt. Dennoch hat es Vorteile, anhand von Tab. 6.2 gezielt zu entscheiden, um welche Art von Ausgabe es sich handelt:

1. Der verwendete Stream macht im Quellcode den Zweck der Ausgabe deutlich. Beispielsweise ist eine Ausgabe auf `cerr` sofort als Ausgabe einer Fehlermeldung zu erkennen.
2. Das Betriebssystem erlaubt es, die Standard-Datenströme `stdout` und `stderr` einzeln umzuleiten (Abschn. 6.1). Konsequent zwischen `cout`, `cerr` und `clog` zu unterscheiden, ermöglicht dieses Umleiten dann auch für eigene Programme. So lassen sich zum Beispiel alle Fehlermeldungen in einer Datei sammeln.

6.3.3 Beispiel: Umrechnungstabelle mit ausgewählten Werten

Die ausgegebene Umrechnungstabelle von Quellcode 3.23 in Abb. 3.7 ist interessant: Für 1 zeigt sie das Ergebnis 3.28084 an, für 100 dagegen 328.084 – im ersten Fall enthält das Ergebnis fünf Nachkommastellen, im zweiten Fall nur drei.

Quellcode 6.11 verbessert die Darstellung durch eine rechtsbündige Anordnung der Zahlen, sodass die jeweiligen Stellen der Zahl untereinanderstehen. Die Umrechnungsergebnisse sind mit zwei Nachkommastellen dargestellt. Abb. 6.7 zeigt, dass diese Maßnahmen die Lesbarkeit der Tabelle deutlich verbessern.

```cpp
#include <iostream>
#include <iomanip>

using namespace std;

int main()
{
    // Ueberschrift erzeugen
    cout << setw( 6 ) << "Meter"
         << setw( 10 ) << "Feet" << endl;

    // Umrechnungszeilen erzeugen
    for( int meter : { 1, 5, 10, 50, 100, 500, 1000, 5000 } )
    {
        cout << setw( 6 ) << meter
             << fixed << setprecision( 2 )
             << setw( 10 ) <<  meter * 3.2808399 << endl;
    }

    return 0;
}
```

Quellcode 6.11 Umrechnungstabelle mit formatierten Werten (meter2feet5c.cpp)

```
> meter2feet5c
 Meter      Feet
     1      3.28
     5     16.40
    10     32.81
    50    164.04
   100    328.08
   500   1640.42
  1000   3280.84
  5000  16404.20
>
```

Abb. 6.7 Ausgegebene Umrechnungstabelle mit formatierten Werten

6.3.4 Formatieren der Ausgabe

Von der Ausgabe in der Konsole darf man keine Wunder erwarten. Es sind einfache, funktionale Benutzerschnittstellen, die vor allem im Hintergrund eingesetzt werden. Dennoch kann es helfen, die Ausgaben sinnvoll zu formatieren. Möglich machen das die in Abschn. 6.2.4 vorgestellten Methoden und Stream-Manipulatoren.

Stream-Manipulatoren
Tab. 6.3 zeigt wichtige Stream-Manipulatoren, mit denen sich die Ausgabe in der Konsole – aber auch in anderen Ausgabe-Streams – formatieren lässt.

Tab. 6.3 Ausgewählte Manipulatoren für die Ausgabe

Manipulator	Bedeutung
`endl`	Erzeugt einen Zeilenumbruch und leert den Ausgabepuffer
`flush`	Leert den Ausgabepuffer
`setw(n)`	Gibt den folgenden Wert in einem Ausgabefeld der Breite n aus, umfasst der Wert weniger als n Zeichen, werden standardmäßig Füllzeichen vorangestellt
`setfill(c)`	Legt das Füllzeichen c fest, das in Verbindung mit `setw` verwendet wird (Standard ' ')
`left`	Schaltet auf linksbündige Darstellung um, d. h. etwaige Füllzeichen werden an den Wert angehängt
`right`	Schaltet auf rechtsbündige Darstellung um, d. h. etwaige Füllzeichen werden dem Wert vorangestellt
`fixed`	Zeigt Dezimalwerte in Festkommadarstellung an
`setprecision(n)`	Zeigt n Stellen eines Dezimalwerts an bzw. n Nachkommastellen in Verbindung mit `fixed`
`dec`	Gibt eine Ganzzahl im Dezimalsystem aus (Standard)
`hex`	Gibt eine Ganzzahl im Hexadezimalsystem aus
`oct`	Gibt eine Ganzzahl im Oktalsystem aus
`boolalpha`	Gibt einen `bool`-Wert als `true` bzw. `false` aus, statt 1 und 0

Mehrspaltige Ausgaben
Abschn. 3.4.4 verwendet die Escape-Sequenz \t (Tabulator), um mehrspaltige Ausgaben zu erzeugen. Das ist einfach und in einigen Fällen sinnvoll. Für menschliche Betrachter kann dieser Ansatz von Nachteil sein. Flexibler ist der Manipulator `setw`.

> `setw` erlaubt es, *tabellarische Ausgaben* zu erzeugen und die Breite der Spalten festzulegen.

Quellcode 6.12 zeigt das Vorgehen hierfür. Die erste Spalte ist zwei Zeichen breit, die zweite Spalten sechs Zeichen. In der letzten Zeile passt der Wert 123 nicht in dieses Feld, sodass diese Zeile verschoben wirkt (Abb. 6.8).

```
cout << setw( 2 ) << "A" << setw( 6 ) << "B" << endl;
cout << setw( 2 ) << 1   << setw( 6 ) << 2   << endl;
cout << setw( 2 ) << 12  << setw( 6 ) << 34  << endl;
cout << setw( 2 ) << 123 << setw( 6 ) << 456 << endl;
```

Quellcode 6.12 Anzeigen einer zweispaltigen Tabelle mit setw

```
 A     B
 1     ?
12    34
123   456
```

Abb. 6.8 Zweispaltige Tabelle mit setw

Standardmäßig werden Werte nach `setw` rechtsbündig angezeigt. Das ist für die Betrachter intuitiv, da die jeweiligen Einerstellen untereinanderstehen, ebenso die Zehnerstellen usw. – Abb. 6.7 zeigt dies deutlich für Quellcode 6.11.

> Mit den Manipulatoren `left` und `right` lässt sich die Ausrichtung bei Bedarf angeben.

Festlegen der Nachkommastellen
Dezimalwerte werden standardmäßig mit einer Genauigkeit von sechs Stellen angezeigt (Quellcode 6.3). Damit sind die insgesamt sichtbaren Stellen der Zahl gemeint, was die Ausgaben in Quellcode 6.16 erklärt. Je nach Größe der Zahl werden unterschiedlich viele Nachkommastellen angezeigt. In der letzten Zeile erfolgt die Darstellung sogar in *wissenschaftlicher Notation*. In allen Fällen werden die angezeigten Werte entsprechend *gerundet*. In der Praxis möchte man jedoch meist die Zahl der Nachkommastellen festlegen.

```
cout << 1.2345678 << endl;      // Ausgabe: 1.23457
cout << 12.345678 << endl;      // Ausgabe: 12.3457
cout << 123.45678 << endl;      // Ausgabe: 123.457
cout << 1234.5678 << endl;      // Ausgabe: 1234.57
cout << 12345.678 << endl;      // Ausgabe: 12345.7
```

6.3 Ein- und Ausgabe in der Konsole

```
cout << 123456.78 << endl;    // Ausgabe: 123457
cout << 1234567.8 << endl;    // Ausgabe: 1.23457e+06
```

Quellcode 6.13 Standardmäßige Ausgabe von Dezimalzahlen

> Um die Zahl der Nachkommastellen festzulegen, kombiniert man zwei Manipulatoren – fixed für die *Festkommadarstellung* und setprecision für die *Zahl der Nachkommastellen*.

Die Ausgaben von Quellcode 6.17 zeigen dies: Zusammen mit fixed legt setprecision die Zahl der Nachkommastellen fest; zusätzliche Stellen werden gerundet, fehlende Stellen mit 0 aufgefüllt.

```
cout << fixed << setprecision(2) << 1.2345678 << endl; // Ausgabe: 1.23
cout << fixed << setprecision(2) << 7.8        << endl; // Ausgabe: 7.80
cout << fixed << setprecision(0) << 1.2345678 << endl; // Ausgabe: 1
cout << fixed << setprecision(1) << 1.2345678 << endl; // Ausgabe: 1.2
cout << fixed << setprecision(3) << 123.45678 << endl; // Ausgabe: 123.457
```

Quellcode 6.14 Festlegen der Nachkommastellen

Quellcode 6.11 nutzt diese Manipulatoren, um nur zwei Nachkommastellen des Umrechnungsergebnisses anzuzeigen.

> Die Manipulatoren wirken sich nur auf die Anzeige aus; sie verändern *nicht* die Werte der Variablen.

Füllzeichen und führende Nullen

Füllzeichen werden verwendet, wenn der auszugebende Wert kürzer als das mit setw definierte Ausgabefeld ist. Das Standard-Füllzeichen ist das Leerzeichen ' '.

> Der Manipulator setfill legt das zu verwendende Füllzeichen fest.

Quellcode 6.18 zeigt, wie man den Punkt oder die Null als Füllzeichen festlegen kann.

▶ **Tipp** Führende Nullen (setfill('0')) sind eine wichtige Anwendung von Füllzeichen, zum Beispiel für das Erzeugen von Artikel- oder Seriennummern.

```
cout << setfill( '.' ) << setw( 3 ) << 1   << endl; // Ausgabe: ..1
cout << setfill( '.' ) << setw( 3 ) << 12  << endl; // Ausgabe: .12
cout << setfill( '.' ) << setw( 3 ) << 123 << endl; // Ausgabe: 123
cout << setfill( '0' ) << setw( 4 ) << 42  << endl; // Ausgabe: 0042
```

Quellcode 6.15 Festlegen von Füllzeichen mit setfill

6.4 Dateien als Streams

6.4.1 Dateisysteme, Dateien und Ordner

Auf Computern werden Daten ständig in Dateien geschrieben oder aus ihnen gelesen. Dateien ordnen und strukturieren die Inhalte von Speichermedien, sie erlauben den Datenaustausch zwischen Anwendungen oder Computern. Kurzum: Dateien schreiben und lesen zu können, ist wichtig für viele Programme.

Dauerhaftes Speichern von Daten

> *Dateien* erlauben es, zusammengehörige Daten dauerhaft (persistent) auf einem Speichermedium abzulegen.

Speichermedien sind beispielsweise Festplatten, Speicherkarten und USB-Sticks. Das Speichern auf ihnen sorgt dafür, dass Werte von Variablen nicht mit dem Ende des Programms verloren sind – sie bleiben über das Ende des Programms hinaus erhalten.

Dateisystem
Voraussetzung für das Lesen und Schreiben von Dateien ist das sog. *Dateisystem*, das auf dem jeweiligen Speichermedium angelegt ist. Das Betriebssystem verwaltet das Dateisystem.

> Das Dateisystem organisiert den Inhalt eines Speichermediums in der Regel durch eine Hierarchie von Ordnern, in denen Dateien abgelegt sind.

Je nach Dateisystem sind für jede Datei und jeden Ordner weitere Eigenschaften gespeichert, zum Beispiel, welche Benutzer darauf zugreifen dürfen.

> Das sog. *Formatieren* eines Speichermediums legt das Dateisystem an.

Unter Windows-Betriebssystemen ist das Dateisystem NTFS üblich, USB-Sticks verwenden oft FAT32 und Linux-basierte Systeme ext4.

Dateinamen

Ohne das Dateisystem müsste man auf die Inhalte eines Speichermediums anhand von Adressen zugreifen – das wäre sehr umständlich und fehleranfällig. Dateisysteme vereinfachen den Zugriff durch Namen.

> Dateien und Ordner besitzen innerhalb des Dateisystems einen Namen, durch den man auf sie zugreifen kann.

Wie die Dateinamen aufgebaut sind und welche Zeichen sie enthalten dürfen, legt das Dateisystem fest. Beispiele solcher Dateinamen sind:

- `messung05.csv`
- `Aufnahme 240921.mp4`
- `backup.tar.gz`
- `readme`

Heutzutage dürfen Dateinamen auch Leerzeichen sowie Groß- und Kleinbuchstaben enthalten. Zeichen wie *, \, / oder ? sind meist nicht erlaubt.

> Einige Betriebssysteme – vor allem Linux-basierte – unterscheiden bei Dateinamen Groß- und Kleinschreibung.

Dateiendung

> Unter Windows ist es üblich, dass Dateinamen eine sog. *Dateiendung* enthalten.

In den obigen Beispielen sind die Dateiendungen `.csv`, `.mp4` und `.tar.gz`. Sie sollen erkennen lassen, wie Inhalte in einer Datei gespeichert sind.

▶ **Tipp** Auf die Dateiendung sollte man sich nicht verlassen: Ändert man z. B. die Endung von `.mp4` zu `.pdf` wird das Video *nicht* zu einem Dokument.

Pfade zu Dateien

Das Dateisystem erlaubt es, Ordner auf einem Speichermedium anzulegen. Diese Ordner können wiederum Ordner enthalten. Es entsteht eine Ordnerhierarchie. In den Ordnern lassen sich Dateien anlegen.

> Dateien lassen sich im Dateisystem anhand ihres *Dateipfades* auffinden. Er enthält die Namen der übergeordneten Ordner und den Dateinamen.

Abb. 6.9 zeigt zwei solche Dateipfade. Es handelt sich um *absolute Pfade*, da sie *alle* übergeordnete Ordner enthalten. Gut zu erkennen sind aber auch die Unterschiede zwischen den Betriebssystemen.

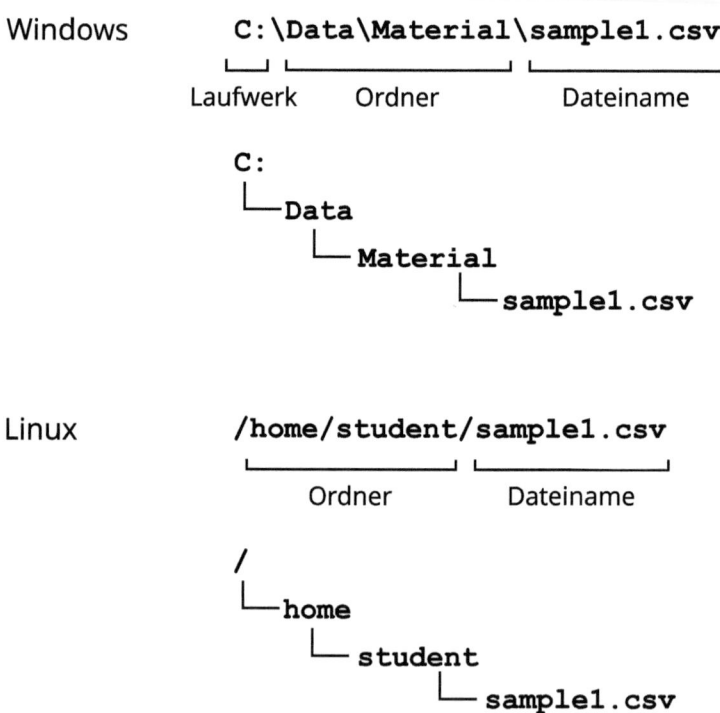

Abb. 6.9 Pfade unter Windows und Linux

6.4 Dateien als Streams

Neben absoluten Pfaden gibt es auch *relative Pfade*: Sie gehen davon aus, dass man sich bereits in einem Ordner befindet und die Datei von dort aus zugreifen möchte. Befindet man sich beispielsweise bereits im Ordner `C:\Data`, könnte man mit dem relativen Pfad `Material\sample1.csv` auf die Datei zugreifen.

> Der Name `..` steht in Pfaden für den übergeordneten Ordner, `.` für den aktuellen Ordner.

Text- und Binärdateien
Eine Datei kann man sich vorstellen wie eine lange Folge von Zeichen. Welche Zeichen darin erlaubt sind, führt auf eine wichtige Unterscheidung.

> *Textdateien* enthalten nur darstellbare Zeichen. Hierdurch sind ihre Inhalte menschenlesbar.

Solche Textdateien kann man mit einem Texteditor anzeigen und bearbeiten, beispielsweise mit Notepad++ oder Visual Studio Code, aber auch mit einer IDE wie Code::Blocks.

> *Binärdateien* können beliebige Zeichen enthalten; außer den darstellbaren Zeichen sind auch die nicht darstellbaren Steuerzeichen erlaubt. Deshalb sind sie meist *nicht* menschenlesbar.

Viele Dateien, die man im Alltag verwendet, sind Binärdateien, zum Beispiel Bilder und Videos. Auch PDF-Dateien zählen hierzu, obwohl sie Texte repräsentieren. Um Binärdateien anzuzeigen oder zu bearbeiten, benötigt man meist spezielle Programme, die für die jeweilige Art von Dateien geeignet sind. Ein Programm zur Bildbearbeitung kann beispielsweise unterschiedliche Arten von Bildern anzeigen und verändern, eignet sich aber meist nicht dazu, Dateien wiederzugeben, die Musik enthalten.

Dateiformat
Da Dateien lediglich eine lange Folge von Zeichen sind, müssen die Inhalte so codiert und strukturiert sein, dass man gezielt auf sie zugreifen kann. Diese Aufgabe erfüllt das sog. *Dateiformat*.

> Das Dateiformat beschreibt den Aufbau gleichartiger Dateien. Es beschreibt, wie und wo deren Inhalte innerhalb der Datei gespeichert sind.

Das Dateiformat ähnelt damit einer Anleitung, wie man von der langen Zeichenfolge zu den Inhalten gelangt – oder umgekehrt. Ohne das Dateiformat ist es meist nicht oder nur teilweise möglich, die Inhalte von Binärdateien zu nutzen.

Verbreitete Formate von Textdateien sind CSV (siehe Abschn. 6.4.2), XML und JSON, mit denen sich unterschiedliche Arten von Daten menschenlesbar speichern lassen. Häufig anzutreffende Formate von Binärdateien sind JPEG und PNG für Bilder, MP3 für Musik und MP4 für Videos; PDF dient der Speicherung unterschiedlichster Dokumente.[3]

> Eigene Programme müssen die Vorgaben des Dateiformats umsetzen, um diese Dateien zu lesen oder schreiben zu können. Oft greift man stattdessen zu fertigen Klassen für diese Formate.

▶ **Tipp** Manche Software-Hersteller legen die von ihnen verwendeten Dateiformate *nicht* offen. Solche proprietären Dateiformate erschweren die Nutzung der Dateien deutlich.

Schnittstelle zu anderen Programmen
Daten in Form von Dateien zwischen Programmen auszutauschen, eröffnet eigenen Programmen völlig neue Möglichkeiten:

- Dateien, die andere Anwendungen zuvor erstellt haben, lassen sich in eigenen Programmen einlesen.
- Dateien, die man mit eigenen Programmen erstellt, lassen sich in anderen Programmen weiterverwenden.

Beispielsweise könnte man in einem C++-Programm Dateien erzeugen, die sich mit einer Tabellenkalkulation öffnen lassen, um Diagramme zu erstellen oder weitere Auswertungen durchzuführen.

6.4.2 Beispiel: Dateiformat umwandeln

Daten können in Dateien auf unterschiedliche Weise gespeichert sein. Die in Abb. 6.10 gezeigte Datei enthält die Dichten von chemischen Elementen. Jede Zeile entspricht dabei einem Element. Jeder dieser Datensätze besteht aus drei Feldern – der Ordnungszahl, dem Symbol des Elements und der Dichte. Zwischen diesen Werten ist jeweils ein Tabulator-Zeichen eingefügt, um die Werte zu trennen. Aus diesem Grund spricht man hier von *Tab-Separated Values* (TSV).

---

[3] (Mielebacher, 2024) beschreibt dies ausführlich und liefert weitere Beispiele.

6.4 Dateien als Streams

Abb. 6.10 Textdatei mit Tabulator-getrennten Werten (elements.dat)

```
elements.dat
 1    1    H    0.09
 2    2    He   0.18
 3    3    Li   534.00
 4    4    Be   1848.00
 5    5    B    2460.00
 6    6    C    2260.00
 7    7    N    1.17
 8    8    O    1.33
 9    9    F    1.58
10   10    Ne   0.84
11   11    Na   968.00
12   12    Mg   1738.00
13   13    Al   2699.00
14   14    Si   2336.00
15   15    P    1820.00
```

Quellcode 6.19 hat die Aufgabe, eine solche Datei in eine sog. CSV-Datei umzuwandeln. CSV steht für Comma-Separated Values und verwendet als Trennzeichen das Komma. Außerdem soll bei dieser Umwandlung für jede Spalte eine Überschrift eingefügt werden.

Der Benutzer kann den Namen der umzuwandelnden Quelldatei eingeben, danach den Namen der zu erstellenden Zieldatei.

```cpp
#include <iostream>
#include <string>
#include <iomanip>
#include <fstream>

using namespace std;

// Trennzeichen für Zieldatei
const char CSV_Separator = ',';

int main()
{
    // Name der Quelldatei einlesen
    string src_filename;
```

```
cout << "Quelldatei: ";
getline( cin, src_filename );

// Quelldatei zum Lesen öffnen
ifstream src( src_filename );

if( !src )
{
    cerr << "Quelldatei " << src_filename
         << " nicht bereit." << endl;
    return -1;
}

// Name der Zieldatei einlesen
string dest_filename;

cout << "Zieldatei:  ";
getline( cin, dest_filename );

// Zieldatei zum Schreiben öffnen
ofstream dest( dest_filename );

if( !dest )
{
    cerr << "Zieldatei " << dest_filename
         << " nicht bereit." << endl;
    return -1;
}

// Spaltenüberschrift in Zieldatei schreiben
dest << "Ordnungszahl" << CSV_Separator
     << "Symbol" << CSV_Separator
     << "Dichte" << endl;

// Werte lesen und kommagetrennt in Zieldatei schreiben
int    elem_atomic = 0;
string elem_symbol;
double elem_density = 0.0;

while( src >> elem_atomic >> elem_symbol >> elem_density )
```

6.4 Dateien als Streams

```
    {
        dest << elem_atomic << CSV_Separator
             << elem_symbol << CSV_Separator
             << fixed << setprecision( 2 ) << elem_density << endl;
    }

    return 0;
}
```

Quellcode 6.16 Umwandeln der Tabulator-getrennten Datei (elemconv.cpp)

Lässt sich die Quelldatei nicht öffnen (z. B. weil es sie nicht gibt), erscheint eine Fehlermeldung (Abb. 6.11). Auch wenn sich die Zieldatei nicht öffnen lässt, erscheint eine solche Fehlermeldung.

```
> elemconv
Quelldatei: x
Quelldatei x nicht bereit.
>
```

Abb. 6.11 Fehlermeldung nach ungültiger Quelldatei

Treten keine Fehler auf, erscheinen nach dem Einlesen der Dateinamen keine weiteren Ausgaben auf dem Bildschirm (Abb. 6.12).

```
> elemconv
Quelldatei: elements.dat
Zieldatei:  elements.csv
>
```

Abb. 6.12 Ausgabe bei erfolgreicher Konvertierung

Öffnet man die erzeugte Datei in einem Texteditor wie Notepad++, erkennt man sofort die Spaltenüberschriften und die nun mit Komma getrennten Werte (Abb. 6.13).

Abb. 6.13 Ausschnitt der umgewandelten Datei (elements.csv)

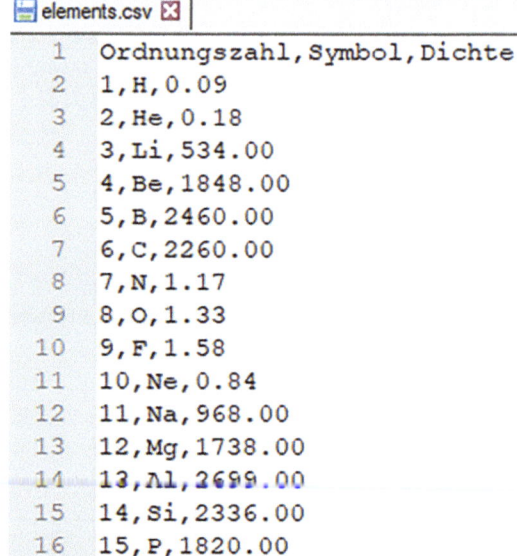

6.4.3 Dateien als Ein- und Ausgabe-Streams

Die C++-Standardbibliothek erlaubt den Zugriff auf Dateien durch spezielle Ein- und Ausgabe-Streams. Sie lassen sich im Wesentlichen wie die übrigen Streams nutzen, da sie dieselben Basisklassen nutzen. Die in Abschn. 6.2 dargestellten, grundlegenden Eigenschaften von Streams gelten daher auch für sie.

Datei-Streams für den Zugriff auf Dateien

> Die Klassen `ifstream`, `ofstream` und `fstream` erlauben den Zugriff auf Dateien. `#include <fstream>` stellt sie zur Verfügung.

Objekte dieser Klassen sind jeweils ein *Datei-Stream*. Sie sind eine Schnittstelle zwischen dem Programm und dem Dateisystem, d. h., mit diesen Objekten lassen sich die Inhalte von Dateien lesen (`ifstream`), schreiben (`ofstream`) oder lesen und schreiben (`fstream`).

Quellcode 6.19 verwendet das `ifstream`-Objekt `src`, um aus der Quelldatei zu lesen. In das `ofstream`-Objekt `dest` werden die neu formatierten Inhalte ausgegeben.

Von Öffnen bis Schließen

> Um Dateien lesen oder schreiben zu können, müssen sie zunächst *geöffnet* werden.

6.4 Dateien als Streams

Mit dem Öffnen ist aber nicht gemeint, die Datei in einem Texteditor zu öffnen. Vielmehr teilt man dem Betriebssystem mit dem Öffnen mit, dass man in dem eigenen Programm eine bestimmte Datei verwenden möchte.

> In den `fstream`-Klassen öffnet der Konstruktor die Datei. Gelingt dies, lässt sie sich verwenden, bis sie geschlossen wird.

Abb. 6.14 zeigt, wie dies bei der Ausgabe von `Hallo Welt` in die Datei `test.txt` abläuft:

1. Mit dem Anlegen des `ofstream`-Objekts `datei` öffnet der Konstruktor die Datei `test.txt`, um Zeichen in sie zu schreiben.
2. Nach dem Öffnen lassen sich die gewünschten Inhalte in den Stream `datei` ausgeben und damit in die Datei schreiben.
3. Am Ende des Gültigkeitsbereichs von `datei` wird automatisch der `ofstream`-Destruktor aufgerufen; er schließt die Datei.

```
#include <iostream>
#include <fstream>
using namespace std;

int main()
{
    ofstream datei( "test.txt" );        ← Datei öffnen

    datei << "Hallo Welt" << endl;       Datei verwenden

    return 0;                            ← Datei schließen
}
```

Abb. 6.14 Lebensdauer eines Datei-Streams

▶ **Tipp** Neben Konstruktor und Destruktor lassen sich Dateien auch mit der `open()`-Methode öffnen und mit der `close()`-Methode schließen. Der hier gezeigte Ansatz ist jedoch sicherer.

Dateipfade für das Öffnen

> Für die zu öffnende Datei sind absolute und relative Pfade erlaubt. Relative Pfade beziehen sich normalerweise auf den Ordner, in dem das Programm ausgeführt wird.

Abb. 6.9 zeigt absolute Pfade. Würde man dagegen nur einen Dateinamen angegeben, würde diese im aktuellen Ordner geöffnet werden.

▶ **Tipp** Windows blendet standardmäßig die Dateiendung aus. Sie muss beim Öffnen dennoch immer mit angegeben werden.

Dateipfade eingeben
In Quellcode 6.16 geben die Benutzer die Dateipfade ein. `getline( cin, src_filename);` zu verwenden, hat einen wichtigen Vorteil: enthält der Pfad Leerzeichen, liest `getline()` diese mit ein. `cin >> src_filename;` würde bei dem ersten auftretenden Leerzeichen abbrechen (siehe Abschn. 4.2.4).

▶ **Tipp** Pfade wie in Abb. 6.14 als String-Literal in den Quellcode zu schreiben, ist meist ungünstig, da sich das Programm sonst schlecht auf anderen Computern ausführen lässt.

Abschn. 8.7 zeigt, wie sich Dateipfade mit Kommandozeilenparametern beim Aufruf des Programms übergeben lassen. Für Konsolenanwendungen ist das ein üblicher Ansatz. Abschn. 8.8 zeigt, wie die Bibliothek filesystem den Umgang mit Dateien und Dateipfaden vereinfacht; mit ihr lassen sich auch weitere Eigenschaften von Dateien auslesen und anpassen.

Notwendige Überwachung
Das Öffnen einer Datei kann misslingen. Gründe hierfür könnten sein:

- Eine Datei soll zum Schreiben geöffnet werden, darf aber nicht verändert werden.
- Eine Datei soll zum Schreiben geöffnet werden, obwohl sie bereits von einem anderen Prozess exklusiv geöffnet wurde.
- Eine Datei soll zum Lesen geöffnet werden, ist aber nicht vorhanden.
- Eine Datei soll zum Lesen geöffnet werden, darf aber nicht gelesen werden.

> Misslingt das Öffnen, führt dies zu Folgefehlern. Deshalb muss man dies nach dem Öffnen prüfen.

Quellcode 6.17 enthält den für die Prüfung relevanten Ausschnitt aus Quellcode 6.16. Er zeigt, wie man erkennt, ob die Datei geöffnet wurde oder nicht. Die Bedingung `!src` interpretiert den Stream `src` als Wahrheitswert (siehe Abschn. 6.2.5). Gelingt das Öffnen, liefert `src` den Wahrheitswert `true`. Misslingt das Öffnen, liefert `src` den Wert `false`; dann ist die Negation `!src` erfüllt. Aus der Datei lassen sich in diesem Fall keine Werte lesen, deshalb wird das Programm mit einer Fehlermeldung beendet.

6.4 Dateien als Streams

```
ifstream src( src_filename );

if( !src )
{
    cerr << "Quelldatei " << src_filename << " nicht bereit." << endl;
    return -1;
}
```

Quellcode 6.17 Überprüfen des Öffnens einer Datei

6.4.4 Aus Textdateien lesen

Quellcode 6.16 liest die umzuformatierenden Werte aus einer Textdatei und nutzt dafür das Stream-Objekt `src` der Klasse `ifstream`.

Lesen mit ifstream-Objekten

> Objekte der Klasse `ifstream` erlauben das *Lesen* aus Dateien.

`ifstream src( src_filename );` erzeugt das Stream-Objekt `src` und öffnet die Datei anhand des in `src_filename` übergebenen Pfades.

Lässt sich die Datei nicht zum Lesen öffnen, erkennt man das mit der anschließenden `if`-Verzweigung, die den Wahrheitswert des Streams prüft (siehe Abschn. 6.4.3).

Sequenzielles Lesen mit >>

> Nach dem Öffnen der Datei lässt sich aus ihr lesen, bei Textdateien nutzt man in der Regel den für Eingabe-Streams typischen Operator >>.

Das Lesen mit >> erfolgt *sequenziell*. Die mit *Whitespaces*[4] getrennten Werte werden nacheinander gelesen.

Sequenzielles Lesen mit getline()

Ähnlich zu >> verhält sich `getline()`: Im Gegensatz zu >> liest `getline()` jedoch Zeichenketten bis zu einem festgelegten Trennzeichen. Standardmäßig liest

---

[4] Zu den Whitespaces zählen Leerzeichen, Tabulator und Zeilenumbruch, siehe Abschn. 6.2.2.

getline() bis zum Zeilenende (\n). Quellcode 6.7 zeigt, wie sich damit der Inhalt einer Textdatei zeilenweise lesen lässt.

Lesezeiger

> Wo der nächste Wert gelesen wird, legt der sog. *Lesezeiger* fest; er wird nach dem Öffnen der Datei an deren Anfang gesetzt.

Abb. 6.15 zeigt dies anhand der Textdatei werte.dat, die in jeder Zeile einen Dezimalwert enthält: Jedes erfolgreiche Lesen eines Wertes bewegt den Lesezeiger zum nächsten Wert. Die Schleife while(datei >> wert) wiederholt das Lesen, bis das Lesen misslingt – entweder weil das Ende der Datei (*End of File*, EOF) erreicht ist, oder weil unerlaubte Zeichen enthalten sind (siehe Abschn. 6.2.5).

```
#include <iostream>
#include <fstream>
using namespace std;

int main()
{
   ifstream datei( "werte.dat" );

   double wert = 0.0;

   while( datei >> wert )
   {
      cout << wert << endl;
   }

   return 0;
}
```

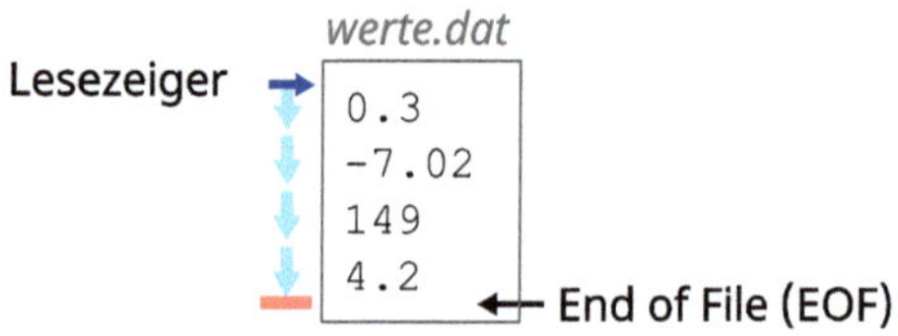

```
werte.dat
 0.3
-7.02
 149
 4.2    ← End of File (EOF)
```

Abb. 6.15 Sequenzielles Lesen aus einer Textdatei

Lesen von mehrspaltigen Dateien

Dieses Prinzip kommt auch in Quellcode 6.16 zum Einsatz: Wesentlich ist hierfür die Schleife while(src >> elem_atomic >> elem_symbol >> elem_density){...}. Sie versucht, in jedem Durchgang die drei Werte elem_atomic, elem_symbol und elem_densitiy einzulesen. Da die Quelldatei drei Spalten enthält, liest die Schleife den Dateiinhalt Zeile für Zeile.

Ende der Datei

> Steht der Lesezeiger am Ende der Datei, scheitert das Lesen des nächsten Wertes.

In Quellcode 6.16 führt das Lesen am Ende der Datei dazu, dass das Stream-Objekt `src` als Wahrheitswert `false` interpretiert wird; die `while`-Schleife für das Einlesen bricht dann ab.

Alternativ hätte man das Ende der Datei auch anhand der Methode `eof()`[5] erkennen können. Liefert `src.eof()` den Wert `true`, drückt dies aus, dass beim Lesen das Dateiende erreicht wurde.

▶ **Tipp** `eof()` liefert erst `true` *nach* einem fehlgeschlagenen Lesen am Dateiende, weshalb man `eof()` nicht als Abbruchbedingung für das Lesen verwenden sollte.

Lesen aus Binärdateien

Die bisherigen Beispiele nutzen Textdateien für das Einlesen. Das Vorgehen bei Binärdateien unterscheidet sich davon:

1. Das `ifstream`-Objekt muss den Modus `ios::binary` verwenden, um aus Binärdateien zu lesen, z. B. mit `ifstream datei( "image.png", ios::binary );`.
2. Die Methode `read()` liest Zeichen aus einer Binärdatei; `>>` ist dafür ungeeignet.
3. Um Zeichen an einer bestimmten Position der Datei zu lesen, kann man den Lesezeiger mit der Methode `seekp()` dorthin bewegen.

> Um Inhalte aus Binärdateien lesen zu können, muss man deren *Dateiformat* genau kennen.

Aus diesem Grund ist es für übliche Dateiformate meist besser, fertige Klassen zu nutzen, die das Lesen dieser Formate erlauben.

6.4.5 In Textdateien schreiben

Quellcode 6.16 schreibt die aus der Quelldatei gelesenen Werte mit Komma getrennt in die Zieldatei. Das von der Klasse `ofstream` erzeugte Stream-Objekt `dest` repräsentiert diese Zieldatei.

---

[5] Ihr Name ist abgeleitet von End of File.

Schreiben mit ofstream-Objekten

> Objekte der Klasse `ofstream` erlauben das Schreiben von Dateien.

`ofstream dest( dest_filename );` erzeugt das Stream-Objekt `dest` und öffnet die Datei anhand des in `dest_filename` übergebenen Pfades.

Erstellen oder Leeren

> Ist die zu öffnende Datei nicht vorhanden, wird sie unter diesem Pfad *neu* erstellt. Ist sie bereits vorhanden, wird ihr Inhalt *geleert*.

Hat man keine Schreibrechte oder ist die Datei bereits exklusiv geöffnet, scheitert das Öffnen. Dies prüft in Quellcode 6.16 – wie beim Öffnen der Quelldatei – die nachfolgende `if`-Verzweigung.

Inhalte an Dateien anhängen

Manchmal möchte man den Inhalt der zu öffnenden Datei nicht löschen. Ein Beispiel hierfür sind sog. *Log-Dateien*, in denen Anwendungen auftretende Fehler oder wichtige Ereignisse protokollieren.

> Erzeugt man ein `ofstream`-Objekt mit dem Modus `ios::app`, wird ihr Inhalt nicht gelöscht; neue Inhalte werden dann an den vorhandenen Inhalt *angehängt*.

Beispielsweise öffnet `ofstream log( "fehler.log", ios::app );` die Datei `fehler.log` zum Anhängen. Für Quellcode 6.16 wäre das jedoch ungeeignet, da die Zieldatei stets neu erstellt werden soll.

Schreiben mit <<

> Nach dem Öffnen der Datei schreibt der für Ausgabe-Streams typische Operator `<<` Inhalte in die Datei.

Wie für `<<` üblich, lassen sich damit unterschiedlichste Werte ausgeben. Auch `endl` erzeugt – wie auf dem Bildschirm – einen Zeilenumbruch in der Datei. Mit jeder Ausgabe werden die zusätzlichen Inhalte an die bereits geschriebenen Inhalte angehängt – die Datei wächst entsprechend.

6.5 Zeichenketten als Streams

> Die Ausgabe in Dateien nutzt normalerweise einen Puffer.

Formatieren der Ausgabe
Die für Formatierungen geeigneten Methoden und Stream-Manipulatoren aus Abschn. 6.3.4 stehen auch bei Ausgaben in Dateien zur Verfügung. Beispielsweise nutzt Quellcode 6.16 die Manipulatoren `fixed` und `setprecision( 2 )`, um die Zahl der Nachkommastellen festzulegen.

In Binärdateien schreiben
Auch Binärdateien lassen sich mit `ofstream` schreiben. Die so erstellten Dateien lassen sich meist nicht sinnvoll in einem Texteditor anzeigen. Wie beim Lesen von Binärdateien müssen sie im Modus `ios::binary` geöffnet werden. Die Methode `write()` schreibt dann Zeichen in die Datei.

6.5 Zeichenketten als Streams

6.5.1 Zeichenketten als Ein- und Ausgabe-Streams

Die C++-Standardbibliothek stellt eine besondere Art von Streams zur Verfügung, die sog. String-Streams. Sie erlauben es, Inhalte in `string`-Zeichenketten zu schreiben oder Werte aus ihnen zu lesen.

Der Header sstream

> Die Klassen `istringstream`, `ostringstream` und `stringstream` erlauben das Lesen und Schreiben von bzw. in Zeichenketten. `#include <sstream>` stellt sie zur Verfügung.

Objekte dieser Klassen sind jeweils ein *String-Stream*. Wie sich mit ihnen Werte lesen oder schreiben lassen, gleicht den anderen Streams (Abschn. 6.2).

Typische Anwendungsfälle
String-Streams lassen sich vor allem für zwei Zwecke einsetzen:

- Objekte der Klasse `istringstream` erlauben es, Zeichenketten in Werte anderer Datentypen bzw. in Objekte umzuwandeln.
- Objekte der Klasse `ostringstream` erlauben es, Werte anderer Datentypen sowie Objekte formatiert in Zeichenketten umzuwandeln.

Einfacher lassen sich Zeichenketten meist mit den in Abschn. 4.2.11 vorgestellten Funktionen `stoi()` bzw. `stod()` in `int`- bzw. `double`-Werte umwandeln. Mit `to_string()` kann man aus Zahlen Zeichenketten erstellen (Abschn. 4.2.6). String-Streams eröffnen jedoch mehr Möglichkeiten für die Umwandlung.

6.5.2 Aus Zeichenketten lesen

Objekte der Klasse `istringstream` erlauben das Lesen aus Zeichenketten im Stil der übrigen Eingabe-Streams.

Lesen aus String-Streams

> Beim Anlegen eines `istringstream`-Objekts übergibt man die Zeichenkette, aus der anschließend Werte mit dem Operator >> gelesen werden.

Quellcode 6.18 zeigt das Anlegen des Strings-Streams und das anschließende Lesen der Werte von `value` und `unit`.

```
#include <sstream>

...

double value = 0.0;
string unit;

istringstream instr( "42.07 cm" );

instr >> value >> unit;              // value: 42.07, unit: cm
```

Quellcode 6.18 Beispiel für das Lesen aus einem String-Stream

Mit den Funktionen `stoi()`, `stod()` usw. lassen sich Zeichenketten leicht in Zahlen umwandeln. String-Streams wirken im Vergleich dazu umständlich, dennoch bieten sie in einigen Fällen Vorteile:

1. Sind die Werte mit Whitespaces getrennt, werden sie beim Lesen aus einem String-Stream automatisch getrennt.
2. Während `stoi`, `stod` usw. nur für bestimmte Datentypen zur Verfügung stehen, lassen sich String-Streams auch mit eigenen Klassen nutzen, wenn der Operator >> für sie überladen ist (siehe Abschn. 6.6).
3. Das Einlesen lässt sich – wie bei den allen Eingabe-Streams – einstellen und überwachen (siehe Abschn. 6.2).

6.5.3 In Zeichenketten schreiben

Objekte der Klasse `ostringstream` erlauben das Schreiben von Werten in Zeichenketten. Die Art der Ausgabe entspricht den übrigen Ausgabe-Streams.

Ausgeben in String-Streams

> Nach dem Anlegen eines `ostringstream`-Objekts lassen sich Inhalte mit `<<` darin ausgeben. Die `str()`-Methode liefert die erzeugte Zeichenkette.

Quellcode 6.19 nutzt einen solchen String-Stream, um aus zwei Werten eine Produktnummer zu erzeugen, die einem bestimmten Aufbau folgt. Stream-Manipulatoren sorgen dabei für die führenden Nullen bei der Umwandlung von `number`. Der Aufruf von `res.str()` liefert die erzeugte Produktnummer.

```
#include <sstream>
#inclued <iomanip>

...

string build_prodnumber( string country, int number )
// Erzeuqt eine Produktnummer der Form CC-nnnnnn
// mit CC als Länderkürzel (country) und
// der 6-stelligen Nummer (number) (z. B. DE-001234)
{
    ostringstring res;

    res << country
        << '-'
        << setfill( '0' ) << setw( 6 ) << number;

    return res.str();
}

...
```

Quellcode 6.19 Beispiel für das Schreiben in einen String-Stream

Vorteile gegenüber to_string()

Die Funktion `to_string()` kann Werte unterschiedlicher numerischer Typen in Zeichenkette umwandeln. Die Ausgabe in ein `ostringstream`-Objekt bietet zwei Vorteile:

1. Unterstützen Klassen den Operator <<, lassen sich deren Objekte mit String-Streams in Zeichenketten umwandeln (siehe Abschn. 6.6).
2. Die Ausgabe lässt sich mit Stream-Manipulatoren und Methoden auf vielfältige Weise anpassen (siehe Abschn. 6.2).

Abschn. 6.7 *stellt die ab dem Standard C++20 vorhandene Alternative format vor.*

6.6 Ein- und Ausgabe eigener Klassen

6.6.1 Beispiel: Punkt-Klasse V2

Abschn. 5.7.2 zeigt, wie sich Operatoren für eigene Klassen nutzen lassen. Quellcode 6.20 zeigt dieses sog. *Überladen von Operatoren* anhand der Klasse Point aus Abschn. 5.3.4. Sie ist einfach aufgebaut und enthält als Attribute lediglich die Koordinaten x und y. Durch das Überladen der Shift-Operatoren >> und << lassen sich Point-Objekte einfach aus Eingabe-Streams lesen oder in Ausgabe-Streams ausgeben.

```cpp
#include <cmath>
#include <iostream>
#include <fstream>

using namespace std;

class Point
{
public:
    Point( double nx = 0.0, double ny = 0.0 );
    double distTo( const Point& p ) const;

    double x;
    double y;

    friend istream& operator>>( istream& in,  Point& p );
    friend ostream& operator<<( ostream& out, const Point& p );
};

Point::Point( double nx, double ny )
// Erzeugt einen Punkt mit der Koordination (nx|ny)
{
    x = nx;
    y = ny;
}
```

6.6 Ein- und Ausgabe eigener Klassen

```cpp
double Point::distTo( const Point& p ) const
// Berechnet die Entfernung zu dem Punkt p
{
    return sqrt( ( x - p.x ) * ( x - p.x ) + ( y - p.y ) * ( y - p.y ) );
}

istream& operator>>( istream& in, Point& p )
// Liest einen Punkt in der Form x y ein
{
    in >> p.x >> p.y;

    return in;
}

ostream& operator<<( ostream& out, const Point& p )
// Gibt einen Punkt in der Form x|y aus
{
    out << p.x << "|" << p.y;

    return out;
}

int main()
{
    // Quelldatei öffnen
    ifstream src( "points.dat" );

    if( !src )
    {
        cerr << "Quelldatei nicht bereit." << endl;
        return -1;
    }

    // Punkte aus Datei lesen und anzeigen
    Point p;

    while( src >> p )
    {
        cout << p << endl;
    }

    return 0;
}
```

Quellcode 6.20 Klasse Point mit überladenen Shift-Operatoren (point2.cpp)

Quellcode 6.20 liest die Punkte aus der in Abb. 6.16 dargestellten Datei `points.dat`.[6] Sie enthält in jeder Zeile zwei mit Leerzeichen getrennte Werte. Jede dieser Zeilen repräsentiert einen Punkt.

```
1 2
3 4
5 6
```

Abb. 6.16 Inhalt der Testdatei (points.dat)

Die aus der Datei gelesenen Punkte werden auf dem Bildschirm angezeigt. In Abb. 6.17 ist das einheitliche Format x | y zu erkennen.

```
1|2
3|4
5|6
```

Abb. 6.17 Ausgabe des Punkt-Beispiels

6.6.2 Überladen des Operators >>

Die C++-Standardbibliothek hat den Operator >> bereits für die Eingabe vieler Datentypen überladen. Er lässt sich auch für eigene Klassen überladen.

> Überlädt eine Klasse den Operator >> in Verbindung mit `istream`-Objekten, lassen sich Objekte dieser Klasse mit >> aus allen Eingabe-Streams lesen.

Anpassen der Klassendeklaration

Das Überladen ähnelt dem Hinzufügen weiterer Methoden. Quellcode 6.21 zeigt den dafür verwendeten Auszug der Klassendeklaration. Damit sich der Operator >> für das Einlesen verwenden lässt, muss er drei Anforderungen erfüllen:

1. Als ersten Parameter erhält er eine Referenz auf ein `istream`-Objekt (`istream&`) – er steht für die linke Seite des Operators.

---

[6] Vereinfachend verzichtet das Beispiel auf die Eingabe des Dateinamens.

6.6 Ein- und Ausgabe eigener Klassen

2. Als zweiten Parameter erhält er eine Referenz auf ein Objekt der einzulesenden Klasse (`Point&`) – er steht für die rechte Seite des Operators.
3. Der Operator gibt eine Referenz auf ein `istream`-Objekt zurück (`istream&`).

```
friend istream& operator>>( istream& in,  Point& p );
```

Quellcode 6.21 Deklaration des Operators >>

> Der Zusatz `friend` drückt aus, dass der Operator nicht zu der Klasse gehört, aber wie eine Methode der Klasse auf Klassenbestandteile zugreifen darf.

Definition des Operators
Um ein `Point`-Objekt einzulesen, muss man die Attribute x und y der `Point`-Klasse einlesen. Das soll der überladene Operator >> übernehmen.

> Die Definition des Operators >> muss alle notwendigen Anweisungen enthalten, um die Attribute der Klasse aus dem übergebenen Stream einzulesen.

Quellcode 6.22 zeigt, wie einfach das Überladen im Fall der Klasse `Point` ist. Der Parameter in[7] repräsentiert den Stream, aus dem die Werte gelesen werden. Die Attribute lassen sich deshalb aus in lesen - egal um welche Art von Eingabe-Stream es sich später handelt.

> Da das Lesen den Stream verändert hat, muss der Operator den veränderten Stream zurückgeben.

```
istream& operator>>( istream& in, Point& p )
// Liest einen Punkt in der Form x y ein
{
    in >> p.x >> p.y;

    return in;
}
```

Quellcode 6.22 Definition des Operators >>

---

[7] Der Name in ist frei wählbar.

Eingabe mit >>

> Nach dem Überladen des Operators lassen sich Objekte der Klasse mit >> aus allen von `istream` abgeleiteten Streams einlesen.

Alle Eingabe-Streams erben von der Klasse `istream`, weshalb >> nun `Point`-Objekte aus `cin`, Dateien oder Zeichenketten lesen kann. Quellcode 6.20 zeigt dies anhand des Lesens aus dem Datei-Stream `src`. Ganz den bisherigen Beispielen folgend, liest `src >> p` ein `Point`-Objekt aus dem Stream `src`, indem es die beiden mit Whitespace getrennten `double`-Werte für x und y liest.

6.6.3 Überladen des Operators <<

Das Überladen des Operators << für die Ausgabe ähnelt dem Überladen des Operators >> für die Eingabe.

> Überlädt eine Klasse den Operator << in Verbindung mit `ostream`-Objekten, lassen sich Objekte dieser Klasse mit << in allen Ausgabe-Streams ausgeben.

Anpassen der Klassendeklaration

Auch der Operator << wird als `friend` in die Klassendeklaration aufgenommen (Quellcode 6.23). Damit er sich für das Ausgaben verwenden lässt, muss er drei Anforderungen erfüllen:

1. Als ersten Parameter erhält er eine Referenz auf ein `ostream`-Objekt (`ostream&`) – er steht für die linke Seite des Operators.
2. Als zweiten Parameter erhält er eine `const`-Referenz des auszugebenden Objekts (`const Point&`) – er steht für die rechte Seite des Operators.
3. Der Operator gibt eine Referenz auf ein `ostream`-Objekt zurück (`ostream&`).

```
friend ostream& operator<<( ostream& out, const Point& p );
```

Quellcode 6.23 Deklaration des Operators <<

Definition des Operators

`Point`-Objekte sollen in der Form x|y ausgegeben werden. Der Operator << muss demnach die Attribute x und y ausgeben und dazwischen das Zeichen |.

> Die Definition des Operators << beschreibt, wie die Attribute der Klasse in den übergebenen Stream geschrieben werden.

Quellcode 6.24 zeigt die notwendigen Ausgaben in den übergebenen Stream `out`. Er repräsentiert – wie beim Einlesen – den Stream, in den ausgegeben wird.

> Auch der Operator << gibt nach der Ausgabe den geänderten Stream zurück.

```
ostream& operator<<( ostream& out, const Point& p )
// Gibt einen Punkt in der Form x|y aus
{
    out << p.x << "|" << p.y;

    return out;
}
```

Quellcode 6.24 Definition des Operators <<

Ausgabe mit <<

> Nach dem Überladen des Operators lassen sich Objekte der Klasse mit << in allen von `ostream` abgeleiteten Streams ausgeben.

Quellcode 6.20 zeigt die aus der Datei gelesenen `Point`-Objekte mit `cout << p << endl;` auf dem Bildschirm an. In Dateien oder Zeichenketten wäre dies in gleicher Weise möglich.

6.7 Neuere Alternativen

C++ und die zugehörige Standardbibliothek entwickeln sich laufend weiter. Die Standards C++20 und C++23 eröffnen weitere Möglichkeiten für die Ausgabe.

Formatierte Ausgabe mit print

> Der Header `print` stellt unter anderem die Funktionen `print()` und `println()` zur Verfügung, mit denen sich Werte formatiert ausgeben lassen.

Für die Ausgabe nutzt `print()` Platzhalter, die innerhalb einer Zeichenkette mit `{}` umschlossen sind. Die Zahl gibt – beginnend bei 0 – den Parameter an, der diesen Platzhalter ersetzen soll. Quellcode 6.25 zeigt dies für eine Ausgabe mit einem Platzhalter: Der Platzhalter `{0}` wird durch den ersten übergebenen Wert (hier: `i`) ersetzt.

```
#include <print>   // Ab C++23
using namespace std;

...

int     i = 42;

print( "Die Antwort: {0}", i );    // Ausgabe: Die Antwort: 42
```
Quellcode 6.25 Verwenden der Funktion print

Soll `print()` einen Zeilenumbruch durchführen, muss die auszugebende Zeichenkette mit \n enden; die Alternative `println()` übernimmt das automatisch.

> Die Funktion `println()` führt nach der Ausgabe einen *Zeilenumbruch* durch.

Standardmäßig schreiben `print()` und `println()` auf die Standard-Ausgabe. Gibt man vor der auszugebenden Zeichenkette ein `ostream`-Objekt an, schreibt man die Ausgabe in diesen Stream, zum Beispiel in eine Datei.

Formatieren von Zeichenketten mit format

> Der Header `format` stellt unter anderem die Funktion `format()` zur Verfügung, mit der sich Werte formatiert in Zeichenketten ausgeben lassen.

Die Funktion `format()` verfolgt daher ähnliche Ziele wie das Ausgeben in String-Streams (Abschn. 6.5.3). Wie `print()` verwendet `format()` Platzhalter, um Werte zu formatieren und zu kombinieren. Quellcode 6.26 zeigt, wie sich mit `format` eine konstante Zeichenkette und ein `int`-Wert kombinieren lassen.

```
#include <format>   // Ab C++20
using namespace std;

...

int    i = 42;

string res = format( "Die Antwort: {0}", i );
```

Quellcode 6.26 Verwenden der Funktion format

Compiler-Unterstützung notwendig

> Ob sich diese neuen Merkmale nutzen lassen, hängt davon ab, ob der verwendete Compiler die Sprachstandards C++20 bzw. C++23 unterstützt.

Es mag überraschend klingen, aber obwohl diese Sprachstandards bereits seit einiger Zeit bekannt sind, werden sie nicht oder nicht vollständig von allen C++-Compilern unterstützt. Selbst wenn der Compiler `print()` und `format()` noch nicht kennt, steht mit den Streams ein ausgereifter, flexibler Ansatz zur Verfügung.

6.8 Zusammenfassung

Die Ein- und Ausgabe in C++ basiert im Wesentlichen auf zeichenbasierten Streams. Sie dienen der Ein- und Ausgabe in der Konsole, mit Dateien oder mit Zeichenketten. Führen die Streams zum Programm, handelt es sich um Eingabe-Streams. Aus ihnen liest der Operator >> Werte, die mit Whitespaces (Leerzeichen, Tabulator, Zeilenumbruch) getrennt sind.

Ist das Programm die Quelle des Streams, handelt es sich um Ausgabe-Streams, in die Werte mit dem Operator << geschrieben werden. Diese Ausgabe lässt sich auf unterschiedliche Weise formatieren. Das Verhalten von Streams lässt sich mit Stream-Manipulatoren wie `fixed`, `setw` usw. oder mit Methoden beeinflussen – für das Formatieren der Ausgabe und für das Anpassen der Eingabe.

Die Ein- und Ausgabe erfolgt meist gepuffert durch FIFO-Warteschlangen. Bei der Eingabe entnimmt >> die Zeichen bis zum nächsten Whitespace aus dem Eingabepuffer. Das Ausgeben mit << schreibt die Zeichen zunächst in einen Ausgabepuffer, der automatisch geleert wird. Mit `endl` oder `flush` lässt sich der Puffer auch gezielt leeren, was meist nicht notwendig ist.

Stream-Flags speichern Fehler bei der Ein- und Ausgabe. Der Zustand lässt sich mit den Methoden `good()`, `fail()`, `bad()` und `eof()` abfragen. Einfacher ist es meist, den Stream als Wahrheitswert zu interpretieren, zum Beispiel, um zu erkennen, ob das Öffnen einer Datei misslungen ist, oder ob unerlaubte Zeichen eingegeben wurden.

Streams basieren auf objektorientierter Programmierung. Die Stream-Klassen erben von gemeinsamen Basisklassen, wodurch sie viele Gemeinsamkeiten besitzen. Die Ein- und Ausgabe in C++ ist leicht erweiterbar, beispielsweise durch das Überladen der Operatoren << und >> für eigene Klassen.

Die C++-Standardbibliothek stellt über den Header `iostream` vier vordefinierte Streams bereit: `cin` repräsentiert die Standard-Eingabe des Betriebssystems, `cout` die Standard-Ausgabe und `cerr` die Standard-Fehlerausgabe für die Ausgabe von Fehlermeldungen. `clog` dient der Ausgabe von Protokollmeldungen.

Objekte der Klasse `ifstream` erlauben das Lesen aus Dateien. Die Datei wird mit dem Anlegen des Objekts geöffnet und automatisch durch den Destruktor geschlossen. Das Schreiben in Dateien erlauben `ofstream`-Objekte.

Für die Ein- und Ausgabe mit Zeichenketten stellt C++ String-Streams zur Verfügung. Mit `istringstream` Objekten lassen sich Werte aus Zeichenketten entnehmen, mit `ostringstream` lassen sich Werte formatiert in Zeichenketten kombinieren und umwandeln. Für Letzteres stehen seit C++20 bzw. C++23 auch die Funktionen `format()` und `print()` zur Verfügung.

6.9 Aufgaben

6.9.1 Theorie

1. Worin liegen die Vor- und Nachteile von Streams für die Ein- und Ausgabe?
2. Welche Streams unterstützt die C++-Standardbibliothek und welche Klassen werden hierfür verwendet?
3. Was sind Stream-Manipulatoren und wofür verwendet man sie?
4. Welche Standard-Streams gibt es in C++ und wofür verwendet man sie?
5. Worin unterscheiden sich Text- und Binärdateien? Nennen Sie jeweils verbreitete Dateiformate.
6. Was geschieht, wenn bei einer Eingabe unerlaubte Zeichen auftreten? Wie kann man damit umgehen?
7. In welchen Fällen misslingt das Öffnen einer Datei? Wie kann man dies in C++ erkennen?
8. Was geschieht, wenn eine Datei zum Schreiben geöffnet werden soll, sie aber bereits vorhanden ist? Was geschieht, wenn sie noch nicht vorhanden ist? Was ändert sich, wenn der Modus `ios::app` verwendet wird?
9. Wofür lassen sich String-Streams einsetzen? Welche Alternativen gibt es dazu?
10. Wie lassen sich Streams für die Ein- und Ausgabe einer Klasse nutzen?

6.9.2 Praxis

1. Ein Programm soll die Inhalte einer Textdatei auswerten, die in jeder Zeile einen Dezimalwert enthält. Benutzer sollen den Pfad der Datei eingeben können. Anschließend zeigt das Programm den Mittelwert der Werte mit zwei Nachkommastellen an.
2. Eine Textdatei enthalte je Zeile einen Dezimalwert. Erstellen Sie ein Programm, das zu jedem dieser Werte die Differenz zum vorherigen Wert berechnet.[8] Für jede Zeile schreibt es den ursprünglichen Wert und die Differenz zum vorherigen Wert mit Komma getrennt in eine CSV-Datei. Öffnen Sie diese Datei anschließend in einer Tabellenkalkulation und stellen Sie die Werte der beiden Spalten in einem Diagramm gegenüber.
3. Erstellen Sie ein Programm, das den Pfad einer Textdatei sowie einen Suchbegriff einliest. Das Programm soll anschließend auf dem Bildschirm die Zeilen ausgeben, die den Suchbegriff enthalten, sowie die Anzahl solcher Zeilen.
4. Erstellen Sie ein Programm, das Paare von Dezimalwerten aus einer Textdatei einliest. Sie sind zeilenweise, mit Tabulator getrennt in der Form `x  y` gespeichert. Das Programm schreibt alle Paare umformatiert in eine neue Datei – und zwar in der Form `<VALUE> <X>x</X> <Y>y</Y> </VALUE>`. `<DATASET>... </DATASET>` umschließt die Gesamtheit aller Wertepaare.
5. Erstellen Sie ein Programm, das die vorherige Teilaufgabe umkehrt und aus der XML-Form die Wertepaare `x  y` ermittelt. Diese schreibt es in eine Textdatei.
6. Bei einer Messung entsteht eine Textdatei, die pro Zeile eine IP-Adresse, eine Laufzeit (Dezimalzahl) und einen User-Namen enthält. Die Werte sind mit Tabulator getrennt. Erstellen Sie eine Klasse `LogResult` mit diesen drei Attributen. Überladen Sie die Operatoren `>>` und `<<`, um Objekte von `LogResult` einzulesen und auszugeben. Erstellen Sie außerdem eine Methode `toCsvString`, die die Attributwerte Komma-getrennt in eine Zeichenkette schreibt. Das Programm soll die Werte aus der ursprünglichen Datei lesen und in eine CSV-Datei ausgeben.

6.9.3 Weiterführende Literatur

In die Aufgaben des Betriebssystems – insbesondere rund um die Ein- und Ausgabe – führen (Mandl, 2020), (Baun, 2020) ein. Die Grundlagen von Dateien und Dateiformaten erklärt (Mielebacher, 2024) ausführlich. Die Ein- und Ausgabe mit Streams ist ein fester Bestandteil üblicher C++-Lehrbücher wie (Breymann, 2023), (Will, 2024) oder (Wolf & Guddat, 2022). Neuere Entwicklungen wie `print` und `format` beschreiben (Will, 2024) und (en.cppreference.com, 2024).

---

[8] Diese Differenzen sind eine Näherung für die Ableitung der Ausgangswerte.

Literatur

Baun, C. (2020). Betriebssysteme Kompakt (2. Aufl.). Springer.
Breymann, U. (2023). C++ programmieren (7. Aufl.). Carl Hanser.
en.cppreference.com. (2024). C++ Reference. Zugegriffen: 27. Juli 2024.
Mandl, P. (2020). Grundkurs Betriebssysteme (5. Aufl.). Springer.
Mielebacher, J. (2024). Mielebacher (1. Aufl.). Springer.
Will, T. (2024). C++ Das umfassende Handbuch (3. Aufl.). Rheinwerk.
Wolf, J., & Guddat, M. (2022). Grundkurs C++ (3. Aufl.). Rheinwerk.

7 Effizienz durch Wiederverwendung

> **Zusammenfassung**
>
> Die C++-Standardbibliothek enthält Datenstrukturen und Algorithmen, die sich für eigene Programme nutzen lassen. Zu ihnen gehören unter anderem Container wie vector und map sowie vielfältige Funktionen, um die Inhalte dieser Container zu sortieren, zu durchsuchen oder auszuwerten. Das vereinfacht die Entwicklung und beugt Fehlern vor, da man bewährte Lösungen einsetzt.

7.1 Die C++-Standardbibliothek

7.1.1 Wiederverwendung statt Neuentwicklung

In der Software-Entwicklung begegnet man einigen Problemen immer wieder: Man muss einer Liste Einträge hinzufügen oder aus ihr löschen können, man sucht nach kleinsten oder größten Werten, sortiert Namen usw.

> Wiederkehrende Probleme und Aufgaben immer wieder erneut zu lösen, ist aufwendig und fehleranfällig.

Beispiel: Sortieren
Ein gutes Beispiel hierfür ist das *Sortieren*, also das Ordnen mehrerer Werte der Größe nach. In den vergangenen Jahrzehnten wurden verschiedene Algorithmen entwickelt, um möglichst effizient zu sortieren, beispielsweise Quicksort oder Bubblesort. Sie sind ausführlich in der Literatur beschrieben.

In eigenen Programmen könnte man einen dieser Algorithmen in Quellcode umsetzen, um damit den Inhalt eines Feldes zu sortieren. Den Algorithmus muss man zwar nicht neu entwickeln, aber das Umsetzen in C++ nimmt dennoch unverhältnismäßig viel Zeit in Anspruch; Fehler wären trotzdem möglich.

Einfacher wäre es, eine bereits erstellte Funktion (oder Methode) für das Sortieren von Feldern zu nutzen. Sie ließe sich für das zu sortierende Feld aufrufen und erfordert keinen zusätzlichen Entwicklungsaufwand – ein typischer Fall von *Wiederverwendung*.

Modularisierung als Voraussetzung
Wäre das Sortieren im vorherigen Beispiel mit dem übrigen Programm eng verwoben gewesen, hätte man es nicht wiederverwenden können. Die vorgeschlagene Sortierfunktion hingegen ist in sich abgeschlossen und lässt sich daher wiederverwenden.

> *Modularisierung* ist eine wichtige Voraussetzung für das Wiederverwenden von Lösungen.

Funktionen und Klassen dienen der Modularisierung; sie unterteilen den Quellcode in kleinere, abgeschlossene Einheiten. Diese Module besitzen jeweils eine Schnittstelle – Parameter und Rückgabewerte bei Funktionen (siehe Abschn. 3.5.3) sowie `public`-Bestandteile bei Klassen (siehe Abschn. 5.2.3).

Eine wiederverwendbare Sortierfunktion erhält als Parameter das zu sortierende Feld und ist vom Rest des Programmes unabhängig. So lässt sie sich auch für andere Felder und in anderen Programmen einsetzen. Außerdem stellt sie ihren Zweck, das Sortieren, in den Vordergrund – wie sie im Detail arbeitet, ist aber für ihre Nutzung unwichtig.

Bewährte Lösungen
Der Nutzen von Wiederverwendung ist offenkundig – bewährte Lösungen zu nutzen, spart Zeit. Es kann aber auch Nerven schonen: Wurden solche Lösungen bereits vielfach eingesetzt und getestet, sinkt die Wahrscheinlichkeit von Fehlern.

> Bewährte Lösungen wiederzuverwenden, erspart zeitaufwendige Neuentwicklungen und beugt Fehlern vor.

7.1.2 Bibliotheken und Frameworks

In den meisten Programmiersprachen stehen heute zahlreiche bewährte Lösungen zur Verfügung, um diese in eigenen Programmen wiederverwenden zu können. Im Wesentlichen unterscheidet man dabei zwei grundlegende Ansätze: Bibliotheken und Frameworks.

Bibliotheken als Werkzeugkasten

> *Bibliotheken* enthalten Funktionen oder Klassen für wiederkehrende Probleme und Aufgaben, um sie in Programmen wiederverwenden zu können.

Man kann sich eine Bibliothek wie einen Werkzeugkasten vorstellen; man findet darin Lösungen für bestimmte Probleme. Auf diese Weise lässt sich der Quellcode einfacher und schneller schreiben, da man auf Bewährtem aufbauen kann.

Die *C++-Standardbibliothek* ist ein wichtiges Beispiel einer solchen Bibliothek. Sie stellt zahlreiche *Algorithmen* bereit sowie *Datenstrukturen*, um Werte auf bestimmte Weise darin abzulegen (Abschn. 7.1.3).

Frameworks für strukturierten Aufbau

Auch Frameworks stellen wiederverwendbare Funktionen oder Klassen zur Verfügung; Frameworks gehen jedoch einen Schritt weiter.

> *Frameworks* beschreiben einen typischen Aufbau für mit ihnen erstellte Programme.

Ein bekanntes C++-Framework ist *Qt*. Es stellt hunderte von Funktionen und Klassen zur Verfügung, beispielsweise für grafische Benutzeroberflächen (GUI), für die Kommunikation in Netzwerken oder für den Umgang mit multimedialen Inhalten. Qt definiert als Framework aber auch einen Rahmen, wie Programme aufgebaut sein müssen, um all diese Möglichkeiten zu nutzen. Hierdurch lassen sich auch große Anwendungen effizient erstellen.

7.1.3 Inhalte der C++-Standardbibliothek

Bibliotheken und Frameworks müssen meist zusätzlich installiert werden, nicht so die C++-Standardbibliothek. Sie steht unter allen üblichen C++-Compilern bereits zur Verfügung und wird kontinuierlich weiterentwickelt.

Grundlegende Bestandteile

Die Funktionen und Klassen der C++-Standardbibliothek dienen unterschiedlichsten Zwecken. Bereits die ersten Beispiele in Kap. 3 nutzen sie intensiv: Die Ein- und Ausgabe-Streams gehören ebenso dazu wie die `string`-Klasse für Zeichenketten. Auch enthält sie verschiedene mathematische Funktionen wie `abs()` und `sqrt()`.

Container

Auch das dynamische Feld `vector` aus Abschn. 4.1.5 ist Teil der C++-Standardbibliothek. Es handelt sich dabei um einen sog. *Container*.

> Container sind *Datenstrukturen*, um Werte zu speichern und um auf bestimmte Weise darauf zugreifen zu können. Sie lassen sich mit unterschiedlichsten Datentypen bzw. Klassen verwenden.

Neben `vector` stellt die C++-Standardbibliothek noch weitere Container zur Verfügung, zum Beispiel:

- `list`, um Werte in einer sog. verketteten Liste abzulegen, um sie leicht einfügen und löschen zu können
- `set`, um eindeutige Werte sortiert zu verwalten
- `map`, um Paare von Schlüsseln und Werten darin abzulegen (Abschn. 7.3)

Daneben gibt es sog. *Container-Adapter*, die vorhandene Container auf ein bestimmtes Verhalten hin anpassen, z. B. `queue` für Warteschlangen oder `stack` für Stapel.

> Alle diese Container und Adapter sind sog. *Klassentemplates*; sie sind unabhängig vom Datentyp der darin abgelegten Elemente erstellt.

Um sie verwenden zu können, übergibt man den Klassentemplates den Typ der Elemente. Beispielsweise ist `vector<double>` eine Klasse, um `double`-Werte in einem dynamischen Feld zu speichern, während `vector<string>` das Ablegen von Zeichenketten erlaubt.

> Auch Objekte *eigener* Klassen lassen sich in Containern ablegen.

Abschn. 8.3 liefert weitere Hintergründe und Erklärungen zu Templates.

7.1 Die C++-Standardbibliothek

Algorithmen

> Die C++-Standardbibliothek enthält zahlreiche *Algorithmen* für unterschiedliche Aufgaben.

Diese Algorithmen dienen unter anderem dazu, die Inhalte von Containern auszuwerten oder zu bearbeiten. Beispiele hierfür sind:

- `sort()`, um Werte zu sortieren
- `find()`, um nach Werten zu suchen
- `erase()`, um Werte zu löschen
- `accumulate()`, um Werte zu summieren

Iteratoren

> *Iteratoren* dienen dem Zugriff auf Elemente von Containern; sie ähneln Zeigern.

Durch Iteratoren kann man sich auf bestimmte Weise durch die Inhalte von Containern bewegen, beispielsweise schrittweise vom ersten zum letzten Element. In Verbindung mit Algorithmen setzt man Iteratoren meist ein, um zu verarbeitende Bereiche festzulegen. Manche Algorithmen liefern Iteratoren als Rückgabewert, zum Beispiel für die Ergebnisse einer Suche.

> Wie bei Zeigern greift man mit dem vorangestellten * auf den jeweiligen Wert zu.

Abschn. 4.4.3 zeigt das Prinzip der Dereferenzierung bei Zeigern.

Nutzung durch Header-Dateien

> Die C++-Standardbibliothek umfasst zahlreiche Header-Dateien.

Um die jeweiligen Bestandteile der Bibliothek nutzen zu können, muss man die zugehörige *Header-Datei* einbinden. Informationen zu den Header-Dateien und ihren Inhalten liefern die einschlägigen C++-Referenzen wie (en.cppreference.com, 2024).

Namensraum std

> Große Teile der C++-Standardbibliothek sind im Namensraum `std` enthalten. Man stellt daher entweder `std::` voran oder verwendet eine `using`-Deklaration, z. B. `using namespace std;`.

Welchen dieser Wege man verwendet, ist eher eine Frage des Stils. Das vorangestellte `std::` kann die Lesbarkeit einschränken, während manche Experten `using namespace std;` kritisch sehen, weil es viele Namen sichtbar macht.

7.2 Das dynamische Feld vector

7.2.1 Beispiel: Top-k-Werte ermitteln

Im Rahmen einer Qualitätskontrolle werden Dezimalwerte erfasst. Diese sind zeilenweise in einer Textdatei gespeichert. Quellcode 7.1 liest eine solche Datei ein (siehe Abschn. 6.4.4) und zeigt anschließend die drei größten Werte an, die Top 3. Über die Konstante `NumberK` ließe sich auch eine andere Anzahl festlegen, z. B. 5 für die Top 5. Enthält die Datei weniger als 3 (bzw. `NumberK`) Werte, erscheint eine Fehlermeldung.

```cpp
#include <iostream>
#include <fstream>
#include <vector>
#include <algorithm>
#include <string>

using namespace std;

int main()
{
    // Name der Quelldatei einlesen
    string src_filename;

    cout << "Quelldatei: ";
    getline( cin, src_filename );

    // Quelldatei zum Lesen öffnen
    ifstream src( src_filename );
```

7.2 Das dynamische Feld vector

```cpp
    if( !src )
    {
        cerr << "Quelldatei " << src_filename
             << " nicht bereit." << endl;
        return -1;
    }

    // Werte aus Quelldatei einlesen
    vector<double> values;
    double         value = 0.0;

    while( src >> value )
    {
        values.push_back( value );
    }

    if( values.size() < NumberK )
    {
        cout << "Zu wenige Werte vorhanden." << endl;
        return 0;
    }

    // Werte sortieren
    sort( values.begin(), values.end() );

    // Größte Werte ausgeben
    cout << "Top " << NumberK << "-Werte:" << endl;

    for( int ranknr = 1; ranknr <= NumberK; ranknr++ )
    {
        cout << ranknr << ": "
             << values[ values.size() - ranknr ] << endl;
    }

    return 0;
}
```

Quellcode 7.1 Top-k-Werte ermitteln (topk.cpp)

Die Testdatei `values.dat` (Abb. 7.1) enthält mehrere Dezimalwerte. Diese sind ungeordnet. Wendet man das erstellte Programm auf diese Datei an, werden die drei größten Werte korrekt angezeigt (Abb. 7.2).

```
9.1
1.9
2.7
-1.0
3.3
5.4
0.1
2.5
```

Abb. 7.1 Inhalt der Testdatei values.dat

```
> topk
Quelldatei: values.dat
Top 3-Werte:
1: 9.1
2: 5.4
3: 3.3
>
```

Abb. 7.2 Ausgabe der Top-k-Ermittlung für values.dat

7.2.2 Der Container vector

Der Container `vector` ist ein alter Bekannter: Abschn. 4.1.5 stellt ihn bereits als moderne Alternative zu C-Feldern vor.

> Der Container `vector` ist ein Feld, dessen Größe sich zur Laufzeit verändern lässt. Er lässt sich mit unterschiedlichen Typen von Elementen anlegen.

Notwendige Header-Dateien

Die C++-Standardbibliothek verwendet für (beinahe) jeden Container eine gleichnamige Header-Datei. Im Fall von `vector` lautet die Header-Datei daher `vector`.

> `#include <vector>` ist notwendig, um den Container `vector` zu verwenden.

Anlegen eines vector-Containers

Die Anweisung `vector<double> values;` erzeugt in Quellcode 7.1 ein anfangs leeres Feld für `double`-Werte. Der Name `values` ist frei gewählt.

> Die spitzen Klammern < > nach `vector` enthalten den Datentyp der in dem Feld gespeicherten Elemente.

`vector<double>` macht aus dem generischen Klassentemplate `vector` eine `vector`-Klasse für `double`-Werte. Der Container `values` ist somit ein Objekt von `vector<double>`.

`vector` lässt sich auch für anderen Datentypen einsetzen; ein `vector<int>`-Container könnte ganzzahlige Werte enthalten, während `vector<bool>` ein Feld von Wahrheitswerten wäre. Auch Objekte von Klassen sind als Elemente von `vector` möglich; so wäre `vector<string>` ein Feld von Zeichenketten.

Anfangsgröße und -wert

> Mit zwei Parametern des `vector`-Konstruktors kann man festlegen, wie viele Elemente das Feld anfangs enthält und mit welchem Wert sie initialisiert sind.

Die Anweisung `vector<double> v( 10, 1.0 );` würde ein Feld `v` anlegen, das zunächst 10 Elemente mit dem Wert 1.0 enthält. Die Größe des Feldes sowie die einzelnen Werte lassen sich dennoch später problemlos ändern.

Elemente anhängen

Die Größe eines `vector`-Feldes lässt sich zur Laufzeit verändern – das ist ein wichtiger Unterschied zu den C-Feldern aus Abschn. 4.1.2.

Die Anweisung `values.push_back( value );` in Quellcode 7.1 hängt nacheinander jeden aus der Datei gelesenen Wert `value` an das anfangs leere Feld `values` an. Mit jedem Aufruf von `push_back()` wächst das Feld somit um ein weiteres Element.

> Die Methode `push_back()` hängt den übergebenen Wert als zusätzliches Element am Ende des `vector`-Feldes an.

In Quellcode 7.1 ist dieses Vorgehen unausweichlich: Wie viele Werte in der Datei gespeichert sind, ist anfangs unbekannt; das Feld muss demnach Wert um Wert mitwachsen.

Größenänderung mit resize()
Neben dem Festlegen einer Anfangsgröße und dem schrittweisen Wachsen mit `push_back()` lässt sich die Größe eines `vector`-Feldes auch mit `resize()` anpassen.

> Die Methode `resize()` ändert die Größe des `vector`-Feldes auf den übergebenen Wert; sie erlaubt das Vergrößern und Verkleinern.

Der erste Parameter von `resize()` entspricht somit der *neuen* Größe des Feldes. Als zweiten Parameter kann man einen Anfangswert für zusätzliche Elemente festlegen; der Wert vorhandener Elemente ändert sich dadurch nicht (Quellcode 7.2).

```
vector<int> v( 3, 1 );      // Anfang       { 1, 1, 1 }

v.resize( 5, 2 );           // Vergrößern   { 1, 1, 1, 2, 2 }

v.resize( 2 );              // Verkleinern  { 1, 1 }
```

Quellcode 7.2 Größe anpassen mit resize()

Wahlfreier Zugriff auf Elemente
In Feldern besitzt jedes Element einen *Index*; über diesen Index kann man auf jedes einzelne Element zugreifen (siehe Abschn. 4.1) – dies gilt auch für `vector`.

> Der Container `vector` erlaubt es, *wahlfrei* auf jedes Element zuzugreifen. Dafür steht der Indexoperator `[ ]` zur Verfügung.[1]

Wahlfrei bedeutet, dass man *direkt* auf das gewünschte Element zugreifen kann. Nicht alle Container erlauben diese Art des Zugriffs; bei `list` müsste man beispielsweise zuerst die vorherigen Elemente durchlaufen, bevor man zu dem gewünschten Element gelangt (sequenzieller Zugriff).

Erster Index 0

> Das erste Element eines `vector`-Feldes besitzt den Index 0.

---

[1] Daneben gibt es auch die Methode at().

7.2 Das dynamische Feld vector

In Quellcode 7.1 könnte man demnach mit `values[ 0 ]` auf das erste Element zugreifen, zumindest wenn `values` nicht leer ist, also mindestens ein Element enthält.

Löschen aller Inhalte

Um die Größe des `vector`-Containers zur Laufzeit anzupassen, wird im Hintergrund dynamisch Speicher reserviert oder freigegeben. Das gilt auch für nahezu alle anderen Container. Das alles erfolgt automatisch. Anders als in Abschn. 4.4.4 muss man reservierten Speicher nicht selbst freigeben.

> Am Ende des Gültigkeitsbereichs eines Containers werden seine Inhalte *automatisch* gelöscht und der reservierte Speicher freigegeben.

Dennoch gibt es Situationen, in denen man zwischendurch einen Container leeren möchte. Für solche Fälle enthalten alle Container die Methode `clear()`.[2]

> Die Methode `clear()` löscht alle Elemente eines Containers; er ist danach leer.

7.2.3 Größe von Containern

Die Container der C++-Standardbibliothek besitzen einige Gemeinsamkeiten. Zu diesen Gemeinsamkeiten gehört auch die Methode `size()`, die in Quellcode 7.1 verwendet wird.

Anzahl der Elemente

> Die Methode `size()` liefert die Anzahl der aktuell in einem Container gespeicherten Elemente.

Bezogen auf ein `vector`-Feld liefert `size()` somit die aktuelle Anzahl der Elemente. Mit C-Feldern wäre das nicht bzw. nur bedingt möglich. Die Anzahl der in Quellcode 7.1 eingelesenen Werte könnte man demnach mit `values.size()` ermitteln.

---

[2] Der reservierte Speicher wird dadurch nicht zwingend freigegeben. vector bietet für solche Fälle shrink_to_fit().

Größe als size_t
Die Größe eines Containers ist ein ganzzahliger Wert, der nicht negativ sein kann. Die C++-Standardbibliothek verwendet hierfür den besonderen Datentyp `size_t`, den man sich wie einen `unsigned int` vorstellen kann.

> Die Methode `size()` liefert die Größe des Containers als Wert des Datentyps `size_t`.

Den Datentyp `size_t` kann man ähnlich wie `int` verwenden. In damit angelegten Variablen lassen sich Werte ablegen; man kann damit rechnen oder auch die Werte ausgeben (Quellcode 7.3).

```
vector<double> v( 42, 0.0 );   // Erzeugt 42 Elemente mit dem Wert 0.0

size_t anzv = v.size();

cout << anzv << endl;          // Ausgabe: 42
```

Quellcode 7.3 Verwenden von size_t

Tücken von size_t
So harmlos der Typ `size_t` auf den ersten Blick sein mag, birgt er im Alltag einige Tücken:

1. Je nach Einstellung des Compilers kann es zu Warnungen führen, wenn man `int`-Werte mit `size_t`-Werten vergleicht.
2. Die Typen `size_t` und `unsigned int` können unterschiedliche Wertebereiche haben, was zu Fehlern führen kann, die der Compiler nicht erkennt.
3. Wie bei allen `unsigned`-Typen würden negative Werte zu sehr großen Werten führen, da sie keine negativen Zahlen enthalten können (Quellcode 7.4).

```
vector<double> v;                  // Leeres Feld

cout << v.size() << endl;          // Ausgabe: 0

cout << v.size() - 1 << endl;      // Ausgabe: 18446744073709551615

if( v.size() - 1 < 0 )             // Fehler, ist nicht erfüllt
```

7.2 Das dynamische Feld vector

```
{
   ...
}
```

Quellcode 7.4 Fehler bei Berechnungen mit size_t

▶ **Tipp** Auf `size()` und `size_t` sollte man deshalb *nicht* verzichten. Kennt man aber die Tücken, kann man Fehler vermeiden.

Leere Container erkennen

Ob ein Container leer ist, erkannt man daran, dass `size()` das Ergebnis 0 liefert. Alle Container – so auch `vector` – bieten alternativ die Methode `empty()`.

> Die Methode `empty()` liefert `true`, wenn der Container keine Elemente enthält.

7.2.4 Schleifen in vector-Containern

Einer der wesentlichen Vorteile von Feldern liegt in der Möglichkeit, die enthaltenen Elemente mit Schleifen zu durchlaufen (Abschn. 4.1). Auch für die übrigen Container der C++-Standardbibliothek sind Schleifen wichtig.

Einfach und universell mit Range-for

Die Range-`for`-Schleife aus Abschn. 3.4.6 steht für alle Container zur Verfügung. Sie bietet eine einfache Möglichkeit, alle Elemente eines Containers nacheinander zu durchlaufen.

> Die Range-`for`-Schleife- liefert nacheinander alle in einem Container gespeicherten Elemente, auch wenn der Container keinen wahlfreien Zugriff bietet.

Benötigt man lediglich die einzelnen Werte, nicht aber deren Index, ist die Range-`for`-Schleife einfach und universell einsetzbar. Quellcode 7.5 zeigt, wie sich damit alle Elemente des `vector`-Feldes `values` anzeigen lassen.

```
vector<double> values;

...

for( double value : values )
```

```
{
    cout << value << endl;
}
```

Quellcode 7.5 Anzeigen aller Elemente mit Range-for

▶ **Tipp** Die Range-`for`-Schleife beugt Fehlern durch falsche Schleifenbedingungen vor. Das macht sie in den meisten Fällen zur ersten Wahl für Schleifen in `vector`-Feldern.

Indexbasierte Schleifen mit for

Für das Programm in Quellcode 7.1 sollen lediglich die letzten drei Werte ausgegeben werden. Hierfür eignet sich die `for`-Schleife (Abschn. 3.4.3).

> Die Inhalte von `vector`-Feldern lassen sich mit `for`-Schleifen durchlaufen; hierüber erhält man jeweils den Index und den zugehörigen Wert.

Schleifen, die auf einem Index basieren,[3] sind nur in Containern mit wahlfreiem Zugriff möglich – auf `vector` trifft dies zu. Quellcode 7.6 zeigt, wie sich mit einer `for`-Schleife alle in `values` gespeicherten Werte anzeigen lassen.

```
vector<double> values;

...

for( size_t i = 0; i < values.size(); i++ )
{
    cout << values[ i ] << endl;
}
```

Quellcode 7.6 Anzeigen aller Elemente mit for

Streng genommen durchläuft die `for`-Schleife nicht die einzelnen Elemente des Containers, sondern eine Folge von ganzzahligen Indexwerten – in Quellcode 7.6 wären das die Werte 0, 1, 2 usw. bis einschließlich `values.size()-1`. Für die Ausgabe der drei größten Werte verwendet Quellcode 7.1 deshalb eine Schleife, die in der Variablen `ranknr` die Werte 1, 2, 3 durchläuft. Zieht man diese Werte mit `values.size()-ranknr` von der Größe des Feldes ab, liefert das den Index des

---

[3] for-Schleifen sind auch mit sog. Iteratoren möglich, siehe Abschn. 7.2.5.

7.2 Das dynamische Feld vector

gesuchten Elements (Quellcode 7.7). Die Schleife liefert allerdings nur dann die drei größten Werte, wenn die Werte von `values` zuvor ihrer Größe nach angeordnet wurden.

```
for( int ranknr = 1; ranknr <= NumberK; ranknr++ )
{
    cout << ranknr << ": " << values[ values.size() - ranknr ] << endl;
}
```

Quellcode 7.7 Ausgabe der drei größten Elemente

7.2.5 Iteratoren

Für den Zugriff auf die Elemente von Containern stellt die C++-Standardbibliothek einige besondere Klassen zur Verfügung, die *Iteratorklassen*.

Aufgaben von Iteratoren

> *Iteratoren* erlauben es, auf die Elemente von Containern zuzugreifen und sich auf bestimmte Weise durch diese Elemente zu bewegen.

Demnach erfüllen sie zwei wichtige Aufgaben bei der Arbeit mit Containern:

1. Sie verweisen auf bestimmte Positionen innerhalb eines Containers, z. B. deren Anfang und Ende.
2. Man kann sich mit ihnen Element für Element durch einen Container bewegen.

Die Iteratoren begin() und end()

> Alle Container besitzen die Methoden `begin()` und `end()`. Sie liefern Iteratoren, die auf den Anfang bzw. das Ende des Containers verweisen.

Diese beiden Iteratoren werden oft eingesetzt, um einen zu verarbeitenden Bereich festzulegen (Abb. 7.3). Dabei ist es unwichtig, ob der Container wahlfreien Zugriff erlaubt oder nicht – und genau hierin liegt eine Stärke der C++-Standardbibliothek:

> Unterschiedlichste Container lassen sich ähnlich handhaben.

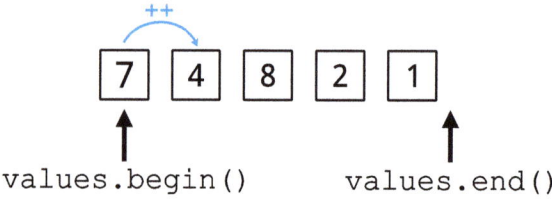

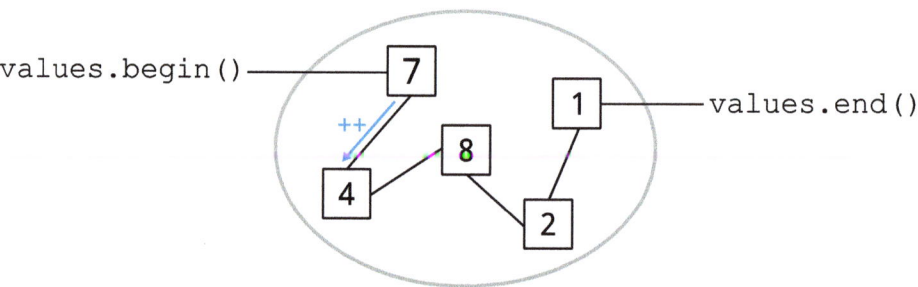

Abb. 7.3 Iteratoren in zwei verschiedenen Containern

Neben den Methoden `begin()` und `end()` gibt es auch gleichnamige Funktionen: Statt `values.begin()` könnte man daher auch `begin( values )` schreiben. Diese Funktionen haben den Vorteil, dass sie sich auch mit C-Feldern verwenden lassen.

▶ **Tipp** Nicht verwechseln darf man `begin()` und `end()` mit den ebenfalls vorhandenen Methoden `front()` und `back()`, die keine Iteratoren liefern, sondern das erste bzw. letzte Elemente des Containers.

Exkurs: Das Schlüsselwort auto
In Verbindung mit Iteratoren trifft man häufig auf das Schlüsselwort `auto`. Quellcode 7.8 zeigt ein solches Beispiel: `values.begin()` liefert einen Iterator, der auf den Anfang des Containers `values` verweist. `valuesbeg` ist ein Objekt *einer* Iteratorklasse. Für den Quellcode ist nicht wichtig, um *welche* Klasse es sich dabei genau handelt.

> Das Schlüsselwort `auto` ist ein Platzhalter für einen Datentyp bzw. eine Klasse, die der Compiler aus dem zugewiesenen Ausdruck ableiten kann.

7.2 Das dynamische Feld vector

In Quellcode 7.8 kann der Compiler anhand des Ausdrucks `values.begin()` ableiten, welche Iteratorklasse vorliegt. `valuesbeg` wird dann automatisch als Objekt dieser Klasse angelegt.

```
vector<double> values;

...

auto valuesbeg = values.begin();
```

Quellcode 7.8 Verwenden von auto mit Iteratoren

▶ **Tipp** In diesem Fall ist `auto` nützlich. Man sollte es dennoch mit Bedacht einsetzen, da man durch das konsequente Zuweisen von Datentypen bzw. Klassen Fehler vermeiden kann.

Container mit Iteratoren durchlaufen

Gemäß Abb. 7.3 kann man durch Iteratoren die Elemente eines Containers entlang eines bestimmten Pfades durchlaufen. Beispielsweise bewirkt der Operator ++ bei einem Iterator, dass dieser anschließend auf das nächste Element verweist.

Quellcode 7.9 nutzt dies, um alle Elemente des Containers mit einer `for`-Schleife zu durchlaufen. Der mit `auto` angelegte Iterator `i` wird mit `i++` vom Anfang des Containers (`values.begin()`) Element für Element weiterbewegt, bis er dessen Ende (`values.end()`) erreicht. Dieses Vorgehen eignet sich für unterschiedliche Arten von Containern.

> Den Wert, auf den ein Iterator verweist, erhält man durch Dereferenzieren mit vorangestelltem `*`.

Demnach liefert `*i` den Wert, auf den der Iterator `i` aktuell zeigt – dieses Dereferenzieren ähnelt der Handhabung von Zeigern (Abschn. 4.4.3).

```
vector<double> values;

...

for( auto i = values.begin(); i != values.end(); i++ )
{
    cout << *i << endl;
}
```

Quellcode 7.9 for-Schleife mit Iteratoren

Umgekehrt mit rbegin() und rend()

Es gibt Fälle, in denen man die Werte des Containers in umgekehrter Reihenfolge durchlaufen möchte. Hier helfen die Methoden `rbegin()` und `rend()` bzw. die gleichnamigen Funktionen.

> `rbegin()` und `rend()` liefern Iteratoren, die ein Durchlaufen *vom Ende zum Anfang* des Containers erlauben.

Quellcode 7.10 zeigt, wie sich dies nutzen lässt, um die Werte des `vector`-Feldes in umgekehrter Reihenfolge auszugeben, also zuerst das letzte Element und zuletzt das erste Element.

```
vector<int> v = { 4, 2, 7 };

for( auto i = v.rbegin(); i != v.rend(); i++ )   // Ausgabe: 7 2 4
{
    cout << *i << " ";
}
```

Quellcode 7.10 rbegin() und rend() für umgekehrte Reihenfolge

Abhängig von den Containern

Die verschiedenen Container unterscheiden sich darin, wie die einzelnen Elemente in ihnen angeordnet sind. Davon hängt ab, in welcher Reihenfolge sich diese Elemente durchlaufen lassen. So lassen sich die Elemente eines `list`-Containers nur nacheinander – also sequenziell – durchlaufen. Dagegen lassen sich die Elemente von `vector` in beliebiger Reihenfolge – also wahlfrei – zugreifen.

> Container stellen unterschiedliche Arten von Iteratoren zur Verfügung; welche das sind, hängt vom Aufbau des Containers ab.

Warum ist das wichtig? Die Art des bereitgestellten Iterators eröffnet unterschiedliche Möglichkeiten, die Inhalte von Containern zu verarbeiten. Dadurch eigenen sich Container unterschiedlich gut für bestimmte Aufgaben. Manche Algorithmen (siehe Abschn. 7.2.6) setzen daher bestimmte Arten von Iteratoren voraus.

7.2.6 Algorithmen

Die C++-Standardbibliothek stellt eine Reihe häufig benötigter Algorithmen zur Verfügung, meist in Form von Funktionen. Ein Beispiel hierfür ist `sort()` in Quellcode 7.1.

7.2 Das dynamische Feld vector

Der Header algorithm

> Die Header-Datei `algorithm` stellt verschiedene *Algorithmen* zur Verfügung, um die Inhalte von Containern zu durchsuchen, sie zu vergleichen, zu sortieren, zu verändern usw.

`#include <algorithm>` ist notwendig, um die Algorithmen verwenden zu können. Tab. 7.1 enthält die Namen einiger Algorithmen, die hierdurch zur Verfügung stehen.

Tab. 7.1 Beispiele für Algorithmen des Headers algorithm

Algorithmus	Beschreibung
`sort()`	Sortiert die Inhalte des Containers
`count()`	Zählt, wie häufig ein bestimmter Wert auftritt
`find()`	Sucht den übergebenen Wert
`fill()`	Fügt Werte in einen Container ein
`remove()`	Entfernt bestimmte Werte
`replace()`	Ersetze bestimmte Werte durch andere
`merge()`	Vereint zwei sortierte Folgen von Werten
`unique()`	Entfernt Duplikate aus einer sortierten Folge

Abschn. 7.5.2 stellt darüber hinaus die numerischen Algorithmen der Header-Datei numeric vor, mit denen sich Berechnungen durchführen lassen.

Das Beispiel sort()

> Die Funktion `sort()` sortiert die Elemente eines Containers. Standardmäßig sind die Elemente anschließend aufsteigend sortiert, vom kleinsten zum größten Wert.

Die Anweisung `sort( values.begin(), values.end() )` in Quellcode 7.1 sortiert die eingelesenen Werte aufsteigend; anschließend steht der kleinste Wert am Anfang des Feldes und der größte Wert am Ende. So lassen sich am Ende die drei größten Werte leicht finden.

Aufruf mit begin() und end()

Dass `sort()` die Iteratoren `begin()` und `end()` als Parameter erhält, ist typisch für viele andere Algorithmen.

> Die meisten Algorithmen der C++-Standardbibliothek erhalten als Parameter zwei Iteratoren, die den Anfang und das Ende des zu verarbeitenden Bereichs festlegen.

`begin()` und `end()` sind allerdings nicht zwingend. Möchte man nur einen Teil des Containers sortieren, könnte man auch nur die Grenzen dieses Bereichs als Iteratoren übergeben.

Voraussetzungen der Algorithmen
Manche der Algorithmen in `algorithm` setzen bestimmte Eigenschaften der Container voraus, um sie darauf anwenden zu können. Der `sort()`-Algorithmus verlangt beispielsweise wahlfreien Zugriff. Informationen hierzu findet man in den einschlägigen Referenzen wie (en.cppreference.com, 2024).

▶ **Tipp** Der `list`-Container bietet im Gegensatz zu `vector` keinen wahlfreien Zugriff, enthält aber für das Sortieren eine eigene Methode `sort()`.

Standardverhalten oder Anpassung
Ruft man `sort()` wie in Quellcode 7.1 mit zwei Parametern auf, entspricht das dem Standardverhalten.

> Wie viele andere Algorithmen bietet `sort()` die Möglichkeit, das Standardverhalten durch weitere Parameter anzupassen.

Als optionalen dritten Parameter kann man bei `sort()` eine Vergleichsfunktion angeben, durch die sich die Sortierreihenfolge ändern lässt. Quellcode 7.11 zeigt dies anhand der Vergleichsfunktionen `less` und `greater`, durch die man zwischen aufsteigender und absteigender Sortierung unterscheiden kann.

```
vector<int> v = { 5, 1, 0, 2, 3 };

sort( v.begin(), v.end() );                    // aufsteigend: 0,1,2,3,5
sort( v.begin(), v.end(), less<int>() );       // aufsteigend: 0,1,2,3,5
sort( v.begin(), v.end(), greater<int>() );    // absteigend:  5,3,2,1,0
```

Quellcode 7.11 Ändern der Sortierreihenfolge bei sort()

Man hätte daher Quellcode 7.1 auch mit `less` sortieren und die Schleife auf die ersten `NumberK` Elemente anwenden können. Auch hätte man mit dem Algorithmus `partial_sort()` die Sortierung auf die gesuchten `NumberK` Elemente begrenzen können.

7.3 Schlüssel-Wert-Paare in map

7.3.1 Beispiel: Häufigkeiten von Fehlercodes

In einer Textdatei sind zeilenweise die alphanumerischen Fehlercodes (z. B. `A102`) einer Maschine gespeichert. Quellcode 7.12 liest diese Fehlercodes aus der Datei und zählt, wie häufig jeder von ihnen aufgetreten ist.

```cpp
#include <iostream>
#include <fstream>
#include <map>
#include <string>

using namespace std;

int main()
{
    // Name der Quelldatei einlesen
    string src_filename;

    cout << "Quelldatei: ";
    getline( cin, src_filename );

    // Quelldatei zum Lesen öffnen
    ifstream src( src_filename );

    if( !src )
    {
        cerr << "Quelldatei " << src_filename
             << " nicht bereit." << endl;
        return -1;
    }

    // Häufigkeit der Fehlercodes zählen
    map<string,int> codefreq;
    string          errcode;

    while( getline( src, errcode ) )
    {
        codefreq[ errcode ]++;
    }

    // Häufigkeiten ausgeben
    for( auto freq : codefreq )
    {
```

```
        cout << freq.first << ": " << freq.second << endl;
    }

    return 0;
}
```

Quellcode 7.12 Ermitteln der Häufigkeit von Fehlercodes (errorstat.cpp)

Für die Datei `errors.log` gibt das Programm die in Abb. 7.4 gezeigten Häufigkeiten aus.

```
> errorstat
Quelldatei: errors.log
A100: 8
A101: 11
A102: 10
B100: 16
B101: 7
B102: 10
C100: 12
C101: 14
C102: 12
>
```

Abb. 7.4 Häufigkeiten der Fehlercodes in errors.log

7.3.2 Der Container map

Quellcode 7.12 nutzt für das Ermitteln der Häufigkeiten einen besonderen Container. Im Gegensatz zu `vector` enthält `map` keine einzelnen Werte, sondern Wertepaare.

Schlüssel-Wert-Paare

> Ein map-Container enthält *Wertepaare* aus einem eindeutigen *Schlüssel* und dem zugeordneten *Wert*.

Die Datentypen von Schlüssel und Wert können sich unterscheiden. Deshalb muss man beim Anlegen einer `map` diese beiden Typen festlegen. In Quellcode 7.12 sollen den alphanumerischen Fehlercodes ganzzahlige Häufigkeiten zugeordnet werden. Also handelt es sich um `string`-Schlüssel (die Fehlercodes) und `int`-Werte (die Häufigkeiten). Die Anweisung `map<string,int> codefreq;` erzeugt hierfür eine `map` mit dem Namen `codefreq`. Anfangs enthält sie keine Wertepaare.

> Für den Container `map` muss der gleichnamige Header eingebunden werden.

7.3 Schlüssel-Wert-Paare in map

Schlüssel als Index

> Die Schlüssel der map ähneln dem Index eines Feldes: Durch den Schlüsselwert gelangt man zu dem zugeordneten Wert.

Die Schlüssel der map unterscheiden sich in zwei wichtigen Punkten von den Indizes eines Feldes:

1. Schlüsselwerte müssen nicht aufeinanderfolgend sein.
2. Schlüssel können auch andere Datentypen verwenden (z. B. string).

Zugriff mit []

> Wertepaare kann man in eine map mit dem Operator [ ] einfügen oder Werte anhand eines des Schlüsselwerts lesen.

Was das bedeutet, zeigt die map in Quellcode 7.13:

- m["A102"] = 5; fügt ein neues Wertepaar ein, da es noch kein Wertepaar mit diesem Schlüssel gibt – dem Schlüssel A102 wird der Wert 5 zugeordnet.
- Da anschließend bereits ein Wertepaar mit A102 als Schlüssel vorhanden ist, ändert die Anweisung m["A102"] = 7; den zugeordneten Wert auf 7.
- Da der Schlüssel B200 bislang nicht vorhanden ist, liefert m["B200"] den Wert 0.
- Bei m["C301"]++; wird demnach zunächst der Wert 0 gelesen, da der Schlüssel noch nicht vorhanden ist. Der Operator ++ erhöht diesen Wert auf 1 und ordnet ihn dem Schlüssel C301 zu.

```
map<string, int> m;

m[ "A102" ] = 5;              // ( A102, 5 ) einfügen
cout << m[ "A102" ] << endl;  // Ausgabe: 5

m[ "A102" ] = 7;              // Wertepaare verändern
cout << m[ "A102" ] << endl;  // Ausgabe: 7

cout << m[ "B200" ] << endl;  // Nicht vorhanden, Ausgabe: 0

m[ "C301" ]++;                // Um 1 erhöhen und einfügen
cout << m[ "C301" ] << endl;  // Ausgabe: 1
```

Quellcode 7.13 Verwenden einer map

In Quellcode 7.12 erfasst demnach `codefreq[ errcode ]++;` die Häufigkeit eines jeden Fehlercodes. Wurde der Fehlercode `errcode` bislang nicht gefunden, fügt die Anweisung zu diesem Fehlercode ein Wertepaar mit der Häufigkeit 1 hinzu. Wurde er bereits gefunden, erhöht sie dessen Häufigkeit um eins.

Ein vielfältiger Container

> Die `map` kann in einigen Fällen Programme deutlich vereinfachen, da sie das effiziente Suchen nach Schlüsseln ermöglicht. Ein solches Verhalten mit Feldern nachzubilden, erfordert erheblich mehr Aufwand.

Beispiele für weitere Anwendungen der `map` sind unter anderem:

- Speichern und Abrufen von Einstellungen
- Zählen der Häufigkeit von Wörtern
- Schnelles Suchen nach Objekten anhand von Schlüsseln

7.3.3 Wertepaare als pair-Objekte

Die `map` nutzt für die Paare aus Schlüsseln und Werten die kleine, aber nützliche `pair`-Klasse der C++-Standardbibliothek.

Beliebige Paare

> `pair` ist ein Klassentemplate für Wertepaare, das zwei Attribute, nämlich `first` und `second` enthält. Deren Datentyp lässt sich getrennt festlegen.

Die Datentypen von `first` und `second` können sich demnach unterscheiden. In beiden Fällen sind primitive Datentypen wie `int`, `double` usw. möglich, aber auch vordefinierte oder eigene Klassen.

Über die beiden Attribute lassen sich die enthaltenen Werte direkt zugreifen. Quellcode 7.14 zeigt dies anhand des `pair`-Objekts `p`, das ein Wertepaar aus `string` und `int` repräsentiert.

```
pair<string,int> p( "Antwort", 42 );

cout << p.first << " " << p.second << endl;   // Ausgabe: Antwort 42
```
Quellcode 7.14 Verwenden eines pair-Objekts

7.3 Schlüssel-Wert-Paare in map

Weitere Anwendungen

Für die map ist pair unverzichtbar. Darüber hinaus lässt sich pair als Rückgabetyp verwenden, wenn eine Funktion oder Methode Wertepaare zurückgeben soll. Eng verwandt mit ihr ist die Klasse tuple, die mehr als zwei Werte enthalten kann. Beide sind im Header utility enthalten.

7.3.4 Besonderheiten der map

In einem vector-Feld sind alle Elemente hintereinander im Speicher abgelegt. Die map verfolgt einen gänzlich anderen Ansatz: Sie ordnet die in ihr vorhandenen Wertepaare baumartig an, ihre Anordnung im Speicher ist nicht festgelegt.

Baumartige Struktur

> Die Wertepaare einer map sind in einer Baumstruktur angeordnet, die das Suchen nach Schlüsselwerten beschleunigt.

Ein solcher *Baum* besteht aus *Knoten* und *Kanten*. Die Knoten sind in diesem Fall die einzelnen Wertepaare. Die Kanten verbinden diese Knoten miteinander, und zwar so, dass jeder Knoten bis zu zwei (direkte) Kindknoten haben kann. Jeder Knoten mit Ausnahme des sog. *Wurzelknotens* hat einen direkten Vorgänger.

Als Beispiel dient der Baum in Abb. 7.5: Der Knoten mit dem Schlüssel D132 ist dessen Wurzelknoten. Er besitzt Kanten zu seinen Kindknoten B042 und L016.

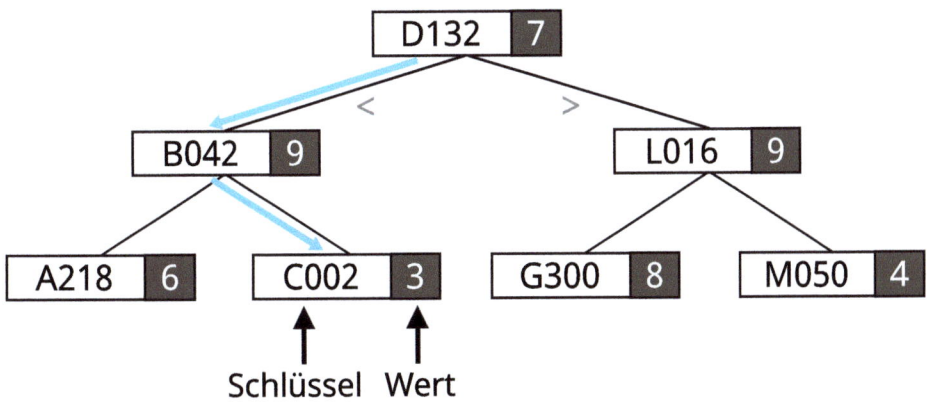

Abb. 7.5 Suchbaum einer map

Anordnung nach Größe

Dass sich in Abb. 7.5 B042 links von D132 befindet und L016 rechts davon, hat einen besonderen Grund.

> Der Suchbaum einer map ordnet die Knoten mit einem *kleineren* Schlüsselwert links von den Elternknoten an, diejenigen mit *größerem* Schlüsselwert rechts.

Durch diese Konvention kann man sich darauf verlassen, dass stets alle kleineren Schlüsselwerte auf der linken Seite des (Teil-)Baumes sind und die größeren Schlüsselwerte auf der rechten Seite.

Doch warum ist B042 kleiner als D132? Entscheidend ist hier nicht die Länge der Zeichenkette, sondern die Position der einzelnen Zeichen in der Zeichentabelle. Da das Zeichen B in der Zeichentabelle vor D steht, ist die Zeichenkette B042 im Sinne des Operators < „kleiner" als D132.

Ausführlich erklärt Abschn. 4.2.8 das Vergleichen von Zeichenketten und wann sie größer bzw. kleiner sind.

Effizientes Suchen

Jede Suche in einem solchen Suchbaum beginnt bei dem Wurzelknoten. Von ihm aus bewegt man sich von Knoten zu Knoten – ist der gesuchte Schlüsselwert kleiner als der Schlüsselwert des aktuellen Knotens, wählt man die linke Kante, ist er größer, wählt man die rechte Kante. Deshalb beginnt die Suche nach C002 in Abb. 7.5 bei der Wurzel D132 und führt über B042 zu C002.

Ohne einen solchen Baum hätte man alle Wertepaare nacheinander durchlaufen müssen, bis man den gesuchten Schlüssel gefunden oder das Ende erreicht hat (sequenzielle Suche). Bei N Wertepaaren hätte man den gesuchten Schlüssel durchschnittlich nach $N/2$ Schritten gefunden. Mit einem Suchbaum reduziert sich auf $\log_2 N$. Bei 1000 Wertepaaren findet man den gesuchten Knoten durchschnittlich bereits nach 10 statt 500 Schritten.

> Die Knoten sortiert in einem Binärbaum anzuordnen, beschleunigt das Suchen nach Schlüsselwerten.

Weitere Operationen

Das Suchen in einer map profitiert deutlich von dem sortierten Aufbau des Baumes. Wertepaare einzufügen oder zu löschen, erfordert aber zusätzliche Schritte, da der Suchbaum zuerst durchsucht und dann angepasst werden muss.

7.3 Schlüssel-Wert-Paare in map

> Der Aufwand für das Einfügen und Löschen von Wertepaare wächst logarithmisch mit der Anzahl der Wertepaare.

Ordnung der Schlüssel als Voraussetzung
Die besondere Anordnung der Knoten stützt sich darauf, dass sich die Werte ihrer Größe nach anordnen lassen – zwischen den Werten muss es ein „kleiner" bzw. „größer" geben. Das hat Auswirkungen auf mögliche Typen für die Schlüssel der map.

> Für die Schlüssel einer map muss der Operator < definiert sein.

Als Schlüssel eignen sich daher unter anderem int-, double- oder string-Werte. Auch die Objekte eigener Klassen können Schlüssel sein, wenn für diese Klassen der Operator < überladen ist (siehe Abschn. 5.7.2).

Eindeutigkeit der Schlüssel als Voraussetzung
Der Suchbaum der map basiert nicht nur auf der Ordnung der Schlüsselwerte, sondern auch auf deren Eindeutigkeit. Deshalb verlangt die map, dass jeder Schlüsselwert nur einmal und nicht mehrfach auftritt.

> Die map setzt voraus, dass Schlüsselwerte eindeutig sind.

Alternativen
Lassen sich die genannten Anforderungen an die Schlüssel nicht erfüllen, gibt es Varianten der map:

- Beginnt der Name mit unordered, liegen die Schlüssel nicht sortiert vor, erfordern somit nicht den Operator <.
- Der Namenszusatz multi drückt aus, dass Schlüssel mehrfach auftreten können.

Die unordered_map enthält daher eindeutige Schlüssel ohne Sortierung. Die multimap hingegen erlaubt mehrfach auftretende Schlüsselwerte und sortiert die Schlüssel. Die unordered_multimap verzichtet auf Sortierung und Eindeutigkeit.

7.3.5 Schleifen in map-Containern

Quellcode 7.12 verwendet die Schleife `for( auto freq : codefreq )`, um alle gespeicherten Wertepaare zu durchlaufen.

Mit Range-for durch den `map`-Container

> Die Range-for-Schleife liefert nacheinander alle Wertepaare einer `map`.

Die `map` verhält sich damit ähnlich wie die übrigen Container. Sie bietet sogar einen Mehrwert: Jedes Wertepaare enthält Schlüssel *und* Wert.

Zugreifen auf Schlüssel und Wert

> Die Wertepaare einer `map` sind Objekte der Klasse `pair`, deren Attribut `first` den Schlüssel repräsentiert und `second` den zugehörigen Wert.

Die Schleife in Quellcode 7.12 erlaubt es deshalb, den als Schlüssel verwendeten Fehlercode anhand von `freq.first` auszugeben und den zugeordneten Wert `freq.second` – er entspricht der ermittelten Häufigkeit des Fehlercodes.

Zieht man aussagekräftigere Namen für Schlüssel und Werte vor, lassen sich die Wertepaare auch wie in Quellcode 7.15 aufteilen; die Namen `code` und `freq` sind dabei frei gewählt.

```
// Häufigkeiten ausgeben
for( auto [ code, freq ] : codefreq )
{
    cout << code << ": " << freq << endl;
}
```

Quellcode 7.15 Schleife mit aufgeteilten Wertepaaren

Sortierung inklusive

Betrachtet man die berechneten Häufigkeiten in Abb. 7.4, erkennt man schnell, dass die Fehlercodes aufsteigend sortiert ausgegeben werden, obwohl keine `sort()`-Methode oder dergleichen aufgerufen wird. Das ist kein Zufall, sondern Folge der sortierten Anordnung der Wertepaare im Suchbaum der `map` (Abschn. 7.3.3).

> Iteratoren durchlaufen die Wertepaare einer `map` gemäß der *Sortierung* ihrer Schüsselwerte.

In Quellcode 7.12 dient der Fehlercode als Schlüsselwert. Die Sortierung der Schlüsselwerte sorgt dafür, dass die Range-for-Schleife die gespeicherten Wertepaare vom kleinsten bis zum größten Fehlercode durchläuft.

7.4 Container auswählen und nutzen

7.4.1 Container für unterschiedliche Zwecke

Die C++-Standardbibliothek enthält neben `vector` und `map` viele weitere Container sowie Container-Adapter, die Container als Grundlage für bestimmte Verhaltensweisen nutzen. Ihre Vielfalt kann insbesondere Neulinge schnell überfordern.

Blick hinter die Kulissen
Container und Adapter basieren auf grundlegenden Datenstrukturen, die in der Informatik allgemein und unabhängig von einer Programmiersprache beschrieben sind. Ein Beispiel hierfür ist die *zweifach verkettete Liste*, bei der jedes Element mit seinem Vorgänger und Nachfolger verkettet ist. Hierdurch kann man sich von Element zu Element bewegen; ein wahlfreier Zugriff ist jedoch nicht möglich. Stattdessen lassen sich in einer Liste leicht Elemente zwischen anderen einfügen, während dies bei einem Feld durch das notwendige Umkopieren aufwendig wäre (Abb. 7.6).

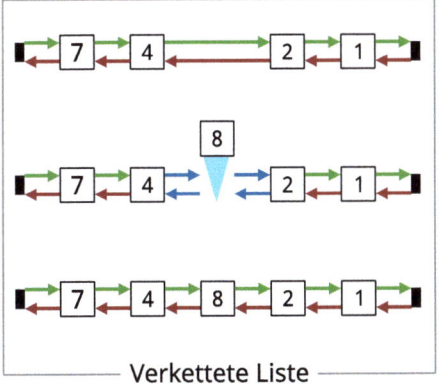

Abb. 7.6 Einfügen in Liste und Feld

> Die Vor- und Nachteile eines Containers erfordern meist das Verständnis der zugrundeliegenden Datenstruktur.

Unterschiede
Der Aufbau und das Verhalten der Container führen zu einer Reihe von Unterschieden. Diese betreffen vor allem die folgenden Aspekte:

- Aufwand für Operationen (z. B. Suchen, Einfügen, Löschen)
- Art des Zugriffs (z. B. wahlfrei oder sequenziell)
- Anordnung im Speicher (z. B. zusammen oder verteilt)
- Zusätzlicher Speicherbedarf

Die Container-Adapter führen darüber hinaus zu unterschiedlicher Zugriffslogik (z. B. FIFO oder LIFO).

vector als Standard

> Wer sich nicht mit der Vielfalt der Container beschäftigen will, findet in `vector` eine Lösung, die sich für die meisten Anwendungsfälle eignet.

Der `vector` als dynamisches Feld ist ein universell verwendbarer Container: Die Zahl der Elemente lässt sich zur Laufzeit anpassen, und der wahlfreie Zugriff vereinfacht viele Algorithmen. Darüber hinaus arbeitet er effizient und erfordert kaum zusätzlichen Speicherplatz.

> Der Container `array` ähnelt dem `vector`, besitzt aber eine feste Größe.

list für beliebiges Einfügen

Der Container `list` basiert auf einer doppelt verketteten Liste.[4] Sie bringt, wie bereits festgestellt, mehrere Eigenschaften mit sich:

- Elemente lassen sich leicht zwischen anderen Elementen einfügen, vor allem im Vergleich zu `vector` (Abb. 7.6).
- Sie bietet nur sequenziellen Zugriff, aber keinen wahlfreien.
- Die Verkettung erfordert mehr Speicher.
- Die Elemente liegen meist verteilt im Speicher.

> `list` kann Vorteile haben, wenn Elemente häufig zwischen anderen eingefügt oder gelöscht werden.

---

[4] Neben der doppelt verketteten Liste gibt es mit der forward_list auch eine einfach verkettete Liste, die sich aber nur in einer Richtung durchlaufen lässt.

7.4 Container auswählen und nutzen

deque als Mischform

Die deque[5] vereint Eigenschaften von vector und list. Wie der vector bietet sie einen wahlfreien Zugriff mit Indizes. Erlaubt aber das einfache Einfügen und Löschen am Anfang und am Ende wie bei einer list. Dennoch benötigt sie wenig Speicher und ist vergleichsweise effizient.

> Die deque bringt Effizienz und indexbasierten Zugriff; sie erlaubt das einfache Einfügen und Löschen am Anfang. Deshalb dient sie oft als Grundlage anderer Container und Adapter.

map mit eingebauter Suche

In Containern wie vector oder list muss man die Suche nach Werten selbst umsetzen oder Algorithmen wie find() verwenden. Die map bietet mit der eingebauten effizienten Suche nach Schlüsseln einen echten Mehrwert. Voraussetzung hierfür sind die Eindeutigkeit der Schlüssel und die Sortierbarkeit der Schlüssel (siehe Abschn. 7.3.4) – zumindest, wenn man von den Varianten multimap, unordered_map und unordered_multimap absieht. Dass die Schlüssel bereits sortiert vorliegen, kann in manchen Anwendungen von Vorteil sein.

> Die map bietet sich vor allem an, wenn man effizient anhand von Schlüsseln auf Werte zugreifen möchte oder nichtganzzahlige Schlüssel benötigt.

set mit Eindeutigkeit und Sortierung

Anders als die map enthält die set keine Wertepaare, sondern einzelne, eindeutige Werte. Wie eine map basiert sie auf einem binären Suchbaum, sodass die Werte sortiert enthalten sind und sich effizient durchsuchen lassen.

Speziell für die set stehen darüber hinaus Mengenoperationen wie Schnitt (set_intersection) und Vereinigung (set_union) zur Verfügung.

> Möchte man erreichen, dass Werte eindeutig sind und sich effizient durchsuchen lassen, bietet sich der Container set an, der darüber hinaus Mengenoperationen unterstützt.

---

[5] Der Name ist abgeleitet von „double-ended queue".

queue für FIFO-Warteschlagen

Das Prinzip First In – First Out (FIFO) ist typisch für Warteschlangen. Elemente lassen sich in die Warteschlange einreihen und werden in der Reihenfolge ihres Eintreffens wieder entnommen. Der *Container-Adapter* `queue` stellt diese Logik in Form der Methoden `push()` und `pop()` zur Verfügung; er nutzt hierfür einen vorhandenen Container wie die `deque`.

Mit der `priority_queue` existiert auch eine Warteschlange, die Prioritäten berücksichtigt; Elemente höherer Priorität werden dabei vorrangig entnommen.

> Die Adapter `queue` und `priority_queue` eignen sich für Warteschlangen, z. B. als Puffer. In anderen Containern müsste man diese Logik selbst implementieren.

stack für LIFO-Stapel

Ein Stapel (Stack) arbeitet üblicherweise nach dem Prinzip Last In – First Out (LIFO). Wie bei einem Stapel auf dem Schreibtisch kann man Elemente oben auf den Stapel legen und sie von dort wieder entnehmen. Das zuletzt eingefügte Element wird als erstes wieder entnommen, also genau umgekehrt zu FIFO. Der *Container-Adapter* `stack` arbeitet nach dem LIFO-Prinzip. Die Methode `push()` legt ein Element auf den Stapel. `top()` liefert das oberste Element und `pop()` entfernt es. Standardmäßig verwendet `stack` als Container die `deque`.

> Der Adapter `stack` bietet sich an, wenn Elemente nach dem LIFO-Prinzip verarbeitet werden sollen, z.B. für eine „Zurück-Funktionalität". Dies erspart eigene Umsetzungen mit anderen Containern.

7.4.2 Container für Klassen nutzen

Die vorhandenen Container- und Adapter-Klassen lassen sich nutzen, um direkt mit ihnen zu arbeiten. Sie bieten sich aber auch als Grundlage eigener Klassen an.

Möglichkeit 1: Vererbung

Vererbung ist ein wichtiges Prinzip der objektorientierten Programmierung. Das Beispiel in Abschn. 5.5.1 wendet Vererbung an, um eine Klasse `Signal` auf der Grundlage von `vector<double>` zu erstellen.

> Die Container- und Adapter-Klassen der C++-Standardbibliothek lassen sich als *Basisklasse* für andere Klasse nutzen.

7.4 Container auswählen und nutzen

Die Vorteile hierfür liegen auf der Hand:

- Man nutzt die Funktionalität ausgereifter und bewährter Klassen.
- Grundlegende Aspekte, z. B. das Speichermanagement, sind bereits gelöst und müssen nicht erneut umgesetzt werden.
- Die abgeleiteten Klassen lassen sich im besten Fall mit den Algorithmen aus `algorithm` und `numeric` verarbeiten.

Von Nachteil kann sein, dass die abgeleitete Klasse bei `public`-Vererbung alle Methoden bereitstellt, die auch in der Basisklasse zur Verfügung stehen.

Möglichkeit 2: Attribut

> Container können *Attribute* von Klassen sein. In deren Methoden lassen sich die vorgestellten Algorithmen verwenden.

Üblicherweise sind solche Attribute durch `private` oder `protected` geschützt. Der Zugriff auf sie bzw. ihre Methoden lässt sich hierdurch besser kontrollieren und anpassen.

Quellcode 7.16 ändert die `Signal`-Klasse aus Abschn. 5.5.1 auf diese Weise und fügt den `vector`-Container `values` als `private`-Attribut hinzu. Die `vector`-Methoden sind von außen nicht mehr zugreifbar. `Signal` kontrolliert den Zugriff auf sie durch eigene Methoden. Die Methode `sum()` zeigt am Beispiel von `accumulate()`, wie sich Algorithmen in den Methoden verwenden lassen.

```cpp
#include <iostream>
#include <vector>
#include <algorithm>
#include <numeric>

using namespace std;

// Grundlage einer Signal-Klasse mit vector als Attribut
class Signal
{
public:
    Signal( size_t nrvals = 0, double initval = 0.0 );
    double get( int pos ) const;
    void set( int pos, double val );
    int size() const;
    double sum() const;
```

```
private:
    vector<double> values;
};

Signal::Signal( size_t nrvals, double initval )
    : values( nrvals, initval )
// Erzeugt ein Signal mit nrvals Werten, die mit initval initialisiert sind
{
}


double Signal::get( int pos ) const
// Liefert den Wert an der Stelle pos oder
// den nächstliegenden Wert, wenn der Wert nicht existiert
{
    // Feld ist leer
    if( size() == 0 )
    {
        return 0.0;
    }

    return values[ clamp<int>( pos, 0, size()-1 ) ];
}

void Signal::set( int pos, double val )
// Ändert den Wert an der Stelle pos auf den Wert value,
// existiert das zu ändernde Element nicht, geschieht nichts
{
    // Nicht vorhandene Elemente ignorieren
    if( pos < 0 ||
        pos >= size() )
    {
        return;
    }

    values[ pos ] = val;
}

int Signal::size() const
// Liefert die Größe des Signals
{
    return values.size();
}
```

```cpp
double Signal::sum() const
// Liefert die Summe der enthaltenen Werte
{
    return accumulate( values.begin(), values.end(), 0.0 );
}

int main()
{
    Signal sig( 3, 10.0 );

    // Beispielhafte Änderungen
    sig.set( -1, 2.0 );
    sig.set( 0, 0.0 );
    sig.set( 2, 2.0 );
    sig.set( 5, -1.0 );

    // Werte anzeigen
    cout << "i\tsig[i]" << endl;
    for( int i = -2; i <= 4; i++ )
    {
        cout << i << '\t' << sig.get( i ) << endl;
    }

    // Summe anzeigen
    cout << "Summe: " << sig.sum() << endl;

    return 0;
}
```

Quellcode 7.16 Signal-Klasse mit vector-Attribut (signal2.cpp)

7.5 Berechnen und bearbeiten

7.5.1 Beispiel: Auswertung der Qualitätskontrolle

Für die Qualitätskontrolle aus Abschn. 7.2.1 sollen nicht mehr die drei größten Werte angezeigt werden, sondern die Anzahl, der Mittelwert und die Spannweite der erfassten Dezimalwerte. Außerdem sollen die Werte gezählt werden, die kleiner als 0 und größer als 5 sind. Quellcode 7.17 nutzt hierfür große Teile von Quellcode 7.1. Die Berechnungen verwenden weitere Algorithmen der C++-Standardbibliothek.

```cpp
#include <iostream>
#include <fstream>
#include <vector>
#include <numeric>
#include <algorithm>
#include <string>

using namespace std;

int main()
{
    // Name der Quelldatei einlesen
    string src_filename;

    cout << "Quelldatei: ";
    getline( cin, src_filename );

    // Quelldatei zum Lesen öffnen
    ifstream src( src_filename );

    if( !src )
    {
        cerr << "Quelldatei " << src_filename
             << " nicht bereit." << endl;
        return -1;
    }

    // Werte aus Quelldatei einlesen
    vector<double> values;
    double         value = 0.0;

    while( src >> value )
    {
        values.push_back( value );
    }

    if( values.size() < 1 )
    {
        cout << "Zu wenige Werte vorhanden." << endl;
        return 0;
    }

    // Kenngrößen berechnen
    int    cnt = values.size();
    double sum = accumulate( values.begin(), values.end(), 0.0 );
```

7.5 Berechnen und bearbeiten

```
        double avg  = sum / double( cnt );
        double minv = *min_element( values.begin(), values.end() );
        double maxv = *max_element( values.begin(), values.end() );

        // Werte <0 oder >5 zählen
        int    nrout = count_if( values.begin(), values.end(),
                        []( double val ) { return val < 0 || val > 5; } );

        // Kenngrößen ausgeben
        cout << "Werte:      " << cnt << endl;
        cout << "Mittelwert: " << avg << endl;
        cout << "Spannweite: " << maxv - minv << endl;
        cout << "<0 oder >5: " << nrout << endl;

        return 0;
}
```

Quellcode 7.17 Qualitätskontrolle auswerten (stat.cpp)

Für die Testdatei `values.dat` (Abb. 7.1) erzeugt das Programm die in Abb. 7.7 dargestellte Ausgabe.

Um es deutlich zu sagen: Für dieses Beispiel wäre das Einlesen in einen `vector`

```
> stat
Quelldatei: values.dat
Werte:      8
Mittelwert: 3
Spannweite: 10.1
<0 oder >5: 3
>
```

Abb. 7.7 Berechnete Kenngrößen für values.dat

nicht notwendig gewesen – Mittelwert, Spannweite hätten sich problemlos berechnen lassen, indem man Summe, Anzahl, Minimum und Maximum während des Einlesens ermittelt. In einem realen Szenario kämen möglicherweise noch andere Größen hinzu, die den `vector` unverzichtbar machen, zum Beispiel Median oder Standardabweichung.

7.5.2 Algorithmen des Headers numeric

Der Header `algorithm` stellt verschiedene Algorithmen zur Verfügung (Abschn. 7.2.6); der Header `numeric` ergänzt sie um weitere Algorithmen für Berechnungen.

Der Header numeric

> Die Header-Datei `numeric` umfasst Algorithmen für Berechnungen in Containern, aber auch für einzeln übergebene Werte.

Mit `#include <numeric>` stehen diese Algorithmen zur Verfügung. Tab. 7.2 stellt einige von ihnen vor.

Tab. 7.2 Beispiele für Algorithmen des Headers numeric

Algorithmus	Beschreibung
`accumulate()`	Summiert die Werte eines Containers
`inner_product()`	Berechnet das Skalarprodukt zweier Folgen von Werten
`adjacent_difference()`	Berechnet die Differenzen benachbarter Werte
`partial_sum()`	Berechnet die Teilsumme vom Anfang bis zum jeweiligen Wert
`iota()`	Erzeugt eine Folge von Werten in Einerschritten
`midpoint()`	Berechnet den Mittelwert zweier Werte

▶ **Tipp** Mathematische Funktionen (z. B. trigonometrische Funktionen) stellt der Header `cmath` bereit.

Ergänzung durch algorithm

> Für einige Berechnungen benötigt man zusätzlich zu `numeric` auch `algorithm`.

Tab. 7.3 enthält Beispiele solcher Algorithmen aus `algorithm`. Manche von ihnen lassen sich auf Container anwenden, andere nur auf einzeln übergebene Werte.

Tab. 7.3 Algorithmen aus algorithm für Berechnungen

Algorithmus	Beschreibung
`min_element()`	Findet den kleinsten Wert in einem Container
`max_element()`	Findet den größten Wert in einem Container
`count()`	Zählt, wie häufig ein Wert in einem Container auftritt
`clamp()`	Beschränkt einen Wert auf einen Wertebereich
`min()`	Liefert den kleineren von zwei Werten
`max()`	Liefert den größeren von zwei Werten

7.5.3 Summen und Mittelwerte

Quellcode 7.17 soll das arithmetische Mittel der eingelesenen Werte berechnen. Dieses ergibt sich aus der Division der Summe der Werte und der Anzahl der Werte.

Summation mit accumulate()

> Der Algorithmus `accumulate()` summiert die in einem Container gespeicherten Werte.

Wie üblich erhält `accumulate()` als erste beide Parameter den Anfang und das Ende des Bereichs, in dem die Werte summiert werden sollen. Der dritte Parameter ist für numerische Werte meist 0 bzw. 0.0, da alle enthaltenen Werte zu diesem Anfangswert addiert werden. In Quellcode 7.17 berechnet `accumulate( values.begin(), values.end(), 0.0 )` somit die Summe aller Werte.

Vorsicht: Typumwandlung

> Bei dem dritten Parameter von `accumulate()` ist Vorsicht geboten: Übergibt man 0 statt 0.0, liefert `accumulate()` einen `int`-Wert, d. h. die Nachkommastellen gehen verloren.

Den Einfluss des dritten Parameters zeigt das Beispiel in Quellcode 7.18: Mit 0.0 als Anfangswert werden die Werte korrekt zu 13.7 summiert. Mit 0 als Anfangswert werden nur die ganzzahligen Anteile der Werte addiert.

```
vector<double> v = { 5.2, 1.9, 1.0, 2.2, 3.1 };

cout << accumulate( v.begin(), v.end(), 0.0 ) << endl; // Ausgabe: 13.7

cout << accumulate( v.begin(), v.end(), 0 ) << endl;   // Ausgabe: 12
```

Quellcode 7.18 Typumwandlung bei accumulate()

Berechnen des arithmetischen Mittelwerts

> Für das arithmetische Mittel gibt es keine fertige Funktion in der C++-Standardbibliothek.

Stattdessen teilt Quellcode 7.18 die mit `accumulate()` berechnete Summe durch die mit `size()` ermittelte Anzahl der Werte.

Nichtnumerische Typen und accumulate()

In Quellcode 7.17 summiert `accumulate()` Dezimalwerte. Dabei wird jedes Element mit dem Operator + zu dem Anfangswert addiert. Tatsächlich ist `accumulate()` universeller.

> `accumulate()` lässt sich nicht nur auf numerische Datentypen anwenden, sondern auf alle Datentypen und Klassen, für die der Operator + überladen wurde.[6]

Beispielsweise ist der Operator + für `string`-Zeichenketten überladen. Deshalb wendet `accumulate()` in Quellcode 7.19 den Operator + nacheinander auf alle in `v` enthaltenen Zeichenketten an und fügt sie zu einem gemeinsamen `string` zusammen. Das funktioniert aber nur, wenn man `accumulate` als dritten Parameter ein C++-String-Literal angibt (siehe Abschn. 4.2.13).

```
vector<string> v = { "AB", "CD", "EF" };

cout << accumulate( v.begin(), v.end(), ""s ) << endl; // Ausgabe: ABCDEF
```
Quellcode 7.19 accumulate() mit string-Zeichenketten

7.5.4 Minima und Maxima

Die in Quellcode 7.18 notwendige Spannweite der Werte ergibt sich aus der Differenz des größten und des kleinsten Wertes.

Kleinster und größter Wert

> Die Funktionen `min_element()` und `max_element()` aus `algorithm` liefern einen Iterator auf den kleinsten bzw. größten Wert eines Containers.

Beide Funktionen erhalten als Parameter den Anfang und das Ende des zu durchsuchenden Bereichs, zum Beispiel `min_element( values.begin(), values.end())`. Das Ergebnis ist jedoch ein Iterator und nicht der (in diesem Fall kleinste) Wert.

---

[6] accumulate() erlaubt als Operator nicht nur +. Über einen vierten Parameter könnte man auch eine alternative Operation festlegen.

7.5 Berechnen und bearbeiten

Dereferenzierung für die Werte
Für die Spannweite benötigt Quellcode 7.18 allerdings den kleinsten und größten *Wert* statt der Iteratoren auf diese Elemente.

> Stellt man `min_element()` bzw. `max_element()` den Dereferenzierungsoperator `*` voran, erhält man statt Iteratoren die jeweiligen Werte.

Quellcode 7.20 zeigt, wie sich auf diese Weise der kleinste und größte Wert in die Variablen `minv` und `maxv` speichern lässt, um aus ihrer Differenz die Spannweite zu berechnen.

```
double minv = *min_element( values.begin(), values.end() );
double maxv = *max_element( values.begin(), values.end() );
```

Quellcode 7.20 Bestimmen des kleinsten und größten Wertes

Kombiniertes Ergebnis
Die beiden Aufrufe von `min_element()` und `max_element()` führen dazu, dass der Container zweimal durchlaufen wird. Benötigt man ohnehin Minimum und Maximum, gibt es eine effizientere Alternative.

> Der Algorithmus `minmax_element()` liefert ein `pair`-Objekt, das Iteratoren auf das kleinste *und* das größte Element enthält.

In Quellcode 7.20 benötigt man für die Spannweite immer sowohl Minimum als auch Maximum. Die Spannweite ließe sich daher auch wie in Quellcode 7.21 berechnen.

```
auto [minit,maxit] = minmax_element( values.begin(), values.end() );

cout << "Spannweite: " << *maxit - *minit << endl;
```

Quellcode 7.21 Spannweite mit minmax_element berechnen

7.5.5 Lambda-Ausdrücke

Quellcode 7.17 soll die Werte zählen, die kleiner als 0 und größer als 5 sind. Hierfür könnte man eine Range-for-Schleife verwenden, die für jeden Wert prüft, ob er dieses Kriterium erfüllt. Mit `count_if()` aus `algorithm` gibt es jedoch einen Algorithmus, der solche Aufgaben übernehmen kann.

Der Algorithmus `count_if()` zählt, wie viele Elemente eines Containers eine bestimmte *Bedingung* erfüllen.

Funktionen ohne Namen
Um `count_if()` die zu prüfende Bedingung zu übergeben, nutzt man sog. *Lambda-Ausdrücke*, die man sich wie Funktionen ohne Namen vorstellen kann.

Mit Lambda-Ausdrücken beschreibt man *anonyme Funktionen*. Viele Algorithmen akzeptieren sie als *Parameter*.

`[]( double val ) { return val < 0 || val > 5; }` ist ein solcher Lambda-Ausdruck in Quellcode 7.17. Die darin enthaltene Anweisung `return val < 0 || val > 5;` liefert `true`, wenn der übergebene Wert `val` kleiner als 0 oder größer als 5 ist, sonst `false`. Dies ist das Ergebnis des Lambda-Ausdrucks.

`return` legt – wie bei anderen Funktionen – das Ergebnis des Lambda-Ausdrucks fest.

Parameter eines Lambda-Ausdrucks
Anonyme Funktionen ähneln in mehrerlei Hinsicht den gewöhnlichen Funktionen (siehe Abschn. 3.5.2) – dies gilt auch für die Parameter.

Die vorangestellten *runden* Klammern enthalten den oder die *Parameter* des Lambda-Ausdrucks.

Im obigen Beispiel wäre `double val` ein solcher Parameter. Durchläuft `count_if()` den Container `values`, wird es nacheinander die einzelnen Werte dem Lambda-Ausdruck als Parameter `val` übergeben.

Zugriff auf die Außenwelt
Aussagekräftiger wäre es, wenn die Schwellen 0 und 5 in Quellcode 7.17 als Variablen oder Konstanten angelegt wären. Um auf sie zugreifen zu können, muss man dies festlegen.

7.5 Berechnen und bearbeiten

> Mit den *eckigen Klammern* legt man bei Lambda-Ausdrücken fest, wie auf *äußere* Variablen und Objekte zugegriffen werden kann (sog. *capture*). [] ist hier *kein* Indexoperator.

Quellcode 7.22 zeigt, wie sich auf diese Weise zwei außerhalb des Lambda-Ausdrucks angelegte Konstanten verwenden lassen. [limit_l, limit_u] sorgt hier dafür, dass limit_l und limit_u im Lambda-Ausdruck bekannt sind.[7]

```
const double limit_l = 0;
const double limit_u = 5;

// Werte <0 oder >5 zählen
int    nrout = count_if( values.begin(), values.end(),
                         [ limit_l, limit_u ]( double val )
                         { return val < limit_l || val > limit_u; } );
```

Quellcode 7.22 Capture bei einem Lambda-Ausdruck

Funktionsobjekte als Alternative

Algorithmen wie count_if() lassen sich nicht nur mit Lambda-Ausdrücken verwenden. Eine Alternative sind die sog. *Funktionsobjekte*, die häufig auch als *Funktoren* bezeichnet werden.

> Überlädt eine Klasse den Operator (), lassen sich ihre Objekte wie *Funktionen* verwenden. Man nennt diese Objekte Funktionsobjekte.

Die Klasse NotInRange in Quellcode 7.23 überlädt den Operator (). Er erhält als Parameter einen double-Wert und liefert als Ergebnis true oder false. Die Inline-Definition der Methoden (siehe Abschn. 5.7.3) ist nicht notwendig, verbessert hier aber die Übersichtlichkeit.

---

[7] Es gäbe auch die Möglichkeit, sog. *default captures* zu nutzen, z. B.[=]. Dies verleitet jedoch zu unsauberer Programmierung.

```cpp
class NotInRange
{
public:
    // Legt [l;u] als Bereich fest
    NotInRange( double l, double u )
        : lower( l ), upper( u )
    {
    }

    // Liefert true, wenn value nicht in [lower;upper] liegt
    bool operator()( double value ) const
    {
        return value < lower || value > upper;
    }

private:
    double lower;
    double upper;
};
```

Quellcode 7.23 Klasse NotInRange für Funktionsobjekte (statfunc.cpp)

Die Objekte von `NotInRange` lassen sich wie gewöhnliche Objekte verwenden. Der überladene Operator () lässt sie aber in manchen Fällen wie eine Funktion erscheinen (Quellcode 7.24).

```cpp
NotInRange notok( 0, 5 );

if( notok( 6 ) )
{
    cout << "Nicht zwischen 0 und 5." << endl;
}
```

Quellcode 7.24 NotInRange-Objekt als Funktion

Die Klasse `NotInRange` kann man in Quellcode 7.17 einsetzen, um mit `count_if()` die Werte zu zählen, die kleiner als 0 und größer als 5 sind. Hierfür kann man ein zuvor angelegtes Objekt der Klasse übergeben, beispielsweise `notok` aus Quellcode 7.24. Oft reicht es auch, das Objekt während des Aufrufs von `count_if()` zu erzeugen – diesen Weg zeigt Quellcode 7.25.

```cpp
int nrout = count_if( values.begin(), values.end(),
                      NotInRange( 0, 5 ) );
```

Quellcode 7.25 count_if mit Funktionsobjekt (statfunc.cpp)

7.5 Berechnen und bearbeiten

Vorhandene Funktionsobjekte

> Der Header `functional` stellt eine Reihe einsatzbereiter Funktionsobjekte zur Verfügung.

Für Vergleiche stehen unter anderem `equal_to`, `greater` oder `less` zur Verfügung. Allerdings handelt es sich hierbei um Funktionsobjekte, die jeweils zwei Werte vergleichen. Für das hier betrachtete Beispiel lassen sich daher Lambda-Ausdrücke einfacher anwenden.

Für Berechnungen wie in Abschn. 7.5.7 gibt es auch arithmetische Funktionsobjekte wie `plus`, `minus` oder `negate`.

Lambda-Ausdruck oder Funktionsobjekt

Lambda-Ausdrücke sind einfach zu verwenden, können jedoch schnell unübersichtlich werden. Funktionsobjekte erfordern das Anlegen einer zusätzlichen Klasse, was einen Mehraufwand mit sich bringt, allerdings lässt sie sich besser testen. Darüber hinaus besitzen sie etwas, das Lambda-Ausdrücken fehlt – sie können Attribute enthalten, um einen Zustand zu speichern.

> Lambda-Ausdrücke sind wegen ihrer Einfachheit in vielen Fällen die *erste Wahl*. Funktionsobjekte bieten Vorteile bei aufwendigen Berechnungen oder wenn ein Zustand notwendig ist.

7.5.6 Beispiel: Werte normieren

In manchen Anwendungen muss man eine Folge von Werten normieren, um sie besser vergleichen oder auswerten zu können, zum Beispiel, wenn sie unterschiedliche Wertebereich verwenden. Oft normiert man, indem der kleinste Wert zu 0 und der größte zu 1 wird. Hierfür zieht man von jedem Wert das Minimum ab und teilt ihn anschließend durch die Spannweite. Auf diese Weise normiert Quellcode 7.26 die in einer Quelldatei gespeicherten Werte und schreibt sie anschließend in die Zieldatei.

```
#include <iostream>
#include <fstream>
#include <vector>
#include <numeric>
#include <algorithm>
#include <string>

using namespace std;
```

```cpp
int main()
{
    // Name der Quelldatei einlesen
    string src_filename;

    cout << "Quelldatei: ";
    getline( cin, src_filename );

    // Quelldatei zum Lesen öffnen
    ifstream src( src_filename );

    if( !src )
    {
        cerr << "Quelldatei " << src_filename
             << " nicht bereit." << endl;
        return -1;
    }

    // Name der Zieldatei einlesen
    string dest_filename;

    cout << "Zieldatei:  ";
    getline( cin, dest_filename );

    // Zieldatei zum Schreiben öffnen
    ofstream dest( dest_filename );

    if( !dest )
    {
        cerr << "Zieldatei " << dest_filename
             << " nicht bereit." << endl;
        return -1;
    }

    // Werte aus Quelldatei einlesen
    vector<double> values;
    double         value = 0.0;

    while( src >> value )
    {
        values.push_back( value );
    }

    // Minimum und Maximum ermitteln
    double minv = *min_element( values.begin(), values.end() );
```

7.5 Berechnen und bearbeiten

```
    double maxv = *max_element( values.begin(), values.end() );

    // Eingelesene Werte normieren
    transform( values.begin(), values.end(), values.begin(),
            [minv,maxv]( double val ) { return ( val - minv ) /
                                            ( maxv-minv ); } );

    // Normierte Werte ausgeben
    for( double norm : values )
    {
        dest << norm << endl;
    }

    return 0;
}
```

Quellcode 7.26 Normieren von Werten (norm.cpp)

Die Datei `values.dat` (Abb. 7.1) enthält Werte zwischen −1.0 und 9.1. Die Normierung durch Quellcode 7.26 überführt sie in Werte zwischen 0 und 1 (Abb. 7.8).

```
1
0.287129
0.366337
0
0.425743
0.633663
0.108911
0.346535
```

Abb. 7.8 Normierte Werte der Testdatei (values.norm.dat)

Beschränkt man sich nur auf diesen Anwendungsfall, hätte man die Normierung auch bei der Ausgabe vornehmen können (`dest << ( val - minv )/( maxv-minv ) << endl;`). Quellcode 7.26 normiert die Werte direkt im `vector`-Container, sodass sie sich weiterverarbeiten lassen.

7.5.7 Inhalte verarbeiten

In Quellcode 7.26 soll jeder in `values` gespeicherte Wert nacheinander normiert werden. Hierfür könnte man eine Schleife verwenden. Eine Alternative ist der Algorithmus `transform()`.

Werte bearbeiten mit transform()

> `transform()` erlaubt es, die in einem Container gespeicherten Werte nacheinander zu bearbeiten.

`transform()` kann man sich wie eine Range-for-Schleife vorstellen, die auf jeden Wert eine bestimmte Operation anwendet und ihn so überschreibt. Diese Operation muss jedoch übergeben werden – wie bei `count_if()` kann man hierfür Lambda-Ausdrücke oder Funktionsobjekte verwenden.

Lambda-Ausdrücke für transform

Für das Normieren eignet sich ein Lambda-Ausdruck wie in Quellcode 7.27. Er liefert jeweils das gewünschte Ergebnis, den normierten Wert.

Die Normierung benötigt das zuvor berechnete Minimum `minv` sowie das Maximum `maxv`. Sie werden als Capture (Abschn. 7.5.5) mit `[minv,maxv]` eingeschleust.

```
transform( values.begin(), values.end(), values.begin(),
        [minv,maxv]( double val ) { return ( val - minv ) /
                                        ( maxv-minv ); } );
```

Quellcode 7.27 transform() für das Normieren

Werte überschreiben

Vielleicht überrascht ein Detail in Quellcode 7.27: `values.begin()` und `values.end()` begrenzen weiterhin den zu verarbeitenden Bereich, doch was bedeutet das zusätzliche `values.begin()`?

> Wie viele andere Algorithmen erhält `transform()` als Parameter den Anfang und das Ende des Bereichs, aus dem die Werte gelesen werden. Der *dritte* Parameter steht für den Anfang des Bereichs, in den *geschrieben* werden soll.

Übergibt man im obigen Beispiel `values.begin()` als dritten Parameter, *überschreibt* man hierdurch die ursprünglichen Werte. `values` enthält am Ende also die normierten Werte.

Ergebnisse in weiterem Container

> Möchte man die ursprünglichen Werte nicht überschreiben, kann man als dritten Parameter auch einen Iterator übergeben, der auf einen *anderen* Container verweist.

Quellcode 7.28 erzeugt hierfür zunächst den Container `normvalues`. Da er so groß wie der ursprüngliche Container `values` sein muss, übergibt man dessen Größe `values.size()`. Erhält `transform()` anschließend als dritten Parameter `normvalues.begin()`, werden die normierten Werte in `normvalues` geschrieben – die ursprünglichen Werte in `values` bleiben erhalten.

```
// Ergebnisfeld mit selber Größe anlegen
vector<double> normvalues( values.size() );

transform( values.begin(), values.end(), normvalues.begin(),
           [minv,maxv]( double val ) { return ( val - minv ) /
                                      ( maxv-minv ); } );
```

Quellcode 7.28 Normierte Werte in separatem Feld

▶ **Tipp** Lambda-Ausdrücke in Verbindung `transform()` erlauben vielfältige Operationen. Für einfachere Verarbeitungsschritte stellt der Header `algorithm` einige grundlegende Algorithmen bereit. Abschnitt 7.2.6 zeigt Beispiele hierfür.

7.6 Zusammenfassung

Bibliotheken stellen Lösungen für wiederkehrende Aufgaben und Probleme zur Verfügung. Diese Lösungen zu verwenden, beschleunigt nicht nur die Entwicklung, sondern beugt auch Fehlern vor, da die Lösungen sich bereits vielfach bewährt haben.

Die C++-Standardbibliothek ist ein fester Teil von C++. Sie enthält unterschiedliche Container und Container-Adapter, um Werte auf bestimmte Weise zu speichern. Algorithmen erlauben es, diese Werte auszuwerten und zu verarbeiten. Iteratoren dienen dem Zugriff auf Container-Inhalte und ermöglichen es, sich von Element zu Element zu bewegen. Die Inhalte der C++-Standardbibliothek verwenden den Namensraum `std` und erfordern das Einbinden unterschiedlicher Header-Dateien.

Die Container stehen als Klassentemplates zur Verfügung; sie beschreiben allgemein, wie der Container aufgebaut ist und wie er sich verhält. Um sie zu verwenden, muss man den Typ der darin gespeicherten Werte festlegen. Container-Klassen lassen sich als Basisklasse für eigene Klassen verwenden, Container können aber auch Attribute eigener Klassen sein.

Alle Container besitzen eine Reihe gemeinsamer Methoden, zum Beispiel `size()`, um die Anzahl der enthaltenen Elemente zu ermitteln, `clear()`, um alle Elemente zu löschen sowie `begin()` und `end()`, um Iteratoren auf den Anfang und das Ende des Containers zu erhalten. Beinahe alle Container können zur Laufzeit vergrößert oder verkleinert werden; das hierfür notwendige Reservieren und Freigeben von Speicher erfolgt automatisch im Hintergrund, was Fehlern vorbeugt.

Wie sich die Elemente eines Containers durchlaufen lassen, hängt von der Art des Containers ab. Die Range-`for`-Schleife ist ein universeller Ansatz, um die Elemente eines Containers nacheinander zu durchlaufen.

Ein Container für viele verschiedene Anwendungsfälle ist `vector`; jedes Element erhält einen fortlaufenden Index, anhand dessen man wahlfrei auf die Inhalte zugreifen kann.

Der Container `map` ordnet jedem Schlüssel einen Wert zu. Diese Paare sind in einem Suchbaum angeordnet, wodurch sich die Schlüssel schneller als bei der sequenziellen Suche finden lassen. Als Schlüssel sind viele Typen bzw. Klassen möglich, solange sich die Werte ordnen lassen.

Die Header `numeric` und `algorithm` stellen zahlreiche Algorithmen zur Verfügung, darunter `sort()` für das Sortieren, `accumulate()` für das Summieren oder `count()`, um bestimmte Werte zu zählen.

Algorithmen wie `count_if()` oder `transform()` erhalten als Parameter Lambda-Ausdrücke oder Funktionsobjekte, um Operationen oder logische Ausdrücke festzulegen, die bei der Verarbeitung angewandt werden. Lambda-Ausdrücke sind kurze, anonyme Funktionen. Funktionsobjekte lassen sich von Klassen erzeugen, die den Operator () überladen.

Die C++-Standardbibliothek stellt weitere nützliche Klassen und Funktionen zur Verfügung, zum Beispiel die Klasse `pair`, um Wertepaare zu verarbeiten oder die Funktion `clamp()`, die Werte auf einen bestimmten Bereich begrenzt.

7.7 Aufgaben

7.7.1 Theorie

1. Welche Bestandteile umfasst die C++-Standardbibliothek?
2. Nennen Sie Beispiele wichtiger Bibliotheken und Frameworks für C++.
3. Nennen Sie Beispiele verbreiteter Container und Adapter in C++. Welche Merkmale zeichnen sie jeweils aus?
4. Was sind die Besonderheiten einer `map`? Wie werden Elemente darin gesucht?
5. Welche Schleifen eignen sich für das Durchlaufen aller Elemente eines Containers?
6. Nennen Sie Beispiele verbreiteter Algorithmen der C++-Standardbibliothek und wofür sie sich einsetzen lassen.
7. Was versteht man unter Iteratoren? Wofür setzt man sie ein?
8. Was versteht man unter einem Lambda-Ausdruck? Wofür kann man ihn einsetzen?
9. Worin unterscheiden sich Lambda-Ausdrücke und Funktionsobjekte?
10. Wofür setzt man den Algorithmus `transform` ein?

7.7.2 Praxis

1. Eine Textdatei enthält zeilenweise gespeicherte Dezimalwerte. Erstellen Sie ein Programm, das deren Anzahl, Maximum, Minimum, Mittelwert und Standardabweichung berechnet. Geben Sie diese Werte auf dem Bildschirm aus.
2. Schreiben Sie eine Funktion `median()`, die den Median der in einem `vector` gespeicherten Werte berechnet. Integrieren Sie die Funktion in die vorherige Aufgabe.
3. Erstellen Sie eine Klasse für Funktionsobjekte, um zu prüfen, ob ein Wert innerhalb eines bestimmten Bereichs liegt. Erproben Sie dies in Verbindung mit `count_if()`.
4. Sie wollen die in einem `vector`-Container gespeicherten Werte jeweils um 10 % erhöhen. Wie können Sie dies mit `transform()` erreichen? Wie müssten Sie vorgehen, um die erhöhten Werte in einen separaten Container zu speichern?
5. Lesen Sie ein Abtastsignal (zeilenweise gespeicherte Dezimalwerte) ein und glätten Sie dieses durch sog. Moving Averages. Dabei wird der i-te Wert durch den Mittelwert seiner N Nachbarwerte ersetzt. Das Mittelungsfenster soll etwa symmetrisch um den i-ten Wert liegen, d. h. jeweils etwa N/2 Werte links und rechts. Speichern Sie das geglättete Signal in einer Textdatei.
6. Erzeugen Sie manuell eine Textdatei aus einer beliebigen Quelle. Schreiben Sie dann ein Programm, das für alle darin auftretenden Wörter zählt, wie oft sie im Text vorkommen. Die Wörter sollen zuvor in Großbuchstaben umgewandelt und von Satzzeichen befreit werden. Der Benutzer soll dann ein beliebiges Wort angeben können und erhält daraufhin die Anzahl der Fundstellen.
7. Lesen Sie aus einer Textdatei eine Reihe von (numerischen) Artikelnummern ein. Erzeugen Sie aus dieser Liste eine zufällige Stichprobe von N Elementen und geben Sie diese Liste in eine Datei aus.

7.8 Weiterführende Literatur

(Will 2024) führt ausführlich in die C++-Standardbibliothek ein; hierzu gehören auch die Neuerungen der aktuellen Standards sowie weiterführende Ansätze wie die sog. Ranges. (Breymann, 2023) ist eine Alternative hierzu. Aufgrund der Fülle an Klassen und Funktionen ist eine aktuelle Referenz mit Beispielen nützlich, z. B. (Grimm & Loudon, 2018) oder (en.cppreference.com, 2024). Da die enthaltenen Algorithmen überwiegend eher grundlegender Art sind, können für speziellere Aufgaben entsprechende Code-Sammlungen helfen, beispielsweise (Press et al., 2007) für komplexe Berechnungen – hier steht jedoch nicht die C++-Standardbibliothek im Vordergrund, sondern die effiziente Umsetzung von Berechnungen in C++. Eine Reihe von Grundlagenwerken wie (Cormen et al., 2022) und (Dietzfelbinger et al., 2014) oder das einfacher formulierte (von Rimscha, 2017) erklären die theoretischen Grundlagen der verwendeten Datenstrukturen und Algorithmen; sie helfen dabei, die vorgestellten Container und Algorithmen besser zu verstehen.

Literatur

Breymann, U. (2023). *C++ programmieren* (7. Aufl.). Carl Hanser Verlag.
Cormen, T. H., Leiserson, C. E., Rivest, R. L., & Stein, C. (2022). *Introduction to algorithms* (4th ed.). The MIT Press.
Dietzfelbinger, M., Mehlhorn, K., & Sanders, P. (2014). *Algorithmen und Datenstrukturen. Die Grundwerkzeuge* (1. Aufl.). Springer Vieweg.
en.cppreference.com. (2024). C++ Reference. https://en.cppreference.com/.
Grimm, R., & Loudon, K. (2018). *C++ – kurz & gut* (3. Aufl.). O'Reilly.
Press, W. H., Teukolsky, S. A., Vetterling, W. T., & Flannery, B. P. (2007). *Numerical recipes in C++* (3rd. ed.). Cambridge University Press.
von Rimscha. M. (2017). *Algorithmen kompakt und verständlich* (4. Aufl.). Springer Vieweg.
Will, T. (2024). *C++ Das umfassende Handbuch* (3. Aufl.). Rheinwerk Verlag.

8 Lösungen für den Alltag

> **Zusammenfassung**
>
> Im Programmieralltag gibt es viele weitere wichtige Aspekte. Dazu gehört unter anderem das Behandeln von Fehlern und das Umwandeln von Datentypen. Templates reduzieren den Pflegeaufwand. Viele Anwendungen verwenden reguläre Ausdrücke, Zufallszahlen, Zeitmessungen und Kommandozeilenparameter. Daneben nutzen sie Dateien und Ordner. Für all diese Aufgaben stellt C++ geeignete Lösungsansätze zur Verfügung.

8.1 Robustheit und Fehlerbehandlung

8.1.1 Beispiel: Signal-Klasse

Die Signal-Klasse aus Quellcode 7.16 repräsentiert ein Signal als eine Abfolge von Dezimalwerten. Quellcode 8.1 erweitert diese Klasse um eine Methode `load()`, die Werte aus einer Datei liest. Daneben enthält sie einen weiteren Konstruktor, dem man einen Dateipfad übergeben kann, sodass die darin enthaltenen Werte sofort geladen werden. Die Methode `average()` liefert den Mittelwert der enthaltenen Werte.

```
#include <iostream>
#include <vector>
#include <algorithm>
#include <numeric>
#include <string>
#include <fstream>
```

```cpp
using namespace std;

// Grundlage einer Signal-Klasse mit vector als Attribut
class Signal
{
public:
    Signal( size_t nrvals = 0, double initval = 0.0 );
    Signal( const string& filename );
    bool load( const string& filename );
    double get( int pos ) const;
    void set( int pos, double val );
    int size() const;
    double sum() const;
    double average() const;

private:
    vector<double> values;
};

Signal::Signal( size_t nrvals, double initval )
// Erzeugt ein Signal mit nrvals Werten, die mit initval initialisiert
sind
    : values( nrvals, initval )
{
}

Signal::Signal( const string& filename )
// Erzeugt ein Signal mit den in der Datei filename gespeicherten Werten
{
    load( filename );
}

bool Signal::load( const string& filename )
// Löscht alle Werte und lädt die Werte aus der Textdatei filename.
// Liefert true, wenn mindestens ein Wert geladen wurde, sonst false
{
    values.clear();

    // Quelldatei öffnen
    ifstream src( filename );

    if( !src )
    {
        return false;
    }
```

8.1 Robustheit und Fehlerbehandlung

```cpp
    // Werte zeilenweise aus Datei lesen
    double value = 0.0;
    while( src >> value )
    {
        values.push_back( value );
    }

    return ( size() > 0 );
}

double Signal::get( int pos ) const
// Liefert den Wert an der Stelle pos oder
// den nächstliegenden Wert, wenn der Wert nicht existiert
{
    // Feld ist leer
    if( size() == 0 )
    {
        return 0.0;
    }

    return values[ clamp<int>( pos, 0, size()-1 ) ];
}

void Signal::set( int pos, double val )
// Ändert den Wert an der Stelle pos auf den Wert value,
// existiert das zu ändernde Element nicht, geschieht nichts
{
    // Nicht vorhandene Elemente ignorieren
    if( pos < 0 ||
        pos >= size() )
    {
        return;
    }

    values[ pos ] = val;
}

int Signal::size() const
// Liefert die Größe des Signals
{
    return values.size();
}

double Signal::sum() const
// Liefert die Summe der enthaltenen Werte
```

```cpp
{
    return accumulate( values.begin(), values.end(), 0.0 );
}

double Signal::average() const
// Liefert den Mittelwert der enthaltenen Werte
{
    if( size() <= 0 )
    {
        return 0.0;
    }

    return accumulate( values.begin(), values.end(), 0.0 ) /
           double( size() );
}

int main()
{
    // Werte aus values.dat laden
    Signal sig( "values.dat" );


    // Summe anzeigen
    cout << "values.dat: " << endl
         << "Mittelwert: " << sig.average() << endl;

    // Werte aus nofile.dat laden
    if( !sig.load( "nofile.dat" ) )
    {
        cerr << "nofile.dat wurde nicht geladen." << endl;
    }

    return 0;
}
```

Quellcode 8.1 Erweiterte Signal-Klasse (signal3.cpp)

Das Hauptprogramm von Quellcode 8.1 testet diese Klasse anhand der Datei values.dat sowie einer nicht vorhandenen Datei nofile.dat. Abb. 8.1 zeigt den berechneten Mittelwert der values.dat und die Fehlermeldung bei nofile.dat.

```
> signal3
values.dat:
Mittelwert: 3
nofile.dat wurde nicht geladen.
>
```

Abb. 8.1 Test der überarbeiteten Signal-Klasse

8.1.2 Normalfälle und Abweichungen hiervon

> Beim Schreiben des Quellcodes hat man im Allgemeinen bestimmte *Normalfälle* vor Augen.

Als Quellcode 8.1 geschrieben wurde, lagen vermutlich die folgenden Annahmen für Normalfälle zugrunde:

1. Der Methode `load()` wird der Pfad zu einer Datei übergeben, die sich öffnen lässt.
2. Zu ladende Dateien sind nicht leer und enthalten nur korrekt formatierte Werte.
3. Den Methoden `get()` und `set()` werden nur Indizes übergeben, die in `values` vorhanden sind.
4. Die Methode `average()` wird nur aufgerufen, wenn `values` mindestens einen Wert enthält.

Was würde passieren, wenn man – genauer: der Benutzer dieser Klasse – gegen diese Annahmen verstößt?

Abweichungen von Normalfällen
Quellcode 8.1 geht davon aus, dass es zu Abweichungen von diesen Normalfällen kommen *kann*. Deshalb behandelt er solche Abweichungen gezielt:

1. Die Methode `load()` bricht das Laden kontrolliert ab, wenn sich die Datei nicht öffnen lässt.
2. Die Methode `load()` prüft, ob mindestens ein Wert geladen wurde.
3. Die Methode `get()` begrenzt den Zugriff auf vorhandene Indizes, und `set()` prüft, ob der übergebene Index erlaubt ist.
4. Vor der Division prüft `average()`, ob überhaupt Werte vorhanden sind.

> Solche erwartbaren Abweichungen *innerhalb* des Normalbereichs betrachtet und behandelt man meist als *Sonderfälle*.

Quellcode 8.1 prüft diese Sonderfälle überwiegend mit `if`-Verzweigungen, und damit auf eine für Sonderfälle typische Weise.

Von Abweichungen zu Fehlern
Behandelt man Abweichungen vom Normalfall nicht, kann dies zu Fehlern führen, beispielsweise könnte das Programm abstürzen, wenn man auf nicht vorhandene Elemente des `vector`-Feldes zugreift.

> Nicht oder unzureichend behandelte Abweichungen vom Normalfall können unbemerkt bleiben oder bis hin zu schweren Fehlern führen.

Robustheit und Selbstheilung
Die in Quellcode 8.1 ergriffenen Maßnahmen wie das Prüfen der Datei, der Feldgrenzen usw. machen das Programm robuster und beugen Fehlern vor.

> *Robuste Programme* funktionieren auch dann vorhersehbar, wenn es zu Eingaben oder Situationen außerhalb des Normalfalls kommt.

In eigenen Programmen entscheidet man sich in solchen Fällen meist zwischen zwei Ansätzen, um Vorhersehbarkeit zu erreichen:

1. Das Programm wird *korrekt fortgesetzt* und „heilt" die Abweichung selbst. Zum Beispiel liefert `average()` das Ergebnis 0, wenn `values` keine Werte enthält.
2. Fehler werden *behandelt*, um weitere Fehler zu verhindern, bei Bedarf durch ein kontrolliertes Programmende. Zum Beispiel signalisiert `load()` eine nicht lesbare Datei, um ggf. eine Fehlermeldung anzuzeigen und `main()` kontrolliert zu verlassen.

Aufwand und Machbarkeit
Doch wo zieht man bei Robustheit die Grenze? Schließlich wären unter anderem auch folgende Szenarien denkbar:

- Der Speicher des Computers könnte für die eingelesenen Werte nicht ausreichen.
- Die Festplatte könnte während des Einlesens ausfallen.
- Eine der eingesetzten Bibliotheken könnte fehlerhaft sein.

> Welche möglichen Ausnahmen und Fehler man berücksichtigt, hängt von deren Wahrscheinlichkeit, den Folgen und dem Aufwand für die Beseitigung ab.

Letztlich muss man diese Entscheidungen im Einzelfall treffen: Bei einer Software für einen Operationsroboter sind schwerwiegendere Schäden zu erwarten als bei einem Spiel. Die Festplatte eines Baufahrzeugs ist anderen physischen Belastungen ausgesetzt als in einem PC. Fehler in den bewährten Klassen der C++-Standardbibliothek sind unwahrscheinlicher als bei einer komplexen, erstmals verwendeten Klasse.

8.1.3 Rückgabewerte

Über Rückgabewerte können Funktionen und Methoden ihrer Außenwelt Informationen zur Verfügung stellen (Abschn. 3.5.2). Das macht sie zu einem einfachen und verbreiteten Ansatz, um Erfolg oder Fehler zu signalisieren.

Signalisieren von Fehlern

> Der *Rückgabewert* einer Funktion oder Methode erlaubt es, deren Erfolg bzw. aufgetretene Fehler zu signalisieren.

Typisch für diesen Ansatz sind Rückgabewerte des Datentyps `bool`, wobei `true` für Erfolg stehen könnte und `false` für Fehlschlag. Möchte man genauer unterscheiden, erlauben `int` oder `enum` (siehe Abschn. 4.3) die Rückgabe von *Fehlercodes*.

In Quellcode 8.1 signalisiert die Methode `load()` anhand ihres Rückgabewerts, ob das Laden erfolgreich war. Sie liefert `false`, wenn die Datei sich nicht öffnen lässt, oder wenn keine Werte gelesen wurden. Durch Fehlercodes könnte man diese beiden Fälle unterscheiden.

Ignorieren von Rückgabewerten

Das Hauptprogramm von Quellcode 8.1 wertet den Rückgabewert von `load()` aus und zeigt bei Bedarf eine Fehlermeldung an. Im Gegensatz dazu ruft der Konstruktor zwar `load()` auf, wertet den Rückgabewert jedoch nicht aus.

> Dass sich Rückgabewerte *ignorieren* lassen, ist ungünstig, wenn durch sie Fehler signalisiert werden sollen.

Konstruktoren ohne Rückgabewerte

Dass der Konstruktor der Klasse `Signal` den Rückgabewert von `load()` ignoriert, kann daran liegen, dass er selbst keinen Rückgabewert besitzen kann.

> Konstruktoren können *keine* Rückgabewerte nutzen, um Fehler zu signalisieren.

Im betrachteten Fall könnte `load()` den aufgetretenen Fehler auf anderen Wegen weiterreichen, beispielsweise durch ein Attribut oder durch sog. *Exceptions* (Abschn. 8.1.6).

8.1.4 Fehlermeldungen

Rückgabewerte lassen sich ignorieren und sind nicht überall möglich – eine Alternative könnten Fehlermeldungen sein. Quellcode 8.2 zeigt eine angepasste Version von `load()` mit solchen Fehlermeldungen.

```
void Signal::load( const string& filename )
// Löscht alle Werte und lädt die Werte aus der Textdatei filename.
{
    values.clear();

    // Quelldatei öffnen
    ifstream src( filename );

    if( !src )
    {
        cerr << "Datei nicht bereit." << endl;
        return;
    }

    // Werte zeilenweise aus Datei lesen
    double value = 0.0;
    while( src >> value )
    {
        values.push_back( value );
    }

    if( size() == 0 )
    {
        cerr << "Es wurden keine Werte geladen." << endl;
    }
}
```

Quellcode 8.2 Methode load() mit Fehlermeldungen

Hilfreich für Benutzer

Die Fehlermeldungen in Quellcode 8.2 teilen den Benutzern mit, dass sie Fehler gemacht haben – sie haben eine nicht vorhandene Datei angegeben oder eine Datei, aus der sich keine Werte lesen lassen.

8.1 Robustheit und Fehlerbehandlung

> Für den Benutzer sind Fehlermeldungen hilfreich, da er sie sofort wahrnimmt und seine Fehler korrigieren kann.

Ein Problem für die Wiederverwendung

Allerdings richten sich Fehlermeldungen wie in Quellcode 8.2 an menschliche Nutzer einer deutschsprachigen Konsolenanwendung. Anders ausgedrückt: Diese Variante von `load()` vermischt das Laden mit Benutzerinteraktion und ist an mehrere Annahmen geknüpft. Wird `Signal` in einer englischsprachigen Anwendung eingesetzt, verursachen diese Fehlermeldungen Probleme. Gleiches gilt in Anwendungen mit grafischer Benutzeroberfläche.

> Fehlermeldungen können die Wiederverwendbarkeit von Klassen oder Funktionen einschränken.

Eine Frage des Wo

Um es klar zu sagen: Fehlermeldungen sind wichtig. Allerdings macht es einen großen Unterschied, *wo* man sie erzeugt. Nicht die Fehlermeldungen sind die entscheidende Schwäche der geänderten `load()`-Methode in Quellcode 8.2, sondern die fehlende Trennung von Funktionalität und Benutzerinteraktion.

Eine mögliche Trennung zeigt das Hauptprogramm von Quellcode 8.1. Es wertet den Erfolg von `load()` aus und zeigt bei Bedarf eine Fehlermeldung an. Die Klasse `Signal` lässt sich weiter in unterschiedlichen Anwendungen einsetzen.

> Für die Wiederverwendung von Klassen und Funktionen ist es wichtig, das Anzeigen von Fehlermeldungen sinnvoll zu trennen.

Logging

> Insbesondere wenn Anwendungen unbeaufsichtigt ausgeführt werden, können Fehlermeldungen übersehen werden.

Meldungen auf dem Bildschirm verschwinden meist bei weiterer Nutzung. Daher lenkt man diese Ausgaben im unbeaufsichtigten Betrieb häufig in Dateien um (siehe Abschn. 6.1). Besser ist es, besondere Ereignisse dauerhaft durch sog. *Logging* zu protokollieren.

> Logging speichert relevante Ereignisse (meist) in Dateien, sodass sie sich später nachvollziehen und besser analysieren lassen.

Die entstehenden *Log-Dateien* speichern die relevanten Meldungen fortlaufend; meist wird jede Meldung mit einem Zeitstempel und einem Schweregrad erfasst. Quellcode 8.1 nutzt aktuell jedoch kein Logging.

▶ **Tipp** Logging ist besonders bei größeren, professionell eingesetzten Anwendungen äußerst wichtig, um Fehlerursachen besser identifizieren und beseitigen zu können.

8.1.5 Beispiel: Wetterdienst

Das Beispiel in Quellcode 4.20 zeigt, wie sich aus Wettermeldungen die Temperatur extrahieren lässt – die Details hierzu beschreibt Abschn. 4.2. Die ursprüngliche Fassung hat jedoch einen gravierenden Nachteil: Sie geht davon aus, dass der enthaltene Temperaturwert stets numerisch ist. Ein nichtnumerischer Wert führt zum sofortigen Abbruch des Programms mit der Meldung `terminate called after throwing an instance of 'std::invalid_argument' what(): stod`.

Quellcode 8.3 beseitigt diesen Nachteil; ungültige Temperaturwerte führen nicht länger zum Programmabbruch, sondern werden als Fehler signalisiert. Das erhöht die Robustheit des Programms.

```cpp
#include <iostream>
#include <string>

using namespace std;

double temperatureFromMsg(string msg, bool& ok)
// Ermittelt aus der Wetternachricht msg die enthaltene Temperatur
// und setzt ok bei Erfolg auf true, sonst false
{
    // Tag für die Temperatur
    const string temptag = "TEMP:";

    // Tag für das Nachrichtenende
    const string endtag = "END";

    // Beginn des Temperatur-Tags suchen
    size_t temppos = msg.find(temptag);
```

8.1 Robustheit und Fehlerbehandlung

```cpp
    // Tag nicht vorhanden
    if( temppos == string::npos )
    {
        ok = false;
        return 0.0;
    }

    // Wert beginnt nach dem Doppelpunkt
    temppos += temptag.size();

    // Beginn des Ende-Tags suchen
    size_t endpos = msg.find(endtag);

    // Tag nicht vorhanden oder vor Temperatur
    if( endpos == string::npos ||
        endpos <= temppos )
    {
        ok = false;
        return 0.0;
    }

    // Temperatur als Zeichenkette entnehmen
    string tempstr = msg.substr( temppos, endpos - temppos );

    // Konvertiere String in Zahlenwert
    double tempval = 0.0;

    ok = true;

    try
    {
        tempval = stod( tempstr );
    }
    catch( const invalid_argument& e )
    {
        ok = false;
        tempval = 0.0;
    }

    return tempval;
}

int main()
{
    // Beispielnachrichten verarbeiten
```

```
    for( string msg : {  "MSG ID: 42 COND: Sonnig TEMP: 23.8 END",
                         "MSG ID: 42 COND: Schneefall TEMP: -2.0 END",
                         "MSG ID: 42 COND: Starker Regen, windig END",
                         "MSG ID: 42 COND: Viel Sonne, sehr windig",
                         "MSG ID: 42 COND: Sehr windig TEMP:END",
                         "MSG ID: 42 COND: Sonnig TEMP: yyc5a$ END", })
    {
        // Erfolgsstatus der Verarbeitung
        bool   ok = false;

        // Ermittelte Temperatur
        double temp = temperatureFromMsg( msg, ok );

        cout << "Nachricht: " << msg << "\t";

        // Erfolgsstatus prüfen
        if( ok )
        {
            cout << "Temperatur: " << temp << endl;
        }
        else
        {
            cout << "Fehler gefunden." << endl;
        }
    }

    return 0;
}
```

Quellcode 8.3 Überarbeitetes Auslesen der Temperatur (weather2.cpp)

Das Hauptprogramm von Quellcode 8.3 erprobt die Funktion `temperatureFromMsg()` für unterschiedliche, auch fehlerhafte Meldungen. Statt der Temperatur erscheint bei fehlerhaften Meldungen eine Fehlermeldung (Abb. 8.2).

```
> weather2
Nachricht: MSG ID: 42 COND: Sonnig TEMP: 23.8 END          Temperatur: 23.8
Nachricht: MSG ID: 42 COND: Schneefall TEMP: -2.0 END      Temperatur: -2
Nachricht: MSG ID: 42 COND: Starker Regen, windig END      Fehler gefunden.
Nachricht: MSG ID: 42 COND: Viel Sonne, sehr windig        Fehler gefunden.
Nachricht: MSG ID: 42 COND: Sehr windig TEMP:END           Fehler gefunden.
Nachricht: MSG ID: 42 COND: Sonnig TEMP: yyc5a$ END        Fehler gefunden.
>
```

Abb. 8.2 Test der überarbeiteten temperatureFromMsg()

8.1.6 Ergebnis und Erfolg

Im Gegensatz zu ihrer ursprünglichen Fassung besitzt `temperatureFromMsg()` in Quellcode 8.3 den zusätzlichen Parameter `ok`. Durch diesen Referenzparameter kann die Funktion einen zusätzlichen Wert zurückgeben (siehe Abschn. 3.5.7).

Vermischen von Ergebnis und Erfolg

Eine Funktion besitzt normalerweise nur einen Rückgabewert. Bei `temperatureFromMsg()` ist dieser Rückgabewert die ermittelte Temperatur. Bei der Umwandlung der Temperatur können jedoch verschiedene Fehler auftreten, z. B. weil das Format der Nachricht abweicht. Die ursprüngliche Fassung in Quellcode 4.20 beendet die Umwandlung bei solchen Fehlern mit dem Ergebnis 0. Der Rückgabewert 0 könnte demnach einen Fehler anzeigen oder aber eine gemessene Temperatur von 0 – Ergebnis und Erfolg der Umwandlung sind vermischt.

> Ergebnis und Erfolg zu vermischen, erschwert das zuverlässige Erkennen von Fehlern.

Trennen durch Referenzparameter

In Quellcode 8.3 gibt `temperatureFromMsg()` Ergebnis und Erfolg *getrennt* zurück, die ermittelte Temperatur als Rückgabewert mit `return` und den Erfolg über den Referenzparameter `ok`.

> Referenzparameter sind eine Möglichkeit, um Ergebnis und Erfolg getrennt zurückzugeben.

Der Funktion muss man hierfür eine zusätzliche Variable für diesen Parameter übergeben. Tritt in `temperatureFromMsg()` ein Fehler auf, setzt sie den Parameter und damit die übergebene Variable auf `false`. Die ermittelte Temperatur und der Erfolg der Umwandlung lassen sich hierdurch getrennt – und damit zuverlässiger – auswerten (Quellcode 8.4).

```
bool ok = false; // Erfolg der Umwandlung

double temp = temperatureFromMsg(msg, ok);

if( ok )
{
   ... // Umwandlung erfolgreich
}
```

Quellcode 8.4 Referenzparameter für getrennte Auswertung des Erfolgs

Teilweise nutzt auch die C++-Standardbibliothek Referenzparameter, um Ergebnis und Erfolg zu trennen (z. B. bei `stoi()`). Allerdings geht dies mit zwei Nachteilen einher.

> Den Erfolg einer Operation durch Referenzparameter zu signalisieren, erhöht den Aufwand für das Aufrufen der Funktion oder Methode; außerdem lässt sich der erhaltene Wert *ignorieren*.

Objektorientierte Alternativen

Die C++-Standardbibliothek bietet mit `pair` und `tuple` Alternativen, um Ergebnis und Erfolg gemeinsam zurückzugeben (Abschn. 7.3.3). Quellcode 8.5 zeigt dies für `pair` anhand der Funktion `relChange()`. Das mit `make_pair()` erzeugte und zurückgegebene `pair`-Objekt enthält im Attribut `first` das berechnete Ergebnis, in `second` den Erfolg.

> Mit `pair` oder `tuple` lassen sich Ergebnis und Erfolg in einem Objekt kombinieren.

```cpp
#include <iostream>
#include <utility>

using namespace std;

pair<double,bool> relChange( double old_y, double new_y )
// Berechnet die relative Änderung von old_y zu new_y
// Liefert ein pair-Objekt aus Ergebnis und Erfolg
{
    if( old_y == 0.0 )
    {
        return make_pair(0.0, false);
    }

    return make_pair( ( new_y - old_y )/old_y, true );
}

int main()
{
```

8.1 Robustheit und Fehlerbehandlung

```cpp
    // Erprobt relChange() für verschiedene Werte
    for( double val : { 1.0, 2.0, 0.0 } )
    {
        auto res = relChange(val, 1.0);

        if( res.second )
        {
            cout << "relChange( " << val << ",1 )=" << res.first
                << endl;
        }
        else
        {
            cout <<"relChange(" << val << ",1) verursacht Fehler."
                << endl;
        }
    }

    return 0;
}
```

Quellcode 8.5 pair für getrennte Auswertung des Erfolgs (relchange.cpp)

▶ **Tipp** Auch eigene Klassen können hilfreich sein, um ein Ergebnis mit einem Fehlercode zu kombinieren.

8.1.7 Exceptions

In der ursprünglichen Funktion `temperatureFromMsg()` aus Quellcode 4.20 führen nichtnumerische Temperaturwerte zu einem Programmabbruch. Dessen Ursache ist die Funktion `stod()`; sie signalisiert Umwandlungsfehler durch sog. *Exceptions*.

Exceptions für die Fehlerbehandlung

Exceptions *signalisieren* Fehler und verlangen, diese kontrolliert zu *behandeln*.

Exceptions sind unabhängig von den Parametern und Rückgabewerten einer Funktion oder Methode. Kann die Funktion `stod()` eine übergebene Zeichenkette nicht umwandeln, erzeugt sie eine `invalid_argument`-Exception (Abb. 8.3).

Behandelt man eine Exception nicht, führt dies zum Abbruch des Programms. Im Gegensatz zu Rückgabewerten lässt sie sich *nicht* ignorieren.

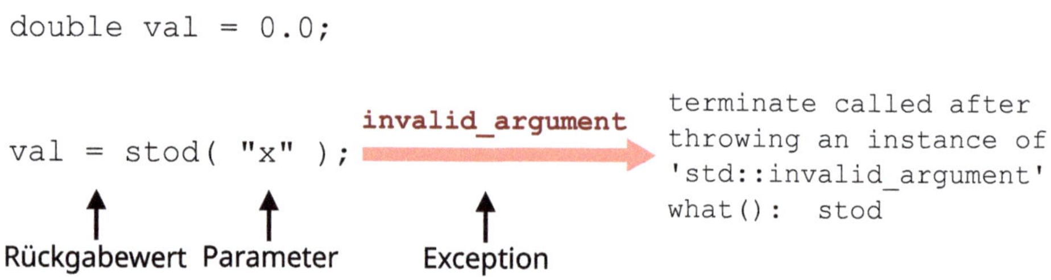

```
double val = 0.0;

val = stod( "x" );
```
invalid_argument →

```
terminate called after
throwing an instance of
'std::invalid_argument'
what():  stod
```

↑ Rückgabewert ↑ Parameter ↑ Exception

Abb. 8.3 Unbehandelte Exception bei stod()

Exceptions abfangen und behandeln

Im Gegensatz zu der ursprünglichen Version fängt Quellcode 8.3 die von `stod()` erzeugten Exceptions ab und behandelt sie. Das Vorgehen hierfür zeigt Abb. 8.4.

Kritischer Code, der zu Exceptions führen kann, steht in einem `try`-Block. Der nachfolgende `catch`-Block fängt Exceptions ab und behandelt sie.

```
                double val = 0.0;

Kritischer Code │ try
                │ {
                │     val = stod( "x" );        invalid_argument
                │ }
Fehler behandeln│ catch( const invalid_argument& e )
                │ {
                │     cerr << "Fehler" << endl;
                │ }
```

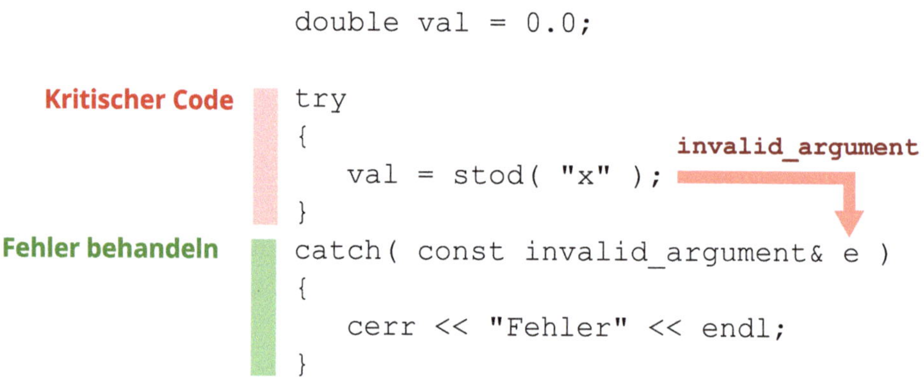

Abb. 8.4 Behandelte Exception bei stod()

Mit `try` und `catch` erkennt man nicht nur Umwandlungsfehler von `stod()` zuverlässig, sondern auch auftretende Fehler in vielen anderen Funktionen und Methoden.

Das Abfangen und Behandeln der Exceptions verhindert den Programmabbruch.

▶ **Tipp** Welche Exceptions eine Funktion oder Methode erzeugt, beschreiben die einschlägigen Referenzen wie (en.cppreference.com, 2024).

Vorteile von Exceptions
Exceptions werden teilweise kritisch gesehen, weil sie Nachteile für die Performance haben können. Dennoch verbessern sie die Fehlerbehandlung auf vielfältige Weise:

- Mit ihnen lassen sich Fehler unabhängig von Rückgabewerten signalisieren.
- Exceptions können zusätzliche Informationen transportieren, um Ursachen genauer einzugrenzen.
- Im Gegensatz zu Rückgabewerten und Parametern kann man Exceptions nicht ignorieren.
- Auch Konstruktoren können Exceptions erzeugen.

Exceptions für eigene Zwecke
Auch eigene Funktionen und Methoden können Exceptions nutzen, um Fehler zuverlässiger zu signalisieren.

> Auftretende Fehler lassen sich mit `throw` als Exceptions signalisieren.

Eine sinnvolle Erweiterung von Quellcode 8.3 besteht darin, die Fehler nicht mehr durch den Referenzparameter `ok` zu signalisieren, sondern durch Exceptions. Hierfür hat man die Wahl zwischen den vordefinierten Standard-Exceptions (`invalid_argument`, `system_error` usw.) oder eigenen Exception-Klassen.

8.2 Typumwandlungen

8.2.1 Die Vielfalt der Datentypen

C++ ist eine stark typisierte Sprache; jede Variable muss mit einem bestimmten Datentyp deklariert werden. Dieser Typ legt fest, welche Werte diese Variable annehmen kann und welche Operationen damit möglich sind (siehe Abschn. 3.1.2).

Primitive und benutzerdefinierte Typen
Die Grundlage bilden dabei die vordefinierten, sog. primitiven Datentypen. Sie lassen sich in Gruppen *verwandter Typen* unterteilen[1]:

---

[1] Eine Sonderstellung nimmt das bei Funktionen verbreitete void ein. Bei Variablen ist es hier jedoch unwichtig.

- Ganzzahlen (`int, long, unsigned int, size_t` usw.)
- Gleitkommazahlen (`double, float` usw.)
- Zeichen (`char, wchar_t` usw.)
- Wahrheitswerte (`bool`)
- Zeiger (`void*` usw.)

Durch `class, struct, enum` usw. lassen sich benutzerdefinierte Typen erstellen. Neben eigenen Klassen gehören zu ihnen die C++-Strings sowie viele weitere Klassen der C++-Standardbibliothek.

Das Aufeinandertreffen von Typen

Bei Berechnungen, Zuweisungen oder Vergleichen können Werte *unterschiedlicher* Datentypen aufeinandertreffen. Das Aufeinandertreffen in Quellcode 8.6 wirft bei genauer Betrachtung die folgenden Fragen auf:

- Wie multipliziert man eine Ganzzahl und eine Gleitkommazahl?
- Welchen Typ hat das Ergebnis der Multiplikation?
- Kann man das Ergebnis der Multiplikation einer vorzeichenlosen Ganzzahl zuweisen?

```
int    cnt  = 42;

double rate = 0.2;

size_t limit = cnt * rate;
```

Quellcode 8.6 Berechnungen und Zuweisungen zwischen verschiedenen Typen

Fehler durch unterschiedliche Datentypen

Tatsächlich ist die Beantwortung solcher Fragen nicht immer einfach. Selbst die numerischen Datentypen besitzen unterschiedliche Wertebereiche und Genauigkeiten. Zudem unterscheiden sich die Rechen- und Vergleichsoperationen der einzelnen Datentypen.

> Operationen zwischen verschiedenen Datentypen können zu Fehlern führen.

Notwendige Angleichung

An dieser Stelle ist der Compiler gefragt – er überwacht die Einhaltung der Typisierung. Treffen bei einer Operation Werte unterschiedlicher Datentypen aufeinander, müssen diese zu einem gemeinsamen Datentyp umgewandelt werden.

> Typumwandlungen stellen sicher, dass Operationen nur zwischen Werten *desselben Datentyps* erfolgen.

Implizite und explizite Typumwandlung
Was bedeutet das konkret? Multipliziert man in Quellcode 8.6 die Ganzzahl `cnt` mit der Gleitkommazahl `rate`, wandelt der Compiler automatisch den Wert von `cnt` in einen `double`-Wert um; der Quellcode bleibt dabei unverändert. Dies nennt man *implizite Typumwandlung* (Abschn. 8.2.2).

In manchen Fällen ist es jedoch notwendig, den Datentyp gezielt für eine Operation zu ändern. Eine solche *explizite Typumwandlung* (Abschn. 8.2.3) beschreibt man im Quellcode.

Kontrolle durch den Compiler
Der Compiler kennt die Datentypen aller Variablen und Parameter. Er prüft, ob Typumwandlungen zulässig sind und ob sie zu einem Datenverlust führen könnten. Je nach Einstellung zeigt er beispielsweise eine Warnung an, wenn man einer `int`-Variablen einen `double`-Wert zuweist, da `double` einen größeren Wertebereich hat. Einen Fehler würde der Compiler anzeigen, wenn der `int`-Variablen eine Zeichenkette zugewiesen wird.

> Unzulässige Typumwandlungen zeigt der Compiler als *Fehler* an, potenziell unsichere Umwandlungen führen meist zu *Warnungen*.

8.2.2 Implizite Typumwandlung

In Quellcode 8.6 wandelt der Compiler den `int`-Wert von `cnt` bei der Multiplikation mit dem `double`-Wert `rate` in einen `double`-Wert um. Welche Typen sich implizit umwandeln lassen, hängt von deren Eigenschaften ab.

Kleinere und größere Typen
Im Vergleich zu `double`-Variablen besitzen `int`-Variablen einen kleineren Wertebereich, erlauben keine Nachkommastellen und benötigen weniger Speicherplatz. Die erlaubten `int`-Werte sind eine Teilmenge der erlaubten `double`-Werte. Der Typ `double` wird deshalb als *größer* im Vergleich zu `int` angesehen.

Nutzt man `char` für ganze Zahlen, reicht dessen Wertebereich von -128 bis +127. Alle diese Werte sind auch in `int` enthalten. Dessen Werte wiederum sind allesamt in `double` enthalten (Abb. 8.5).

> Der Typ char ist kleiner als int, und int ist kleiner als double.

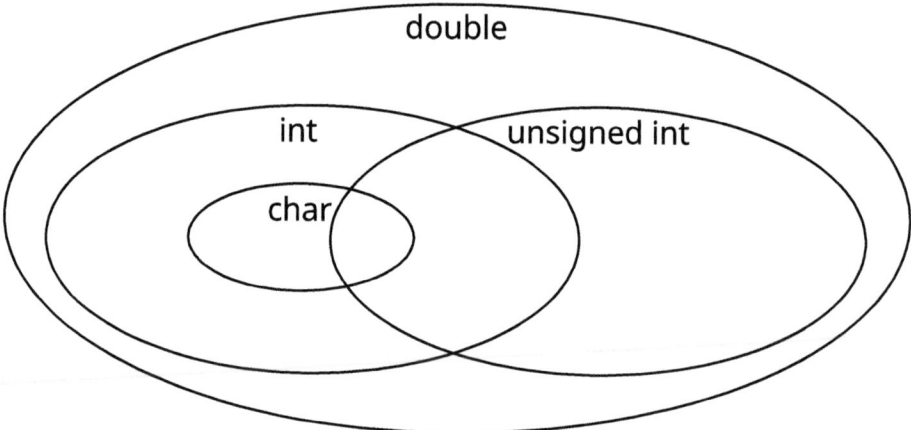

Abb. 8.5 Von kleineren zu größeren Datentypen

Implizit von kleineren zu größeren Typen
Bei der Multiplikation des kleineren Typen int mit dem größeren Typen double in Quellcode 8.6 wandelt der Compiler den int-Wert implizit in den größeren Typ double um. Damit vermeidet der Compiler Fehler durch inkompatible Wertebereiche.

> Die implizite Typumwandlung erfolgt von kleineren zu größeren Typen. Sie setzt voraus, dass die Werte des kleineren Typen vollständig durch den größeren Typen darstellbar sind.

Gemäß Abb. 8.5 lässt sich char implizit in int oder double umwandeln.[2] int dagegen nur in double, nicht aber in den kleineren Typen char

Mit und ohne Vorzeichen
Typen mit Vorzeichen (signed) erlauben auch negative Werte, während diese bei vorzeichenlosen Typen (unsigned) nicht erlaubt sind. Stattdessen reicht ihr positiver Wertebereich weiter.

---

[2] Auf viele weitere Typen wie short, float, long, long double usw. wird hier der Übersichtlichkeit halber verzichtet.

8.2 Typumwandlungen

> Der Compiler stuft die `signed`-Variante eines Typs als *kleiner*, die `unsigned`-Variante als *größer* ein. Die `signed`-Typen werden daher implizit zu `unsigned`-Typen umgewandelt.

Ein wenig überrascht dieses Vorgehen. Schließlich teilen sich `signed`- und `unsigned`-Variante eines Typs nur etwa die Hälfte ihrer Werte. Die Typumwandlung kann daher Fehler verursachen.

▶ **Tipp** Typumwandlungen zwischen `signed`- und `unsigned`-Typen sollte man immer sorgfältig prüfen, da sie leicht zu Fehlern führen können.

Literale in Ausdrücken

Der Compiler weist auch *Literalen* wie 42, 4.2, "test" oder "test"s einen Datentyp zu. Er würde 42 als `int`-Wert interpretieren, 4.2 dagegen als `double`-Wert. Der Compiler wandelt daher auch in Ausdrücken mit Literalen Typen implizit um. Deshalb führt er 4.2/cnt in Quellcode 8.7 als `double`-Division durch, 3/cnt jedoch als Division zweier Ganzzahlen, wodurch die Nachkommastellen entfallen (siehe Abschn. 3.1.4).

▶ **Tipp** Tückisch sind Ausdrücke wie 1/2, da eine `int`-Division berechnet wird, die in diesem Fall stets 0 ergibt. 1.0/2.0 oder 0.5 würde der Compiler jedoch als `double` behandeln.

```
int cnt = 2;

cout << 4.2 / cnt << endl;    // Ausgabe: 2.1

cout << 3 / cnt << endl;      // Ausgabe: 1

cout << 1/2 * cnt << endl;    // Ausgabe: 0

cout << 1/2 << endl;          // Ausgabe: 0
```

Quellcode 8.7 Arithmetische Ausdrücke mit Literalen

Wahrheitswerte

Für Wahrheitswerte eignet sich in C++ der Typ `bool`. Daneben gibt es wichtige implizite Umwandlungen von und zu ganzzahligen Typen.

> Zahlenwerte ungleich 0 werden als Wahrheitswert `true` interpretiert, die Zahl 0 als `false`.

Der Wert von `cnt` in Quellcode 8.8 wird aus diesem Grund in der `if`-Verzweigung als Wahrheitswert `true` interpretiert.

```
int cnt = 5;

if( cnt ) // ungleich 0, daher true
{
    ...
}
```

Quellcode 8.8 Interpretation ganzer Zahlen als Wahrheitswert

Aber auch die Umwandlung von Wahrheitswerten zu ganzen Zahlen ist möglich; Quellcode 8.9 zeigt dies anhand der Ausgabe von `true` und `false`.

> Der Wahrheitswert `true` wird als Ganzzahl 1 interpretiert, `false` als 0.

```
cout << true << endl;    // Ausgabe: 1
cout << false << endl;   // Ausgabe: 0
```

Quellcode 8.9 Interpretation von Wahrheitswerten als ganze Zahl

▶ **Tipp** Auch wenn sich `bool`-Werte als Zahl interpretieren lassen, sollte man sie nicht in arithmetischen Operationen (z. B. `is_ok*5+2`) verwenden.

Implizite Umwandlung von Klassen

Auch für Klassen ist die implizite Umwandlung möglich. Solche Fälle traten bereits mehrfach in den vorherigen Kapiteln auf. Quellcode 8.10 zeigt einige von ihnen. Möglich sind diese Umwandlungen jedoch nur, wenn die Klassen sie vorsehen.

> Implizite Umwandlungen sind bei Klassen möglich, wenn die Klasse geeignete *Konstruktoren* besitzt oder *Operatoren* für diese Umwandlung überladen sind.

```
// Umwandlung initializer_list zu vector
vector<int> v = { 4, 2, 6, 8, 14 };

// Umwandlung von C-String-Literal zu string-Objekt
string s = "Test";
```

```
// Umwandlung von ofstream nach Wahrheitswert
ofstream dest( "test.txt" );

if( !datei )
{
   ...
}
```

Quellcode 8.10 Beispiele der impliziten Umwandlung von Klassen

8.2.3 Explizite Typumwandlung

Der Compiler führt implizite Typumwandlungen automatisch durch, da sie in der Regel keine Fehler verursachen. *Explizite Typumwandlungen* muss man stattdessen gezielt durchführen. Quellcode 8.11 zeigt einen typischen Fall, in dem eine explizite Typumwandlung notwendig ist: Die Division x/y erfolgt zwischen zwei int-Werten und folgt daher den Rechenoperationen von int. Hierdurch werden die Nachkommastellen abgeschnitten. Wandelt man x und y zuvor explizit in double um, erfolgt die Division mit Nachkommastellen.

```
int x = 750;
int y = 1000;

double ratio = x / y;   // Ergebnis: 0.0

double ratio = double( x ) / double( y );   // Ergebnis: 0.75
```

Quellcode 8.11 Division als int und als double

Umwandlung durch Casting

> Explizite Typumwandlungen nutzen *Casting*. Hierfür stehen in C++ verschiedene Operatoren und Schreibweisen zur Verfügung.

In Quellcode 8.11 erfolgt die Typumwandlung mit double(x) bzw. double(y). Diese Schreibweise ist an Konstruktoren angelehnt, selbst wenn primitive Datentypen verwendet werden.

> Typen lassen sich in C++ mit der an Konstruktoren angelehnten Schreibweise Typ(Wert) umwandeln (*casten*).

> **Tipp** Casts von größeren zu kleineren Typen können zum Verlust von Werten oder Genauigkeit führen, was Folgefehler begünstigt. Daher sollte man sie nur in begründeten Fällen anwenden.

Spezialisierte Cast-Operatoren
Eine Alternative hierzu sind die spezialisierten Cast-Operatoren, die weitere Möglichkeiten bieten. Einer von ihnen ist `static_cast`.

> `static_cast<Typ>(Wert)` entspricht weitgehend der Schreibweise `Typ(Wert)`.

Statt `double(x)` hätte man in Quellcode 8.11 daher auch `static_cast<double>(x)` verwenden können. Die Cast-Operatoren lassen sich auf vielfältige Typen anwenden. Primitive Datentypen lassen sich damit sofort umwandeln. Klassen müssen jedoch Voraussetzungen erfüllen, um sie umwandeln zu können.

> Die Umwandlung von Klassen setzt auch mit `static_cast` entsprechende Konstruktoren bzw. Operatoren voraus.

Neben `static_cast` gibt es noch weitere Cast-Operatoren für Spezialfälle:

- `dynamic_cast` wird vor allem bei Polymorphie eingesetzt.
- `const_cast` erlaubt es, `const` zu entfernen oder hinzuzufügen.
- `reinterpret_cast` wandelt Bitmuster in einen anderen Datentyp um.

Veraltete C-Style-Casts
Aus C stammt die Schreibweise `(double)x` – der sog. *C-Style-Cast*. Dabei stellt man dem umzuwandelnden Ausdruck den geklammerten Zieldatentyp voran. Im Vergleich zu den in C++ üblichen Cast-Operatoren ist diese Schreibweise weniger sicher und kann schlechter lesbar sein. Allerdings findet man C-Style-Casts noch immer in vielen älteren Quellcodes.

> C-Style-Casts der Art `(Typ)Wert` gelten heute als veraltet und sollten nicht mehr verwendet werden.

Umwandlung von Zeichenketten
Häufig muss man Zeichenketten in numerische Werte umwandeln oder numerische Werte in Zeichenketten. Hierfür enthält die C++-Standardbibliothek Funktionen wie

8.3 Flexibilität und Wartbarkeit ...

`stoi()` oder `to_string()` (siehe Abschn. 4.2.11), noch vielseitiger sind Umwandlungen mit String-Streams (siehe Abschn. 6.5). Tab. 8.1 fasst die verschiedenen Möglichkeiten der Umwandlung zusammen; teilweise ermöglichen sie dem Compiler auch die implizite Typumwandlung.

Tab. 8.1 Umwandlung von Zeichenketten

Typ	Von `string` umwandeln	In `string` umwandeln
`int`	Funktion `stoi()` Lesen aus `istringstream`	Funktion `to_string()` Schreiben in `ostringstream`
`double`	Funktion `stod()` Lesen aus `istringstream`	Funktion `to_string()` Schreiben in `ostringstream`
C-String	`string`-Methode `c_str()`	Konstruktor der Klasse `string`
Andere Klassen	Konstruktor mit `string`-Parameter Lesen aus `istringstream` (mit überladenem `>>`-Operator)	Methode mit `string` als Rückgabewert Schreiben in `ostringstream` (mit überladenem `<<`-Operator)

8.3 Flexibilität und Wartbarkeit mit Templates

8.3.1 Beispiel: die Funktion between()

Häufig benötigt man Funktionen, die zwar dieselbe Logik verwenden, sich aber mit unterschiedlichen Datentypen verwenden lassen. Ein Beispiel ist die Funktion `between()` in Quellcode 8.12. Sie prüft, ob ein Wert zwischen einer unteren und einer oberen Grenze liegt. Da sie für die Typen `int`, `double` und `string` benötigt wird, gibt es drei Varianten von `between()`. Sieht man vom Typ der Parameter ab, sind sie alle vollkommen gleich aufgebaut. Diese unnötige Vervielfachung erhöht den Aufwand für die Pflege des Quellcodes.

```cpp
#include <iostream>

using namespace std;

bool between( int val, int minval, int maxval )
// Liefert true, wenn minval <= val <= maxval ist
{
    return minval <= val && val <= maxval;
}

bool between(double val, double minval, double maxval)
// Liefert true, wenn minval <= val <= maxval ist
```

```
{
    return minval <= val && val <= maxval;
}

bool between( const string& val,
              const string& minval,
              const string& maxval )
// Liefert true, wenn minval <= val <= maxval ist
{
    return minval <= val && val <= maxval;
}

int main()
{
    cout << between( 2, 0, 5 ) << endl;    // true
    cout << between( 2, 4, 7 ) << endl;    // false

    cout << between( 1.2, -0.5, 1.2 ) << endl;    // true
    cout << between( -0.5, 5.4, 6.1 ) << endl;    // false

    cout << between( "Carl", "Anna", "David" ) << endl;    // true
    cout << between( "Anna", "Ben", "Emma" ) << endl;    // false

    return 0;
}
```

Quellcode 8.12 between() für verschiedene Typen (between1.cpp)

Templates können die unnötige Wiederholung des Codes verhindern. Diesen Ansatz verfolgt Quellcode 8.13. Statt einzelner Funktionen für jeden Datentyp genügt ein sog. *Funktionstemplate*, das sich mit unterschiedlichen Datentypen verwenden lässt. Das Hauptprogramm zeigt, wie sich dieses Template mit oder ohne Angabe des Datentyps aufrufen lässt.

```
#include <iostream>

using namespace std;

template< typename T>
bool between( const T& val, const T& minval, const T& maxval )
// Liefert true, wenn minval <= val <= maxval ist
{
    return minval <= val && val <= maxval;
}
```

8.3 Flexibilität und Wartbarkeit …

```cpp
int main()
{
    // Aufruf mit Template-Parameter
    cout << between<int>( 2, 0, 5 ) << endl;    // true
    cout << between<int>( 2, 4, 7 ) << endl;    // false

    cout << between<double>( 1.2, -0.5, 1.2 ) << endl;  // true
    cout << between<double>( -0.5, 5.4, 6.1 ) << endl;  // false

    cout << between<string>( "Carl", "Anna", "David" ) << endl; // true
    cout << between<string>( "Anna", "Ben", "Emma" ) << endl;   // false

    // Aufruf ohne Template-Parameter
    cout << between( 2, 0, 5 ) << endl;     // true
    cout << between( 1.2, -0.5, 1.2 ) << endl;  // true
    cout << between( "Carl"s, "Anna"s, "David"s ) << endl;  // true

    return 0;
}
```

Quellcode 8.13 Funktionstemplate between() (between2.cpp)

8.3.2 Templates anlegen und verwenden

Templates sind ein wichtiges Werkzeug in C++, auf ihnen basieren große Teile der C++-Standardbibliothek. Durch Templates lassen sich Funktionen und Klassen für unterschiedliche Datentypen nutzen. Die Schreibweise mit <…> ist ein typisches Erkennungszeichen solcher Templates.

Generisches Programmieren mit Templates

> Mit *Templates* lässt sich flexibler Code schreiben, der mit verschiedenen Datentypen funktioniert – man nennt dies generisches Programmieren.

Man unterscheidet vor allem zwei Arten von Templates:

1. *Funktionstemplates* wie `between()` in Quellcode 8.13
2. *Klassentemplates* wie die Container `vector`, `map` usw. aus Kap. 7

Die C++-Standardbibliothek enthält zahlreiche Funktions- und Klassentemplates; sie lassen sich aber wie in Quellcode 8.13 auch selbst erstellen.

Funktionstemplates anlegen

> *Funktionstemplates* erlauben es, eine Funktion für unterschiedliche Datentypen zu nutzen.

Im Wesentlichen ist das Funktionstemplate wie eine gewöhnliche Funktion aufgebaut. Quellcode 8.13 zeigt die notwendigen Schritte, um eine Funktion zu einem Funktionstemplate zu machen.

> Das Schlüsselwort `template` leitet ein Template ein. In spitzen Klammern < > folgen die sog. Templateparameter.

Templateparameter sind Platzhalter; sie stehen jeweils für einen Datentyp bzw. einen Klassennamen. Das Template `between()` besitzt den Templateparameter `typename T`. Der Parameter `T` wird in `between()` als Typ für die Parameter `val`, `minval` und `maxval` verwendet. Er ließe sich aber auch als Typ des Rückgabewerts nutzen oder für lokale Variablen.

Funktionstemplates verwenden

Quellcode 8.13 zeigt, dass sich Funktionstemplates beinahe wie gewöhnliche Funktionen nutzen lassen. Sie werden anhand ihres Namens aufgerufen, können Parameter erhalten und liefern einen Rückgabewert. Den einzigen Unterschied bildet das Festlegen der Templateparameter.

> Nach dem Namen des Funktionstemplates kann man zwischen < > den benötigten Typ als Parameter festlegen.

Der Aufruf `between<int>( 2, 0, 5 )` bedeutet somit, dass das Template `between()` für `int`-Werte verwendet werden soll. Die Beispiele in Quellcode 8.13 zeigen aber auch, dass man unter Umständen auf die Templateparameter verzichten kann.

Verzicht auf Parameter

> Kann der Compiler anhand des Aufrufs *eindeutig* erkennen, welcher Typ als Templateparameter benötigt wird, muss man ihn nicht in < > angeben.

Ermittelt der Compiler den benötigten Typ selbst, nennt man dies *Type Deduction*. Diese kann aber auch scheitern, beispielsweise wäre der benötigte Typ bei `between(2, 0.1, 5.0)` unklar.

Tücken von String-Literalen
Übergibt man dem Template Zeichenketten als Literale, kann das zu überraschenden Effekten führen: Das Literal `"..."` erkennt der Compiler als C-String, `"..."s` dagegen als C++-String (siehe Abschn. 4.2.13). Mit einem C-String ließe sich das `between()`-Template aber nicht verwenden.

Übergibt man C++-String-Literale, wählt der Compiler `string` als Templateparameter. Man könnte aber auch explizit `string` als Templateparameter festlegen und C-Strings übergeben.

Klassentemplates
Klassentemplates erzeugt man ebenfalls mit vorangestelltem `template` und den benötigten Templateparametern. Die bei Klassen sonst übliche Aufteilung in Header- und Quellcodedatei (siehe Abschn. 5.6) gestaltet sich bei Klassentemplates äußerst umständlich, weshalb man darauf verzichtet.

> Bei Klassentemplates nutzt man die *Inline-Definition* von Methoden und fasst Header- und Quellcodedatei zusammen.

Diese Inline-Definition vermischt Schnittstelle und Implementierung der Klasse, was aus Sicht der Objektorientierung ungünstig ist.

Nutzen lassen sich Klassentemplates, indem man wie bei `vector<int>` die benötigten Templateparameter in `< >` übergibt. Hierdurch wird aus dem Klassentemplate eine Klasse.

8.3.3 Vor- und Nachteile

Templates helfen nicht in jedem Fall. Nützlich sind sie meist dann, wenn es mehrere Varianten von Klassen oder Funktionen gibt, die sich nur in den verwendeten Datentypen unterscheiden.

Weniger Pflegeaufwand

> Templates fassen mehrere Varianten zusammen. Sie reduzieren hierdurch den Umfang des Quellcodes und den Aufwand für seine Pflege.

Diesen Unterschied erkennt man deutlich, wenn man Quellcode 8.12 und Quellcode 8.13 vergleicht. Die verschiedenen Varianten von `between()` vervielfachen den Quellcode unnötig; die einzelnen Varianten stimmen weitgehend überein und müssen jeweils gepflegt werden. Mit Templates reduziert sich dies auf die Pflege des Funktionstemplates.

Längere Übersetzung und erschwerte Fehlersuche
Templates sind nützlich, bringen aber auch Nachteile mit sich:

- Der Übersetzungsprozess kann länger dauern, da Templates zur Compile-Zeit aufgelöst und verarbeitet werden.
- Die ausführbare Datei wird größer, da jede benötigte Variante des Templates in Form von Maschinencode angelegt werden muss.
- Klassentemplates mit Inline-Definition trennen den Quellcode nicht in Schnittstelle und Implementierung.
- Oft sind die Fehlermeldungen bei Templates schwerer zu verstehen.

> Die Vorteile von Templates überwiegen deren Nachteile. Man sollte sich dieser Nachteile jedoch bewusst sein.

8.4 Reguläre Ausdrücke

8.4.1 Hintergrund

Einen Suchbegriff innerhalb einer Zeichenkette zu suchen, ist eine häufig anzutreffende Aufgabe. Beispielsweise würde `zeile.find("Test")` die Position des ersten Vorkommens von `Test` innerhalb der Zeichenkette `zeile` liefern (siehe Abschn. 4.2.10). Das ist schnell, verlangt aber, dass der Suchbegriff *exakt* so geschrieben ist. Sucht man aber beispielsweise alle Zahlen oder E-Mail-Adressen in einem Text, benötigt man andere Ansätze. Hier helfen die sog. *regulären Ausdrücke* (RegEx). Sie sind äußerst verbreitet in der Informatik.

Muster von Zeichenketten

> Reguläre Ausdrücke beschreiben Muster von Zeichen, um den Aufbau einer Zeichenkette zu *prüfen* oder sie nach diesem Muster zu *durchsuchen*.

Reguläre Ausdrücke verwenden besondere Zeichen, um derartige Muster zu beschreiben. Tab. 8.2 zeigt einige dieser Bausteine regulärer Ausdrücke.

8.4 Reguläre Ausdrücke

Tab. 8.2 Bausteine regulärer Ausdrücke

Baustein	Beispiele
Zeichenliteral	T (das Zeichen T) Test (das Wort Test)
Besondere Zeichen	^ (Anfang) $ (Ende) . (ein beliebiges Zeichen) \ (Codierung von Sonderzeichen, z. B. \.)
Quantifizierer	* (0 oder mehr Wiederholungen) +(1 oder mehr Wiederholungen) ? (0 oder 1 Wiederholung) {n,m} (n bis m Wiederholungen)
Gruppierung	(abc) (Gruppierung der Zeichen abc als eine Einheit)
Alternative	| (Auswahl zwischen zwei Schreibweisen)
Zeichenklasse	[abc] (eines der Zeichen a, b oder c) [^abc] (alle Zeichen außer a, b und c) [a-z] (alle Kleinbuchstaben von a bis z) \d (alle Ziffern 0 bis 9) \w (die Zeichen a bis z, A bis Z, 0 bis 9 und _) \s (Leerzeichen, Tabulator, Zeilenumbruch)

▶ **Tipp** Je nach Programmiersprache kann die Schreibweise dieser Bausteine variieren.

Umgang mit vielfältigen Schreibweisen

Aus den gezeigten Bausteinen lassen sich einfache reguläre Ausdrücke wie Test erstellen, mit denen sich die Zeichenkette Test in exakt dieser Schreibweise suchen lässt.

Die Beispiele in Tab. 8.3 zeigen, wie sich auch unscharf suchen lässt. So ist M..er immer dann erfüllt, wenn auf ein großes M zwei beliebige Zeichen und dann die Zeichen er folgen. Man würde damit unter anderem die Namen Maier, Meier oder Meyer finden.

Das zweite Beispiel verlangt, dass auf einen der Großbuchstaben A, B oder C drei Ziffern folgen. Das dritte Beispiel wiederum eignet sich, um Paare von < und > zu finden, die mindestens ein anderes Zeichen außer > enthalten.

Tab. 8.3 Beispiele regulärer Ausdrücke

Beispiel	Erfüllt	Nicht erfüllt
M..er	Maier Meier Meyer	Müller Meer Hintermeier
[ABC]\d{3}	A123 B042	D213 C21
<[^>]+>	\<html\> \<div id="content"\>	\<\> \<name

Verständlichkeit als Herausforderung
Reguläre Ausdrücke können schnell unübersichtlich werden; selbsterklärend sind Ausdrücke wie `<([a-zA-Z][a-zA-Z0-9-]*)(\s+[a-zA-Z_:][a-zA-Z0-9_.:-]*="[^"]*")*\s*/?>` nicht. Dies kann leicht zu Fehlern führen. Vorsicht ist außerdem geboten, weil unterschiedliche Schreibweisen regulärer Ausdrücke existieren.

> **Tipp** Reguläre Ausdrücke sind manchmal schwer zu verstehen, in solchen Fällen gibt es Webseiten wie regex101.com oder KI-Werkzeuge, die reguläre Ausdrücke erklären können und dabei helfen, Fehler zu beseitigen.

8.4.2 Beispiel: Gültigkeit von E-Mail-Adressen

Reguläre Ausdrücke lassen sich verwenden, um die Gültigkeit von E-Mail-Adressen zu prüfen. Die Funktion `isValidEmail ()` in Quellcode 8.14 übernimmt dies. Sie prüft allerdings nur den Aufbau der E-Mail-Adresse; sie prüft *nicht*, ob diese Adresse tatsächlich erreichbar ist.

```cpp
#include <iostream>
#include <regex>
#include <string>

using namespace std;

bool isValidEmail(const string& email)
// Prüft, ob die übergebene E-Mail-Adresse korrekt aufgebaut ist.
// Ob die Adresse tatsächlich funktioniert, wird nicht geprüft.
{
    // RegEx für den den Aufbau <User>@<Domain>.<TLD>
    // (z. B. anna.mueller@company.com)
    const regex emailRegex(
        R"((^[a-zA-Z0-9_.+-]+@[a-zA-Z0-9-]+\.[a-zA-Z0-9-.]+$))" );

    return regex_match(email, emailRegex);
}

int main()
{
    // Zu prüfende E-Mail-Adresse einlesen
    string email;
```

8.4 Reguläre Ausdrücke

```
    cout << "Geben Sie eine E-Mail-Adresse ein: ";
    getline(cin, email);

    // E-Mail-Adresse prüfen
    if (isValidEmail(email))
    {
        cout << "Die E-Mail-Adresse ist gültig.\n";
    }
else
    {
        cout << "Die E-Mail-Adresse ist ungültig.\n";
    }

    return 0;
}
```

Quellcode 8.14 Prüfen von E-Mail-Adressen (email1.cpp)

Für jede eingegebene E-Mail-Adresse gibt das Programm aus, ob die E-Mail-Adresse gültig ist oder nicht. Die ersten beiden Adressen werden als gültig erkannt; bei der dritten Adresse fehlt die sog. Top-Level-Domain, weshalb sie ungültig ist (Abb. 8.6).

```
> email1
Geben Sie eine E-Mail-Adresse ein: anna.mueller@mycompany.de
Die E-Mail-Adresse ist gültig.
> email1
Geben Sie eine E-Mail-Adresse ein: anna@team.mycompany.de
Die E-Mail-Adresse ist gültig.
> email1
Geben Sie eine E-Mail-Adresse ein: anna.mueller@mycompany
Die E-Mail-Adresse ist ungültig.
>
```

Abb. 8.6 Ausgabe der E-Mail-Prüfung

8.4.3 Reguläre Ausdrücke erzeugen

Seit dem Standard C++11 unterstützt C++ mit dem Header `regex` reguläre Ausdrücke; deshalb bindet Quellcode 8.14 `regex` ein.

> `#include <regex>` ist notwendig, um reguläre Ausdrücke in C++ anlegen und anwenden zu können.

Reguläre Ausdrücke anlegen
Bevor man reguläre Ausdrücke für das Suchen oder Prüfen anwenden kann, muss man diese regulären Ausdrücke anlegen.

> Mit der Klasse `regex` lassen sich reguläre Ausdrücke anlegen.

In Quellcode 8.14 repräsentiert das konstante Objekt `emailRegex` einen regulären Ausdruck, mit dem man die Gültigkeit von E-Mail-Adressen prüfen kann.

Gültigkeit von E-Mail-Adressen
Der reguläre Ausdruck `((^[a-zA-Z0-9_.+-]+@[a-zA-Z0-9-]+\.[a-zA-Z0-9-.]+$))` beschreibt den Aufbau einer gültigen E-Mail-Adresse:

- Die besonderen Zeichen `^` und `$` kennzeichnen den Anfang und das Ende der E-Mail-Adresse.
- Vor `@` muss mindestens ein Zeichen stehen; hier dürfen Klein- und Großbuchstaben, Ziffern sowie Unterstrich, Punkt, Plus und Bindestrich auftreten (`[a-zA-Z0-9_.+-]+`).
- Nach `@` müssen mindestens zwei mit Punkt (`\.`) getrennte Zeichenketten aus Klein- und Großbuchstaben sowie Ziffern oder Bindestrich folgen.

Raw-String-Literale
Reguläre Ausdrücke können Zeichen erfordern, die im C++-Quellcode normalerweise mit Escape-Sequenzen (siehe Abschn. 3.4.4) codiert werden müssen. Beispielsweise müsste man statt `\d` im Quellcode `\\d` verwenden, da der Schrägstrich mit der Escape-Sequenz `\\` codiert werden muss. Bei regulären Ausdrücken kann dies leicht übersehen werden, was zu Fehlern führt. Deshalb verwendet man für reguläre Ausdrücke meist sog. *Raw-String-Literale*.

> Das Präfix `R` vor einem String-Literal kennzeichnet dieses als *Raw-String-Literal*. Zeichen innerhalb von `R"..."` müssen *nicht* als Escape-Sequenzen codiert werden.

In Quellcode 8.14 wird der reguläre Ausdruck als Raw-String-Literal innerhalb von `R"..."` angelegt; der in der E-Mail-Adresse notwendige Punkt wird daher mit `\.` angegeben, wie dies für reguläre Ausdrücke üblich ist. Wegen des Raw-String-Literals muss man ihn nicht mit `\\.` codieren.

8.4.4 Reguläre Ausdrücke anwenden

Reguläre Ausdrücke wendet man auf Zeichenketten an. Der Header `regex` stellt hierfür Algorithmen und Iteratoren zur Verfügung, aber auch Möglichkeiten, deren Verhalten zu steuern und Fehler zu erkennen.

Prüfen von Zeichenketten

Quellcode 8.14 soll prüfen, ob der Aufbau der E-Mail-Adresse `email` zu dem regulären Ausdruck `regexEmail` passt. Hierfür stellt der Header `regex` den Algorithmus `regex_match()` zur Verfügung.

> `regex_match()` *prüft*, ob eine Zeichenkette zu einem regulären Ausdruck passt und liefert in diesem Fall `true`.

Ist die E-Mail-Adresse in Quellcode 8.14 gültig, liefert `regex_match(email, emailRegex)` als Rückgabewert `true`, sonst `false`.

Weitere Möglichkeiten

Neben `regex_match()` für das Prüfen von Zeichenketten enthält der Header `regex` zwei weitere nützliche Algorithmen; in Quellcode 8.14 sind diese jedoch nicht notwendig.

> `regex_search()` *durchsucht* eine Zeichenkette anhand eines regulären Ausdrucks.

Das funktioniert nicht nur mit einzelnen Treffern, sondern auch mit mehreren Treffern. Diese lassen sich mit Iteratoren durchlaufen (siehe Abschn. 7.2.5).

Möchte man nicht nur suchen, sondern diese Treffer durch andere Zeichenketten ersetzen, hilft `regex_replace()`.

> `regex_replace()` *ersetzt* die zu einem regulären Ausdruck passenden Teile einer Zeichenkette durch andere Zeichenketten.

8.5 Zufallszahlen

8.5.1 Hintergrund

Wirft man einen fairen Würfel, weiß man nicht, welche Zahl als Nächstes kommt. Man weiß lediglich, dass jede der Zahlen 1 bis 6 gleich wahrscheinlich ist. Der Würfel beschreibt anschaulich, was eine *Zufallszahl* auszeichnet: Sie entsteht aus einem zufälligen Prozess, der die nächste auftretende Zahl ohne Muster und nicht vorhersehbar erzeugt. Die zugrundeliegende Wahrscheinlichkeitsverteilung beschreibt, mit welcher Wahrscheinlichkeit bestimmte Zahlen auftreten.

Vielfältige Anwendungen
Zufallszahlen benötigt man auch bei der Programmierung. Typische Anwendungen hierfür sind unter anderem:

- Das Erzeugen von Bewegungen oder Landschaften in Computerspielen
- Simulationen natürlicher oder technischer Prozesse
- Das Erzeugen von Testdaten
- Das Erzeugen zufälliger Passwörter
- Das zufällige Durchmischen von Daten

Berechnen von Pseudozufallszahlen
Computer arbeiten deterministisch anhand von Algorithmen; dies schließt Zufälligkeit aus. Stattdessen nutzt man als Annäherung sog. *Pseudozufallszahlen*.

> Pseudozufallszahlen werden anhand vorheriger Werte *berechnet*. Den Anfang bildet der sog. *Seed-Wert*.

Die Berechnung übernimmt ein sog. *Pseudozufallszahlengenerator* (PRNG). Er wird mit dem Seed-Wert initialisiert und liefert bei jedem Aufruf anhand der hinterlegten Berechnungsformel die nächste Pseudozufallszahl.

> Mit demselben Seed-Wert ergibt sich immer dieselbe Folge von Pseudozufallszahlen. Wählt man stets einen anderen Seed-Wert, wirken die ermittelten Zahlen zufällig.

Echte Zufallszahlen

> Pseudozufallszahlen *wiederholen* sich nach einiger Zeit, daher reichen sie in manchen Anwendungen nicht aus.

In solchen Fällen benötigt man echte Zufallszahlen. Sie lassen sich durch das Rauschen elektronischer Geräte erzeugen oder durch zufällige Bewegungen eines menschlichen Benutzers.

8.5.2 Beispiel: Würfel

Pseudozufallszahlen lassen sich nutzen, um einen Würfel zu simulieren. Quellcode 8.15 beschränkt sich darauf, einen Wurf zu simulieren und zeigt das Ergebnis auf dem Bildschirm an.

```
#include <iostream>
#include <random>

using namespace std;

int main()
{
    // Seed für Generator erzeugen
    random_device seed;

    // Mersenne-Twister Generator anlegen
    mt19937 randgen( seed() );

    // Gleichförmig verteilte Ganzzahl von 1 bis 6 (Würfel)
    uniform_int_distribution<> uniform(1, 6);

    // Würfeln
    cout << uniform( randgen ) << endl;

    return 0;
}
```

Quellcode 8.15 Würfelprogramm (dice.cpp)

Ruft man das Würfelprogramm auf, zeigt es die ermittelte Zufallszahl an (Abb. 8.7).

```
> dice
4
>
```

Abb. 8.7 Ausgabe des Würfelprogramms

8.5.3 Der Header random

Der C++-Standard C++11 führte den Header `random` für das Erzeugen von Zufallszahlen ein.

> Mit `#include <random>` lassen sich (Pseudo-)Zufallszahlen basierend auf unterschiedlichen Wahrscheinlichkeitsverteilungen erzeugen.

Der Header `random` stellt mehrere Generatoren bereit, die Pseudozufallszahlen auf unterschiedliche Weise berechnen. Er unterstützt mehrere Wahrscheinlichkeitsverteilungen, z. B. für gleich- oder normalverteilte Zufallszahlen.

▶ **Tipp** Früher wurde für Zufallszahlen `rand()` aus dem Header `cstdlib` verwendet. Dieses gilt heute als veraltet, da die Qualität der Pseudozufallszahlen schlechter ist.

8.5.4 Gleichverteilte Zufallszahlen

Quellcode 8.15 soll einen Würfel simulieren; daher muss er *gleichverteilte*, ganzzahlige Zufallszahlen von 1 bis 6 liefern. Dies erfolgt in mehreren Schritten.

Ermitteln des Seed-Wertes
Verwendet man bei jedem Aufruf des Programms denselben Seed-Wert, liefert das Programm stets dieselbe Zufallszahl – der Würfel wäre vorhersehbar. Um jeweils einen anderen Seed-Wert zu erhalten, verwendet man `random_device`.

> Objekte der Klasse `random_device` erzeugen zufällige Seed-Werte.

Quellcode 8.15 erzeugt mit `random_device seed;` zunächst ein solches Objekt. Dieses (Funktions-)Objekt lässt sich wie eine Funktion verwenden und erzeugt im nächsten Schritt mit `seed()` einen zufälligen Seed-Wert.

Anlegen des Zufallszahlengenerators
Es gibt verschiedene Algorithmen, um Pseudozufallszahlen zu berechnen. Der Header `random` stellt mehrere Generatoren für Zufallszahlen zur Verfügung, die diese Algorithmen umsetzen.

8.5 Zufallszahlen

> Gut eignet sich meist der Generator `mt19937`, der den sog. *Mersenne-Twister-Algorithmus* verwendet.

Alle Generatoren stehen als Klassen zur Verfügung. Um Zufallszahlen zu erzeugen, muss man ein Objekt der jeweiligen Generatorklasse anlegen.

> Das Generatorobjekt wird mit einem *Seed-Wert* angelegt, den das zuvor erstellte `random_device`-Objekt liefert.

In Quellcode 8.15 erzeugt `mt19937 randgen(seed());` den gewünschten Generator mit dem zufälligen Seed-Wert, den das `random_device`-Objekt `seed` liefert. Dieser Generator wird anschließend verwendet, um die nächste Zufallszahl gemäß der gewünschten Wahrscheinlichkeitsverteilung zu erzeugen.

Festlegen der Wahrscheinlichkeitsverteilung

Der Würfel soll fair sein und die Zahlen von 1 bis 6 jeweils mit derselben Wahrscheinlichkeit liefern. Die möglichen Zahlen sind daher *gleichverteilt*.

> *Gleichverteilte Ganzzahlen* aus einem festgelegten Intervall erhält man mit der Verteilungsklasse `uniform_int_distribution`.

In Quellcode 8.15 erzeugt `uniform_int_distribution<> uniform(1, 6);` die notwendige Wahrscheinlichkeitsverteilung – eine Gleichverteilung der Ganzzahlen von 1 bis 6.[3]

Ermitteln der Zufallszahl

> Das Objekt der Verteilungsklasse lässt sich wie eine Funktion aufrufen. Ihr wird das zuvor erzeugte Generatorobjekt übergeben. Der Rückgabewert ist die nächste Zufallszahl.

In Quellcode 8.15 ist `randgen` das Generatorobjekt und `uniform` die zuvor angelegte Wahrscheinlichkeitsverteilung. `uniform(randgen)` liefert daher bei jedem Aufruf eine der sechs möglichen Zahlen, wobei sie alle gleich wahrscheinlich sind.

---

[3] Mit `uniform_real_distribution` lassen sich auch gleichverteilte Dezimalzahlen erzeugen.

Auf diese Weise lassen sich auch mehrere Zufallszahlen nacheinander erzeugen, beispielsweise mit einer `for`-Schleife wie in Quellcode 8.16.

```
// 20 Zufallszahlen ausgeben
for(int i = 0; i < 20; i++)
{
   cout << uniform(randgen) << endl;
}
```

Quellcode 8.16 Mehrfaches Würfeln

Vorhersehbare Zufallszahlen

> Erzeugt der Zufallszahlengenerator stets dieselben Zufallszahlen in derselben Reihenfolge, liegt dies vermutlich daran, dass der Generator mit *demselben* Seed-Wert erzeugt wurde.

Normalerweise sollte `random_device` stets einen neuen Seed-Wert liefern. Tatsächlich kann es je nach Plattform und Compiler passieren, dass der erzeugte Seed-Wert beim erneuten Aufruf derselbe ist. In diesem Fall sind die Zufallszahlen *vorhersehbar*.

> Liefert `random_device` denselben Seed-Wert, kann man stattdessen *zeitbasierte* Seed-Werte verwenden.

Das Vorgehen hierfür zeigt Quellcode 8.17: Mit dem Header `chrono` (siehe Abschn. 8.6) lässt sich die *aktuelle Systemzeit* als fortlaufende Ganzzahl abrufen. Sie dient als zeitbasierter Seed; dieser unterscheidet sich bei jedem erneuten Aufruf.

```
#include <iostream>
#include <random>
#include <chrono>

using namespace std;

int main()
{
   // Mersenne-Twister Generator anlegen
   unsigned seed = chrono::system_clock::now().time_since_epoch().count();
   mt19937 randgen(seed);
```

8.5 Zufallszahlen

```
    // Gleichförmig verteilte Ganzzahl von 1 bis 6 (Würfel)
    uniform_int_distribution<> uniform(1, 6);

    // Würfeln
    cout << uniform(randgen) << endl;

    return 0;
}
```

Quellcode 8.17 Würfeln mit zeitbasiertem Seed-Wert (dicetime.cpp)

8.5.5 Beispiel: Rauschgenerator

Besonders in technischen Anwendungen benötigt man gelegentlich Rauschsignale mit vorgegebener Verteilung. Ein Programm würde sie aus zufälligen Werten erzeugen, die um den Erwartungswert 0 mit der festgelegten Standardabweichung streuen.

Diese Aufgabe übernimmt Quellcode 8.18 und schreibt das erzeugte Rauschsignal in eine Textdatei. Den Dateipfad, die Anzahl der Werte und die Standardabweichung kann der Benutzer eingeben.

```cpp
#include <iostream>
#include <string>
#include <fstream>
#include <random>

using namespace std;

int main()
{
    // Name der Zieldatei einlesen
    string dest_filename;

    cout << "Zieldatei: ";
    getline(cin, dest_filename );

    // Zieldatei zum Schreiben öffnen
    ofstream dest( dest_filename );

    if( !dest )
    {
        cerr << "Zieldatei " << dest_filename
             << " nicht bereit." << endl;
        return -1;
    }
```

```
    // Anzahl einlesen
    int nr_values = 0;
    cout << "Anzahl: ";
    cin >> nr_values;

    // Standardabweichung einlesen
    double stddev = 0.0;
    cout << "Standardabweichung: ";
    cin >> stddev;

    // Seed für Generator erzeugen
    random_device seed;

    // Mersenne-Twister Generator anlegen
    mt19937 randgen( seed() );

    // Normalverteilte Zufallszahlen mit Mittelwert 0 und
    // eingegebener Standardabweichung erzeugen
    normal_distribution<> normal( 0.0, stddev );

    // Zufallszahlen in Datei schreiben
    for( int i = 0; i < nr_values; i++ )
    {
        dest << normal( randgen ) << endl;
    }

    return 0;
}
```

Quellcode 8.18 Generator für normalverteilte Zufallszahlen (noise.cpp)

Nach dem Starten gibt der Benutzer die notwendigen Werte ein (Abb. 8.8). Die erzeugten Zufallszahlen schreibt das Programm zeilenweise in die angegebene Datei. Den Anfang dieser Datei zeigt Abb. 8.9.

```
> noise
Zieldatei: noise.dat
Anzahl: 1000
Standardabweichung: 1.0
>
```

Abb. 8.8 Bildschirmausgabe des Rauschgenerators

```
0.414089
0.225568
0.413464
2.53933
1.46929
0.145927
-0.218056
-0.545812
-0.432501
0.077222
```

Abb. 8.9 Anfang der erzeugten noise.dat

8.5.6 Normalverteilte Zufallszahlen

Quellcode 8.18 zeigt deutlich, dass sich das Erzeugen normalverteilter Zufallszahlen nur wenig von den zuvor betrachteten, gleichverteilten Zufallszahlen unterscheidet: Das Erzeugen des Seed-Werts und das Anlegen des Generators stimmen überein. Auch das Festlegen der Verteilung und das Ermitteln der Zufallszahl ähnelt sich sehr.

Festlegen der Normalverteilung

> *Normalverteilte* Zufallszahlen lassen sich mit der Verteilungsklasse `normal_distribution` erzeugen. Dem Konstruktor übergibt man hierfür deren Erwartungswert und Standardabweichung.

In Quellcode 8.18 erzeugt `normal_distribution<> normal(0.0, stddev);` eine Normalverteilung mit Erwartungswert 0 und der eingegebenen Standardabweichung `stddev`. Die ermittelten Werten streuen damit um 0, und zwar umso stärker, je größer `stddev` gewählt wird.

> Wie bei der Gleichverteilung übergibt man dem Objekt der Verteilungsklasse das zuvor erzeugte Generatorobjekt, um die nächste Zufallszahl zu ermitteln.

Quellcode 8.18 ruft die zuvor erzeugte Wahrscheinlichkeitsverteilung `normal` mehrmals nacheinander mit dem Generatorobjekt `randgen` auf und ermittelt auf diese Weise die normalverteilten Zufallszahlen. Das Programm schreibt diese Werte in die Zieldatei.

Weitere Wahrscheinlichkeitsverteilungen

Der Header stellt zahlreiche Wahrscheinlichkeitsverteilungen bereit, zum Beispiel Bernoulli-, Binomial-, Poisson- oder Exponential-Verteilungen.

> Das anhand der gleich- und normalverteilten Zufallszahlen gezeigte Vorgehen lässt sich auf die übrigen Wahrscheinlichkeitsverteilungen anwenden.

8.6 Laufzeiten messen

8.6.1 Beispiel: Laufzeit einer Funktion messen

Immer wieder steht man vor dem Problem, dass ein Programm zu lange für die Ausführung benötigt und man diese Laufzeit verkürzen muss. Hierzu muss man die Laufzeit des Programms oder seine Teile messen, um den Nutzen von Optimierungen oder den Einfluss von Parametern zu untersuchen. Quellcode 8.19 verwendet für diese Messungen die Systemzeit. Die zu messende Funktion `longrunning_function()` besteht hier lediglich aus einer Schleife mit vielen Wiederholungen – sie steht stellvertretend für eine zeitaufwendige Berechnung.

```cpp
#include <iostream>
#include <chrono>

using namespace std;

void longrunning_function()
// Eine lang laufende Funktion
{
    for( int i = 0; i < 10000000; i++ );
}

int main()
{
    // Startzeitpunkt ermitteln
    auto start = chrono::high_resolution_clock::now();

    // --- Zu messender Abschnitt
    longrunning_function();
    // ---

    // Endzeitpunkt ermitteln
    auto stop = chrono::high_resolution_clock::now();

    // Laufzeit berechnen
    auto duration =
```

8.6 Laufzeiten messen

```
        chrono::duration_cast<chrono::microseconds>(stop - start);

    cout << "Dauer: " << duration.count() << " Mikrosekunden" << endl;

    return 0;
}
```

Quellcode 8.19 Laufzeit einer Funktion messen (runtime1.cpp)

Die Ausgabe des Programms beschränkt sich auf die gemessene Laufzeit in Mikrosekunden. Meist würde man diese Messung mehrfach wiederholen, um genauere Ergebnisse zu erhalten oder die Abhängigkeit von Einflussfaktoren zu untersuchen (Abb. 8.10).

```
> runtime1
Dauer: 7089 Mikrosekunden
>
```

Abb. 8.10 Ergebnis der Laufzeitmessung

8.6.2 Die Bibliothek chrono

Die C++-Bibliothek `chrono` vereinfacht seit dem Standard C++11 den Umgang mit Zeiten und Zeitmessungen.

> `chrono` stellt mehrere Klassen und Objekte bereit, die Uhren, Zeitpunkte oder Zeitdauern repräsentieren.

Der Namespace chrono
In Quellcode 8.19 fällt das vorangestellte `chrono::` auf. Dies drückt aus, dass die nachfolgende Klasse oder Funktion dem Namespace `chrono` angehört.

> Der Namespace `chrono` enthält die Bestandteile der Bibliothek `chrono`. Deshalb muss man den Klassen, Funktionen usw. der Bibliothek `chrono::` voranstellen, um sie zu verwenden.

Uhren
Die Bibliothek `chrono` stellt mehrere Uhrenklassen (sog. Clock) zur Verfügung, die sich für unterschiedliche Zwecke eignen.

> Jede Clock liefert den aktuellen *Zeitpunkt* (`now()`) und unterstützt das Berechnen von *Zeitdauern*.

Möchte man das aktuelle Datum oder die Uhrzeit ermitteln, eignet sich `system_clock`. Ändert man die Systemzeit, wirkt sich das auch auf `system_clock` aus. Deshalb eignet sich diese Uhr nicht für Zeitmessungen.

Für Zeitmessungen benötigt man monotone Uhren, die unabhängig von Änderungen der Systemzeit immer weiter zählen. Dies bieten die `steady_clock` oder die `high_resolution_clock` mit höherer Genauigkeit. Sie wird in Quellcode 8.19 für die Zeitmessung verwendet wird.

Zeitpunkte

> Die Methode `now()` einer Uhr liefert deren aktuelle Zeit. Es handelt sich dabei um einen *Zeitpunkt* (sog. `time_point`).

`now()` ist eine statische Methode der jeweiligen Uhrenklasse. Sie lässt sich mit angehängtem `::now()` aufrufen, ohne ein Objekt der Uhrenklasse anzulegen (siehe Abschn. 5.7.4). Demnach liefert `chrono::high_resolution_clock::now()` in Quellcode 8.19 die beiden Zeitpunkte `start` und `stop` vor bzw. nach der zu messenden Funktion.

Die beiden Zeitpunkte werden mit `auto` deklariert, um die Verständlichkeit zu verbessern. `auto` veranlasst den Compiler, den Datentyp aus dem zugewiesenen Ausdruck abzuleiten (siehe Abschn. 7.2.5).

Epoche als Bezugspunkt

> Ein besonderer Zeitpunkt ist die sog. *Epoche*. Sie entspricht dem Nullpunkt der Zeitrechnung.

Typisch ist die Epoche bei der `system_clock` und entspricht dort üblicherweise dem 01.01.1970 um 00:00:00. Andere Uhren weisen keine feste Epoche aus. Mit einer Epoche werden Zeiten als Sekunden, Millisekunden oder dergleichen seit diesem Nullpunkt ausgedrückt.

Zeitdauern

> Die zwischen zwei Zeitpunkten vergangene Zeit bezeichnet man als *Zeitdauer*. Sie wird als Differenz dieser Zeitpunkte berechnet.

8.6 Laufzeiten messen

Quellcode 8.19 berechnet die Laufzeit der Funktion `longrunning_function()` als Differenz `stop - start` der Systemzeit nach (`stop`) und vor (`start`) der Ausführung der Funktion.

> Zeitdauern werden in `chrono` durch `duration`-Objekte repräsentiert. Deren Methode `count()` liefert die Anzahl der Zeitschritte.

Die Dauer zwischen den beiden Zeitpunkten `start` und `stop` lässt sich als `duration` wie in Quellcode 8.20 ermitteln. Da `duration` in diesem Fall mit `double` als Typ verwendet wird, ist das Ergebnis der zugehörigen `count()`-Methode – anders als in Quellcode 8.19 – eine Gleitkommazahl; sie drückt die Zeitdauer in Sekunden aus.

```
chrono::duration<double> dur_s = stop-start;

cout << "Dauer: " << dur_s.count() << " sec" << endl;
```

Quellcode 8.20 Ermitteln der Zeitdauer in Sekunden

Umrechnen von Zeitdauern

Zeitdauern werden in vielen verschiedenen Einheiten ausgedrückt, z. B. Stunden, Minuten und Sekunden. Das Umrechnen von Zeitdauern in andere Einheiten birgt die Gefahr von Rundungsfehlern.

> Die Bibliothek `chrono` stellt *Einheiten* und *präzise Umrechnungen* dieser Einheiten zur Verfügung.

Die Einheiten sind selbsterklärend; `chrono` stellt unter anderem die Einheiten `chrono::hours`, `chrono::minutes`, `chrono::seconds` usw. zur Verfügung. Mit `duration_cast` lassen sie sich ineinander umrechnen.

Mit `chrono::duration_cast<chrono::microseconds>(stop - start)` rechnet Quellcode 8.19 die gemessene Zeitdauer in Mikrosekunden um. Die `count()`-Methode liefert anschließend die Anzahl der Mikrosekunden.

8.6.3 Laufzeitmessung

Mit `chrono` lassen sich Laufzeiten gemäß Abschn. 8.6.2 einfach messen. Die Laufzeit von Programmen oder Programmteilen zu messen, birgt jedoch eine Reihe von Tücken.

Zu geringe Auflösung der Uhr
Besonders bei kurzen Laufzeiten beobachtet man mitunter, dass die gemessenen Zeiten nur wenige Werte, unter Umständen sogar den Wert 0, annehmen. Diese Beobachtung kann auf eine zu geringe Auflösung der Uhr hinweisen.

> Wird die verwendete Uhr nicht häufig genug aktualisiert, lassen sich kurze Zeitdauern nicht zuverlässig messen. Bei der Auswahl der Uhr muss man die mögliche *Auflösung* berücksichtigen und nötigenfalls testen.

Erstmalige Ausführung
Teilweise misst man bei der ersten Ausführung eines Programmteils längere Laufzeiten als bei dessen wiederholter Ausführung. Bei der ersten Ausführung müssen Daten geladen oder initialisiert werden. Bei der wiederholten Ausführung lassen sich Daten dann meist durch sog. *Caches* schneller abrufen.

> Wiederholte Messungen können die Effekte der *erstmaligen Ausführung* kompensieren. Bei der Interpretation muss man dies jedoch berücksichtigen.

Verfälschung durch Messung
Bei kurzen Laufzeiten können die gemessenen Werte systematisch zu hoch sein, da die Laufzeitmessung selbst zusätzlichen Aufwand verursacht. Der Aufwand für die Laufzeitmessung ist meist gering, verfälscht jedoch besonders die Messung kurzer Laufzeiten.

> Bei *kurzen Laufzeiten* kann es helfen, die zu messenden Abschnitte mehrfach auszuführen. Die dafür notwendige Gesamtzeit teilt man anschließend durch die Anzahl der Wiederholungen.

Variable Prozessorgeschwindigkeit
Teilweise beobachtet man, dass einfache Aufgaben länger laufen als komplexere. Die Ursache eines solchen Verhaltens kann in der *Hardware* des Computers liegen. Die Geschwindigkeit heutiger Prozessoren wird meist an die benötigte Leistung angepasst, um Energie zu sparen. Dies tritt auch bei mobilen Geräten auf. Um länger ohne externe Stromversorgung arbeiten zu können, verringern sie die Geschwindigkeit des Prozessors.

> Die *dynamische Anpassung* der Prozessorgeschwindigkeit kann die Laufzeitmessung stark verfälschen. Für Laufzeitmessungen sollte man die Anpassung der Prozessorgeschwindigkeit ausschalten.

Einfluss anderer Prozesse
Dass während der Laufzeitmessung andere Prozesse (z. B. Virenscanner) auf dem Computer ablaufen, lässt sich meist nicht verhindern. Diese Prozesse nutzen ebenfalls Prozessor, Arbeitsspeicher und Festplatte, was die Laufzeit des zu untersuchenden Prozesses verlängert.

> *Parallel ablaufende Prozesse* können gemessene Laufzeiten verlängern. Deshalb sollten die Zahl und der Einfluss der Prozesse – die Systemlast – so weit wie möglich verringert werden.

Zufällige Einflüsse
Wie jede Messung unterliegt auch die Laufzeitmessung zufälligen Effekten; die ermittelten Laufzeiten streuen um einen Mittelwert, können aber auch Ausreißer enthalten.

> Laufzeitmessungen zu wiederholen, ist wichtig, um *zufällige Einflüsse* zu kompensieren.

▶ **Tipp** Für die vertiefte Analyse von Laufzeiten und Ressourcen gibt es besondere Werkzeuge, die sog. *Profiler*. Mit ihnen muss man die Laufzeitmessung nicht selbst programmieren.

8.7 Kommandozeilenparameter

8.7.1 Hintergrund

Möchte man ein Programm über die Kommandozeile starten, gibt man dort dessen Namen an. Die bisherigen Beispiele zeigen dieses Vorgehen. Nach dem Start verlangen diese Programme, dass der Benutzer die notwendigen Dateipfade, Parameter usw. eingibt. In manchen Fällen sind solche Eingaben jedoch nicht möglich, zum Beispiel, wenn ein Programm jede Nacht unüberwacht gestartet wird.

Parameter von Programmen

Neben den bislang gezeigten Benutzereingaben gibt es eine weitere Möglichkeit, einem Programm Werte zu übergeben.

> *Kommandozeilenparameter* erlauben es, beim Aufrufen eines Programms Werte zu übergeben.

Kommandozeilenparameter ersparen daher Benutzereingaben während der Ausführung, da sie bereits beim Start des Programms vorliegen.

Ein Beispiel ist das auf vielen Systemen vorhandene `ping`. Es prüft, ob ein Computer im Netzwerk erreichbar ist. Hierzu übergibt man beim Aufruf den Namen bzw. die Adresse dieses Computers (Abb. 8.11). Die übergebene Adresse 192.168.179.1 ist in diesem Fall ein Kommandozeilenparameter von `ping`.

```
> ping 192.168.179.1
Ping wird ausgeführt für 192.168.179.1 mit 32 Bytes Daten:
Antwort von 192.168.179.1: Bytes=32 Zeit=3ms TTL=64
Antwort von 192.168.179.1: Bytes=32 Zeit=2ms TTL=64
Antwort von 192.168.179.1: Bytes=32 Zeit=2ms TTL=64
Antwort von 192.168.179.1: Bytes=32 Zeit=2ms TTL=64

Ping-Statistik für 192.168.179.1:
    Pakete: Gesendet = 4, Empfangen = 4, Verloren = 0
    (0% Verlust),
Ca. Zeitangaben in Millisek.:
    Minimum = 2ms, Maximum = 3ms, Mittelwert = 2ms
>
```

Abb. 8.11 Aufruf von ping mit Kommandozeilenparameter

Anwendungsfälle

Kommandozeilenparameter sind äußerst verbreitet. Sie nützen vor allem in den folgenden Fällen:

1. Sie verringern die Benutzerinteraktion, was die Nutzung von Programmen beschleunigen kann.
2. Sie vereinfachen das automatisierte Ausführen von Programmen, da sich notwendige Parameter ohne Benutzerinteraktion bereitstellen lassen.
3. Sie erlauben es, Einstellungen beim Programmstart vorzunehmen, ohne dass das Programm jeweils geändert werden muss.
4. Sie vereinfachen es, kleine Programme miteinander zu verknüpfen.

8.7 Kommandozeilenparameter

> Nicht nur Konsolenanwendungen verwenden Kommandozeilenparameter, auch Programme mit grafischer Benutzeroberfläche verwenden Kommandozeilenparameter.

Typische Beispiele hierfür sind Textverarbeitung, Tabellenkalkulation usw. Sie erlauben es meist, als Kommandozeilenparameter den Pfad einer zu öffnenden Datei anzugeben.

8.7.2 Beispiel: Rauschgenerator

Der Rauschgenerator aus Abschn. 8.5.5 erfordert drei Benutzereingaben – den Pfad der zu erstellenden Datei, die Anzahl der Werte und die zu verwendende Standardabweichung. Die Version in Quellcode 8.21 ersetzt diese Benutzereingaben durch Kommandozeilenparameter.

```cpp
#include <iostream>
#include <string>
#include <fstream>
#include <random>
#include <sstream>

using namespace std;

int main( int argc, char* argv[] )
{
    // Anzahl der Parameter prüfen
    if( argc < 4 )
    {
        cerr << "Aufruf: noisecmd <Zieldatei> <Anzahl> <Std.Abw.>"
            << endl;
        return -1;
    }

    // Zieldatei öffnen
    string dest_filename( argv[ 1 ] );

    ofstream dest( dest_filename );

    if( !dest )
    {
```

```cpp
            cerr << "Zieldatei " << dest_filename
                 << " nicht bereit." << endl;
            return -1;
    }

    // Anzahl umwandeln und prüfen
    int nr_values = 0;
    if( !( istringstream( argv[ 2 ] ) >> nr_values ) ||
        nr_values <= 0 )
    {
        cerr << "Ungültige Anzahl " << argv[ 2 ] << endl;
        return -1;
    }

    // Standardabweichung umwandeln und prüfen
    double stddev = 0.0;
    if( !( istringstream( argv[3] ) >> stddev ) || stddev <= 0 )
    {
        cerr << "Ungültige Standardabweichung " << argv[3] << endl;
        return -1;
    }

    // Seed für Generator erzeugen
    random_device seed;

    // Mersenne-Twister Generator anlegen
    mt19937 randgen( seed() );

    // Normalverteilte Zufallszahlen mit Mittelwert 0 und
    // eingegebener Standardabweichung erzeugen
    normal_distribution<> normal( 0.0, stddev );

    // Zufallszahlen in Datei schreiben
    for( int i = 0; i < nr_values; i++ )
    {
        dest << normal( randgen ) << endl;
    }

    return 0;
}
```

Quellcode 8.21 Rauschgenerator mit Kommandozeilenparametern (noisecmd.cpp)

Dem Rauschgenerator lassen sich nun Pfad, Anzahl und Standardabweichung beim Start übergeben. Daher erfolgt bei korrektem Aufruf keine weitere Ausgabe auf dem

Bildschirm. Gibt man weniger als drei Kommandozeilenparameter oder fehlerhafte Werte an, erscheint eine Fehlermeldung (Abb. 8.12).

```
> noisecmd
Aufruf: noisecmd <Zieldatei> <Anzahl> <Std.Abweichung>
> noisecmd noise.dat a 1.0
Ungültige Anzahl a
> noisecmd noise.dat 1000 b
Ungültige Standardabweichung b
> noisecmd noise.dat 1000 1.0
>
```

Abb. 8.12 Verschiedene Aufrufe des Rauschgenerators

8.7.3 Anpassen des Hauptprogramms

Soll ein C++-Programm Kommandozeilenparameter verwenden, muss man dessen Hauptprogramm geringfügig anpassen.

Parameter für int main()

> Ändert man `int main()` zu `int main(int argc, char* argv[])`, kann das Hauptprogramm Kommandozeilenparameter lesen.

Das Hauptprogramm besitzt hierdurch die beiden Parameter `argc` und `argv` (Quellcode 8.22), die beim Aufrufen des Programms automatisch mit Werten befüllt werden.

```
int main(int argc, char* argv[])
{
    ...
}
```

Quellcode 8.22 Hauptprogramm für Kommandozeilenparameter

Anzahl der Parameter

> Das ganzzahlige `argc` liefert die *Anzahl* der Kommandozeilenparameter inklusive des Programmnamens. Es ist zugleich die Größe des Feldes `argv`.

Da der Name des Programms mitgezählt wird, hat `argc` immer mindestens den Wert 1, selbst wenn keine Kommandozeilenparameter übergeben wurden. Im Fall von Quellcode 8.21 erhält `argc` bei einem korrekten Aufruf den Wert 4, da `noisecmd` drei zusätzliche Parameter erhält.

Werte der Kommandozeilenparameter

> Das Feld `argv` enthält den *Namen des Programms* und die *Kommandozeilenparameter* als C-Strings. Seine Größe entspricht dem Wert von `argc`.

Das erste Element `argv[0]` enthält den Namen des Programms. Die nachfolgenden Elemente entsprechen den übergebenen Kommandozeilenparametern. In Quellcode 8.21 sind das

- Zieldatei (`argv[1]`),
- Anzahl der Werte (`argv[2]`) und
- Standardabweichung (`argv[3]`).

Die Werte liegen zunächst als *C-Strings* (siehe Abschn. 4.2.12) vor, die man in den benötigten Datentyp umwandeln muss.

8.7.4 Kommandozeilenparameter nutzen

Für die Nutzung der Kommandozeilenparameter sind `argc` und `argv` wesentlich; mit ihnen muss man fehlerhafte Aufrufe des Programms erkennen und die erhaltenen Parameter in den benötigten Datentyp umwandeln.

Schritt 1: Prüfen der Anzahl der Parameter

Je nach Programm gibt es notwendige und optionale Kommandozeilenparameter. In Quellcode 8.21 muss man alle drei Kommandozeilenparameter angeben, deshalb prüft das Programm zunächst, ob `argc` den Wert 4 enthält und zeigt den korrekten Aufruf an, wenn nicht alle Parameter übergeben wurden.

> Das *Prüfen* der Parameter ist nicht zwingend, beugt jedoch Bedienfehlern vor.

Schritt 2: Umwandeln der Parameter

Sämtliche Kommandozeilenparameter liegen zunächst als C-Strings im Feld `argv` vor. Deshalb muss man diese in den gewünschten Datentyp umwandeln.

8.7 Kommandozeilenparameter

> Selbst wenn eine Zeichenkette benötigt wird, sollte man die unsicheren C-Strings in `string`-Objekte *umwandeln*.

Für die Umwandlung von Zeichenketten in numerische Werte stehen die in Abschn. 4.2.11 vorgestellten Funktionen `stoi()` und `stod()` zur Verfügung. Quellcode 8.21 verwendet stattdessen `istringstream` (siehe Abschn. 6.5.2) und erkennt hierdurch, wenn der Benutzer nichtnumerische Werte übergeben hat.

Schritt 3: Prüfen der Parameter

> Kommandozeilenparameter sind zunächst immer Zeichenketten, daher muss man bei numerischen Parametern unerlaubte nichtnumerische Werte erkennen, um Folgefehler zu verhindern.

Die Prüfung der Parameter geht jedoch darüber hinaus: In Quellcode 8.21 muss die übergebene Datei beschreibbar sein; die Anzahl der Werte und die Standardabweichung müssen größer als 0 sein. Solche Anforderungen an übergebene Parameter sind verbreitet.

> Man sollte für alle Parameter *prüfen*, ob sie innerhalb der vorgesehenen Wertebereiche liegen, um Bedienfehlern vorzubeugen.

Aus diesem Grund bricht Quellcode 8.21 ab, wenn

- sich die Zieldatei nicht öffnen lässt (`!dest`),
- die Anzahl kleiner oder gleich 0 ist (`nr_values<=0`) oder
- die Standardabweichung kleiner oder gleich 0 ist (`stddev<=0.0`).

Schritt 4: Verwenden der Parameter

> Nach der Prüfung und Umwandlung liegen die Kommandozeilenparameter meist in Form geeigneter Variablen oder Objekte vor und lassen sich innerhalb des Programms *verwenden*.

In Quellcode 8.21 öffnet `ofstream dest(dest_filename);` die gewünschte Zieldatei. Die Anzahl `nr_values` begrenzt die Schleife für das Erzeugen der Zufallszahlen. Die Verteilung dieser Werten legt `normal_distribution<> normal(0.0,` stddev); anhand der eingegebenen Standardabweichung stddev fest. Man könnte das Programm also ohne weitere Benutzereingaben ausführen.

8.8 Dateisystem

8.8.1 Beispiel: Ordnergröße

Das Dateisystem eines Datenträgers ist wesentlich für den Zugriff auf die Inhalte des Datenträgers (siehe Abschn. 6.4.1). Es organisiert Dateien normalerweise in Ordnern (Verzeichnisse); diese können weitere Ordner enthalten, sodass die Ordner einen Baum bilden (Abb. 6.9).

Oft möchte man wissen, wie groß ein Ordner einschließlich aller Unterordner ist. Dabei zählt man die Größen aller in dem Ordner gefundenen Dateien zusammen. Hinzu kommen die Inhalte aller Unterordner sowie deren Unterordner usw. Dieses rekursive Iterieren des Ordners leistet Quellcode 8.23; er zählt die gefundenen Ordner und Dateien und addiert die jeweiligen Größen. Der zu durchlaufende Ordner wird als Kommandozeilenparameter übergeben. Ohne übergebenen Parameter wird der aktuelle Ordner verwendet.

```cpp
#include <iostream>
#include <filesystem>

using namespace std;

int main( int argc, char* argv[] )
{
    // Zu unsuchenden Pfad als Kommandozeilenparameter lesen,
    // aktuellen Ordner verwenden, falls kein Parameter übergeben
    filesystem::path folder(argc > 1 ? filesystem::absolute(argv[ 1 ])
                                     : filesystem::current_path());

    // Nur Ordner untersuchen
    if( !filesystem::is_directory( folder ) )
    {
        cerr << folder.string() << " ist kein Ordner." << endl;
        return -1;
    }
```

8.8 Dateisystem

```cpp
    // Gesamtgröße der Dateien
    uintmax_t totalsize = 0;

    // Anzahl der Dateien
    uintmax_t nrfiles   = 0;

    // Anzahl der Ordner
    uintmax_t nrdirs = 0;

    // Iteriere durch alle Dateien und Unterordner
    for( const auto& entry :
        filesystem::recursive_directory_iterator( folder,
            filesystem::directory_options::skip_permission_denied ) )
    {
        if( entry.is_directory() )
        {
            nrdirs++;
        }

        if( entry.is_regular_file() )
        {
            nrfiles++;
            totalsize += entry.file_size();
        }
    }

    // Ergebnis anzeigen
    cout << "Pfad:        " << folder.string() << endl;
    cout << "Ordner:      " << nrdirs << endl;
    cout << "Dateien:     " << nrfiles << endl;
    cout << "Gesamtgröße: " << totalsize << " B" << endl;

    return 0;
}
```

Quellcode 8.23 Berechnen der Ordnergröße (dirsize.cpp)

Nach dem Durchlaufen der Ordner werden die berechneten Werte ausgegeben. Abb. 8.13 zeigt das Verhalten für einen Pfad zu einer Datei (statt eines Ordners), für einen Aufruf ohne Parameter und für einen relativen Pfad.

```
> dirsize stat.cpp
stat.cpp ist kein Verzeichnis.

> dirsize
Inhalt von C:\src\book
Ordner:       3
Dateien:     98
Gesamtgröße: 4682258 B

> dirsize ..\book
Inhalt von C:\src\book
Ordner:       3
Dateien:     98
Gesamtgröße: 4682258 B

>
```

Abb. 8.13 Verschiedene Aufrufe von dirsize

8.8.2 Die Bibliothek filesystem

Seit dem Standard C++17 steht in C++ die Bibliothek `filesystem` zur Verfügung. Sie vereinfacht den Umgang mit dem Dateisystem.

Der Namespace filesystem

> Die Inhalte der Bibliothek `filesystem` lassen sich durch `#include <filesystem>` verwenden. Sie befinden sich im Namespace `filesystem`.

In Quellcode 8.23 erkennt man den Namespace an dem vorangestellten `filesystem::` bei den Klassen und Funktionen der Bibliothek. Lässt man dies weg, zeigt der Compiler einen Fehler an.

▶ **Tipp** Manche Quellcodes enthalten die Zeile `namespace fs = std::filesystem;`. Sie führt `fs` als Abkürzung für den Namespace `filesystem` ein. Hierdurch genügt es, den Klassen und Funktionen jeweils nur `fs::` voranzustellen; das verbessert die Lesbarkeit.

Bestandteile von filesystem

Zu `filesystem` gehören verschiedene Klassen, Funktionen, Aufzählungen und Typen. Sie helfen vor allem in den folgenden Bereichen:

1. Datei- und Ordnerpfade lassen sich erstellen, bearbeiten, umwandeln und auswerten.
2. Die Inhalte von Ordnern lassen sich Objekt für Objekt durchlaufen (iterieren).

3. Zu Objekten des Dateisystems (Dateien, Ordner usw.) lassen sich Eigenschaften abfragen und bearbeiten, z. B. Zugriffsberechtigungen, Größe usw.
4. Objekte des Dateisystems lassen sich erstellen, kopieren, verschieben, umbenennen oder löschen.
5. Die Größe des gesamten Dateisystems sowie des freien und belegten Speicherplatzes lässt sich ermitteln.

Abgrenzung zu fstream
Die durch `fstream` bereitgestellten Stream-Klassen ermöglichen das Lesen und Schreiben von Dateien (Abschn. 6.4). Ihr Fokus ist daher der *Inhalt* von Dateien.

> Die Bibliothek `filesystem` verfolgt einen anderen Ansatz; ihr Fokus ist die *Verwaltung* von Dateien und Ordnern.

Abschn. 6.4.1 erklärt Aufbau und Inhalte eines Dateisystems und erklärt an Beispielen, was Pfade sind.

8.8.3 Pfade

Dateien und Ordner lassen sich innerhalb des Dateisystems anhand ihres Pfades finden. Er enthält den Namen der Datei bzw. des Ordners sowie die Namen aller übergeordneten Ordner (siehe Abschn. 6.4.1).

> *Pfade* sind für das Verwenden des Dateisystems äußerst wichtig, da man mit ihnen alle vorhandenen Objekte eindeutig auffinden kann.

Die Klasse path
In Quellcode 8.23 repräsentiert das Objekt `folder` den Pfad des auszuwertenden Ordners. Dessen Klasse `path` gehört zu den wichtigsten Klassen in `filesystem`.

> Objekte der Klasse `path` repräsentieren Pfade im Dateisystem. Ihre Methoden erlauben es, Pfade zu bearbeiten, umzuwandeln und Teile davon zu entnehmen.

Anlegen von Pfaden
Objekte von `path` lassen sich auf unterschiedliche Weise anlegen; Beispiele hierfür zeigt Quellcode 8.24.

> Meist werden `path`-Objekte anhand einer Zeichenkette erzeugt; sie kann einen absoluten oder relativen Pfad enthalten.

Die Ordnernamen innerhalb eines Pfades sind mit einem besonderen Zeichen getrennt. Heutzutage verwenden nahezu alle Betriebssysteme / als Trennzeichen. Windows verwendet traditionell \, erlaubt aber seit einiger Zeit auch / als Trennzeichen.

> Enthalten Windows-Pfade das Trennzeichen \, muss man dieses *im Quellcode* als Escape-Sequenz \\ angeben - nicht aber bei Benutzereingaben.

```
// Absoluter Pfad unter Linux zu dem Ordner student
filesystem::path p1( "/home/student" );

// Absoluter Pfad unter Linux zu der Datei test.cpp
filesystem::path p2( "/home/student/src/test.cpp" );

// Relativer Pfad zu test.cpp
filesystem::path p3("../src/test.cpp" );

// Absoluter Pfad unter Windows zu der Datei test.cpp
filesystem::path p4( "C:/src/test.cpp" );

// Wie p4, aber mit Windows-typischem Trennzeichen \
filesystem::path p5( "C:\\src\\test.cpp" );

// Pfad als Kopie des Pfades p5
filesystem::path p6 = p5;
```

Quellcode 8.24 Beispiele für das Anlegen von Pfaden

Absolute und relative Pfade

Die Klasse `path` unterstützt absolute und relative Pfade. In Quellcode 8.24 ist `/home/student/src/test.cpp` ein absoluter Pfad und `../src/test.cpp` ein relativer Pfad.

> Mit den Methoden `is_relative()` und `is_absolute()` der `path`-Klasse lässt sich prüfen, ob ein Pfad relativ oder absolut ist.

8.8 Dateisystem

Daneben enthält `filesystem` Funktionen, um absolute und relative Pfade ineinander umzuwandeln.

> Die Funktion `filesystem::absolute()` liefert zu einem Pfad den zugehörigen absoluten Pfad, `filesystem::relative()` den Pfad relativ zu einem anderen Pfad.

Quellcode 8.23 wandelt mit `filesystem::absolute(argv[1])` den als Kommandozeilenparameter `argv[1]` übergebenen Pfad in einen absoluten Pfad um. Das ist für die folgenden Schritte nicht notwendig; der absolute Pfad soll jedoch am Programmende angezeigt werden.

Pfad des aktuellen Ordners
Übergibt man dem Programm in Quellcode 8.23 keinen Pfad, soll der aktuelle Ordner ausgewertet werden. Der aktuelle Ordner ist meist der Ordner, in dem der übersetzte Quellcode ausgeführt wird; er kann aber auch davon abweichen. Daher ermittelt Quellcode 8.23 den aktuellen Ordner anhand von `filesystem::current_path()`.

> Die Funktion `filesystem::current_path()` liefert den Pfad des *aktuellen Ordners* als `path`-Objekt.

▶ **Tipp** Benötigt man einen Ordner, um vorübergehend Dateien anzulegen (sog. temporäre Dateien), erhält man mit `filesystem::temp_directory_path()` den Pfad des systemweiten Ordners für temporäre Dateien.

Ausgeben von Pfaden
Für das Ein- und Ausgeben von Pfaden sind die Operatoren << und >> überladen. Allerdings kann das Ergebnis überraschen: Gibt man den Pfad wie in Quellcode 8.25 mit << aus, wird dieser in Anführungszeichen ausgegeben und \ als \\ dargestellt.

> Die Operatoren << und >> verwenden für Pfade die sog. `quoted`-Form.

```
// Windows:
filesystem::path datei( "C:\\src\\test.cpp" );
cout << datei << endl;
// Ausgabe: "C:\\src\\test.cpp"
```

```
cout << datei.string() << endl;
// Ausgabe: C:\src\test.cpp

// Linux:
filesystem::path datei( "/home/student/src/test.cpp" );
cout << datei << endl;
// Ausgabe: "/home/student/src/test.cpp"
cout << datei.string() << endl;
// Ausgabe: /home/student/src/test.cpp
```

Quellcode 8.25 Ausgabe von Pfaden

Die `quoted`-Form vereinfacht das Einlesen von Pfaden. Allerdings ist diese Darstellung zumindest unter Windows nicht immer erwünscht. Daher wandelt Quellcode 8.23 den Pfad `folder` vor der Ausgabe mit `folder.string()` in eine Zeichenkette um.

> Die Methode `string()` liefert den aktuell in einem `path`-Objekt gespeicherten Pfad als `string`-Zeichenkette.

▶ **Tipp** Die Konstruktoren der `fstream`-Klassen erlauben auch `path`-Objekte. Man muss den Pfad der zu öffnenden Datei nicht zuerst in `string` umwandeln.

Weitere Möglichkeiten

Die Klasse `path` bietet viele weitere Möglichkeiten, die in Quellcode 8.23 nicht benötigt werden. Hierzu gehören unter anderem:

- Das Extrahieren von Teilen des Pfades (z. B. Dateiname)
- Das Ersetzen von Teilen des Pfades
- Das Erweitern des Pfades
- Das Prüfen, ob bestimmte Teile des Pfades vorhanden sind (z. B. Dateiendung)

8.8.4 Durchlaufen von Ordnern

Quellcode 8.23 muss alle Inhalte des gewählten Ordners und sämtlicher Unterordner durchlaufen. Alle diese Inhalte – egal ob Datei oder Ordner – enthalten den durchsuchten Ordner als Teil ihres jeweiligen Pfades.

Rekursiv oder nichtrekursiv
Durchläuft man nicht nur den gewählten Ordner, sondern auch seine Unterordner, deren Unterordner usw., spricht man von *rekursivem Iterieren*.

8.8 Dateisystem

Bei einem nichtrekursiven Iterieren beschränkt man sich auf die Inhalte des gewählten Ordners, ohne die Inhalte der Unterordner zu durchlaufen. Für beide Ansätze enthält `filesystem` geeignete Iteratorklassen.

> Die Klasse `directory_iterator` durchläuft die Inhalte eines Ordners *nichtrekursiv*; `recursive_directory_iterator` durchläuft *rekursiv* auch sämtliche Unterordner.

Quellcode 8.23 nutzt daher `recursive_directory_iterator`, um alle Inhalte des durch `folder` bezeichneten Ordners rekursiv zu durchlaufen.

Durchlaufen mit Range-for
Der Iterator liefert nacheinander die einzelnen Inhalte des Ordners. Daher verwendet man ihn in einer `Range-for`-Schleife, so auch Quellcode 8.23. Der Konstruktor der Iteratorklasse erhält den Pfad des zu durchsuchenden Ordners als `path`-Objekt.

Die in Quellcode 8.26 gezeigte Schleife durchläuft die Inhalte des gewünschten Ordners und legt sie nacheinander in `entry` ab.

```
filesystem::path folder( ... );

for( const auto& entry :
     filesystem::recursive_directory_iterator( folder ) )
{
    ...
}
```

Quellcode 8.26 Verzeichnisinhalte rekursiv mit Range-for durchlaufen

Zugreifen auf Objekte
Der Iterator verweist nacheinander auf die Inhalte des Ordners; er nutzt hierfür die Klasse `filesystem::directory_entry`, die solche Ordnerinhalte repräsentiert – `entry` ist ein Objekt dieser Klasse.

> Die *Eigenschaften* der einzelnen Ordnerinhalte lassen sich durch Methoden von `filesystem::directory_entry` auslesen.

Quellcode 8.23 benötigt die Größe der jeweiligen Datei und muss erkennen, ob es sich um eine reguläre Datei oder um einen Ordner handelt, um sie jeweils zählen zu können. `directory_entry` enthält geeignete Methoden hierfür. Tab. 8.4 zeigt einige von ihnen.

Tab. 8.4 Ausgewählte Methoden von directory_entry

Methode	Bedeutung
path()	Liefert den jeweiligen Pfad
is_directory()	Prüft, ob es sich um einen Ordner handelt
is_regular_file()	Prüft, ob es sich um eine reguläre Datei handelt
is_symlink()	Prüft, ob es sich um eine Verknüpfung bzw. Symlink handelt
file_size()	Liefert die Größe in Byte
last_write_time()	Liefert den Zeitpunkt der letzten Änderung

Optionen für das Durchlaufen

> Das Verhalten der Iteratorklassen lässt sich durch *Optionen* beeinflussen.

filesystem::directory_options::skip_permission_denied ist eine dieser Optionen. Mit ihr werden Inhalte übersprungen, auf die der Benutzer nicht zugreifen darf. Quellcode 8.23 beugt damit Fehlern durch unzureichende Berechtigungen des Benutzers vor.

8.8.5 Weitere Möglichkeiten

Auf Eigenschaften von Dateien und Ordnern kann man anhand der Methoden von directory_entry zugreifen (Tab. 8.4). Dieses Vorgehen eignet sich vor allem dann, wenn man Ordnerinhalte anhand der Iteratorklassen durchläuft. Daneben gibt es einen weiteren Ansatz, um gezielt die Eigenschaften einzelner Dateien oder Ordner zu erhalten.

Eigenschaften von Dateien und Ordnern

> Anhand eines Pfades lassen sich mit den Funktionen von filesystem wichtige Eigenschaften von Dateien und Objekten auslesen.

Tab. 8.5 zeigt, dass die in filesystem enthaltenen Funktionen weitgehend mit den Methoden von directory_entry übereinstimmen. Sie erhalten jedoch als Parameter ein path-Objekt.

8.8 Dateisystem

Tab. 8.5 Ausgewählte Funktionen für das Auslesen von Dateieigenschaften

Funktion	Bedeutung
`exists()`	Prüft, ob der Pfad auf ein existierendes Objekt verweist
`is_directory()`	Prüft, ob es sich um einen Ordner handelt
`is_regular_file()`	Prüft, ob es sich um eine reguläre Datei handelt
`is_symlink()`	Prüft, ob es sich um eine Verknüpfung bzw. Symlink handelt
`file_size()`	Liefert die Größe in Byte
`is_empty()`	Prüft, ob die Datei oder der Ordner leer ist
`last_write_time()`	Liefert den Zeitpunkt der letzten Änderung

Dateioperationen

> Für das Bearbeiten von Dateien und Ordnern enthält `filesystem` mehrere Funktionen.

Tab. 8.6 zeigt eine Auswahl dieser Funktionen. Meist nutzen diese Funktionen ein `path`-Objekt als Parameter, um auf die zu bearbeitende Datei oder den Ordner zu verweisen.

Tab. 8.6 Ausgewählte Dateioperationen

Funktion	Bedeutung
`copy()`	Kopiert eine Datei oder einen Ordner
`create_directory()`	Erzeugt einen Ordner
`permissions()`	Bearbeitet die Berechtigungen einer Datei oder eines Ordners
`remove()`	Löscht eine Datei oder einen Ordner
`remove_all()`	Löscht einen Ordner samt aller Inhalte
`rename()`	Benennt eine Datei oder einen Ordner um oder verschiebt sie

Erkennen von Fehlern

Der Umgang mit Dateien und Ordnern kann zu vielfältigen Fehlern führen, zum Beispiel, wenn der Benutzer nicht über ausreichende Berechtigungen verfügt. `filesystem` verwendet vor allem *Exceptions*, um solche Fehler zu signalisieren.

> Die meisten Funktionen und Methoden aus `filesystem` erzeugen im Fehlerfall eine Exception der Klasse `filesystem::filesystem_error`.

Wie sich solche Fehler erkennen lassen, zeigt Quellcode 8.27 anhand des Anlegens eines Ordners. Der `try`-Block enthält die Operation, die fehlschlagen könnte. Das nachfolgende `catch` enthält die Anweisungen, um den aufgetretenen Fehler zu behandeln – hier beschränkt sich dies auf eine Fehlermeldung.

```
try
{
    filesystem::create_directory( "test" );
}
catch( const filesystem::filesystem_error& e )
{
    cerr << "Fehler: " << e.what() << endl;
}
```

Quellcode 8.27 Anlegen eines Ordners überwachen

▶ **Tipp** Wie bei allen Exceptions gilt auch hier: Sie lassen sich nicht ignorieren. Behandelt man die Exceptions nicht in `catch`, führt das zum Abbruch des Programms. Deshalb sollte man `try` und `catch` bei Dateioperationen einsetzen.

Abschn. 8.1.7 erklärt, was Exceptions sind und wie man sie behandelt.

8.9 Zusammenfassung

Robustheit ist ein wichtiges Ziel bei der Entwicklung von Software. Daher werden Abweichungen und Fehler möglichst kontrolliert behandelt. Den Erfolg oder Misserfolg von Operationen sowie Ursachen hierfür signalisiert man durch Rückgabewerte, Parameter oder Exceptions. Da sich Exceptions nicht ignorieren lassen und sie zusätzliche Informationen transportieren können, haben sie sich in der Fehlerbehandlung bewährt.

Treffen in Berechnungen, Vergleichen oder Zuweisungen unterschiedliche Datentypen aufeinander, versucht der Compiler, diese Typen durch implizite Typumwandlung anzugleichen. Dabei wird der kleinere Typ in den größeren Typ umgewandelt. Dies gelingt in der Regel nur dann, wenn der größere Typ den Wertebereich des kleineren Typs vollständig enthält. Für die explizite Umwandlung von Datentypen stehen verschiedene Cast-Operatoren zur Verfügung. Klassen lassen sich ebenfalls umwandeln, wenn die notwendigen Funktionen, Methoden oder überladene Operatoren vorhanden sind.

Templates dienen dem generischen Programmieren. Sie ermöglichen Funktionen und Klassen, die sich für unterschiedliche Typen verwenden lassen. Der Templateparameter dient darin als Platzhalter für diese Typen. Die Flexibilität der Templates verringert den Pflegeaufwand für den Quellcode.

C++ unterstützt mit `regex` reguläre Ausdrücke. Sie dienen als Muster, nach denen sich Zeichenketten durchsuchen lassen. Sie eignen sich außerdem für flexible Ersetzungen und um den Aufbau von Zeichenketten zu prüfen.

Zufallszahlen erzeugt der Computer meist in Form berechneter Pseudozufallszahlen, die von einem Startwert (dem Seed-Wert) abhängen. Der Header `random` stellt Klassen zur Verfügung, um eindeutige Seed-Werte zu erhalten, Generatoren für Pseudozufallszahlen anzulegen und Zufallszahlen für unterschiedliche Wahrscheinlichkeitsverteilungen zu erzeugen.

Mit der Bibliothek `chrono` lassen sich Zeiten messen und verarbeiten. Hierfür stellt sie verschieden präzise Uhren zur Verfügung. Derartige Laufzeitmessungen können helfen, Algorithmen zu optimieren. Allerdings werden diese Messungen auf vielfältige Art verfälscht.

Durch Kommandozeilenparameter lassen sich einem Programm bei seinem Aufruf Werte übergeben. Dies macht Benutzereingaben überflüssig, sodass man die Programme auch unbeaufsichtigt einsetzen kann. Das Hauptprogramm erhält die Parameter in einem Feld von C-Strings (`argv`). `argc` enthält dessen Größe. Man muss diese C-Strings umwandeln und prüfen, um die Parameter verwenden zu können.

Die Bibliothek `filesystem` erlaubt es, das Dateisystem zu nutzen. Die Klasse `path` repräsentiert Pfade innerhalb des Dateisystems. Damit ist es möglich, Dateien und Ordner anzulegen, zu bearbeiten, zu löschen und Informationen über sie zu erhalten. Spezielle Iteratoren erlauben das Durchlaufen von Ordnerinhalten.

8.10 Aufgaben

8.10.1 Theorie

1.) Welche Möglichkeiten gibt es, Fehler in einer Funktion oder Methode zu signalisieren? Welche Vor- und Nachteile haben diese jeweils?
2.) Wie lassen sich Fehler bei der Umwandlung einer Zeichenkette in einen `double`-Wert erkennen?
3.) Was versteht man unter impliziter und expliziter Typumwandlung?
4.) Nennen Sie Beispiele für Typen, die sich implizit ineinander umwandeln lassen. Begründen Sie Ihre Entscheidung.
5.) In welchen Fällen setzt man Templates ein? Nennen Sie ihre Vor- und Nachteile.
6.) Wie lassen sich reguläre Ausdrücke in C++ verwenden?
7.) Gegeben sei der reguläre Ausdruck (^\w*\.[YX]\d{2}$) Nennen Sie Beispiele für Zeichenketten, die ihn erfüllen.
8.) Warum handelt es sich bei den mit `random` erzeugten Zufallszahlen um Pseudozufallszahlen? Was passiert, wenn man stets denselben Seed-Wert verwendet?
9.) Wofür lässt sich die Bibliothek `chrono` einsetzen?
10.) Wodurch werden Laufzeitmessungen verfälscht? Wie lassen sich diese Einflüsse unterdrücken?

11.) In welchen Fällen sind Kommandozeilenparameter nützlich?
12.) Erklären Sie die Bedeutung von `argc` und `argv` in `int main()`.
13.) Wofür kann man `filesystem::path` verwenden?
14.) Wofür setzt man einen `directory_iterator` ein? Wodurch unterscheidet sich dessen rekursive Variante?

8.10.2 Praxis

1.) Erstellen Sie eine Funktion, die prüft, ob ein `double`-Wert Nachkommastellen besitzt.
2.) Passen Sie Quellcode 8.3 so an, dass Fehler nicht über den Parameter `ok` signalisiert werden, sondern durch Exceptions.
3) Erstellen Sie eine Klasse `Currency`, die einen Dezimalwert für den Betrag und eine Zeichenkette für das Währungskürzel enthält. Sie soll über Konstruktor verfügen, der Betrag und Währung als Parameter verwendet, sowie über einen Konstruktor, der eine Zeichenkette wie `"12.34 EUR"` erhält. Die Objekte der Klasse sollen sich implizit in `double` und `string` umwandeln lassen.
4.) Erstellen Sie ein Funktionstemplate `swapLess()`, das zwei übergebene Werte a und b dann vertauscht, wenn a > b ist. Erproben Sie das Template für verschiedene Datentypen.
5.) Erstellen Sie eine Funktion, um ein übergebenes Passwort zu prüfen. Das Passwort soll mindestens 12 Zeichen lang sein, Groß- und Kleinbuchstaben sowie Ziffern enthalten. Auch soll es mindestens eines der Zeichen `!@#%&*` enthalten. Finden Sie geeignete Testfälle und setzen Sie diese in einem Hauptprogramm um.
6.) Erstellen Sie ein Programm, das eine vom Benutzer wählbare Anzahl normalverteilter Zufallszahlen erzeugt. Mittelwert und Standardabweichungen sollen ebenfalls wählbar sein. Das Programm soll anzeigen, wie lange das Erzeugen gedauert hat. Untersuchen Sie, was geschieht, wenn Sie denselben Seed-Wert verwenden.
7.) Passen Sie Quellcode 7.26 so an, dass sich Quell- und Zieldatei als Kommandozeilenparameter übergeben lassen.
8.) Erstellen Sie ein Programm `extcount`, das einen übergebenen Ordnerpfad (einschließlich aller Unterordner) durchsucht. Es soll zählen, wie viele der enthaltenen Dateien eine bestimmte Dateiendung besitzen und wie groß sie insgesamt sind. Pfad und Dateiendung sollen sich als Kommandozeilenparameter übergeben lassen.

8.11 Weiterführende Literatur

Die meisten der behandelten Inhalte werden in den einschlägigen Grundlagenwerken wie (Breymann, 2023) und (Will, 2024) vertieft; aufgrund der vielen Funktionen und Klassen ist eine aktuelle Referenz wie (en.cppreference.com, 2024) nützlich. (Will, 2024) enthält insbesondere ein ausführliches Kapitel zur Fehlerbehandlung. (Stroustrup, 2024) enthält weitere Empfehlungen zur Fehlerbehandlung. (Ernst et al., 2023) führt kurz in reguläre Ausdrücke ein, ausführlicher behandelt dies u. a. (Wagenknecht & Hielscher, 2022); die Umsetzung in C++ ist jedoch nicht enthalten. Die theoretischen Hintergründe zu Zufallszahlen liefern einschlägige Lehrbücher wie (Imkamp & Proß, 2021). Pseudozufallszahlen und die Grundlagen ihrer Erzeugung sind u. a. in (Press et al., 2007) beschrieben. Eine Einführung in die Rolle des Betriebssystems und in Dateisysteme bieten u. a. (Ernst et al., 2023), (Baun, 2020) und (Mandl, 2020).

Literatur

Baun C. (2020). *Betriebssysteme Kompakt* (2. Aufl.). Springer Vieweg.
Breymann, U. (2023). *C++ programmieren* (7. Aufl.). Hanser.
en.cppreference.com. (2024). C++ Reference. https://en.cppreference.com/. Zugegriffen: 27. Juli 2024.
Ernst H., Schmidt J., & Beneken G. (2023). *Grundkurs Informatik* (8. Aufl.). Springer Fachmedien.
Imkamp T., & Proß S. (2021). *Einstieg in die Stochastik* (1. Aufl.). Springer Spektrum.
Mandl P. (2020). *Grundkurs Betriebssysteme* (5. Aufl.). Springer Vieweg.
Stroustrup B. (2024). C++ Core Guidelines. https://isocpp.github.io/CppCoreGuidelines/CppCoreGuidelines. Zugegriffen: 01. Sept. 2024.
Press, W. H., Teukolsky, S. A., Vetterling, W. T., & Flannery, B. P. (2007). *Numerical Recipes in C++* (3. Aufl.). Cambridge University Press.
Wagenknecht C., & Hielscher M. (2022). *Formale Sprachen, abstrakte Automaten und Compiler* (3. Aufl.). Springer Vieweg.
Will T. (2024). *C++ Das umfassende Handbuch* (3. Aufl.). Rheinwerk.

Die nächsten Schritte 9

Zusammenfassung

Während die C++-Grundlagen für einfache Programme ausreichen, sind für größere Anwendungen eine Reihe fortgeschrittener Sprachelemente und Werkzeuge notwendig. Sie einsetzen zu können, ist ein wichtiger nächster Schritt, aber auch das Verbessern des Programmierstils und der Wartbarkeit sowie das Vermeiden verbreiteter Fehler.

9.1 Weiterführende Konzepte

Variablen, Datentypen, Kontrollstrukturen, Funktionen, Objektorientierung sowie Ein- und Ausgabe bilden ein solides Fundament, um verschiedenste Probleme mit C++ zu lösen. Mit wachsender Komplexität dieser Probleme stößt man jedoch an Grenzen. Einige weiterführende Konzepte können helfen, diese Grenzen zu überwinden. Deshalb ist es für den professionellen Einsatz von C++ sinnvoll, diese kennenzulernen.

Parallele Programmierung
Heutzutage werden Programme meist auf Hardware ausgeführt, die *mehrere Prozessoren oder Prozessorkerne* verwendet. Hierdurch lassen sich Programme und Programmteile nicht nur sequenziell ausführen, sondern auch parallel. Mit C++11 hat der Sprachstandard Möglichkeiten der Parallelisierung[1] erhalten. Hierzu zählen unter anderem:

---

[1] Wir verzichten der Einfachheit halber auf eine genauere Abgrenzung von Parallelität und Nebenläufigkeit.

- Thread-Klassen (`thread` und später `jthread`), die parallel ausgeführte Anweisungsstränge (sog. *Threads*) repräsentieren
- Synchronisations- und Sperrmechanismen bei gleichzeitigem Zugriff auf Ressourcen (`mutex`, `counting_semaphore`, `lock_guard` usw.)
- Atomare Operationen (`atomic`), die sich sicher parallel ausführen lassen
- Futures (`future`), um Werte von asynchron ausgeführten Operationen zu erhalten

Parallele Programmierung sicher und fehlerfrei umzusetzen, erfordert einige Übung, zumal weitere Arten von Fehlern (z. B. Race Conditions) auftreten können. Dennoch lohnt sich die Auseinandersetzung hiermit, da sich komplexe Berechnungen oft beschleunigen lassen.

Fortgeschrittene Objektorientierung

Abschn. 5.7 verweist auf einige weiterführende Konzepte der Objektorientierung, insbesondere *Polymorphie* oder die Anwendung von *Entwurfsmustern* (Design Pattern). Mit ihnen lassen sich auch komplexe Architekturen objektorientiert und wartbar entwerfen.

Obwohl Objektorientierung heutzutage bereits zu effizientem Maschinencode führt, stellt C++ zusätzliche Konzepte (z. B. Move-Semantik) zur Verfügung, um die Effizienz weiter zu steigern.

Templatemetaprogrammierung

Wie sich mit Templates flexibel verwendbare Funktionen und Klassen erstellen lassen, zeigt Abschn. 8.3. Templates sind zugleich in C++ eine wichtige Grundlage für die sog. *Metaprogrammierung*. Diese Art der Programmierung soll den Wartungsaufwand weiter verringern, da benötigter Quellcode während der Übersetzung automatisch erzeugt wird. Seit C++20 stehen hierfür auch neue Konzepte wie die sog. *Concepts* zur Verfügung.

Speicherverwaltung

Die früher übliche Speicherverwaltung mit Pointern sowie `new` und `delete` ist äußerst fehleranfällig. Die vielfältigen Container der C++-Standardbibliothek machen sie in vielen Fällen überflüssig (siehe Kap. 7).

Muss man dennoch selbst Speicher verwalten, stellt modernes C++ bessere Ansätze zur Verfügung, z. B. durch sog. *Smart Pointer* wie `shared_ptr` und `unique_ptr`. Sie nutzen moderne Konzepte wie RAII,[2] sodass Ressourcen automatisch am Ende des Gültigkeitsbereichs freigegeben werden.

Funktionale Programmierung

Lambda-Ausdrücke werden häufig in Verbindung mit Algorithmen der C++-Standardbibliothek eingesetzt (siehe Abschn. 7.5.5). Sie sind außerdem ein wichtiges Element der

---

[2] Resource Acquisition is Initialization.

funktionalen Programmierung; sie basiert im Gegensatz zur Objektorientierung nicht auf Objekten und Zuständen, sondern auf Funktionen. Deshalb setzt man hierfür auch die bereits vorgestellten *Funktionsobjekte* ein sowie neuere Typen wie `optional`. Sie alle werden auch als Parameter übergeben (sog. Higher-Order-Functions).

Embedded Programmierung
Eine der Stärken von C++ liegt in der hardwarenahen Programmierung; man benötigt sie vor allem für die Entwicklung von *Embedded Systems*. Unter anderem die folgenden Aspekte können dabei herausfordernd sein:

- Begrenzte Systemressourcen
- Abweichende Bedienkonzepte (kein Monitor, keine Tastatur usw.)
- Zeitkritische Operationen
- Direkte Zugriffe auf die Hardware
- Umgang mit vielfältigen Sensoren, Aktoren und Protokollen
- Zusätzliche Bibliotheken
- Aufwendigere Fehlersuche
- Besonderheiten und Fehler durch physische Einflüsse (Trägheit, Schlupf, Rauschen, Störungen usw.)
- Entwurf wartbarer Systemarchitekturen

Die Einarbeitung ist aufwendig, aber aufgrund der Verbreitung von C++ in diesem Bereich wichtig und lohnend.

9.2 C++ ist nicht gleich C++

C++-Quellcodes im Alltag können stark von den Quellcodes der bisherigen Kapitel abweichen. Diese Kapitel basieren auf der standardisierten Form von C++; daneben gibt es zahlreiche Varianten und Erweiterungen. Sie nutzen zwar grundlegende C++-Syntax, verwenden aber zusätzliche oder geänderte Sprachelemente – C++ ist eben nicht gleich C++.

Entwicklung für Windows
C und C++ sind seit vielen Jahren wichtige Sprachen, um Anwendungen für das Betriebssystem Windows zu entwickeln. Microsoft hat hierfür im Laufe der Jahre verschiedene Bibliotheken und Frameworks zur Verfügung gestellt, darunter die Win32 API, die Microsoft Foundation Classes (MFC), das Component Object Model (COM) oder WinUI 3.

Der damit erstellte Code wich zum Teil stark von sonst üblichen Sprachstandards ab. Aktuelle C++-Standards werden jedoch zunehmend besser unterstützt. Daneben beobachtet man vermehrt Ansätze, Benutzeroberflächen und Funktionalität nicht mit C++-Code, sondern durch spezielle Textdateien (z. B. XAML) zu beschreiben.

Die mit solchen Windows-spezifischen Technologien erstellten Anwendungen lassen sich ohne zusätzliche Werkzeuge nur unter Windows verwenden. Sollen diese auch unter anderen Betriebssystemen genutzt werden, müsste man hierfür zusätzlichen Quellcode schreiben und pflegen. Aus diesem Grund haben in den vergangenen Jahren plattformübergreifende Bibliotheken wie Qt sowie Webanwendungen stark an Verbreitung gewonnen.

Qt für plattformübergreifendes C++

Qt® ist ein C++-Framework, das sich für Anwendungen mit grafischer Benutzeroberfläche (GUI) eignet. Qt ist dabei *plattformübergreifend*. Mit Qt erstellte Anwendungen lassen sich ohne größere Anpassungen für unterschiedliche Betriebssysteme übersetzen.

Zu Qt gehören hunderte von Klassen für GUI, Netzwerkzugriff, Medienwiedergabe, parallele Programmierung usw. Mit Qt erstellter Quellcode orientiert sich an Standard-C++; ein Beispiel ist das in Quellcode 9.1 gezeigte Hauptprogramm einer Anwendung mit GUI. Allerdings ist es sehr kurz, da es direkt das Anwendungsfenster MainWindow öffnet.

```
#include "mainwindow.h"
#include <QApplication>

int main(int argc, char *argv[])
{
    QApplication a(argc, argv);
    MainWindow w;
    w.show();

    return a.exec();
}
```

Quellcode 9.1 Hauptprogramm einer grafischen Qt-Anwendung

Neben den vielen Klassen führt Qt gänzlich *neue Konzepte* ein. Hierzu gehört vor allem das Prinzip *Signals und Slots*. Mit ihm lassen sich Methoden automatisch aufrufen, wenn bestimmte Ereignisse eintreten, z. B. bei Anklicken einer Schaltfläche oder Verändern eines Schiebereglers (Quellcode 9.2).

```
MainWindow::MainWindow(QWidget *parent) :
    QMainWindow(parent),
    ui(new Ui::MainWindow)
{
```

```
    ui->setupUi(this);

    // Handle slider usage
    connect(ui->zoom, SIGNAL(valueChanged(int)), ui->glwidget,
                      SLOT(setZoom(int)));

    // Handle any rotation change requests
    connect( ui->glwidget, SIGNAL(changeRotation(int,int,int)),
             this,         SLOT(onChangeRotation(int,int,int)));
}
```

Quellcode 9.2 Beispiel für das Verknüpfen von Signals und Slots in Qt

Diese Spracherweiterungen erfordern allerdings einen *angepassten Übersetzungsprozess*. Der sog. Meta-Object Compiler (MOC) verarbeitet die Qt-eigenen Erweiterungen, bevor der C++-Compiler die weitere Übersetzung übernimmt.

Bibliotheken für besondere Aufgaben

Es gibt zahlreiche C++-Bibliotheken für besondere Aufgaben, beispielsweise in den Bereichen Robotik, Verschlüsselung, Numerik, Spiele usw. Sie zu kennen und für eigene Zwecke anwenden zu können, ist daher wichtig.

Eine dieser Bibliotheken ist das quelloffene *OpenCV* für maschinelles Sehen. Hiermit kann man Bilder von Kameras aufnehmen, Bild- und Videodaten verarbeiten, enthaltene Objekte erkennen sowie vieles mehr. Außerdem lassen sich einfache grafische Oberflächen für die Darstellung von Bildern und Videos erstellen. OpenCV umfasst zahlreiche C++-Klassen; sie befinden sich in einem eigenen Namespace cv. Quellcode 9.3 basiert ebenfalls auf vertrauter C++-Syntax. Das vorangestellte cv:: zeigt aber, wie intensiv dieser Quellcode OpenCV-Klassen nutzt, um das Bild einer Kamera einzulesen, zu verarbeiten und anzuzeigen.

```
#include <opencv2/opencv.hpp>

int main()
{
    // Open webcam for video capturing
    cv::VideoCapture cap;

    if(!cap.open(0))
        return 0;

    cv::Mat frame;
```

```
while(1)
{
    // Read next image from webcam
    cap >> frame;

    if(frame.empty())
        break;

    // Transform to grayscale image
    cv::Mat result;
    cv::cvtColor(frame, result, CV_BGR2GRAY); // grayscale image

    // Apply edge detection
    cv::Canny(frame, result, 50, 150, 3);
    result.convertTo(result, CV_8U); // 8bit unsigned int, 0.255

    // Show raw and processed image
    cv::namedWindow("raw");
    cv::namedWindow("processed");
    cv::imshow("raw",       frame);
    cv::imshow("processed", result);

    // Exit, if ESC is pressed
    if( cv::waitKey(10) == 27)
        break;
}

    return 0;
}
```

Quellcode 9.3 Filtern eines Kamerabildes mit OpenCV

C++ in der Arduino-Welt

Arduino ist eine beliebte Plattform für einfache Embedded Systems. Sie besteht aus verschiedenen Mikrocontroller-Boards und der zugehörigen Software. Diese Boards lassen sich mit einer speziellen Version von C++ programmieren und werden in verschiedenen Bereichen eingesetzt, z. B. für einfache Mess- und Steuerungsaufgaben, für das Internet of Things (IoT) oder für Ausbildungszwecke.

9.2 C++ ist nicht gleich C++

Programme für Arduino-Boards unterscheiden sich jedoch deutlich von den bisherigen Konsolenanwendungen:

- Arduino arbeitet ohne Betriebssystem; Programme werden direkt auf dem Mikrocontroller ausgeführt und können keine Dienste des Betriebssystems nutzen.
- Parallel zu einem laufenden Programm werden keine weiteren Programme auf dem Board ausgeführt.
- Arduino-Programme enden normalerweise nicht – sie laufen, solange das Board mit Strom versorgt wird.
- Der Quellcode erlaubt es, direkt auf die Hardware zuzugreifen.

C++-Quellcodes für Arduino werden als *Sketches* bezeichnet; sie verwenden die Dateiendung .ino anstelle von .cpp. Einen solchen Sketch zeigt Quellcode 9.4. Der Aufbau unterscheidet sich grundlegend, da Sketches statt eines Hauptprogramms die Funktionen setup() für die Initialisierung und loop() für die wiederholt auszuführenden Anweisungen enthalten. Neben bekannten Datentypen, Kontrollstrukturen usw. verwendet man zahlreiche neue Elemente (A0, pinMode(), digitalWrite(), analogRead(), Serial usw.). Daneben gibt es Bibliotheken für Sensoren, Aktoren oder wiederkehrende Aufgaben.

```
// Für Messung genutzter Analog-Eingang
const int pinVoltage = A0;

// Pin, an den die LED angeschlossen ist
const int pinLed = 3;

// Initialisierung des Boards
void setup()
{
  // Initialisiert die serielle Schnittstelle
  Serial.begin(9600);

  // LED-Pin als Ausgang verwenden
  pinMode( ledPin, OUTPUT );
}

// Ständig zu wiederholende Anweisungen
void loop()
```

```
{
  // Wert des analogen Eingans lesen
  int sensorValue = analogRead( pinVoltage );

  // 10bit-Sensorwert in Spannung von 0-5V umrechnen
  float voltage = sensorValue * ( 5.0 / 1023.0 );

  // Gemessene Spannung über serielle Schnittstelle schreiben
  Serial.println( voltage );


  // LED bei zu geringer Spannung aktivieren
  if( voltage < 4.0 )
  {
    digitalWrite( pinLed, HIGH );
  }

  if( voltage > 4.1 )
  {
    digitalWrite( pinLed, LOW );
  }
}
```

Quellcode 9.4 Beispiel eines Arduino-Sketches

9.3 Weitere Werkzeuge

Die bisherigen Kapitel verwendeten als Werkzeuge lediglich einen Texteditor bzw. eine IDE sowie das Compiler-System. Daneben gibt es zahlreiche wichtige weitere Werkzeuge für den professionellen Einsatz.

Editoren und IDEs

Die in Abschn. 2.3 vorgestellten Werkzeuge richten sich an Neulinge, da sie nicht mit vielen, letztlich unnötigen Funktionen überfordern. In der professionellen Entwicklung ist derzeit *Visual Studio Code* als *Editor* sehr verbreitet (Abb. 9.1). Es lässt sich durch Erweiterungen für viele Programmiersprachen einsetzen und um zusätzliche Funktionen erweitern. Außerdem steht Visual Studio Code für unterschiedliche Betriebssysteme zur Verfügung. Einen Compiler wie GCC oder CLang muss man separat installieren.

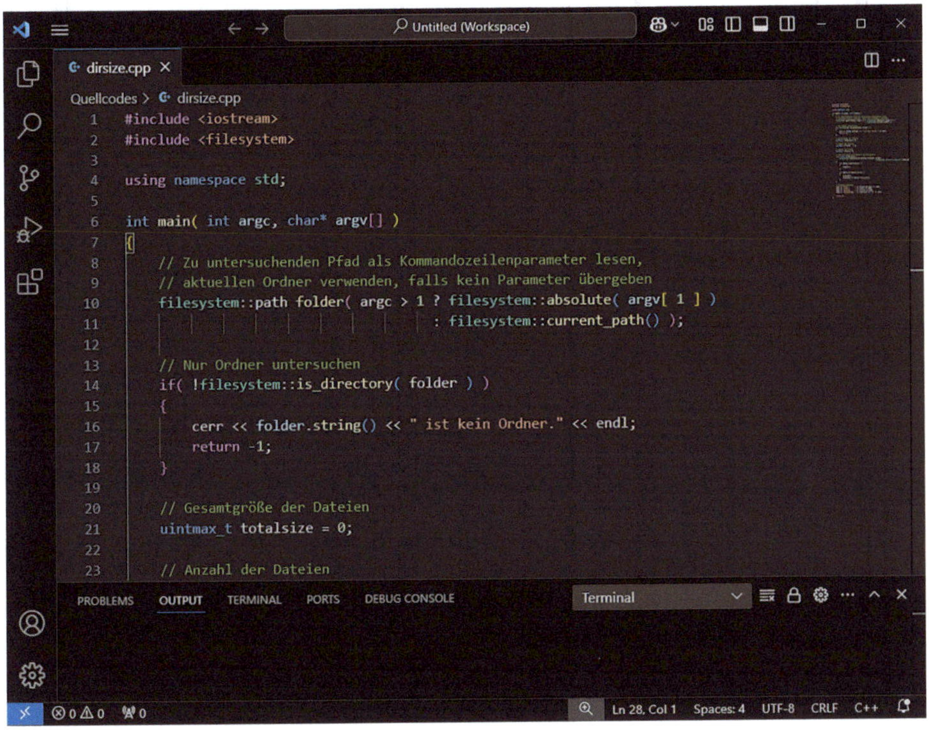

9.3 Weitere Werkzeuge

Abb. 9.1 In Visual Studio Code geöffnete C++-Datei

Eine *Integrated Development Environment* (IDE) integriert unter einer gemeinsamen Benutzeroberfläche den Editor sowie weitere Werkzeuge und den Compiler. Verbreitet sind vor allem Microsoft Visual Studio und Jetbrains CLion. Das freie Eclipse lässt sich mit der Erweiterung CDT auch für C++ einsetzen. Speziell für Qt steht außerdem QtCreator zur Verfügung.

Modellieren und generieren

Die Flussdiagramme von Algorithmen in Kap. 1 sind ein einfacher Ansatz, Software zu modellieren. Für größere Anwendungen nutzt man häufig die sog. *Unified Modelling Language* (UML). UML erlaubt es beispielsweise, Abläufe, Klassen usw. durch grafische Darstellungen zu beschreiben. Geeignete Werkzeuge können aus diesen Modellen anschließend Teile des notwendigen Quellcodes automatisch erzeugen.

Das Generieren von Quellcode hat ohnehin in den vergangenen Jahren stark an Bedeutung gewonnen. Es geht über das schon lange übliche Vervollständigen von Code hinaus, bei dem Editoren nach Eingabe weniger Zeichen Funktionsnamen, Kontrollstrukturen usw. vervollständigen.

Heute erleben wir, dass generative KI-Systeme wie ChatGPT oder Microsoft Copilot auch größere Abschnitte von Quellcode erzeugen können. Richtig eingesetzt können sie die Produktivität steigern, allerdings muss man ihre Schwachstellen und Grenzen erkennen, auch wenn der erzeugte Quellcode auf den ersten Blick überzeugend erscheint.

Quellcodeverwaltung und -versionierung
Der Quellcode größerer Anwendungen umfasst viele Dateien und wird meist von mehreren Personen bearbeitet. Deshalb verwaltet und versioniert man den Quellcode mit sog. *Version Control Systems* (VCS). Sie organisieren den Quellcode in sog. *Repositories*.

Alle Änderungen von Dateien lassen sich mit einem VCS einfach nachvollziehen; unterschiedliche Dateiversionen kann man detailliert vergleichen. Die Aufteilung in sog. *Branches* erlaubt es, größere Änderungen isoliert umzusetzen und zu erproben, bevor sie integriert werden.

Das frei verfügbare *Git* ist aktuell das vorherrschende VCS; es ist in vielen Editoren und IDEs bereits integriert. Git hat die früher etablierten Systeme wie Subversion weitgehend verdrängt.

Fehlersuche mit dem Debugger
Ein wichtiges Werkzeug für die Fehlersuche ist der sog. *Debugger*. Die meisten Debugger bieten folgende Möglichkeiten:

- Schrittweises Ausführen des Programms
- Definieren von Haltepunkten (*Breakpoints*), bei denen das Programm pausiert wird, z. B. um es dann schrittweise auszuführen
- Beobachten von Variablen und Parametern (*Watches*)
- Beobachten von Threads bei der parallelen Programmierung

Der Compiler GCC wird mit GDB als Debugger verteilt[3]; er ist für die Fehlersuche in C++-Quellcode verbreitet (Abb. 9.2). IDEs wie Visual Studio und CLion enthalten eigene Debugger. Im Bereich der Embedded-Entwicklung verwendet man darüber hinaus sog. Hardware-Debugger, Logikanalysatoren oder Oszilloskope für die Fehlersuche.

---

[3] Code::Blocks unterstützt Debugging mit GDB, wenn man zuvor ein Projekt erstellt hat.

9.3 Weitere Werkzeuge

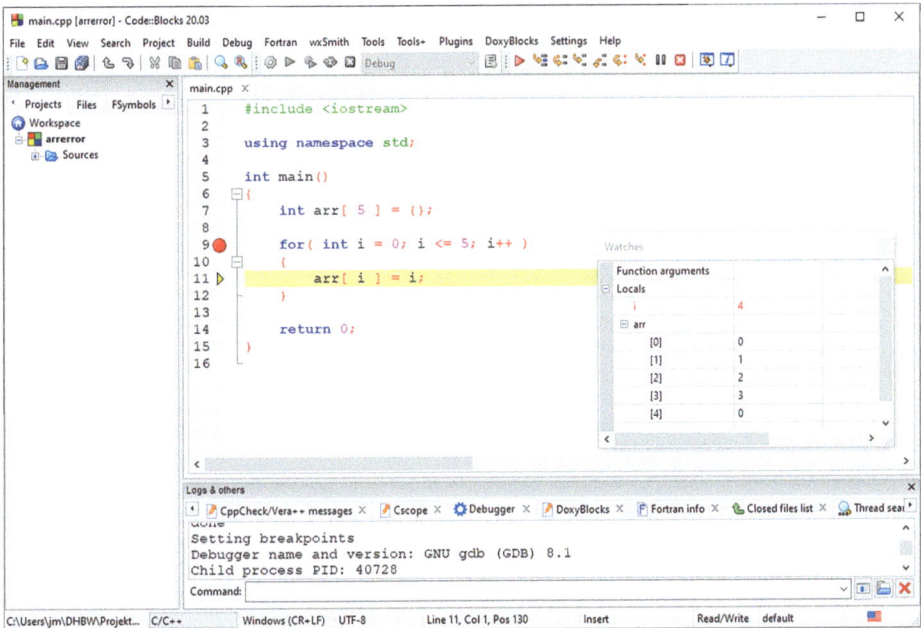

Abb. 9.2 Debugging mit GDB in Code::Blocks

Statische Codeanalyse

Der Compiler prüft, ob der Quellcode syntaktisch korrekt ist, aber auch Typumwandlungen, Funktionsaufrufe und dergleichen. Einen unsauberen Programmierstil oder logische Fehler entdeckt er meist nicht – solche Fehler und Probleme sucht die statische Codeanalyse. Beispiele hierfür sind:

- Unerreichbare Code-Abschnitte
- Zugriffe auf nicht vorhandene Feldelemente
- Fehlerhafte Schleifenbedingungen
- Verbreitete Schwachstellen
- Einhaltung von Programmierrichtlinien

Die *statische Codeanalyse* erweitert somit die Prüfungen des Compilers um wichtige Aspekte. Sie analysiert lediglich den Quellcode und führt ihn nicht aus – daher bezeichnet man sie als *statisch*. Verbreitete Werkzeuge für C++ sind *CppCheck* (Abb. 9.3),[4] Sonar-Qube und der Clang Static Analyzer.

---

[4] CppCheck ist in Code::Blocks als Plugin aufrufbar, wenn die Quellcodedatei zu einem Projekt gehört.

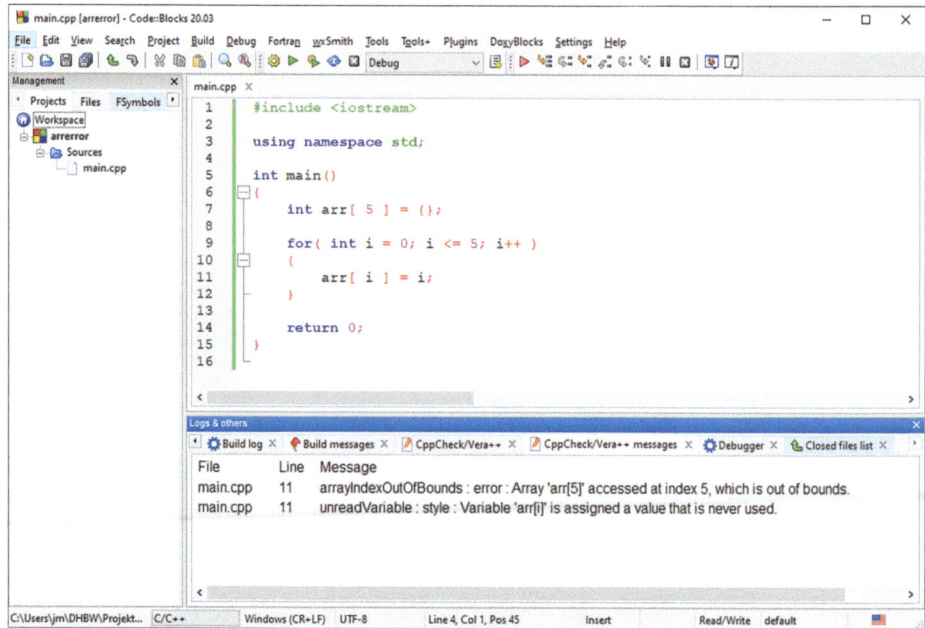

Abb. 9.3 Meldungen von CppCheck in Code::Blocks

Automatisierte Tests

Abschn. 3.6.5 hat das Testen als wichtigen Schritt der Software-Entwicklung eingeführt. Mit zunehmender Größe der Anwendung wächst auch der Aufwand für das Testen. Alle erforderlichen Tests manuell durchzuführen, ist dann nicht oder nur unzureichend möglich.

Automatisierte Tests lassen sich stattdessen mit geringem Aufwand mehrfach und reproduzierbar durchführen. Soll beispielsweise eine Klasse mit ihren Methoden getestet werden, erstellt man zu ihr sog. *Unit-Tests*. Sie werden als eigene Klasse oder Funktionen programmiert – man entwickelt also einerseits den zu testenden Quellcode und andererseits die zugehörigen Tests. Diese Tests lassen sich anschließend bei jeder Änderung der Klasse automatisiert ausführen und weisen auf Fehler hin, die durch die Änderung entstanden sind.

Für Unit-Tests stehen in C++ mehrere Bibliotheken zur Verfügung, zum Beispiel Google Test, Catch 2 und Doctest. Sie sind ein fester Teil professioneller Software-Entwicklung. Unit-Tests allein reichen jedoch nicht aus; zusammen mit Integrationstests, Lasttests, Abnahmetests und vielen anderen Testverfahren – darunter die statische Codeanalyse – spüren sie Fehler auf, bevor die Anwendung an Kunden ausgeliefert wird.

Build-Management

Werkzeuge für das *Build-Management* sind in der professionellen Entwicklung unverzichtbar. Sie ordnen verschiedene Werkzeuge und Prüfschritte (Übersetzung, statische Codeanalyse, automatisierte Tests usw.) in einer sog. *Pipeline* an. Sie lassen sich damit automatisiert in einer festgelegten Reihenfolge ausführen. Ein solches Build-Management-System erstellt anhand einer solchen Pipeline die Software *automatisch,* überprüft sie und stellt sie für die Auslieferung bereit.

Für C++ wird heutzutage vor allem *CMake* als Build-Management-System eingesetzt, daneben das seit Jahrzehnten verwendete Make.

9.4 Empfehlungen und Vorgaben

Lernt man eine Programmiersprache wie C++, besteht die erste Hürde darin, überhaupt ein lauffähiges Programm zu erhalten. Erfüllt dieses Programm seinen vorgesehenen Zweck, hat man die zweite Hürde überwunden. Danach geht es darum, effizienter zu werden, den eigenen Programmierstil zu verbessern und die einschlägigen Vorgaben einzuhalten.

Effizienz durch Werkzeuge und Qualität

Großen Einfluss auf die *Effizienz* bei der Entwicklung haben die verwendeten Werkzeuge (siehe Abschn. 9.3). Sie erzeugen oder vervollständigen Code-Abschnitte, zeigen Fehler bereits bei der Eingabe an und automatisieren viele Schritte.

Die Effizienz von Implementierung und Test hängt aber auch davon ab, wie gut die zu entwickelnde Software entworfen wurde. Eine wartbare Architektur vereinfacht Änderungen, Erweiterungen und die Beseitigung von Fehlern; sie beugt Fehlern sogar vor.

Nicht zuletzt verringert selbsterklärender, einheitlich aufgebauter Quellcode den Aufwand für dessen Änderung und Erweiterung – qualitativ hochwertiger Quellcode steigert die Effizienz.

Guter oder schlechter Stil

Ein guter *Programmierstil* verbessert die Verständlichkeit und Wartbarkeit des Quellcodes. Darüber, was gut oder schlecht ist, gibt es jedoch unterschiedliche Meinungen. Empfehlungen sind häufig eher subjektiv, zumal sich diese Empfehlungen und ihre Autoren teilweise widersprechen. Für C++ gibt es eine Reihe weithin anerkannter *Empfehlungen*. Zu ihnen gehören unter anderem

- die C++ Core Guidelines (Stroustrup, 2024) mit zahlreichen Empfehlungen und Beispielen zu unterschiedlichen Bereichen,
- der SEI CERT C++ Coding Standard (Ballman, 2016) mit einem Fokus auf Sicherheit und Zuverlässigkeit,
- der Google C++ Style Guide (Google, 2024) enthält Empfehlungen für guten C++-Quellcode.

Meist bestehen diese Empfehlungen aus thematisch gruppierten Regeln. Sie zu kennen und sie zu berücksichtigen, ist vor allem aus zwei Gründen wichtig:

1. Sie helfen, unsichere Sprachelemente und Fehler in C++-Quellcode zu erkennen und zu vermeiden (Speicherverwaltung, Zeiger, Feldzugriffe usw.).
2. Sie unterstützen dabei, den Quellcode wartbarer und verständlicher zu gestalten.

Branchenspezifische Vorgaben
Je nach Branche gibt es *Vorgaben für die Programmierung*. Entwickelt man Software in solchen Branchen, sind diese Vorgaben meist verpflichtend. Manche dieser Vorgaben beziehen sich nicht auf eine bestimmte Programmiersprache, sondern definieren Anforderungen an Entwicklungsprozesse oder an die zu entwickelnden Systeme (z. B. GAMP 5 in der Pharmaindustrie, DO 178C für die Luftfahrt, ISO 13849, EU 2023/1230 u. v. a.). Spezifische Vorgaben zu C++ machen beispielsweise MISRA C++ und AUTO-SAR C++14.

Einige dieser Vorgaben verbieten den Einsatz bestimmter Sprachelemente oder widersprechen anderen Empfehlungen. In solchen Fällen muss man prüfen, welche der Vorgaben Vorrang haben. In jedem Fall ist es wichtig, die einschlägigen Vorgaben zu kennen. Auf der Ebene des Quellcodes lässt sich deren Einhaltung meist durch statische Codeanalyse prüfen.

Vorgaben des Unternehmens
Neben diesen allgemeinen Empfehlungen erstellen Unternehmen oft auch eigene Vorgaben. Sie legen fest, welche Werkzeuge eingesetzt werden müssen, welche Sprachelemente von C++ erlaubt oder verboten sind, wie der Quellcode formatiert sein soll, in welcher Sprache Kommentare formuliert sind und vieles mehr. Ein typisches Dokument für solche Vorgaben ist der sog. *Styleguide*.

9.5 Zusammenfassung

Neben den Sprachgrundlagen unterstützt C++ eine Reihe fortgeschrittener Konzepte, vor allem in den Bereichen parallele Programmierung, Objektorientierung und Speicherverwaltung. Für die Embedded-Entwicklung ist es wichtig, sich mit den besonderen Anforderungen und geeigneten Lösungsansätzen auseinanderzusetzen, aber auch mit typischen Fehlern.

C++ wird mit vielen Erweiterungen eingesetzt. Der damit erstellte Quellcode kann stark von Standard-C++ abweichen, selbst wenn diese Erweiterungen Sprachsyntax und elementare Konstrukte beibehalten. Plattformübergreifende Bibliotheken sind eine wichtige Erweiterung von Standard-C++, da sich Anwendungen mit ihnen leicht für unterschiedliche Betriebssysteme bereitstellen lassen.

Eine vertiefte Auseinandersetzung mit C++ schließt geeignete Werkzeuge mit ein. Neben Compiler und Editor bzw. IDE sind für die professionelle Entwicklung vor allem Versionsverwaltung, Debugger, statische Codeanalyse und Testwerkzeuge wichtig. Oft werden sie durch ein Build-Management-System automatisiert ausgeführt.

Für die Entwicklung mit C++ gibt es eine Reihe von Empfehlungen. Sie helfen, unsichere Sprachelemente zu vermeiden und wartbaren, verständlichen Quellcode zu erstellen. Daneben existieren verschiedene Vorgaben zu C++ und zu Entwicklungsprozessen; je nach Branche kann die Einhaltung dieser Vorgaben verpflichtend sein. Unternehmenseigene Vorgaben werden meist in Form von Styleguides definiert. Auch wenn manche dieser Vorgaben widersprüchlich sind, ist es wichtig, sich mit einschlägigen Empfehlungen und typischen Schwachstellen vertraut zu machen, um C++ besser und sicherer einzusetzen.

9.6 Aufgaben

9.6.1 Theorie

1.) Wofür benötigt man parallele Programmierung?
2.) Welche wichtigen Neuerungen umfassen die aktuellen C++-Sprachstandards?
3.) Nennen Sie Besonderheiten der Embedded-Entwicklung.
4.) In welchen Bereichen kann man Varianten und Spracherweiterungen von C++ begegnen?
5.) Welche Werkzeuge sind typisch für die Entwicklung größerer C++-Anwendungen? Wofür setzt man diese jeweils ein?
6.) Worin unterscheiden sich die Prüfungen des Compilers und der statischen Codeanalyse?
7.) Welche Möglichkeiten bietet ein Debugger?
8.) Wodurch kann man die Effizienz bei der Programmierung verbessern?
9.) In welchen Bereichen erwarten Sie besonders häufig Fehler in C++-Quellcode?

9.6.2 Praxis

1.) Legen Sie ein Projekt zu `dirsize.cpp` an. Starten Sie anschließend den Debugger und verfolgen Sie das Durchlaufen eines Ordners schrittweise. Lassen Sie sich die relevanten Variablen für Größe und Anzahl als Watches anzeigen.
2.) Prüfen Sie einige Ihrer erstellten Quellcodes mit Cppcheck. Untersuchen Sie, inwieweit bewusste Fehler von Compiler und Cppcheck gefunden werden.
3.) Installieren Sie Git und erzeugen Sie ein Repository. Legen Sie darin Quellcode-Dateien an und führen Sie Änderungen daran durch. Versuchen Sie, die Änderungen mit Git nachzuvollziehen.

9.7 Weiterführende Literatur

Weiterführende Konzepte sind unter anderem in (Will, 2024), (Breymann, 2023) und (en.cppreference.com, 2024) beschrieben.

Die zahlreichen C++-Bibliotheken und -Frameworks sind überwiegend gut dokumentiert. Hilfreich sind für erste Schritte vor allem Hallo-Welt- und andere Beispiele. Die Dokumentation erläutert meist auch etwaige Unterschiede zu Standard-C++ sowie plattformspezifische Besonderheiten. Für Qt bietet außerdem (Theis, 2024) eine erste Einführung. Die Besonderheiten und Herausforderungen bei der Entwicklung von Embedded Systems beschreibt (Marwedel, 2021).

Die Webseiten der vorgestellten Entwicklungswerkzeuge enthalten umfangreiche Dokumentation, Beispiele und Tutorials. Sie erlauben einen guten Einstieg in die Nutzung dieser Werkzeuge.

Viele Ansätze des Software-Tests erläutert (Spillner & Linz, 2024) allgemein; wichtige Aspekte für den Einstieg fasst (Meyer, 2008) zusammen. Eine übersichtliche Einführung in das Testen von C++-Programmen bietet (Spillner & Breymann, 2016).

Neben (Stroustrup, 2024), (Ballman, 2016) und (Google, 2024) gibt es zahlreiche weitere Quellen mit Empfehlungen zu Stil und Sicherheit, z. B. (Meyers, 2014). Wertvolle Empfehlungen für verständlichen Quellcode liefert (Boswell & Foucher, 2011).

Wer nach der Lektüre des vorliegenden Buches sein Wissen weiter vertiefen möchte, findet in dem Buch „Programmieren mit C++: Besser(e) Software entwickeln" eine Fortsetzung, die sich umfassend mit verbreiteten Fehlern, Fehlersuche und Programmierstil beschäftigt.

Literatur

Ballman, A. (2016). *SEI CERT C++ Coding Standard*. Carnegie Mellon University.
Boswell, D., & Foucher, T. (2011). *The Art of Readable Code*. O'Reilly.
Breymann, U. (2023). *C++ programmieren* (7. Aufl.). Carl Hanser.
en.cppreference.com. (2024). https://en.cppreference.com. Zugegriffen: 27. Aug. 2024.
Google. (2024). Google C++ Style Guide. https://google.github.io/styleguide/cppguide.html. Zugegriffen: 30. Dez. 2024.
Marwedel, P. (2021). *Eingebettete Systeme* (2. Aufl). Springer Vieweg.
Meyer, B. (2008). Seven Principles of Software Testing. *Computer, 41*(8), 99–101.
Meyers, S. (2014). *Effective Modern C++* (1. Aufl.). O'Reilly.
Spillner, A., & Breymann, U. (2016). *Lean Testing für C++-Programmierer* (1. Aufl.). dpunkt.
Spillner, A., & Linz, T. (2024). *Basiswissen Softwaretest* (7. Aufl). dpunkt.
Stroustrup, B. (2024). *C++ Core Guidelines* (1. Aufl.). https://isocpp.github.io/CppCoreGuidelines/CppCoreGuidelines. Zugegriffen: 01. Okt. 2024.
Theis, T. (2024). *Qt mit C++* (1. Aufl.). Rheinwerk Computing
Will, T. (2024). *C++ Das umfassende Handbuch* (3. Aufl.). Rheinwerk Verlag.

Stichwortverzeichnis

0-9
#define, 83, 235
#ifndef, 235
#include, 234
    Anführungszeichen, 234
    spitze Klammern, 234
#include<iostream>, 33
<<, 34, 260
>>, 260
\n, 86
\t, 277

A
abs(), 312
absolute(), 421
Abstraktion, 208
accumulate(), 313, 347
ADT s. Datentyp, abstrakter
algorithm, 327, 346
Algorithmus, 5, 313
    Maximum, 348
    Mersenne-Twister-, 399
    Minimum, 348
    Sortieren, 327
    Summation, 347
Anführungszeichen, 60
    doppelt, 34, 87
    einfach, 87, 137
Anweisung, 12, 32
    -sblock, 33
Anwendung
    Desktop-, 3
    Konsolen-, 3, 31
    Web-, 3
App, 3
Architektur, 21
Arduino, 436
argc, 413
argv, 414
array, 127, 338
Array s. Feld
Assembler, 40
Attribut, 187, 341
Aufzählung s. enum
Ausdruck
    arithmetischer, 62
    logischer, 68, 76
    regulärer, 390
Ausgabe, 33
    Feld, 277
    Füllzeichen, 279
    linksbündig, 277
    mehrspaltig, 277
    Nachkommastellen, 277, 278
    -puffer, 263
    rechtsbündig, 277
    Rundung, 278
    Zahlsystem, 277
auto, 324

B
bad(), 270
badbit, 270
Baum
    Kanten, 333
    Knoten, 333

Wurzelknoten, 333
Bedingung, 8, 68
begin(), 323
Berechnungen, 62
Betriebssystem, 256
    Dateiverwaltung, 257
    Ein- und Ausgabe, 256
Bezeichner, 55
Beziehung
    Is-a-, 229
    Part-of-, 222
Bibliothek, 42, 311, 435
Black Box, 99
bool, 57, 69, 381
boolalpha, 277
Branch, 440
break, 74, 80
Breakpoint, 440
Bubblesort, 310
Build-Management, 443

C

C, 26
C#, 27
C++-Standardbibliothek, 258, 311
Call-by-Reference, 104, 176
Call-by-Value, 97, 103, 176, 215, 216
capture, 351
Cast, 111, 383
    C-Style-, 384
    -Operator, 384
catch, 376
Central Processing Unit s. CPU
cerr, 274
char, 57, 137
chrono, 400
cin, 61, 274
Clang, 41
clear(), 272, 319
Clock, 405
    Monotonie, 406
clog, 274
Cloud Computing, 1
CMake, 443
cmath, 64, 346
Codeanalyse
    statische, 441
Comma-Separated Values, 285

compare(), 154
Compiler, 40, 41, 441
    Clang, 41
    -fehler, 42
    GCC, 41
    Microsoft Visual C++, 41
    -system, 40
    -warnung, 43
Computer, 1
Concept, 432
const_cast, 384
const, 82
    -Referenz, 216
constexpr, 82, 221
Container, 312, 316
    -Adapter, 312
    Anfang, 323
    Ende, 323
    Größe, 319
    Vererbung, 340
continue, 80
count_if(), 349, 352
cout, 34, 60, 144, 274
Cppcheck, 441
CPU, 2
CSS, 14
CSV s. Comma-Separated Values
current_path(), 421
Cursor, 34, 60

D

Datei, 280
    anhängen, 294
    Binär-, 283
    Eigenschaften, 424
    -endung, 29, 281
    -format, proprietär, 284
    -format, 283, 293
    lesen, 291
    Lesezeiger, 292
    Log-, 294, 370
    -name, 29, 281
    öffnen, 289
    -operationen, 425
    -pfad, 282
    schließen, 289
    schreiben, 294
    -Stream, 288

-system, 257, 280
  Text-, 38, 283
Datenstruktur, 312
Datentyp, 56, 62, 377
  abstrakter, 188
  benutzerdefinierter, 378
  großer, 380
  kleiner, 380
  primitiver, 377
  verwandter, 377
  Wertebereich, 57
Debugger, 115, 440
dec, 277
default, 74
Definition
  Inline-, 389
  Methoden-, 194
delete, 174, 226
deque, 339
Dereferenzierung, 173, 230
Design Pattern s. Entwurfsmuster
Destruktor, 194, 248
directory_entry, 423
directory_iterator, 423
double, 57
do-while, 76
dynamic_cast, 384

E
Editor, 438
Eingabe
  -Fehler, 265
  -puffer, 264
  -taste, 264
Eingabepuffer
  ignorieren, 266
Einrückung, 36
else, 72
Embedded System, 2, 433, 436
Empfehlungen, 443
empty(), 321
end(), 323
endl, 34, 60, 86, 264, 269
End of File, 292
Entwurfsmuster, 240, 432
enum, 164
  Enumerator, 164
  scoped, 167

  unscoped, 167
eof(), 270, 293
eofbit, 270
Epoche, 406
equal_to, 353
erase(), 313
Escape-Sequenz, 86, 137, 277, 394
Exception, 375
  abfangen, 376
  behandeln, 376
  filesystem, 425
  try-catch-Block, 376
  unbehandelt, 375
ext4, 281

F
fail(), 270
failbit, 270
false, 68
FAT32, 281
Fehler
  -code, 367
  -meldung, 369
Feld, 125, 126
  C-, 126, 178
  Index, 127, 318
  initialisieren, 128
FIFO s. First In First Out
filesystem_error, 425
filesystem, 418
find(), 157, 313, 390
first, 332, 336
First In First Out, 340
fixed, 277, 279
Flag, 268
flush, 264
Flussdiagramm, 7
format(), 304
Formatieren, 280
Framework, 311
friend, 301
fstream, 288, 419, 422
functional, 353
Funktion, 62, 90
  anonym, 350
  Aufruf, 95
  Kopf, 91
  Name, 91

Parameter, 90
Quellcode-Aufteilung, 238
Rückgabewert, 90, 94
Rumpf, 93
-sobjekt, 351, 433
verlassen, 93
void, 101
Funktor s. Funktionsobjekt

G
GCC, 41, 44
GDB, 440
getline(), 146, 261, 262, 271, 274
Git, 440
good(), 271
greater, 328, 353
Groß- und Kleinschreibung, 30, 56
GUI, 3

H
Hallo-Welt-Programm, 28
Hardware, 3, 256
Hauptprogramm, 30, 237
Header
    -Datei, 236
    -Guard, 235, 236
Header-Datei, 313
hex, 277
high_resolution_clock, 406
Higher-Order-Functions, 433
Hochsprache, 17
HTML, 14

I
IDE s. Integrierte Entwicklungsumgebung, 240
if, 71
ifstream, 288, 291
Implementierung, 188, 205
Index, 125, 126
Information Hiding, 204
int, 57
Integer-Division, 63
Integrated Development Environment s. IDE
Integrierte Entwicklungsumgebung, 19, 34, 38, 439
int main(), 31

iomanip, 269
ios::app, 294
ios::binary, 293
iostream, 258, 259, 269
istream, 274
istringstream, 295, 296, 415
Iterator
    ++, 325
    dereferenzieren, 325
    -klasse, 423
    nichtrekursiv, 423
    Ordner-, 422
    rekursiv, 422

J
Java, 27
JavaScript, 14

K
Kapselung, 211
Klammer
    -ebenen, 64
    geschweift, 31
    Position, 36
    rund, 64
Klasse, 187
    abgeleitet, 226
    abstrakt, 247
    Attribut, 190
    Basis-, 226
    Deklaration, 189
    Konstante, 220
    Schnittstelle, 204
Kommandozeile, 43
Kommandozeilenparameter, 410
    Anzahl, 413
    Werte, 414
Kommentar, 37, 107
    einzeilig, 37
    mehrzeilig, 37
kompilieren, 40
Konkatenation, 149
Konstante, 82, 116, 126
Konstruktor, 192, 222, 250
    Kopier-, 248
    Move-, 248
    Parameter, 198

Standard-, 250
Kopie
    flache, 249
    tiefe, 249
Kopplung
    lose, 211

L
Lambda-Ausdruck, 91, 350, 356, 432
    Ergebnis, 350
    Parameter, 350
 Last In – First Out. *Siehe LIFO*, 340
Leerzeichen, 36
Leerzeile, 36
left, 277
Lesbarkeit, 98, 116
less, 328, 353
LIFO, 340
Linker, 40, 42
list, 312, 338
Liste
    verkettet, 312
    zweifach verkettet, 337
Literal, 381
    C++-String-, 161, 389
    C-String-, 161, 389
    Raw-String-, 394
Logging, 370

M
Magic Number, 163
make_pair(), 374
makefile, 239
map, 330, 339
    Eindeutigkeit, 335
    Iterator, 336
    Schleife, 336
    Schlüssel, 330
    Suchbaum, 333
    Voraussetzungen, 335
    Wert, 330
Maschinenbefehl, 16
Maschinensprache, 16
max_element(), 348
Meta-Object Compiler, 435
Methode, 187
    Aufruf, 198

const, 192
    Definition, 194
    Inline-Definition, 242
    rein virtuell, 247
    statisch, 244
    überschreiben, 227
    virtuell, 246
min_element(), 348
minus, 353
Modbus, 146
Modul, 90
Modularisierung, 98, 310
multimap, 335

N
Nachkommastellen, 279
Namenskonflikt, 166
Namespace, 246, 405, 418
negate, 353
new, 174
Node-RED, 16
normal_distribution, 403
Normalfall, 365
Notation
    wissenschaftliche, 278
Notepad++, 38
now(), 406
NTFS, 281
Nullpointer, 171
nullptr, 177
Nullterminierung, 160
numeric, 346

O
Objectcode, 41
Objekt, 187
    Funktions-, 398
    -zustand, 187, 191
oct, 277
ofstream, 288, 294
OOP
    Programmierung, objektorientierte, 175, 186
OpenCV, 435
Operator
    (), 351
    Adress-, 172

arithmetischer, 62
Index-, 127, 318
Left-Shift-, 260
logischer, 69
Modulo-, 62, 64
Negation, 70
Oder, 70
Right-Shift-, 260
Scope-, 194
Shift-, 258, 260
überladen, 241, 298
Und, 70
Vergleichs-, 68
Zuweisungs-, 57, 65, 131, 248
optional, 433
Ordner
    Eigenschaften, 424
    -inhalte, 423
    iterieren, 422
ostringstream, 295, 297

P

pair, 332, 374
Parameter, 92
    Datentyp, 92
    -liste, leer, 93
    -liste, 92
    mehrere, 92
    Name, 92
    Referenz-, 103, 104, 216, 373
    Standardwert, 193
    Wert-, 97, 215
path, 419
    Ein- und Ausgabe, 421
    String, 422
PC s. Personal Computer
Personal Computer, 1
Pfad, 419
    absolut, 282, 289, 421
    eingeben, 290
    relativ, 283, 289, 421
    Trennzeichen, 420
Pipeline, 443
Plattform, 43
plus, 353
Polymorphie, 246, 432
Präprozessor, 40, 41
    -anweisung, 33, 41, 83, 140, 234
precision(), 268

print(), 304
println(), 304
priority_queue, 340
private, 196, 341
Problem, 4
Profiler, 409
Programm, 12
    ausführbar, 42
Programmiersprache
    grafisch, 14, 16
    textbasiert, 15
Programmierstil, 443
Programmierung, 18
    funktionale, 433
    generische, 387
    hardwarenahe, 433
    Low-Code-, 16
    Meta-, 432
    No-Code-, 16
    objektorientierte, 186
    parallele, 432
    plattformübergreifende, 434
Projekt, 239
Prompt, 118
protected, 197, 341
Prozess, 256
Prozessor, 2
Pseudocode, 6
public, 196, 204
Puffer, 263, 295
    Ausgabe-, 263
    Eingabe-, 264
push_back(), 317

Q

Qt, 311, 434
Quellcode, 12, 18, 237
    Aufteilung, 233
    Lesbarkeit, 35, 82
    Wartbarkeit, 206
queue, 312, 340
Quicksort, 310
quoted, 421

R

RAM s. Arbeitsspeicher
random_device, 398
random, 398

rbegin(), 326
recursive_directory_iterator, 423
regex, 393
regex_match(), 395
regex_replace(), 395
regex_search(), 395
RegEx s. Ausdruck, regulärer
reinterpret_cast, 384
Rekursion, 228
relative(), 421
rend(), 326
Repository, 440
resize(), 318
return, 31, 93, 350
right, 277
Robustheit, 366
Rückgabewert, 90, 367
    Datentyp, 92
    ignorieren, 367
Rule of Five, 248
Rule of Zero, 248

S
Schachtelung, 33
Schleife, 9, 83
    abbrechen, 80
    Bedingung, 76, 79
    do-while-, 76
    Endlos-, 79, 266
    for, 129, 322
    fußgesteuert, 77
    kopfgesteuert, 79
    nächster Durchlauf, 80
    Range-for, 88, 129, 321
    while-, 78, 79
Schnittstelle, 188
second, 332, 336
Seed-Wert, 399
Semikolon, 32
Sequenz, 6
Server, 1
set, 312, 339
setfill, 277, 279
setprecision, 269, 277, 279
setw, 277
shared_ptr, 175, 432
Signal/Slot, 434
signed, 381

size(), 134, 142, 319
size_t, 134, 152, 320
Sketch, 437
skip_permission_denied, 424
Smart Pointer, 432
Software, 3
    Open-Source-, 20
Sonderfall, 365
sort(), 313, 327
Sortieren, 310
Speicher
    -adresse, 169, 170
    Arbeits-, 57, 169
    -medium, 280
Spezialisierung, 229
Sprache
    Assembler-, 17
    Hoch-, 17
    Interpreter, 40
    kompiliert, 40
    Maschinen-, 16
    Programmier-, 12
sqrt(), 312
stack, 312, 340
Standard
    -Ausgabe, 256
    -Datenstrom, 256
    -Datenstrom umleiten, 257
    -Eingabe, 256
    -Fehlerausgabe, 256
Standardeingabe, 61
Stapel, 312
static, 220, 244
static_cast, 384
std, 314
stderr s. Standard-Fehlerausgabe
stdin s. Standard-Eingabe
stdout s. Standard-Ausgabe
steady_clock, 406
stod(), 158, 375, 376, 415
stoi(), 158, 177, 385, 415
str(), 297
Stream, 258
    Ausgabe-, 258
    Eingabe-, 258
    Fehlerflag, 270
    Flag, 268
    -Manipulator, 269
    String-, 295

Wahrheitswert, 271
Zustand, 271
String, 140
    C++-, 141
    C-, 159, 178, 414
    -Literal, 161
    -Stream, 295, 385
string, 141, 261, 312, 415
stringstream, 295
Styleguide, 444
substr(), 151
Suche
    unscharf, 391
    Zeichenkette, 156
Syntax, 41
    Highlighting, 39
system_clock, 406
Systemaufruf, 256

T
Tabellenkalkulation, 15
Tabs, 39
Tab-Separated Values, 284
Tabulator, 86, 277
Tastatur, 61
Template, 387, 432
    Funktions-, 387
    Klassen-, 387, 389
    Nachteile, 390
    parameter, 388
    Vorteile, 390
template, 388
Terminal, 44, 256
Test, 113
    automatisiert, 442
    Grenzfall, 113
    Sonderfall, 113
    Unit-, 442
Texteditor, 19, 38
this, 230, 245
Thread, 432
throw, 377
time_point, 406
to_string(), 385
transform(), 356
Treiber, 3
true, 68
try, 376

TSV s. Tab-Separated Values
tuple, 333, 374
Type Deduction, 389
Typisierung, 377
Typumwandlung, 379
    explizit, 383
    implizit, 379
    unzulässig, 379

U
Übersetzen
    Code::Blocks, 46
    Kommandozeile, Linux, 46
    Kommandozeile, Windows, 44
Uhr s. Clock
UML s. Unified Modelling Language
Unified Modelling Language, 439
uniform_int_distribution, 399
unique_ptr, 175, 432
unordered_map, 335
unordered_multimap, 335
unsigned, 381
unsigned int, 57
Unterprogramm, 90
using namespace std, 33, 258, 314
utility, 333

V
Variable, 54
    Ausgabe, 60
    Deklaration, 58
    global, 59, 102
    Gültigkeitsbereich, 58
    Initialisierung, 59
    lokal, 102
    Name, 55
    schleifenlokal, 85
    Speicherbedarf, 57
VBA s. Visual Basic for Applications
VCS s. Version Control System
vector, 127, 132, 312, 316, 338
    Anfangsgröße, 317
    Zugriff, 318
Vererbung, 197, 226, 340
    Mehrfach-, 229
    private, 226
    protected, 226

public, 226
Version Control System, 440
Verzweigung, 7
    else, 72
    if, 71
    switch-case-, 74
virtual, 246
Visual Basic for Applications, 28
Visual Studio Code, 38, 438
Vorgaben, 444
Vorgehen
    inkrementell, 108

W

Wahrheitstafel, 70
Wahrheitswert, 57
Wartbarkeit, 116, 206
Warteschlange, 263, 312
Watch, 440
Werkzeug, 438
Wert
    Dezimal-, 58
Werteliste, 88
Wertepaar, 330
Whitespace, 145, 261
Wiederholung, 9
Wiederverwendung, 99, 209, 229, 310, 369

Z

Zahl
    Ganz-, 57
    Gleitkomma-, 57
Zeichen, 57, 137
    -codierung, 137
    Leer-, 29
    Sonder-, 29
    -tabelle, 137
    Umlaut, 29
Zeichenkette, 60, 87, 135, 140
    Ausgabe, 144
    const, 162
    Gleichheit, 153
    Index, 142
    Länge, 142
    umwandeln, 158
    verbinden, 149
    Zugriff auf Zeichen, 142
Zeiger, 132, 170, 230
    Deklaration, 171
    dereferenzieren, 173
Zeilennummer, 39
Zeilenumbruch, 34, 86, 262
Zeitdauer, 406
    Einheit, 407
    Umrechnung, 407
Zeitpunkt s. time_point
Zufallszahl, 396
    Generator, 399
    gleichverteilte, 398
    normalverteilte, 403
    Pseudo-, 396
    Seed-Wert, 396
    Verteilung, 399
    zeitbasierter Seed, 400
Zugriff
    sequenziell, 318, 326
    wahlfrei, 318, 326
Zugriffsspezifizierer, 195
Zuweisung, 7
    bedingte, 73
    mit Rechnung, 66

springer-vieweg.de

LEHRBUCH

Jörg Mielebacher

Datenbanken für Nichtinformatiker

Eine praxisnahe Einführung

Springer Vieweg

Jetzt bestellen:
link.springer.com/978-3-658-42662-0

If you have any concerns about our products,
you can contact us on
ProductSafety@springernature.com

In case Publisher is established outside the EU,
the EU authorized representative is:
**Springer Nature Customer Service Center GmbH
Europaplatz 3, 69115 Heidelberg, Germany**

Printed by Libri Plureos GmbH
in Hamburg, Germany